加藤　諭著

大学アーカイブズの成立と展開

―公文書管理と国立大学―

吉川弘文館

目　次

序章　本書の視点と構成……一
はじめに……一
一　先行研究整理……四
1　大学アーカイブズ研究……四
2　歴史学とアーカイブズ学研究……七
3　先行研究の課題……九
二　本書の目的と視角……一三
三　本書の構成……一六
第一章　国立大学におけるアーカイブズの誕生……二七
――東北大学五十年史編纂と記念資料室の成立――
はじめに……二七
一　東北大学記念資料室の設置……二八

二　東北大学文書管理通則の制定と記念資料室……三七
三　記念資料室の資料収集計画と所在調査……四三
四　記念資料室業務の変化と実態……四九
おわりに……五三

第二章　情報公開法施行前の国立大学における文書管理規程と文書移管……六一
――東京大学を事例に――

はじめに……六一
一　東京大学史史料室の設置と文書管理規則……六四
1　東京大学事務局文書管理規則の制定……六四
2　東京大学史史料室の設置と事務局文書管理規則の全部改正……六六
3　大学史史料室への移管体制の模索……七一
二　情報公開法制定と文書管理……七五
1　大学史史料室における情報公開法の検討……七五
2　東京大学における情報公開法への対応……七八
3　東京大学文書管理規則制定と大学史史料室……八一

おわりに……………………………………………………………………………八六

第三章　東京大学における
百年史編纂後のアーカイブズ構想と展開過程………………………九四
はじめに…………………………………………………………………………九四
一　百年史編集室専門委員会における大学史史料センター構想…………九五
二　東京大学史史料室の設置…………………………………………………一〇三
三　東京大学史料の保存に関する委員会による概算要求案………………一〇六
四　概算要求の手続きと文部省の方針………………………………………一〇九
五　大学史史料センター構想と概算要求の推移……………………………一一三
六　総合研究博物館構想とセンター概算要求の接合………………………一一六
おわりに…………………………………………………………………………一二〇

第四章　東京大学史史料室設置後の
活動と学徒出陣五〇周年調査報告……………………………………一二八
はじめに…………………………………………………………………………一二八
一　吉川総長期の大学史史料室による学徒動員・学徒出陣に関する調査………一三〇

二　蓮實総長期の継続調査……一三八
三　大学史史料室における学徒動員・学徒出陣調査の終了……一四四
おわりに……一四七

第五章　ポスト年史編纂組織と大学アーカイブズ理念の波及
——九州大学大学史料室の設置と活動——……一五六
はじめに……一五六
一　九州大学七五年史編纂とポスト年史編纂組織の模索……一五七
二　九州大学史料収集・保存に関する委員会の発足と九州大学大学史料室の設置……一七四
三　概算要求による文書館構想と文書移管体制の整備……一七九
おわりに……一八八

第六章　名古屋大学における史資料室設置と制度設計の模索……一九七
はじめに……一九七
一　名古屋大学史資料室および名古屋大学史資料委員会の設置……一九八
二　名古屋大学史資料室設置後の活動……二〇八
三　名古屋大学大学史資料室への改組……二一三

おわりに………二二一

第七章　大学アーカイブズによる催事展開……………………………………………………………二二八
——東北大学を事例に——

はじめに………二二八

一　東北大学記念資料室初期の展示活動（一九六三～八二年）……………………………二三〇

二　記念資料室の移転と新館開館（一九八三～八六年）…………………………………………二三七

三　記念資料室本館における企画展示と包摂校（一九八七～九三年）……………………二四三

四　記念資料室来場者数の増加と企画展示の多様化（一九九四～二〇〇〇年）………二四八

おわりに………二五三

第八章　国立大学法人化問題と東北大学アーカイブズの改組…………………………………二六一
——記念資料室から史料館へ——

はじめに………二六一

一　一九八〇年代後半における
教官データベース作成計画と学術史の情報集約構想……………………………………………二六三

二　一九九〇年代における
百年史編纂構想の具体化と記念資料室の長期的整備案……………………………………………二六七

三　東北大学の在り方に関する検討委員会と史料館運営体制の見直し……二七四
四　情報公開法の動向と記念資料室改組の論理……二七八
五　東北大学記念資料室から東北大学史料館への改組……二八一
おわりに……二九一

第九章　京都大学大学文書館設置構想の特質とその経緯……二九八

はじめに……二九八
一　京都大学百年史編纂終了後に関する初期の議論……二九九
1　一九九七年度段階における京都大学百年史編集委員会専門委員会の動向……二九九
2　一九九九年度末における京都大学百年史編集委員会の要望……三〇六
二　京都大学大学文書館の設置過程……三一一
1　一九九九年度までの京都大学情報公開検討ワーキンググループの議論……三一一
2　情報公開検討ワーキンググループによる館の設置検討……三一三
3　京都大学の歴史に関する史料の収集・保存・公開等のための組織についてのワーキンググループの活動……三一七
おわりに……三二一

第一〇章　東京大学における文書移管制度・評価選別基準の形成過程……三一八
――情報公開法施行以降を中心に――
はじめに……三一八
一　公文書管理法以前における文書管理規則と移管体制……三一九
1　情報公開法後における学内文書移管の動き……三一九
2　国立大学法人化と文書管理規程……三二三
3　東京大学史料の保存に関する委員会の廃止と新ＷＧの設置……三二五
二　公文書管理法の施行と文書館の成立……三二九
1　公文書管理法に伴う文書管理規則の改正……三二九
2　東京大学文書館の設置……三四二
三　国立公文書館等指定後の文書管理規則と移管体制……三四六
1　東京大学文書館による国立公文書館等の指定……三四六
2　東京大学文書館による文書移管の実施……三五三
3　文書移管実施における課題……三五八
おわりに……三六二

終章　本書の総括と展望……三七三
一　本書のまとめ……三七三
二　本書の意義……三八六
三　今後の課題と展望……三九一
あとがき……三九五
初出一覧……四〇一
索　引

図表目次

図1　歴史情報センター構想案－1……………………七六
図2　歴史情報センター構想案－2……………………七七
図3　大学史料センター（仮称）組織図………………九八
図4　名古屋大学史編纂体制組織図・名古屋大大学史資料の収集・保存・活用体制組織図（案）…………………二〇五
図5　大学史資料室と関係委員会とのイメージ図………二一七
図6　附属図書館配置図…………………………………二三三
図7　附属図書館新館配置図……………………二三四〜二三五
図8　一九八三年時における記念資料室利用案…………二三九
図9　東北大学キャンパス配置図………………………二四二
図10　東北大学記念資料室運営体制……………………二六四
図11　文書館（仮称）の機能……………………………三〇九
図12　文書管理システム、情報公開制度、公文書館制度の関係……………………………………………………三一〇
図13　二〇一四年秋における文書移管スケジュール案…三四五
図14　二〇一五年夏における文書移管スケジュール案…三四八
図15　二〇一六年における文書管理の流れ………………三五九
表1　東北大学記念資料室設置計画案による収集対象リスト……………………………………………………………三〇
表2　九州大学文書処理等規則抜粋（文書の種別）………三三
表3　東北大学記念資料室資料収集規程別表リスト………三六
表4　一九八七年時における東京大学・文部省文書管理規程比較………………………………………………………六八
表5　東京大学における文書管理規程比較………………八四
表6　東京大学史史料室規則対照表……………………一〇五
表7　東京大学全学センター・部局附属センター設置推移……………………………………………………………一一〇
表8　東京大学史料センター概算要求運営費案推移…一一五
表9　東京大学の学徒動員・学徒出陣に関する調査推移……………………………………………………………一二三
表10　一九九四年度上半期における東京大学内公文書調査状況………………………………………………………一二四
表11　東京大学史史料室予算推移………………一四二〜一四三
表12　九州大学七五年史編集室が収集した他大学アーカイブズ関係資料………………………………一六〇〜一六三
表13　ワーキンググループ検討議題一覧…………………一六五
表14　九州大学大学史史料室規則、東京大学史史料室規則の

比較表……一七八
表15　名古屋大学史資料室収集対象資料案……二〇九
表16　名古屋大学大学史資料室協議委員会規程……二一九
表17　名古屋大学史資料室・名古屋大学大学史資料室規程比較表……二三〇
表18　記念資料室来場者数推移……二四四
表19　一九九三年東北大学記念資料室入場者推移……二四八
表20　東北大学記念資料室企画展一覧……二五二
表21　記念資料室資料収集規程別表比較……二七三
表22　東北大学記念資料室設置規程現行・改正案……二八三〜二八五
表23　東北大学史料館設置規程……二八八〜二九〇
表24　大学史編纂後の組織設置要望比較……三〇二〜三〇三
表25　東京大学史史料室・文書館への移管記録一覧……三三二
表26　東京大学法人文書管理規則変遷表……三四〇〜三四一
表27　東京大学法人文書管理規則比較……三五二
表28　二〇一六年二月時点における移管文書一次評価……三五四〜三五五
表29　二〇一六年一二月時における文書移管作業結果……三六〇〜三六一
表30　文書移管作業工程……三六三

序章　本書の視点と構成

はじめに

一八七三年（明治六）岩倉使節団はイタリアのヴェネツィアで「アルチーフ」を訪問し、そこで支倉常長などの文書を閲覧する機会を得ている。この体験が、随行員であった久米邦武によって一八七八年に出版された『米欧回覧実記』の中で紹介されたことに象徴されるように、日本では明治初期より、欧米におけるアーカイブズの紹介や啓蒙は一定程度なされていた（1）。一方、アーカイブズが国内に設立されていくようになるのは、第二次世界大戦後のことであり、諸外国の状況と比較し、日本のアーカイブズの置かれた状況の立ち遅れについては、しばしば指摘されることである（2）。しかし二〇世紀後半以降、現在までの日本において、組織の記録を保存し公開する施設の設立や、文書管理に関する議論が進んできた、という点においては論を俟たないであろう。広くアーカイブズ全般でみてみても、一九五九年（昭和三四）に山口県文書館が開館して以降、二〇一九年（令和元）六月時点で、地方自治体の公文書館は県レベルで三八、政令指定都市で九、市区町村で三一施設に増加した（3）。また国立公文書館が一九七一年に設立されて以降、一九九八年（平成一〇）つくば分館が設置され、二〇〇一年には国立公文書館の一組織としてアジア歴史資料センターが開設、二〇一六年には国立公文書館の新館建設が決定、準備が進められるなど、その規模は拡大している（4）。二〇一〇年代において公文書管理やその対応などが問題となり、社会の関心事にあがる事例はしばしばみられるが、そうした世論の動向は、逆説的ではあるが組織の記録の扱い方に対する、社会的認知度の高まりの表れである、ともいえよう。(5)

こうした二〇世紀後半以降におけるアーカイブズの成立と展開において、その一翼を担ってきたのが、大学機関である。日本の大学において組織名称にアーカイブズを掲げた東北大学記念資料室（英訳名、Tohoku University Archives）が設置された一九六三年を大学アーカイブズ設立の嚆矢とみなせば、日本における大学アーカイブズは誕生から半世紀以上の歴史を有していることになる。この間、大学を取り巻く環境や、大学アーカイブズの位置づけは大きく変化してきたが、大学史資料の収集、保存、公開等を担う組織を学内に持つ大学は徐々に増加していった。Archives の「A」と、大学史資料の「収集・保存」「公開・活用」「研究」を表す三つの惑星をシンボルマークのモチーフとしている、全国大学史資料協議会の機関会員は二〇一九年段階で、東日本部会で六七、西日本部会で三三となっている。(6) また法制度に関しても、一九八八年施行の公文書館法、二〇〇一年施行の行政機関の保有する情報の公開に関する法律（以下、情報公開法）、二〇一一年施行の公文書等の管理に関する法律（以下、公文書管理法）が順次整備され、直接・間接に、大学アーカイブズを廻る状況に影響を与えてきた。

二〇一九年現在、この公文書管理法に基づき、歴史資料として重要な公文書やその他の文書の移管等を受けることができる「国立公文書館等」に指定されている大学アーカイブズの中で、情報公開法以前に設置の沿革を求めることができる組織は少なくない。東北大学史料館、東京大学文書館、名古屋大学大学文書資料室、九州大学大学文書館、京都大学大学文書館は前身もふまえれば設置時期が情報公開法施行以前であり、大学アーカイブズで国立公文書館等の指定を受けている一二組織の四割以上に相当する。

これら二〇世紀後半に沿革を有する国立大学アーカイブズが、いかなる歴史的背景をもって、日本の公文書管理制度と接合していったのか、本書は二〇世紀後半、国立大学に設置されていった大学アーカイブズの展開過程の萌芽期を、各大学における設置経緯の個別事例に留まらない、相互の影響関係を視野に入れた総合的な国立大学アーカイブズ史として、通時的に解明することを目指すものである。

そのことは、日本の公文書管理制度において、これまで未解明であった、数として国立大学アーカイブズが一定の影響力を有している前提の解明につながる。大学が高等教育・学術研究・管理運営の記録の保存・公開にどう向き合ってきたのか、という課題を通じて、日本における文書管理の史的変遷に国立大学アーカイブズ史を位置づけたい。

アーカイブズという用語について、丑木幸男は「人間が活動する過程で作成した膨大な記録のうち、現用価値を失った後も将来にわたって保存する歴史的文化的価値がある記録史料をアーカイブズという。また、それらを行政・経営・学術・文化の参考資料、諸権利の裏づけのために、保存する文書館等の保存利用施設もアーカイブズという[7]」と定義している。また安藤正人は、「個人または組織がその活動の中で作成または収受し蓄積した記録のうち、組織運営上、研究上、その他さまざまな利用価値のゆえに永続的に保存されるもの」と、そうした記録史料を取り扱う文書館施設を指す場合と、「アーカイブズには二つの意味がある」とする[8]。岡崎敦は一九四八年に創設された国際文書館評議会Comité international des Archives監修のもと、一九八八年に第二版が刊行されたアーカイブズ学の語彙集を参照し[9]、「(一)ある法人あるいは個人が、その活動の過程で作成、受領し、さらに組織固有の必要のために、それを形成させる主体あるいは後継者によって保管されるか、あるいはアーカイブズ上の価値のゆえに、適正な資料保管組織に移管される資料の総体で、日付、形態、物的支持体の如何を問わない。(二)アーカイブズ資料の処理、目録化、保存、公開のための専門機関。(三)アーカイブズを保存、公開するための建物」と整理している[10]。本書ではこうした定義を踏まえ、断りのない限り、専門機関、施設としての意味でアーカイブズを用いることとする。すなわち大学に置かれたアーカイブズは、大学アーカイブズ資料のための専門機関、施設ということになる。

本書の目的と課題を明確にする上で、これまでの先行研究を確認しておきたい。まず大学アーカイブズに関する研究史についてである。大学アーカイブズに関する議論は大学の年史編纂事業の高まりと密接な関係を有している。

一　先行研究整理

1　大学アーカイブズ研究

一九八〇年代以降、大学史編纂事業の高まりから大学史編纂と資料保存に関する議論が活性化することになる。最初期における議論に影響を与えたのが、土田直鎮を研究代表者とする「東京大学関係諸資料の保存と利用に関する予備的研究」研究グループによって、一九八三年（昭和五八）にまとめられた「東京大学関係諸資料の保存と利用に関する予備的研究」である。報告では大学において、行政事務上で必要とされる保存期間を満了し、最終処分を待つ状態になった、非現用文書の「系統的な保存・利用の具体策が講じられていない」(11)ことが最も大きな問題としてあげられ、大学史編纂において資料保存問題が重視される傾向の一つの起点となった。大学史編纂部署の設置は、一九九三年（平成五）の東日本大学史連絡協議会によるアンケート調査にみられるように、一九八〇年代が一つの画期であったが(12)、そうした状況を背景として、一九八〇年代は各大学史編纂部署の情報共有や連携の動きが進み、これらの動きを踏まえ、澤木武美・鈴木秀幸・中野実・日露野好章・松崎彰らは、各大学史における大学史編纂事業が一九八〇年代、自己完結的なものではなく、各大学や関連機関間の連携を重視する編纂体制に移行していったとし、その結節点に一九八八年の関東地区大学史連絡協議会の結成を位置づけている。

そして会の諸活動を通じて「大学史資料の広がりと社会性を考慮した保存体制の必要性」を提示した。[13]また各大学における沿革史編纂の技法や方法論の具体的事例の蓄積は、一九九〇年代後半に寺﨑昌男・別府昭郎・中野実らによって『大学史をつくる～沿革史必携～』としてまとめられ、そこでは編纂事業を一時的なものとせず、大学アーカイブズの設立を射程に収めることが提言された。[14]さらに二〇〇〇年代に入ると、刊行された各大学史それ自体が研究対象となるようになっていく。大学史編纂における沿革史刊行の大規模化との因果関係については、野間教育研究所の学校沿革史研究部会の分析があげられる。[15]同研究部会メンバーの西山伸は一九六〇年代以降の一〇〇〇頁以上の大規模沿革史の刊行動向から、大規模の沿革史編纂を支える体制が不可欠となり、その流れの中で「史料を沿革史編纂後に保存利用するための部署を設ける動きが出てきた」ことを指摘している。

一方、大学における組織的な資料保存に関しての議論は一九九〇年代後半から二〇〇〇年代前半において全国大学史資料協議会において活性化していくことになる。全国研究会の統一テーマとして一九九九年度に「組織的な資料保存に関する諸問題」が、[16]二〇〇一年に「大学アーカイヴズの設立と運営」、二〇〇四年に「大学アーカイヴズのこれから」がそれぞれ組まれ、さまざまな大学アーカイブズ論が展開されていくことになる。[17]こうした動向を踏まえ、二〇〇五年には全国大学史資料協議会編として、「日本における大学アーカイヴズを取り上げた最初のもの」として『日本の大学アーカイヴズ』が刊行された。[18]またこうした全国大学史資料協議会の活動の成果は、『東日本部会　十年の歩み』『東日本部会　二十年の歩み』『西日本部会　二五周年記念誌』としてまとめられた。[19]

しかし、全国大学史資料協議会の動向と、大学アーカイブズの形成、とりわけ国立公文書館等指定を受けることになる国立大学アーカイブズの歴史的展開は、必ずしも同じ方向性を共有していたわけではなかった。例えば全国大学史資料協議会が二〇〇一年にまとめた研究叢書『大学アーカイブズの設立と運営』の中で、菅真城が全国研究会の分科会を「事務文書をシステムとして収集しようとする国立大学と、足で集める私立大学との差異が際立っていた」と評しているように、国立大学と私立大学間、また大学規模の面で、求められる大学アーカイブズ像が一様ではなかったのである。当該期、折田悦郎も国立大学アーカイブズは「大学が生産（授受）した事務文書を中心に収集し、それを学内外の利用に供するとともに、大学自身のアカウンタビリティ、アイデンティティの〝場〟となる全学的な組織」であるべきと提起している。(20) 全国大学史資料協議会を場とした大学アーカイブズ論は、日本における大学アーカイブズ像の多様性とともに、差異もまた浮き彫りにしたといえよう。

また非現用の行政文書の選別・廃棄に関与し、保存・整理・公開を一元的に管理できるようになった大学アーカイブズとして、二〇〇〇年に京都大学大学文書館が設立されたこともあり、二〇〇〇年代に入って研究対象は文書の公開基準や評価選別方法など、技術論や方法論に問題関心が向かうようになり、(21) その傾向は二〇〇九年の公文書管理法制定とともに強まっていった。(22) その結果二〇一〇年代以降は、アーカイブズ学の知見や大学史研究、教育学研究なども踏まえつつ、実質的にノウハウを蓄積していった国立大学アーカイブズに関する実務的課題や運用方法の分析が進展し、小樽商科大学を主たる事例とした平井孝典の研究や、広島大学や大阪大学の事例から大学アーカイブズ論をまとめた菅真城の研究などの成果が表れるようになる。(23) 菅は大学アーカイブズは、親機関によって作成ないし受理された記録を保管する場としての「機関アーカイブズ」に中心をおき、個人、家族、組織から資料を収集して保管する場としての「収集アーカイブズ」の機能も発揮する、トータルアーカイブズとしての戦略形成を重視する論を展開しており、公文書管理法施行下の国立大学アーカイブズには適合的な議論となった。(24)

一方、二〇〇〇年代半ば以降、国立大学、私立大学の垣根を越えて大学アーカイブズ論を構築する動きがなかったわけではない。大学アーカイブズの枠組みについて、小池聖一は、各大学アーカイブズに共通した論点として個人文書に着目し、個人文書を一つの起点としたサービス戦略や連携の可能性を提起している。(25)また清水善仁も、海外における概念規定等との比較から、大学アーカイブズの「理念」とアウトリーチ活動などの「戦略」に関わる議論を展開している。(26)大学アーカイブズ論は一九九〇年代後半から二〇〇〇年代における資料保存をめぐる大括りな議論から、二〇一〇年代に入り、公文書管理法下における法制度や運用論と、日本における大学アーカイブズ全体に関わる汎用的な論点とが切り分けられ、より精緻な議論が展開されてきているといえよう。

2　歴史学とアーカイブズ学研究

こうした大学アーカイブズ論の進展は、日本におけるアーカイブズ学研究の動向と密接な関係を有している。日本におけるアーカイブズ学は、一九八〇年代まで歴史学研究の一分野としての古文書学、史料学、史料論の関連領域として論じられてきた。一九七〇年代、佐藤進一が古文書学の対象領域を広げ、記録史料総体への視座を提供し、鈴木寿が史料目録分類方法を「様式」論として展開する必要性を提唱するなど、(27)従来の古文書学の積み重ねから、史料群の全体構造への重要性が指摘されるようになり、一九八〇年代に入ると、東寺百合文書を事例に史料の構造と編成に関する研究が富田正弘によって発表され、一点主義の古文書学を超える成果として提示されるようになる。(28)一方で、地方史料散逸の同時代的危機感から近現代史料も含めて史料保存の基盤自体が、古島敏雄ら歴史研究者によって主要な問題としてあげられ、(29)一九五九年の山口県文書館以降の都道府県での文書館設置、一九七六年の歴史資料保存利用機関連絡協議会の設置などの運動とも連動していった。

こうした動向からさらに、一九八〇年代以降、欧米におけるアーカイブズ学（archival science/studies）の受容と展開が国文学研究資料館史料館を中心として進み、安澤秀一・安藤正人・大藤修らの一連の研究が「文書館学」としてまとめられた。(30)その後九〇年代に入り、安藤正人によって、記録史料館理論と、記録史料認識論を一体化した研究領域として、「記録史料学」が提唱されると、[31] 青山英幸のアーカイバル・コントロール論や、鈴江英一の研究成果によるところの記録史料館理論および記録史料認識論との接合、文書館の実務上の制度・機能などからの課題提示など、議論が活発化することになる。[32] また欧米のアーカイブズ学の概念の理解は、文書館像そのものへの理解の変化にもつながっていく。北川健は、戦後の史料保存運動の流れをくむ文書館像を批判的に捉え、文書館は母体組織の文書記録を保存公開することが第一義であるとする、文書館運動を提唱した。[33]

二〇〇〇年代に入り、国文学研究資料館史料館が中心になって実施された特定研究「記録史料の情報資源化と史料管理学の体系化に関する研究」の成果として『アーカイブズの科学』上下巻が刊行され、従来文書館学、記録史料学等の名で研究が進められてきたこれら研究領域を、「アーカイブズ学」として網羅した日本初の本格的な論集となった。[34] また同時期、研究史上の変遷は『日本のアーカイブズ論』として整理された。[35] このほか、専門職としてのアーキビスト養成論や保存・修復に関するプリザベーション研究など、実学応用的な分野の裾野も広がりを見せていく。[36]

その後 records continuum のパラダイム、[37] institutional archives と collecting archives の区分といった海外における概念や方法論、[38] デジタルアーカイブの潮流や、海外の教科書的な原著が森本祥子・平野泉・松崎裕子・湯上良・古賀崇らによって逐次紹介されることにより、[39] 欧米のレコード・マネジメントの理論やアーカイブズ学の議論に対する理解と深化は、二〇〇〇年代から二〇一〇年代にかけて大きく進展し、一九八〇年代以降、日本において受容されてきた海外の学説を相対化していくことになった。また二〇一〇年代には、海外における記録管理制度史やアーカイブズ学の学説史に関する研究も表れるようになる。岡崎敦はフランスの事例を軸としつつ、アーカイブズ学の変容と現代的課題について整理し、[40] 坂口貴弘は米国記録管理システムの形成と、日本における受容の側面について明らかにした。[41] また橋本陽は、欧米型整理論の過程を日本における段階的整理と比較しながら解釈し、(42)齋藤歩はアメリカのアプレイザル研究の動向を、一九七〇年代から二〇世紀末までを中心に分析し、米国型アーカイブズの独自性を解明している。(43)

この間、日本近代史研究とアーカイブズ学にまたがる中野目徹の近代日本公文書管理制度史の成果もあらわれたが、(44)こうした日本におけるアーカイブズ学の展開は、歴史学研究からの自立性を高めていく流れでもあった。一方で二〇一〇年代以降、公文書管理法、特定秘密保護法、行政文書の管理に関するガイドライン改正など同時代的な文書管理体制の変化を反映する形で、歴史学とアーカイブズ学との関係を捉えなおす動向も表れてきている。瀬畑源は、歴史研究者として公文書を利用する立場から、公文書管理制度の制定過程や運用に関する検証を行い、(45)国内外の公文書の公開と利活用について加藤陽子・川島真・波多野澄雄らによる言及がなされている。(46)また安藤正人・久保亨・吉田裕らによって歴史学とアーカイブズ学の学問的連携が提唱された。(47)このほか小池聖一も日本におけるアーカイブズと歴史学の関係に着目し、アーカイブズ学を「歴史補助学」としての視点でしか歴史学が捉えてこなかった点を指摘し、国立公文書館の「歴史文書館」化の背景を分析している。(48)

3　先行研究の課題

以上みてきたようなアーカイブズ学研究の進展が、大学アーカイブズ研究に与えた影響は少なくない。清水善仁は日本における大学アーカイブズの理念を検討する素材として、米国アーキビスト協会（ＳＡＡ）の大学史部会（Section of College and University Archive）のガイドラインを分析している。また菅真城らが大学アーカイブズの方向性として提唱している、機関アーカイブズと収集アーカイブズを兼ね備えたトータルアーカイブズは、松崎裕子や古賀崇らが日本に紹介した“institutional archives”と“collecting archives”の区分を理論的背景としている。このほか森本祥子は、大学史編纂と大学アーカイブズの機能の分化について、海外で作成されたアー

キビストの倫理綱領を参照し説明している。(49)

加えて先述の通り、近代以降の公文書管理制度の歴史的展開についての研究蓄積も進んでおり、安藤正人・久保亨・吉田裕はこの分野を「記録文書管理史」または「アーカイブズ史」と呼称し、「日本の情報公開や公文書管理が近代以降どのように変化、発展して来たのかを歴史的に検証する」ことに、歴史学とアーカイブズ学の連携の可能性を見出している。(50)

筆者は、こうした視角の射程には、公文書管理法に至る日本の公文書管理制度の史的変遷とともに、公文書管理制度下に置かれることになる、機関そのものの形成過程や歴史的展開も合わせて見据える必要があると考える。法制度のみならず運用実態との両面が解明されることで、初めて日本が「公文書を含む情報や記録に対しどのように向き合ってきたか、あるいは向き合ってこざるをえなかったのかが究明」(51)されるからである。そうした中にあって、先にあげた、中野目徹・瀬畑源・坂口貴弘らの先行研究や、高山正也・壺阪龍哉・齋藤柳子・清水恵枝・渡邉佳子、高埜利彦らによる、日本における文書・記録管理の流れを追う作業は重要な視点であるといえる。(52)

しかし、先行研究では機関としての大学アーカイブズそのものを対象としたアーカイブズ史の分析はほとんど行われてこなかった。大藤修が一九八〇年代半ばに、「行政当局に史料保存の重要性を説き、文書館の設置を要望していながら、灯台下暗しというか、御自身の属されている大学の史料を保存しようという視点は、多くの場合、欠落している」と大学文書館設立について提言し、北川健も一九九〇年代前半に「「大学文書館ヅクリ！」を主導するのが「学界の立場」ではないのか」と主張していることは非常に先駆的といえるが、一方でそれぞれの論稿が発表された当時、すでに国立大学には東北大学記念資料室、東京大学史史料室という、大学アーカイブズが萌芽的ではあれ設立されていた。しかし、それらに対する言及はみられない。(53)このことは同時代的にも二〇世紀後半の大学アーカイブズの動向が、アーカイブズ学研究において十分可視化されていなかったことを物語っている。[54]また、一九九〇年代後半に高野修がまとめた『日本の文書館』でも、全国大学史資料協議会には触れても、九州大学や名古屋大学など九〇年代に入り国立大学で設置が相次いでいた、大学アーカイブズの動向については触れられていない。[55]安藤正人も二〇一七年時点での座談会において、東北大学記念資料室が大学アーカイブズの嚆矢であることを初めて聞いたとし、それぞれの「施設の起こりっていうのは意外と知られていない」と指摘している。[56]

大学アーカイブズ研究の領域においても、先行研究においては二〇〇一年施行の情報公開法、二〇一一年施行の公文書管理法といった国の法整備の影響を重視し、二〇〇〇年に設置された京都大学大学文書館が「日本初の本格的な大学アーカイブズ」とみなされ、[57]これ以後二〇〇〇年代以降における「「大学アーカイブズの世界」の変化は、大学アーカイブズについての研究も一新させた」と、その画期性を評価する向きが強かった。[58]こうした状況にあって、二〇世紀後半の大学アーカイブズの展開過程は桑尾光太郎・谷本宗生によって整理がなされたほかは、ほとんど論じられてこなかった。[59]また桑尾・谷本の先行研究は各大学アーカイブズの運営にかかる一次史料を用いたものではなく、各組織の具体的な動向については踏み込めていない。もっとも各大学アーカイブズの設置経緯や現状については、これまで都度紹介されてきた。[60]しかしそれらは同時代的な大学アーカイブズ運営の情報共有としての意味合いが強く、また個別事例の域を出ないものであり、歴史学的にもアーカイブズ学的にも二〇世紀後半の大学アーカイブズ史そのものが研究対象とされることはほとんどなかったといってよいだろう。

このように大学アーカイブズ史の研究が活性化しなかった要因として、先にあげた二〇〇〇年代以降の画期性を重視する先行研究の傾向に加え、史料上の制約もあげておきたい。大学アーカイブズは設置された時期が二〇世紀後半から二一世紀にかけてであることから、組織設置経緯に係る文書が現用としての保存期間を有しており、非現用文書として公開の段階を迎えてこなかったからである。また、大学アーカイブズ自体に組織の設立経緯に係る記録が十分に残されてきていない、という問題も存在している。本書でも明らかにするように、二〇世紀後半の大学アーカイブズの組織的立場は学内において十分確立されたものでは必ずしもなかった。このため大学アーカイブズを支える事務組織は脆弱で、事務補佐員等が置かれることがあっても、専任の事務官が置かれることが少なく、本部事務局や附属図書館等で業務を兼務することが多かった。その結果、事務文書が系統的に残されなくなってしまうことが少なくなかった。例えば、東北大学では東北大学史料館の前身組織である東北大学記念資料室期はその事務を附属図書館が担っていたが、学長が議長を務めた会議で、記念資料室の運営の意思決定に関わる運営委員会の文書は、一九八〇年代以前のものはほとんど記録として残されていない。附属図書館の意思決定に関わる商議会議事録が系統的に保存されていたことと比べると対照的である。

こうした史料上の限界もあり、大学アーカイブズ史は設置当事者の言説や、全国大学史資料協議会などの記念誌等の中でまとめられるほかは、各大学個別の事例研究の中で取り上げられる程度で、その全体像は十分提示されているとはいえない状況にある。また先行研究で指摘されている通り、日本の大学アーカイブズは年史編纂事業と密接な関係を有しながら成立してきたが、二〇一〇年代においても、なお日本においては大学アーカイブズと年史編纂事業との関係は論点としての有効性を担保している。森本祥子が年史編纂・大学史研究とアーカイブズ機能の両面を含有する「資料保存組織は、おそらく今後も減らないだろう」(61)と述べているように、東京大学文書館は二〇一四年の設置当初において、組織内にアーカイブズ部門と大学史部門を内包するかたちで設計され、二〇一〇年代、国立公文書館等の指定を受けている北海道大学・名古屋大学・京都大学・広島大学・九州大学の各大学アーカイブズは何らかのかたちで年史編纂事業を内包する体制を採った。日本における大学アーカイブズのこうした特質は、単に公文書管理制度の変遷を追うだけでは説明できず、機関そのものの成り立ちや歴史的展開も合わせて見据える必要がある。その上で、いかなるかたちで、日本における大学アーカイブズが成立してきたのか、その萌芽期から形成過程を実証的に位置づけることは、歴史学とアーカイブズ学を架橋していく基礎となり得るものである。

二 本書の目的と視角

本書はこうした研究状況を踏まえた上で、研究が立ち遅れている国立大学における大学アーカイブズ史を、実証的な先行研究がほとんどなされてこなかった萌芽期から分析するべく、主として情報公開法施行前の二〇世紀後半、とりわけ一九八〇年代後半から一九九〇年代を中心として、描くことを目的とするものである。そして本書では、従来なされてきたような各大学アーカイブズの個別事例分析に留まらず、各大学アーカイブズの設立と展開の独自性を解明するとともに、各大学アーカイブズがどのように参考にされ、影響を与えていったのか、という論点も視野に入れて分析を試みる。萌芽期の大学アーカイブズ間の自立性と関係性の両面から分析することで、より立体的な大学アーカイブズ史像に迫るためである。

また大学アーカイブズ史を描く上で、各大学アーカイブズの運営の記録に係る一次史料を活用することが本書の特徴となる。先に述べたように、大学アーカイブズはこれまで意外なほどに、自らの記録に関し系統的な整理を図ってこなかったが、近年徐々にではあるが、各大学アーカイブズで自組織の記録の公開が進んでいる。本書ではそれら一次史料を分析し、関係者による同時代的な取組みの現状紹介にとどまってきた各大学アーカイブズの様相について、記録に基づき検証するとともに、運営動向の歴史的背景を明らかにすることで、日本における大学アーカイブズの形成過程を実証的に明らかにしたい。

ところで二〇世紀後半における大学アーカイブズへの動きを押さえる上では、私立大学の動向は重要な視点である。大学の価値向上に資する、創立者の「顕彰」や、スクール・アイデンティティの発信が、経営的観点からも求められる傾向が強いこともあって、資料の収集・保存、公開・活用、研究等に関わる組織を設けている大学は、国立大学よりむしろ私立大学の方が数としては多く、全国大学史資料協議会の機関会員も私立大学を中心に構成されている。(62)しかし、各大学アーカイブズ自体に関する一次史料を用いた分析方法を適用することについて、私立大学の大学アーカイブズはそのアクセスがまだ十分な状況にあるとはいえない。また先行研究で確認してきたように、日本の文書管理制度との関係でみた場合、歴史的関係が深かったのは国立大学のアーカイブズであった。

公文書管理法下において、国立公文書館等の指定を受けている一六施設のうち、国立公文書館、宮内公文書館、外交史料館、日本銀行金融研究所以外の一二施設は、すべて国立大学に設置されたアーカイブズとなっている。そして二〇一九年（令和元）現在、この一二の国立大学の中で、設置契機を二〇世紀に遡れる組織は四割以上に当たり、広島大学文書館のように設置の胎動がみられた組織も含めれば、およそ半数が何らかのかたちで二一世紀以前、とりわけ一九八〇年代後半から一九九〇年代のその起源を見出すことができる。その意味で、当該期における国立大学における大学アーカイブズの形成と展開を明らかにすることは、日本におけるアーカイブズ史にとっても重要な論点を提供することになるであろう。

二〇世紀後半に国立大学に設置された大学アーカイブズは設立順に東北大学記念資料室、東京大学史史料室、九州大学大学史料室、名古屋大学大学史資料室、京都大学大学文書館の五組織であった。そこで本書ではこの五組織を主な研究対象として取り上げる。この上記大学アーカイブズの形成と展開を明らかにする上で着目したいのが、全学的な大学史資料の保存、整理、公開（活用）のあり方について実質的な審議機関であった、委員会やワーキンググループの議論である。

東北大学記念資料室、東京大学史史料室、九州大学大学史料室、名古屋大学史資料室、京都大学大学文書館は、本書で明らかにするように、いずれも年史編纂事業終了後に学内措置で認められた組織であったが、概算要求によって措置されたものではなかった。そのため教授会などではなく、学内の大学史資料のあり方を審議するために置かれた、各学部・研究科・附置研究所等の教官や本部事務局部課長級などで構成する全学的な委員会やワーキンググループが、各組織の実質上の運営や将来構想も担う体制がとられることが多かった。各大学における当該委員会やワーキンググループは、おおよそ周年事業や年史編纂のために設けられた全学委員会を前身あるいは母体としていたが、大学史資料の保存・整理・公開（活用）に関する先行事例を積極的に入手し、他大学の動向も踏まえながら、周年事業や年史編纂などのための時限組織ではなく、恒常的で継続性のある大学アーカイブズを設置し、運営していく場合の、新たな理念や構想を策定していった。一方、学内での意思決定過程において、制度設計の承認を得ていくためには、各大学の置かれていた状況に適合的である必要があった。委員会やワーキンググループの議論からは、日本における大学アーカイブズのあり方が、学内外のいかなる要因に規定されていったのか、について浮かび上がらせることができる。

また委員会にあげられる各種年度計画・報告からは、各大学アーカイブズの理念や構想そのものと、現実的な運営との間で模索され、実施されていった事業の全体像を捉えることが可能である。そうした事業状況を踏まえた上で、大学アーカイブズが企図した事業計画や実施事業の変遷を、文書管理制度の運用とも絡めて分析することで、日本における大学アーカイブズがいかなる特質の基盤の上に成り立ったものであったのか、抽出することができる。

こうした分析視角を通じて解明される、国立大学における大学アーカイブズの成り立ちは、二一世紀以降の大学アーカイブズ論の前提となるものであり、その解明は現在に至る日本の大学アーカイブズの特質を、日本における公文書管理の史的変遷をふまえて理解する上で、基礎となる視座を提供することになろう。

三　本書の構成

前節の問題関心を踏まえ、本書の具体的な構成について章に則してまとめてみたい。

第一章「国立大学におけるアーカイブズの誕生—東北大学五十年史編纂と記念資料室の成立—」では、日本の大学において初めて組織名称にArchivesを用いた東北大学記念資料室がいかなる背景のもと設置されたのか、また東北大学記念資料室設置に合わせて、学内でどのような文書管理体制が構築されたのか、制度と運用実態について検討する。また、業務上の保存期間が満了した学内公文書の記念資料室への移管が進展しない中で、新制大学に包摂された包摂校関係文書の記念資料室への収集や、停年退官教官の業績目録作成事業など、独自の役割を有していった記念資料室の特質を抽出する。

第二章「情報公開法施行前の国立大学における文書管理規程と文書移管—東京大学を事例に—」では、一九八〇年（昭和五五）に東京大学において戦後初めて本格的に制定された文書管理規程である「東京大学事務局文書管理規則」制定以降、情報公開法による二〇〇一年（平成一三）の「東京大学行政文書管理規則」制定に至る文書管理規程の変遷について、東京大学史史料室への文書移管に着目して考察を行う。考察においては従来十分活用されてこなかった、学内各種会議の一次史料を用い、大学史史料室内、また本部事務局内で文書移管の問題が、文書管理規則との関係の中でどのように把握され、検討されていったのか、その過程を抽出することで、当該期国立大学における大学アーカイブズへの文書移管機能の模索と展開について解明を試みる。

第三章「東京大学における百年史編纂後のアーカイブズ構想と展開過程」では、一九八〇年代後半から一九九

○年前半における東京大学史史料室の改組拡充構想として提起される大学史史料センター構想がいかなるものであったのか、概算要求の議論を通じて明らかにする。結果的にセンター構想は実現せず、東京大学には当面の措置とされた大学史史料室が設置されるに留まることになるが、当該構想がいかなる過程を経て挫折したのか、センター化概算要求の取りまとめを行っていた「東京大学史料の保存に関する委員会」の分析を中心に、寺﨑昌男からのヒアリングを適宜検証することで明らかにする。

第四章「東京大学史史料室設置後の活動と学徒出陣五〇周年調査報告」では、国立大学における本格的な学徒動員・学徒出陣に関する調査を行った東京大学を事例として、当該調査を担った東京大学史史料室の活動実態を分析するとともに、調査活動を行った一九九〇年代半ばから二〇〇〇年代初頭の時期において、学徒動員・学徒出陣に関する調査が大学史史料室の運営にいかなる影響を与えたのか、当該期の国立大学アーカイブズの活動と大学史調査プロジェクトとの関係を解明する。その上でプロジェクトの最終報告以降も、大学史史料室において学徒動員・学徒出陣の調査が継続されていた状況を明らかにし、当該調査が大学史史料室にとって不可欠な活動となっていった過程を抽出する。

第五章「ポスト年史編纂組織と大学アーカイブズ理念の波及―九州大学大学史料室の設置と活動―」では、東京大学史史料室設置後の国立大学アーカイブズの動向について、九州大学七五年史編纂を担った編集室が、編纂終了後を見据える中でどのような議論を経て、九州大学大学史料室の設置の動きにつながっていったのかについて分析を行う。また九州大学大学史料室の設置・拡充構想に当たり、東京大学史史料室など先行する大学アーカイブズの制度設計がどのように影響を与えたのか、国立大学アーカイブズ間の関係性にも着目しつつ、一連の設置過程を歴史的に位置づける。

第六章「名古屋大学における史資料室設置と制度設計の模索」では、一九九六年に設置された名古屋大学史資料室が、東北大学記念資料室、東京大学史史料室、九州大学大学史料室の先行事例の前提に立って成立したことを確認するとともに、二〇〇一年に名古屋大学大学史資料室へ改組された要因について、情報公開法への対応以上に、一九九九年以降の名古屋大学における学内組織・制度再編が背景にあったことを明らかにする。

第七章「大学アーカイブズによる催事展開―東北大学を事例に―」では、二〇世紀後半における国立大学アーカイブズの展示機能とアーカイブズ運営の在り方に着目し、東北大学記念資料室における展示を事例に、記念資料室の資料収集機能や運営との関係をふまえて分析する。東北大学記念資料室は一九六三年に東北大学に設置されて以降、定期的な企画展・常設展を行っていく中で、その機能を適宜充実させ一九八六年には独自の館を設けるに至る。本章ではアーカイブズにおける展示論に収斂されがちであった研究動向に対し、むしろ研究蓄積が進んでこなかった、大学アーカイブズ史における展示の歴史的変遷そのものを明らかにしたい。

第八章「国立大学法人化問題と東北大学アーカイブズの改組―記念資料室から史料館へ―」では、東北大学史料館への改組過程の分析を試みる。東北大学史料館所蔵の記念資料室運営委員会、同専門委員会の一次史料を通じて、改組に係る展開過程を実証的に明らかにし、東北大学における大学アーカイブズ改組の動きが、百年史編纂という全学的事業の立ち上げ、総合学術博物館設置という新たな他部局の存在、国の大学改革の方向性に対応した組織運営の見直しなど、情報公開法に留まらない多様な要素をもとに成立したことを指摘する。

第九章「京都大学大学文書館設置構想の特質とその経緯」では、京都大学大学文書館の構想もまた、既存の他の国立大学のポスト年史編纂組織の制度設計の影響を受けつつ、進められていった点を明らかにする。一方、情報公開検討ワーキンググループでの検討と、百年史編集委員会のポスト年史編纂構想が接合していく中で、既存の議論を内包しつつも、将来的な組織拡張を謳わず、保存期間満了後の非現用文書を一元管理する組織として、新たに作成する文書管理規程と一体的に設計されていった側面を抽出する。

第一〇章「東京大学における文書移管制度・評価選別基準の形成過程─情報公開法施行以降を中心に─」では、情報公開法施行後における、東京大学の文書管理規則の変遷および、文書移管制度の運用について分析する。情報公開法施行後も、既存の大学アーカイブズすべてが即座に文書移管体制の運用に乗り出せたわけではない。東京大学では、文書移管について議論が行われなかったわけではないが、情報公開法、法人化のタイミングを活かせず大学史史料室への文書移管は十分機能しなかった。東京大学が訪問型移管方式による文書移管を実施するに至るのは二〇一六年からになるが、その実施に至る経緯を、学内文書管理規程の変遷と関連づけて論じることで、二〇〇一年情報公開法施行以後二〇一六年の文書移管実施に至る、東京大学における文書移管制度運用および評価選別基準の形成過程を実証的に明らかにする。

以上の章構成をもとに、本書の課題について論を進めていくこととする。

註

（1）青山英幸「日本におけるアーカイブズの認識と『史料館』『文書館』の設置」（安藤正人・青山英幸編『記録史料の管理と文書館』北海道大学出版会、一九九六年）。

（2）例えば二〇〇九年から二〇一三年まで国立公文書館長を務めた高山正也は在任中、諸外国と比較し、異常に小規模で低水準の国立公文書館の水準向上が課題であったとしている。高山正也「国立公文書館長業務引継帳余録」（『レコード・マネジメント』六六（〇）、二〇一四年）。

（3）『全国公文書館関係資料集　令和元年六月』（独立行政法人国立公文書館、二〇一九年）。

（4）このほか外務省大臣官房総務課に置かれる組織として一九七一年に外務省外交史料館、二〇一〇年には宮内庁書陵部図書課に宮内公文書館が設置されている。

（5）南スーダンＰＫＯ派遣部隊の日報問題、森友学園の国有地払い下げ問題、加計学園の認可をめぐる文書の所在など、二〇一〇年代半ばには複数の公文書管理に係る報道が相次いだ。

（6）「全国大学史資料協議会東日本部会会員名簿」（『大学アーカイヴズ：全国大学史資料協議会東日本部会会報』六〇、

二〇一九年）一五～一六頁。「西日本部会会員名簿」（『全国大学史資料協議会西日本部会会報』三五〈通算四二〉、二〇一九年）三六頁。全国大学史資料協議会は、一九八六年に有志による「大学史連絡協議会」（仮称）を契機とし、一九八八年に「関東地区大学史連絡協議会」、一九九三年に「東日本大学史連絡協議会」と改称した東日本における動向と、一九八九年に「大学史担当者連絡会」準備会、翌一九九〇年に「西日本大学史担当者会」を設立した西日本の流れが、一九九二年以降の合同研究部会を経て合流し、一九九六年四月に設立されたものである。同時に、東日本大学史連絡協議会は東日本部会、西日本大学史担当者会は西日本部会となった。

（7）丑木幸男「アーカイブズの科学とは」（国文学研究資料館史料館編『アーカイブズの科学』上巻、柏書房、二〇〇三年）一～二頁。

（8）安藤正人「文書館の資料」（小川千代子・高橋実・大西愛編『アーカイブ事典』大阪大学出版会、二〇〇三年）一四頁。

（9）Dictionnaire des archives. De l'archivage aux systems d'information, Paris, 1991.

（10）岡崎敦「アーカイブズ、アーカイブズ学とは何か」（『九州大学附属図書館研究開発室年報』、二〇一二年）一～二頁。

（11）「東京大学関係諸資料の保存と利用に関する予備的研究」研究グループ「東京大学関係諸資料の保存と利用に関する予備的研究」（『東京大学史紀要』五、一九八六年）。

（12）入谷秀夫「「大学史」編纂・資料保存等に関するアンケート結果」（『大学アーカイヴズ』九、東日本大学史連絡協議会、一九九三年）五～一二頁。

（13）澤木武美・鈴木秀幸・中野実・日露野好章・松崎彰「大学史編纂と資料の保存―現状と課題―」（『記録と資料』三、全国歴史資料保存利用機関連絡協議会、一九九二年）。

（14）寺﨑昌男・別府昭郎・中野実編『大学史をつくる～沿革史編纂必携～』（一九九九年）。同書では「大学アーカイヴズ」を用いている。

（15）学校沿革史研究部会『学校沿革史の研究　総説』（野間教育研究所紀要第四七集、二〇〇八年）。

（16）全国大学史資料協議会『年史資料の収集・保存：一九九九年度全国研究会分科会報告：於・金沢大学』（研究叢書第二号、二〇〇一年）。

（17）全国大学史資料協議会『大学アーカイヴズの設立と運営：二〇〇一年度総会および全国研究会の記録：於・神奈川大

学』（研究叢書第三号、二〇〇二年）、全国大学史資料協議会『大学アーカイヴズのこれから：二〇〇四年度全国研究会報告：於：京都大学』（研究叢書第六号、二〇〇六年）。

(18) 全国大学史資料協議会編『日本の大学アーカイヴズ』（京都大学学術出版会、二〇〇五年）。

(19) 全国大学史資料協議会東日本部会編『全国大学史資料協議会東日本部会　十年の歩み』（全国大学史資料協議会東日本部会、一九九九年）、全国大学史資料協議会東日本部会編『全国大学史資料協議会東日本部会　二十年の歩み』（全国大学史資料協議会東日本部会、二〇〇九年）、全国大学史資料協議会西日本部会編『全国大学史資料協議会西日本部会二五周年記念誌』（全国大学史資料協議会西日本部会、二〇一五年）。

(20) 折田悦郎「国立大学アーカイブ私論—現状と課題—」（『大学アーカイヴス機能についての基礎的研究—「大学改革」との関連において』平成一四・一五年度科学研究費補助金〈基盤研究（B）（二）〉研究成果報告書、二〇〇四年）。

(21) 西山伸『大学所蔵の歴史的資料の蓄積・保存ならびに公開に関する研究』（平成一六年度科学研究費補助金〈基盤研究（C）（二）〉研究成果報告書、二〇〇五年）、西山伸『大学所蔵の歴史的公文書の評価・選別についての基礎的研究』（平成一七〜一九年度科学研究費補助金〈基盤研究（B）〉研究成果報告書、二〇〇八年）、堀田慎一郎「大学アーカイブズの文書公開基準とその諸問題」（『名古屋大学大学文書資料室紀要』一六、二〇〇八年）、河西秀哉「京都大学大学文書館における移管と評価選別：近年の事例から」（『京都大学大学文書館研究紀要』八、二〇一〇年）。

(22) 西山伸「新自由主義時代の博物館と文化財　公文書管理法の問題点：国立大学法人の立場から」（『日本史研究』五九二、二〇一一年）、同「公文書管理法と京都大学大学文書館」（『記録と史料』二二、二〇一二年）、堀田慎一郎「公文書管理法の施行と大学アーカイブズ：名古屋大学の事例を中心に」（『国文学研究資料館紀要　アーカイブズ研究篇』八、二〇一二年）、同「「国立公文書館等」としての名古屋大学大学文書資料室：公文書管理法によって何が変わったのか」（『名古屋大学大学文書資料室紀要』二〇、二〇一二年）、同「公文書管理法施行後の公文書の評価選別とその諸問題」（『名古屋大学大学文書資料室紀要』二一、二〇一三年）、永田英明「公文書管理法から三年を経て　国立大学法人と公文書管理法：東北大学の事例から」（『アーキビスト：全国歴史資料保存利用機関連絡協議会関東部会会報』八四、二〇一五年）、森本祥子「公文書管理法から三年を経て　東京大学文書館（ぶんしょかん）の設置：これまでの道のりと取り組むべき課題」（『アーキビスト：全国歴史資料保存利用機関連絡協議会関東部会会報』八四、二〇一五年）。このほか広島大学文書館紀要では第一三号（二〇一一年）で特集「特集　公文書管理法の施行と広島大学文書館」を組んでいる。

(23) 平井孝典『公文書管理と情報アクセス：国立大学法人小樽商科大学の「緑丘アーカイブズ」』（世界思想社、二〇一三年）、菅真城『大学アーカイブズの世界』（大阪大学出版会、二〇一三年）。このほか私立大学でも鈴木秀幸が明治大学を事例に「大学史活動」に関する研究がなされている。鈴木秀幸『大学史および大学史活動の研究』（日本経済評論社、二〇一〇年）。

(24) 小池聖一も大学アーカイブズの戦略性としてトータル・アーカイブズの考え方を支持している。小池聖一「基調講演　大学文書館像の再構築：広島大学文書館を一例に（特集　これからの大学文書館：広島大学文書館設立一〇周年記念公開パネルディスカッションの記録）」（『広島大学文書館紀要』一七、二〇一五年）。

(25) 小池聖一「大学文書館論：広島大学文書館を一例に」（『広島大学文書館紀要』九、二〇〇七年）、同「大学文書館のサービス戦略」（『情報の科学と技術』五八（一一）、二〇〇八年）、同「大学アーカイブズの可能性〜個人文書を中心に〜」（『情報の科学と技術』六六（四）、二〇一六年）。このほか二〇〇六年には全国大学史資料協議会が広島大学で開催され統一テーマとして「大学アーカイブズにおける個人文書〜個人文書の整理・公開の現状と課題〜」が設定されている。

(26) 清水善仁「大学アーカイヴズ理念論序説：ＳＡＡガイドラインを手掛かりに」（『京都大学大学文書館研究紀要』六、二〇〇八年）、同「大学アーキヴィスト論」（『京都大学大学文書館研究紀要』八、二〇一〇年）、同「アーカイブズにおけるアウトリーチ活動論：大学アーカイブズを中心として」（『アーカイブズ学研究』一四、二〇一一年）、同「大学アーカイブズ活動戦略論」（『国文学研究資料館紀要　アーカイブズ研究篇』八、二〇一二年）。

(27) 佐藤進一「中世史料論」（『岩波講座　日本歴史25』岩波書店、一九七六年）、鈴木寿「近世史料論」（『岩波講座　日本歴史25』岩波書店、一九七六年）。

(28) 富田正弘「中世東寺の寺院組織と文書授受の構造」（『京都府立総合資料館紀要』八、一九八〇年）。

(29) 古島敏雄『地方史研究法』（東京大学出版会、一九五五年）。

(30) 安澤秀一『史料館・文書館学への道：記録・文書をどう残すか』（吉川弘文館、一九八五年）、大藤修・安藤正人『史料保存と文書館学』（吉川弘文館、一九八六年）。

(31) 安藤正人『記録史料学と現代：アーカイブズの科学をめざして』（吉川弘文館、一九九八年）。

（32）青山英幸『記録から記録史料へ：アーカイバル・コントロール論序説』（岩田書院、二〇〇二年）、鈴江英一『近現代史料の管理と史料認識』（北海道大学図書刊行会、二〇〇二年）。

（33）北川健「文書館運動と史料館保存運動のインターフェイス」（『地方史研究』四〇（六）、一九九〇年。のちに全国歴史資料保存利用連絡協議会編『日本のアーカイブズ論』〈岩田書院、二〇〇三年〉に収録）。

（34）国文学研究資料館史料館編『アーカイブズの科学』上・下巻（柏書房、二〇〇三年）。以降、国文学研究資料館は共同研究を通した成果を随時刊行していった。国文学研究資料館アーカイブズ研究系編『アーカイブズ情報の共有化に向けて』（岩田書院、二〇一〇年）、国文学研究資料館編『アーカイブズの構造認識と編成記述』（思文閣出版、二〇一四年）、国文学研究資料館編『社会変容と民間アーカイブズ』（勉誠出版、二〇一七年）。

（35）全国歴史資料保存利用機関連絡協議会編『日本のアーカイブズ論』（岩田書院、二〇〇三年）。

（36）一例として森本祥子「アーキビストの専門性――普及活動の視点から」（国文学研究資料館史料館編『史料館研究紀要』二七、一九九六年）、青木睦「文書の保存・管理、修復技術について　アーカイブズ保存の理論：保存理論と保存修復の原則」（『アーカイブズ』三二、二〇〇八年）、保坂裕興「アーキビスト養成の国際的動向：能力保障型の人材育成」（『アーカイブズ学研究』二七、二〇一七年）。

（37）Upward, Frank: Structuring the Records Continuum -Part One: Postcustodial Principles and Properties, first published in Arhives and Manu-scripts, 24, 1996. 中島康比古「レコード・コンティニュアムが問いかけるもの」（『レコード・マネジメント』四九（〇）、二〇〇五年）、同「レコードキーピングの理論と実践：レコード・コンティニュアムとＤＩＲＫＳ方法論」（『レコード・マネジメント』五一（〇）、二〇〇六年）。

（38）Pearce-Moses, Richard, ed. A Glossary of Archival and Records Terminology. Chicago: Society of American Archivists, 2005. http://www.archivists.org/glossary/　古賀崇「日米のアクセスを比較して」（小川千代子・小出いずみ編『アーカイブへのアクセス――日本の経験、アメリカの経験』日外アソシエーツ、二〇〇八年）、同「アーカイブズをいかに位置づけるか―日本の現状からのレビュー―」（『情報の科学と技術』六二（一〇）、二〇一二年）、松崎裕子「序章　世界のビジネス・アーカイブズ：多様な価値を持つ、経営・業務に貢献するツール」（公益財団法人渋沢栄一記念財団実業史研究情報センター〔編〕『世界のビジネス・アーカイブズ：企業価値の源泉』日外アソシエーツ、二〇一二年）。

(39) 記録管理学会、日本アーカイブズ学会共編『入門アーカイブズの世界：記憶と記録を未来に：翻訳論文集』(日外アソシエーツ、二〇〇六年)、マリア・バルバラ・ベルティーニ〔著〕、湯上良〔訳〕『アーカイブとは何か：石板からデジタル文書まで、イタリアの文書管理』(法政大学出版局、二〇一二年)、デュランチ・ルチアナ〔著〕、古賀崇〔訳〕「デジタル記録の信用性：インターパレス・プロジェクトの成果」(『京都大学大学文書館研究紀要』一一、二〇一三年)、エリザベス・シェパード、ジェフリー・ヨー〔共著〕、森本祥子・平野泉・松崎裕子〔編訳〕、清原和之・齋藤柳子・坂口貴弘・清水善仁・白川栄美・渡辺悦子〔訳〕『レコード・マネジメント・ハンドブック――記録管理・アーカイブズ管理のための』(日外アソシエーツ、二〇一六年)。

(40) 前掲岡崎敦「アーカイブズ、アーカイブズ学とは何か」。

(41) 坂口貴弘『アーカイブズと文書管理　米国型記録管理システムの形成と日本』(勉誠出版、二〇一六年)。

(42) 橋本陽「段階的整理と欧米型整理論の比較：方法論の違いと出所及び原秩序尊重原則の解釈」(『アーカイブズ学研究』二三、二〇一五年)、同「概念としてのフォンドの考察：ＩＳＡＤ（Ｇ）成立史を踏まえて」(『京都大学大学文書館研究紀要』一七、二〇一九年)。

(43) 齋藤歩「建築レコードに関するアプレイザルの判断基準を分析する：一九七〇年代以降の北米の試みを対象に」(『アーカイブズ学研究』二四、二〇一六年)、同「一九七〇年代の米国で起きたアーカイブズの変容とその影響：フランク・ボールズ『アーカイヴァル・アプレイザル』から探る」(『学習院大学大学院人文科学研究科アーカイブズ学専攻研究年報』六、二〇一七年)。

(44) 中野目徹・熊本史雄編『近代日本公文書管理制度資料集　中央行政機関編』(岩田書院、二〇〇九年)。

(45) 瀬畑源『公文書をつかう：公文書管理制度と歴史研究』(青弓社、二〇一一年)、同『公文書管理と民主主義：なぜ、公文書は残されなければならないのか』(岩波ブックレット)』(岩波書店、二〇一九年)。

(46) 一例として、加藤陽子「公文書管理について歴史研究者はどう見ているのか」(『歴史学研究』九五四、二〇一七年)、川島真「時間軸から見る公文書とアカウンタビリティ：公文書作成現場、外交文書の意義、移行期正義」(『アーカイブズ学研究』二九、二〇一八年)、波多野澄雄「アジア歴史資料センターの一六年：成果・課題・展望」(『中央史学』四一、二〇一八年)。

(47) 安藤正人・久保亨・吉田裕編『歴史学が問う公文書の管理と情報公開：特定秘密保護法下の課題』(大月出版、二〇一五年)。このほか、歴史学研究会では『歴史学研究』において二〇一七年より、「歴史家とアーキビストの対話」を連載特集している。

(48) 小池聖一「日本におけるアーカイブズと歴史学」(『広島大学文書館紀要』二〇、二〇一八年)。

(49) 森本祥子「アーキビストが年史編纂に関わるとき—古くて新しい課題を倫理綱領から考える—」(『大学史論輯黌誌』一三、二〇一八年)。

(50) 前掲『歴史学が問う公文書の管理と情報公開:特定秘密保護法下の課題』二六、二八頁。

(51) 前掲『歴史学が問う公文書の管理と情報公開:特定秘密保護法下の課題』三一頁。

(52) 高山正也〔監修〕、壺阪龍哉・齋藤柳子・清水惠枝・渡邉佳子〔著〕『文書と記録——日本のレコード・マネジメントとアーカイブズへの道』(樹村房、二〇一八年)、高埜利彦編著『近世史研究とアーカイブズ学』(青史出版、二〇一六年)。

(53) 前掲大藤修・安藤正人『史料保存と文書館学』八四頁。前掲北川健「文書館運動と史料館保存運動のインターフェイス」二九一頁。大学アーカイブズとしては、東北大学記念資料室が一九六三年に設置され、一九八七年にも東京大学史史料室が設置されている。

(54) 数少ない事例として、小川千代子は大学の文書館について一九八〇年代に論考している。小川千代子「大学の文書館」(『日本の科学者』二二、一九八七年)。

(55) 高野修『日本の文書館』(岩田書院ブックレット二、岩田書院、一九九七年)。

(56) 安澤秀一・大藤修・安藤正人・大友一雄・冨善一敏「座談会　日本におけるアーカイブズ学の発展」(『アーカイブズ学研究』二七、二〇一七年)五八頁。

(57) 西山伸「「大学アーカイヴズ」を考える:京都大学大学文書館の設置」(『記録と史料』一二、二〇〇二年)三九頁。

(58) 前掲『大学アーカイブズの世界』三頁。

(59) 桑尾光太郎・谷本宗生「大学アーカイヴズのあゆみ」(全国大学史資料協議会編『日本の大学アーカイヴズ』京都大学学術出版会、二〇〇五年)。

(60) 同時代的な大学アーカイブズの現状と課題を紹介した論稿の一端として、ここでは中野実『大学史編纂と大学アーカイヴズ』(野間教育研究所紀要第四五号、二〇〇三年)で参照されている諸論文をあげておきたい。

(61) 森本前掲「アーキビストが年史編纂に関わるとき—古くて新しい課題を倫理綱領から考える—」一二四頁。
(62) 大学史資料協議会加盟機関においても加盟数は私立大学の方が多い。また、小池聖一が指摘している通り、大学アーカイブズは、公文書館型、創立者・創立経緯重視型、同窓会対応型というように前身校および機関、伝統と大学アカデミズム等に対応して設置されてきており、その沿革も多様である。小池前掲「大学文書館のサービス戦略」、「大学アーカイブズの可能性〜個人文書を中心に〜」。

第一章　国立大学におけるアーカイブズの誕生

――東北大学五十年史編纂と記念資料室の成立――

はじめに

東北大学記念資料室は、英語表記を「Tohoku University Archives」とし、組織名称に「Archives」を用いた日本で初めての大学アーカイブズとされている。しかし、日本におけるアーカイブズ学の確立に主要な役割を果たしてきた安藤正人をして、東北大学記念資料室が大学アーカイブズの嚆矢であることは初めて聞いた（二〇一七年〈平成二九〉当時）、と述べているように日本における大学アーカイブズの成り立ちは、未だ未解明な点が多い[1]。東北大学記念資料室の画期性について、先行研究では桑尾光太郎・谷本宗生が、大学史資料の保存部署として一九五一年（昭和二六）に設置された慶應義塾大学の塾史編纂所、一九六三年に設置された早稲田大学の校史資料室、同志社大学の社史資料編集所等、私立大学の動向とは分けて「国立大学のなかで最初に資料室を実現させた[2]」と評価している。一方、永田英明は「当時国内には、いくつかの大学が大学史の編集室を設置していましたが、アーカイブズを主任務とする組織としては国内初の事例でした[3]」と、他の大学史資料の保存部署が年史編纂を前提として組織されたのに対して、東北大学記念資料室が年史編纂を前提としない組織であった点を評価している。

しかし、前提となる東北大学記念資料室設置の経緯そのものについては、同記念資料室副室長を務めた原田隆吉の回顧的論稿があるほか(4)、東北大学百年史の部局史に所収されている東北大学史料館の項目に、史料館の沿革として記述されている以外には(5)、本格的な研究はほとんどなされてこなかった。こうした先行研究状況を踏まえ本章では、東北大学評議会議事要録や、商議会議事要録ほか、東北大学史料館所蔵の記念資料室関係の公文書、また原田夏子氏より寄贈を受けた、記念資料室副室長を務めた原田隆吉の個人文書等を活用することで、東北大学記念資料室が模索したアーカイブズ像を抽出することを目的とする。結論からいえば東北大学記念資料室は「記念資料」の含意を広くとることで、公文書も含めた全学的な史資料の移管体制を形成する構想を持っていたが、それが東北大学記念資料室において実現をみることはなかった。

しかし、研究者の業績情報に関する集積や、当該期において進められた全学的なキャンパス移転に伴う資料の散逸抑止には一定の役割を果たしていくことになる。本章では記念資料室の主要業務が確定していった一九六〇年代を時期設定に据え、当該時期の記念資料室がいかなる資料収集計画を実施していったのか、その結果と活動実態を分析することで、東北大学記念資料室の特質を解明する。

一　東北大学記念資料室の設置

東北大学記念資料室設置計画が公式な学内会議において議論されるようになるのは、一九六一年（昭和三六）一一月六日に開催された附属図書館商議会からである。商議会は東北大学附属図書館の重要事項を審議する会議であったが、ここで議題にあげられたのが「東北大学の文書保存について」であった。世良晃志郎附属図書館長から、東北大学の歴史的な文書資料保存の必要性が提起され、その具体案として挙げられたのが、「仮称東北大学記念資料室設置計画案」であった。[6] 商議会では、本部事務局庶務部庶務課の池田徹庶務課長補佐が庶務部としての意向について説明を行い、[7] 結果「必要性は充分認められるので本部および図書館で立案検討し、資料は図書館で保存する」という方向性が決められた。[8]

この議論の前提としてあげられるのが、一九六〇年に刊行された『東北大学五十年史』上下巻の編纂である。一九五七年に東北大学は創立五十周年を迎え、その記念事業の一つとして年史編纂事業が進められた。年史編纂事業は東北大学の周年事業の一環であったが、編集委員長には中村吉治附属図書館長が就き、[9] 執筆・編集を担うスタッフとして一九五六年に原田隆吉文学部助手が採用されることになる。原田は、東北大学五十年史を刊行後、一九六一年六月には助教授に昇任、[10] 所属は文学部であるものの、附属図書館長の補佐としてこの間、五十年史編纂で収集された資料等の残務整理も行い、附属図書館においてこうした資料の取り扱いが懸案事項になっていったものと思われる。のちに、東北大学記念資料室が設置される際の制定理由でも、「本学がさきに五十年史を編集刊行した時、多くの資料の提供を受けたが、それはすこぶる有益であった。このような資料は、本学の歴史の資料として貴重なばかりでなく、広く学術史ないし文化史のうえで大きな価値をもっているにもかかわらず、学内・学外を問わず未整理のままかなり多く保存されているものもあり、このまま放置するならばだんだん散逸し、消滅するおそれがある。ここに記念資料室を設置して、その収集、保存および整理を組織的に行ない、利用に供し、本学および学術の発展に寄与する」[11] とされている。東北大学記念資料室の発足は、東北大学五十年史編纂の実務を担った附属図書館において、編纂後の収集資料散逸に対する危機感を背景として、議論されていくことになったのである。

東北大学記念資料室設置計画案では、どのような文書を保存対象とするのか、についてまとめられている。保存対象とされたのは、文書（本部関係）、文書（部局関係）、法令、統計、学内行政的刊行物、学内学術的刊行物、

表1　東北大学記念資料室設置計画案による収集対象リスト

1	文書(本部関係)	永久保存文書の全部
2	文書(本部関係)	15 年保存文書の一部分
3	文書(部局関係)	
4	法　令	(官報等)
5	統　計	(全国的，文部省関係，東北地方関係，学内関係等)
6	学内行政的刊行物	(便覧，要覧，時間割表，講義題目表等)
7	学内学術的刊行物	(創立十周年記念論文集，研究年報，文化等)
8	学内歴史的編纂物	(二十五年の歩み，五十年史，仙台高工史，法文学部略史等)
9	学内目録的編纂物	(卒業生名簿，蔵書目録，図面，職員学生名簿等)
10	写　真	(風景，建物，器械，総長以下人文等)
11	遺　品	(アルバム，絵ハガキ，肖像画，名著の原稿や初版本等)
12	遺　物	(旧建物のネームプレート，校旗，看板等)

出典：「附属図書館商議会議事要録」1961 年 11 月 6 日（『商議会関係綴　自昭和三十三年度至昭和三十八年度』東北大学史料館所蔵）。

学内歴史的編纂物、学内目録的編纂物、写真、遺品、遺物となっており、公文書のほか、学内刊行物、写真資料、建物のネームプレートなどの物品類も含まれていた。

保存すべき公文書としてとくに想定されていたのは、本部事務局の永年保存文書であり、これらはすべて保存対象とし、加えて一五年保存文書の一部が保存対象に含まれていた。部局の文書も保存対象とされていたが、東北大学記念資料室設置計画案では具体的な対象資料は明示されておらず、この段階で保存対象の文書は明確化されていなかった。もっともこの時期東北大学においては、現に業務で使用されている状態の、現用文書の保存期間を設定する規程は未整備であり、「文書の管理は慣行により行われてきており」、全学的に統一もとれていなかった[12]。つまり保存対象の前提となる文書の保存期間自体、当時の東北大学では明文化されていなかったのである。そこで東北大学記念資料室設置計画案で永年保存や一五年保存の目安の参考としたのが、「九州大学文書処理規則」であった。

一九六一年一一月の商議会開催以前、一九六一年七月二九日に本部事務局庶務部庶務課文書掛において「文書処理規程等について（依頼）」が起案されている。これは、名古屋大学、京都大学、大阪大学、九州大学の各大学に文書処理規程等について参考送付を求める内容であった。同年八月中、各大学から回答が来ているが、結果は京都大学、大阪大学については規定が作成されておらず、名古屋大学では文書処理内規はあるものの、文書保存規程はなかった。唯一九州大学だけが、九州大学文書処理等規則を制定しており、文書の保存期間についても設定されていた。ここで設定されていた保存期間が、第一分類（永久保存）と第二分類（一五年保存）であったのである。この保存期間設定は、一九六一年一一月の商議会において参考資料として提出されている。[13] 他の旧帝国大学について、北海道大学は不明であるが、一九六〇年代においては東京大学でも文書管理に関する規程はなく、参考となるのは九州大学のみであったと思われる。また商議会における説明や、他大学の文書処理規程等の収集などの動向から、東北大学記念資料室設置計画案には、早い段階から本部事務局庶務部が深く関わっていたことがわかる。

その後一九六二年一二月に開催された商議会において、原田隆吉助教授から「文書館設置に関する前商議会以降の経過並びに前に予定した文書の外に退職教官等の記念資料をも収集することについて具体的な説明があり[14]」、了承されている。一九六一年時点では記念資料室と呼称されていた組織名称が、一九六二年段階で「文書館」となっている一方、退職教官から資料を収集することが提案されているように、想定された組織が、公文書の保存を軸とするのか、研究者資料の収集を主とするのか、方向性は定まっておらず、収集対象となる資料は拡大傾向にあった。

ついで一九六三年一月二八日に開催された商議会では、世良附属図書館長から昨年一二月以降の経過報告がなされ、収集対象となる資料案について本部に提出するとともに、黒川利雄学長等に計画の要旨を提案したところ、「全面的に御賛意を得てこれを本年度から実施することになった」との状況が伝えられた。また、合わせて「一般事務は本部で行い、計画および整理等は図書館で行なうこととなり、かつ現在学内にあるものは目録作成等整理に着手する」ことが述べられ、商議会構成員に事業への協力が依頼された。[15]

その後、組織名称は最終的に記念資料室に収まったようで、一九六三年七月一六日の評議会では「東北大学記

表2　九州大学文書処理等規則抜粋（文書の種別）

第一類(永久保存)	
1	文部省からの諸令達，通達およびこれに関する往復文書並びに本学諸令達，通達等で例規となる文書
2	本学の沿革史
3	本学の諸規則，細則等の制定，改廃に関する文書
4	学部および学科の増設並びに廃止に関する文書
5	評議会等重要な会議に関する記録文書
6	学位授与に関する文書
7	人事に関する重要書類並びに記録
8	会計関係法令上の法定帳簿その他予算経理に関する重要な文書
9	国有財産に関する重要な文書
10	卒業者および修了者台帳
11	学籍簿，指導要録またはその写および抄本
12	単位認定に関する文書
13	図書に関する表簿で特に重要な文書
14	その他永久保存の必要があると認められる文書
第二類(15年保存)	
1	文部省からの諸令達，通達およびこれに関する往復文書並びに本学の諸令達，通達等で将来の参考となる文書
2	報告，届出および調査等で重要な文書
3	予算および概算に関する文書
4	国有財産の所属替，用途変更，引継等に関する文書で第一類以外の文書
5	学生に関する表簿で重要な文書
6	奨学生に関する表簿中，奨学生カード，奨学金出納簿，奨学金整理簿その他重要な文書
7	その他15年間保存の必要があると認められる文書

出典：「記念資料室設置計画参考資料　九州大学文書処理規則よりの抜粋」1961年11月6日（『商議会関係綴　自昭和三十三年度至昭和三十八年度』東北大学史料館所蔵）。

念資料室設置規程および東北大学記念資料室資料収集規程の制定について」諮られることになる。評議会では世良附属図書館長から「本学がさきに五〇年史を編集刊行した際、多くの資料の提供を受けたがこのような資料は本学の歴史の資料としてばかりでなく、広く学術史、文化史のうえでも大きな価値をもつている。そこで記念資料室を設置し、このような記念資料の収集、保存および整理を組織的に行ない、利用に供するため「東北大学記念資料室設置規程」を、また記念資料収集の原則および収集の対象物を明確にするため「東北大学記念資料収集規程」を制定するものである(16)」と説明が行われている。この世良附属図書館長の説明に対し席上、伊東信雄評議員、吉田賢抗川内分校主事から「さきに本学において五〇周年事業を計画した際、包摂校の同窓会では「記念室」をつくる計画であったが、「記念講堂」に計画が変更された(17)。したがって、包摂校に関しては記念資料を保存する場所が宙に浮いた形になっている。旧二高については現在二、三か所に分散保存されている筈であるが早くまとめないと散逸してしまうおそれがある」との発言がなされている(18)。

世良附属図書館長の説明は、東北大学五十年史刊行後、一九六一年以降の附属図書館商議会での議論を踏まえたものであったが、伊東評議員、吉田川内分校主事の意見は、包摂校の資料散逸に焦点を合わせた意見であった。伊東信雄は旧制第二高等学校の卒業生であり、吉田賢抗が所属していた川内分校は、旧制第二高等学校、旧制仙台工業専門学校、旧制宮城県女子専門学校を母体とする組織であり、吉田自身も旧制第二高等学校教授を経て東北大学の教官となっていた(19)。一九四九年新制大学への改組に伴って、東北大学は、仙台所在の旧制第二高等学校、旧制仙台工業専門学校、旧制宮城師範学校、旧制宮城青年師範学校、旧制宮城県女子専門学校を包括することになるが、包括された上記包摂校は新制東北大学下において、学部や分校などのもとに再編され、包摂校の資料もまた分かれて管理されていくなど、散逸の危険性にさらされていた。包摂校に縁を持つ教官は、当時の包摂校関係資料の置かれていた現状認識を踏まえ、記念資料室設置に当たって、そうした包摂校関係資料の収集機能を求めたのである。また、先に記念資料室設置に賛意を示した黒川利雄も旧制第二高等学校出身で、旧制二高の尚志同窓会の会長も務めている。黒川学長は一九六三年六月末で任期満了を迎え、七月評議会は後継の石津照璽学長のもと開催されていたが、議題整理等も含め、東北大学記念資料室に関わる規程制定については、黒川学長期に進められたものといってよいだろう。

伊東評議員、吉田川内分校主事の発言に対し、世良附属図書館長は「この規程では包摂校をも含めて考えている」(20)と返答している。この応答からもうかがえるように、東北大学記念資料室は初発の段階から、包摂校の資料収集も強く意識する組織として位置づけられていくことになったといえる。審議の結果、原案通り規程は評議会で承認され、同日付けで、東北大学記念資料室設置規程、東北大学記念資料室資料収集規程、が施行となった。

記念資料室は、附属図書館の関連規程と分けて制定されたことからわかるように、附属図書館の室として置かれたものではなく、組織規程上は附属図書館とは独立して設置された。このため、しばらくの間は商議会においても、記念資料室の事業について報告がなされていくものの、一九六三年七月以降、記念資料室運営委員会が開催されるようになると、商議会において記念資料室の案件が議題にあがることは徐々になくなっていった。また記念資料室の運営に関する重要事項の審議は、設置規程第五条で「東北大学記念資料室運営委員会を置く」(21)とされ、運営委員会の委員は、第五条第二項で室長（附属図書館長）、各学部長、各附置研究所長、教養部長、各分校主事、医学部附属病院長、医学部附属病院各分院長、事務局長、学生部長となっていたため、運営委員会単独での招集は現実的ではなく、学部長級が連なる他会議に合わせて日程調整する必要があった。このため記念資料室第一回運営委員会は評議会開催の一時間後に設定されている。しかし当初記念資料室設置規程では、委員の構成員に学長が含まれていなかったので、記念資料室運営委員会の委員長は、設置規程第五条第三項で「委員長は、室長をもってあて、会務を掌理する」とされていた。この点について、記念資料室第一回運営委員会において、世良記念資料室長から、「本運営委員会について、その機能や性質からしても、その構成員からしても少くとも当初の間は委員長は学長であること」が望ましいとする提案が承認された(22)。この結果一九六三年一二月一六日、「委員長は、学長をもってあて、会務を総理する」と規程改正されることとなり、運営委員会の性格も学長のもとに置かれた会議となる(23)。

もっとも、設置規程第三条第二項には「室長は、附属図書館長をもって、副室長は、本学の教授又は助教授をもってあてる」とあり(24)、第七条で「記念資料室の管理は、当分の間、附属図書館において行なう」と定められていたように、実質的には附属図書館が記念資料室の実務を担う体制となっていた。その結果、同年七月一九日に世良附属図書館長から、事務局長に宛てて七月一六日付での副室長発令依頼が出され、原田隆吉が副室長に就任(25)、一九六四年までの間に記念資料室の体制は、附属図書館長、副室長のほかに石田義光、新田孝子の各助手を加え(26)、附属図書館事務長、事務長補佐、総務掛長に事務を委嘱する体制で運営されることになる(27)。

設置規程と同日付で「東北大学記念資料室収集規程」が制定され、収集する資料の範囲も定められることとなった。収集規程第二条では、収集の原則を「記念資料の収集にあたっては、当該資料を管理する部局の長又は当該資料を所有する私人の承認を得て行なうものとする。ただし、収集することが不可能な記念資料については、その目録を収集するものとする」とされた(28)。収集資料範囲は別表で、文書、学内刊行の印刷物、教官著作物、記念物品、視聴覚資料、その他の資料、整理研究資料の大きく七つに分類されている。これは一九六一年の商議会提案、「東北大学記念資料室設置計画案」で示された収集対象資料、一九六二年の商議会で提起された退職教官等の資料収集案を踏まえたものであり、分類自体はより整理されているものの、基本的にはこれまでの収集対象資料を含む内容となっているが、視聴覚資料の分類なども含め、対象となる資料が従来よりも広く具体的に列記されている。

表3　東北大学記念資料室資料収集規程別表リスト

一	文書	
	a	永久保存文書
	b	十五年以上の保存文書（永久保存文書を除く。）
	c	評議会及び協議会の記録文書
	d	教授会の記録文書
二	学内刊行の印刷物	
	a	行政的なもの……学内規程集，一覧，便覧，講義題目表，授業時間表
	b	学術的なもの……記念論文集，紀要，研究年報，機関誌
	c	歴史書的なもの……年史，略史
	d	目録的なもの……蔵書目録，職員録，卒業生名簿
	e	その他の学内刊行の印刷物
三	教官著作物	
	a	単行書
	b	雑誌論文
	c	その他の教官の著作物
四	記念物品	
	a	校旗，看板，記念メタル，ネームプレート
	b	実験器具，実験装置，備品
	c	原稿類……講義ノート，手帳，日記，手沢本
	d	書画類……肖像画，肖像，短冊，色紙，条幅，書簡，署名入物品
	e	坐右具類……筆，硯，墨，蔵書印，印章
	f	その他の記念物品
五	視聴覚資料	
	a	写　真
	b	複製物
	c	マイクロフイルム，スライド，録画
	d	音　盤
	e	その他の視聴覚資料
六	その他の資料	
	a	行政法規集……文部省・大学関係法規，官報
	b	全国的地方的一般統計，文部省統計
	c	大学統計
	d	議会関係の議事記録
	e	新聞・書籍の記録
	f	その他の資料
七	整理研究資料	

出典：「東北大学記念資料室収集規程」1963年7月16日（『記念資料室関係綴　昭和38～43年』東北大学史料館所蔵）。

収集規程第三条では、「記念資料」の定義を「収集する記念資料は、本学の歴史に関係ある資料であって、古文書及び古文書に類する文献並びに記念される価値のある物品とする」としているように、「古文書」「文献」「物品」として整理されている。「文献」の枠組みとしての教官著作物（単行書、雑誌論文、その他の教官の著作物）

などは、附属図書館が退官した教官蔵書の寄贈を受け入れ、旧蔵書のコレクションである特殊文庫として整備していった作業と類似する取組みである。東北大学附属図書館では、帝国大学期以来、旧制第一高等学校校長や京都帝国大学文科大学長を歴任した狩野亨吉の旧蔵書や、戦時期附属図書館長を務めていた漱石門下の小宮豊隆の手引きにより夏目漱石の旧蔵書などを受け入れていたが、新制大学となってからも、一九五六年に東北帝国大学法文学部助教授として西洋美術史を担当していた児島喜久雄の旧蔵書、一九六二年に東北帝国大学法文学部教授で学士院会員であった大類伸の旧蔵書、一九六五年に旧制第二高等学校教授を務めた土井晩翠の旧蔵書などを購入もしくは寄贈受入れをしていた。また、規程では「物品」として実験器具や実験装置など博物館等で収蔵する類のものも含まれていた。東北大学には当時、博物館に相当する施設はなく、記念資料室が附属図書館の機能補完や、一部博物館的な収集機能も求められていたことがわかる。

二　東北大学文書管理通則の制定と記念資料室

記念資料室が設置されたのち、まず行われたことは展示企画であった。一九六三年（昭和三八）一〇月九・一〇日の二日間、記念資料室所蔵資料および附属図書館に寄託されていた旧制第二高等学校資料を陳列した資料展が開催された。(29) 会場は、東北大学創立五十周年を記念して建設された東北大学川内キャンパス内の記念講堂大ホールで、これは同月、国立大学附属図書館長会議が東北大学で行われたことに連動した展示であった。(30) また翌一一月一〇日、今度は東北大学の大学祭に合わせて、記念講堂別館の松下会館一階大会議室において記念資料展示会が企画されることになる。(31) この記念資料展示会でも東北大学に関する資料のほか、包摂校関係の資料が展示されており、一〇月、一一月の展示はともに、東北大学および包摂校関係の資料展示という組み合わせであった。(32)

このとき展示された包摂校の資料は、川内分校で保管していた旧制第二高等学校、旧制仙台高等工業学校などを含むものであり、一一月四日に世良晃志郎附属図書館長兼記念資料室長から、吉田賢抗川内分校主事に宛てて出陳依頼状が出されている。(33) 東北大学記念資料室資料収集規程自体に、旧制第二高等学校をはじめとする包摂校の資料を収集することについて、具体的な明文化はなされなかったものの、これら一連の催事からは、同年七月評議会において意見が出された、包摂校資料を含めた記念資料室の活動、の実践がみてとれる。

上記二つの企画展に続いて、一九六三年一一月には、名誉教授、長期間在職し東北大学の歴史に関係深い教官系退官者（名誉教授以外）、長期間在職し東北大学の歴史について、とくに密接な関係をもつ事務系退官者、各遺族の二〇四名に宛て、学長名で「東北大学記念資料室の設置について」が通知された。また通知には世良東北大学記念資料室長、東北大学附属図書館長並列名義で書かれた「記念資料室の設置を報告し併せて積極的な御協力を依頼すること」が同封され、通知者に対し、東北大学記念資料室資料収集規程に掲げた別表の中で、該当する資料がある場合、「組織の出発に当たってまずこの中の一点以上いくらかの資料を寄贈下さいますならば最も悦ばしいことであります」と記念資料室への資料寄贈を呼びかけた。また寄贈の前提となる資料の目録作成や、記念資料室への資料調査要請も「歓迎するところ」であり、最終的に寄贈資料は「図書館内において整理いたしまして、本建築の防火建物内に永久に保存します。近く数年の中に新営図書館内もしくは然るべき建物内に陳列室や閲覧室を伴った相応の施設として形を整え、御訪問をお待ちすることとなっております。以上、資料室発足にあたりご報告をかねて御依頼申し上げた次第であります」と締めくくっている。(34) 宛先は名誉教授八四名、同遺族約二〇名と、名誉教授関係者が全体の半数を占めていることからわかる通り、これは一九六二年の商議会で提案された、退職教官等の記念資料収集の事業化の一環であった。先に見たように、記念資料室資料収集規程にある「記念資料」の対象は幅の広いものであったが、その収集先として記念資料室は教官系退官者からの寄贈を、事業開始当初から重要視していたといえよう。

一方、記念資料室の設置計画が、本部および図書館で立案検討されていったように、本部による学内公文書管理の意向も記念資料室の在り方に関わっていた。「記念資料室の設置を報告し併せて積極的な御協力を依頼すること」には記念資料室発足の経緯を以下のように解説している。「本学はさきに五十年史を編纂刊行いたしましたが、その時にあたり、学の内外から多くの資料を提供され、それらは頗る有益でありました。その中には得難い貴重な物品がありまして、本学として何等かの方法をもってこれを永く完全に保存すべきであると考えられました。このような史料はなおその他にも数多く存在することと想像され、しかもこれらは放置するときには段々に散逸してしまうおそれがあると思われます。次に本部事務局に集積された公文書の類もかなりの数にのぼり、これを整理して利用できる状態にしておくことも一つの計画としてのぼっておりました。また本学に在籍された教官各位の著述や論文を集中して学生教育の一助とすべきであるという御意見もきかれたのであります。このような事情で附属図書館と本部庶務部とはよりよい意見を交換していましたが、黒川前学長は特にこの計画の推進に賛成され、これが総合的永続的立案を指導されました。こうして（中略）記念資料室は発足した次第であります」[35]。

東北大学記念資料室資料収集規程では、収集対象として一番目に文書として、永久保存文書、一五年以上の保存文書、評議会および協議会の記録文書、教授会の記録文書、その他の文書をあげているように、公文書の保存を想定したものとなっている。本部事務局庶務部では、他の旧帝国大学に文書処理規程の有無を照会しているように、一九六〇年代初頭、それまで慣行によって処理していた公文書管理の在り方の改善を模索していた。議論の過程で、記念資料室の設置が先行することとなったが、本部事務局庶務部は、東北大学における公文書管理制度の模索の延長線上に、記念資料室の在り方を位置づけていたといえる。

実際、東北大学の本部事務局はこの時期数多くの組織改編を伴っており、事務業務や文書管理の所掌が複雑化していた。庶務部では一九四九年の新制大学発足以降、一〇年間組織再編は行われなかったが、一九五九年、人事課のもとに人事班、給与班の二班が新設されたのを皮切りに、[36]以降「東北大学文書管理通則」が制定される一九六四年まで計四回の組織替えがなされている。本部事務局内の他課でも同様の傾向をみせており、施設課では一九四九年以降一九六四年までの間に六回、うち一九五九年以降の再編が五回、会計課でも一九四九年以降一九六四年までの間に八回、うち一九五九年以降の再編は五回と、通則制定の直近五年間がとくに多くなっている。先に見たように、本部事務局庶務部では一九六一年ごろより、他大学の文書管理に関する規程を調査する動きをみせているが、一九六〇年代に入って東北大学五十年史編纂が終了し、編纂に供された資料の散逸危険性が附属図書館内で問題視されるようになっていた時期とがちょうど重なることで、現用の公文書管理とアーカイブズ設置の動きが重なりながら東北大学では進むことになったのである。

記念資料室側でも本部事務局の公文書管理に関する規程整備の動向を注視しており、一九六三年一一月一九日に開催された記念資料室第一回運営委員会でも、文書の収集が議題としてあげられ、世良記念資料室長は現在進行中の「東北大学文書処理規程」の成立を期待する旨の発言を行っている。またこの第一回運営委員会に先立って原田副室長がまとめたと思われるメモには、「東北大学文書処理規程」の成立を期待することとともに「本部・各部局に収蔵される文書の移管という根本方針を確立する事」、「収集すべき文書の移管という方針の確認をもとめる」[37]と記載されており、規程制定が記念資料室への公文書移管につながるようにしたい、との意向がみてとれる。

一九六四年二月までに本部事務局庶務部は保存文書の分類基準案を作成し、本部事務局および学生部に対して意見を求めた上で、[38]同年四月の評議会に「東北大学文書管理通則」が諮られた。この制定理由にも「従来、本学における文書管理は慣行によって行なわれてきており、全学的に統一がとれていないのが現状である。また本学の組織は年々大きくなり、それに伴い事務量の増加も著しく、取り扱われる文書の数も増大している。このため、本学における文書管理の方法について基本的な事項を定め、もって本学における事務の適性かつ能率的な処理を図る」と当時の事務状況の一端が表れている。東北大学文書管理通則は増田傳一庶務部長の説明を経て承認され、同年五月一日に施行された。この東北大学文書管理通則は、東北大学で初めて制定された公文書管理に関する全学的な通則であったが、この通則では、東北大学における公文書の保存期間を、永久・二〇年・一〇年・二年の四つに区分しており、最終的に永年・一五年という区分は東北大学では採用されないこととなった。

また通則は第三七条で「この通則に定めるもののほか、文書の管理に関し必要な事項は、事務局及び学生部にあっては学長が、部局にあっては部局の長がそれぞれ定めるものとする」という条項を設けていた。(39) 評議会で石津照璽学長が増田庶務部長の説明に「この規程は、本学における実態およびこれまでの慣行をじゅうぶん踏まえて成文化したものであるが、この規程に盛られていない細目的事項で必要なものがあれば、各部局ごとに細則で定めることができることになっている」と補足を入れている通り、通則には別表等はない形式となっていた。このため第三条で文書記号および文書番号を付するものとし、第九条で文書担当掛の設定、第三三条で文書の保存期間区分が定められていたが、具体的な運用においては、別に本部事務局、部局が定める必要があり、本部事務局では「東北大学事務局・学生部文書管理規程」を合わせて作成し、通則と同日に施行した。(40) 事務局・学生部文書管理規程では、第三条で文書担当掛を庶務部庶務課文書掛とし、第一七条では保存文書の表紙、背表紙の様式(別記様式第八号)、第一八条では保存文書台帳の様式(別記様式第九号)を定めている。また別表第一で文書記号、別表第二で保存文書の分類基準が明示されており、実務上の運用を意識した文書管理規程を作成したところに、本部事務局の意向が投影されているといえよう。

ところで、この東北大学文書管理通則、東北大学事務局・学生部文書管理規程は、いずれも保存期間満了後の措置は、廃棄規定しか定めていない。通則では第三五条において「保存期間が満了した保存文書は、廃棄するものとする」、文書管理規程では第一九条で保存文書は「保存文書台帳に廃棄年月日及び廃棄理由を記入のうえ廃棄しなければならない」とのみ定められ、記念資料室への移管条項はなかった。そもそも、先に指摘したように、前年制定されていた東北大学記念資料室資料収集規程と、文書の保存区分自体に整合性が取られていない。このことから、本部事務局庶務部としては、保存期間満了後の記念資料室への公文書の移管は強く想定しておらず、具体的に文書管理規程の別表第二で項目化し、その分類基準を永年区分とすることで、重要な文書を本部事務局の共通理解とし、業務の担当課である原課で保持し続けることで、散逸防止とすることを第一義としていたものと思われる。

本部事務局からの移管が実態として全く行われなかったわけではなく、一九六四年七月本部事務局小山忠男庶務課長から記念資料室長に宛てて「学長室に保存してある別記目録の図書を貴資料室に移管いたしたいと考えますから、よろしくお願いいたします」という移管候補二三七点についての伺いが送られている(41)。しかしその目録のリストは「理科報告」や「東北数学雑誌」、「農学研究所彙報」といった学術雑誌、年報、彙報からなるもので、公文書ではなかった。

三　記念資料室の資料収集計画と所在調査

こうした本部事務局の公文書の動向とは別に、部局の文書収集は具体的にどのように考えられていたのであろうか。一九六三年（昭和三八）一一月の記念資料室第一回運営委員会では、部局で所蔵している資料の調査についても議論が行われた。世良記念資料室長からは、室員が各部局に出向いて調査に当たることになるが、「各部局においても目録の作製、記念物の調査などに関して積極的な協力を願いたいこと」が要請され、委員からは「調査員（各事務長）宛に室長から公式に委嘱されるべきこと、医学部の場合図書館の例もあるので記念資料室分室のようなものを考慮されたいこと、また収集にあたって室長の側である程度の選択を認めるべきこと」などの発言があり、室長はこれを了承し、委員会も承認した。(42)記念資料室設置規程では、第四条で「記念資料室に専門員及び調査員を置くことができる」(43)と規定されていた。専門員は記念資料収集の援助を行う者とされ、実際に想定された記念資料室専門員の候補者は、包摂校の同窓会長や、各部局の名誉教授や元事務長などで、包摂校関係の資料や、名物教授の資料寄贈などの窓口となることが期待されていたと思われる。(44)一方、調査員は各部局に関する記念資料の調査を行うため、「各部局の事務長をもってあて、室長が委嘱する」というもので、各部局の事務長を記念資料室の調査員に委嘱することで、部局からの資料収集を円滑に進める意図のもと規定されていた。当初、この調査員制度を規定通り活用しようとしていたことがわかる。

しかし記念資料室自体は先にみたように、どちらかというと原課からの公文書移管という流れの中での資料収集よりも、教官系退官者からの寄贈を主たる収集事業として位置づけようとしていた節がある。第一回運営委員会でも、教官著作物に関する議論が多い。このとき審議されたのは、一つには教官系退官者の著作物収集の範囲を本学在学中に限るかどうか、という問題であった。この点については運営委員会では「原則として本学在任中の著作物に限るが、名誉教授の場合はこの限りでないこと」(45)とされた。二つ目の議論は教官著作物の寄贈方法についてであった。世良記念資料室長は運営委員会において、著書新刊、雑誌論文の別刷については各教官から記念資料室に寄贈してもらう慣行を作っていくことを依頼、また従来発表してきた論文目録を教官ごとに作成し、年度ごとにそれらを集積し東北大学記念資料室として論文目録を編纂したい、という提案も行った。これについて委員からは趣旨としては賛成であることが述べられたほか、記念資料室室員が毎年各部局へ来て部局事務室と連絡することなどの意見が出され、世良記念資料室長は了承している。三つ目は退官教授の論文集作製贈呈案についての検討である。世良は「著作物やその目録の収集が順調に進むならば教官が論文集に収められていない論文を退官されるときに、印刷して差し上げることができる」として、これに関連して記念資料室で印刷機購入することの案を開陳した。委員からは反対の意見はなく、経理上の検討課題とされた。

それでは、これら資料の収集をどのように記念資料室は取り組もうとしていたのであろうか。その一つの動向が、記念資料収集整理用カードによる資料の所在調査であった。一九六四年四月七日、記念資料室第一回調査員会が開催され、記念資料室では、各部局に保存されている資料の登録および教官職員の著作物のリストを作成する計画があること、ついては記念資料室から各部局へ登録記入用のカードを送付する予定であることが伝達され、調査員（各部局事務長）へ協力依頼がなされた。(46) この調査員会に先立ち、同年四月八日付で記念資料室では「記念資料収集整理用カードの作製について」計画案が作成されている。(47) 内訳案によれば、部局において一年間にうまれる一般資料の点数を五〇〇点、部局の平均設置年数を三〇年と仮定して、一万五〇〇〇点、本部において一年間にうまれる一般資料の点数を五〇〇点、創設期以来の文書が六〇年分あると仮定して、三万点の「一般資料記念カード」が必要とされている。また、教官著作物に関しては、教官個人において一年間に著作される平均五点、教官の現員数を七〇〇人、平均在職率を一〇年と仮定して「教官著作物カード」を三万五〇〇〇点、これに教官以外の著作物を五〇〇〇点程度と考慮して、一九六四年度中に必要なカードの総計を八万五〇〇〇点と見積もり、記念資料室ではこれに予備も含めて一〇万枚用意することとした。こうしてみると、本部、部局、教官著作物の必要カード数の比率からしても、教官著作物に比重がおかれていた構造がみてとれる。まず発送されたのも、教官に宛てたもので八月一〇日に配布された。この初年度においては必要分のカードが各教官等に行き渡らなかったり、カードの記入方法などの問い合わせが多く寄せられたこともあり、附属図書館の月報『図書館通信』で記入例についての説明がなされている[48]。

記念資料収集整理用カードは、大きく一般記念資料カードと教官著作物カードの二タイプに形式が分けられ、教官著作物カードは各教官の単行書、叢書、論文の業績について情報を記入することとされていた。教官向け配布に続いて、九月には部局に宛てて一般記念資料カードが配布された。しかし部局からの一般記念資料カードの提出は計画通りには進まなかったようで、期限を当初一か月程度としていたが、約一か月提出を延期したのち、最終的には年内いっぱいまで延ばすこととなり、この間世良晃志郎に代わって記念資料室長となっていた金谷治[49]、および原田副室長が理系部局長を直接訪問し個別に協力依頼を行っている。一九六四年一二月一五日に発行された『東北大学附属図書館月報　図書館通信』第八号には「理学部の二三〇〇余枚、抗研の一一〇〇余枚（差当り現在収集分）をはじめ、教育学部、農学部、教養部、速研などが提出を終った[50]」と進行状況が記されている。また、一九六四年末時点での東北大学記念資料台帳に記載のある部局は一四となっている。配布先の部局数は二五あり、少なくとも一九六四年一二月の段階では、全体の五六％と約半数程度の回収率に留まっていたことがわかる。また部局の公文書も含めた登録を想定していた一般記念資料カード提出はさらに少なく、経済学部、工学部、農学部、教養部、抗酸菌病研究所、附属病院、教育学部分校のみで、点数も一三八枚と現用文書の全体像の把握とは程遠いものであった[51]。

これに対し、一定程度成果があがっていたのは、教官著作物カードの回収である。一九六五年一月一九日に記念資料室第二回運営委員会が開催され、この席で金谷記念資料室長より「記念資料室の運営が軌道にのってきたこと、特に教官著作物カードの登録が順調に進展していること[52]」が報告されている。『東北大学附属図書館月報　図書館通信』は一九六四年度中に「教官著作物カードの合計は一万枚、著作の別刷など一つの部局で約四〇〇冊を寄贈する例などがあって、今後に明るい見通しが感じられる」[53]と伝えている。一九六四年度の記念資料収集整理用カード作成配布事業に対し、反応がよかったのは教官著作物のカード登録であったといえよう。もっともこのとき登録に協力した教官は全体の三〇％程度であったようで、回収率には課題を残した作業であったことは否めない。

教官著作物カード登録と、付随しての別刷等の寄贈は、第一回運営委員会で議論された、教官からの新刊著書、別刷などの寄贈と論文目録の作製に対する一つの答えを提示したものであったが、第一回運営委員会で同じく議論された、書籍化されていない論文の論文集作成贈呈案については、論文集そのものの印刷ではなく、「停年退官教授に対する著作目録の贈呈」とやや形を変えて、第二回運営委員会の席上、金谷記念資料室長より提案された。これは順調に登録、集積が進んでいた教官著作物カードを利用して、希望する退官教授に今までの全著作物の目録を一〇〇部程度贈呈する、という計画であった。[54]これに対し、元村勲委員（理学部長）、永野為武委員（教養部長）[55]から「退官者に対する著作目録の贈呈に関しては、あらゆる面で被贈呈者である退官者の意志を尊重すること、その部数を一〇〇部に限定しないこと、肖像写真の挿入などを考慮して欲しいこと」[56]などの要望がなされ、本川弘一委員（医学部長）からは目録作成に際し、研究室などと連絡をはかり、手落ちのないように慎重に行わなければならない、との発言がなされた。それらの意見を尊重する形で、退官教授の著作目録作成事業は承認され、その後一九六四年度末に退官した教授のうち七名に表紙裏に写真を刷り込み、簡単な略歴を付した著作目録が完成し、一九六五年五月に贈呈された。[57]定年退官教授の肖像写真作製について、[58]一九六三年以来本部事務局庶務課が所掌していたが、肖像写真と著作目録が一体的な事業とみなされたこともあり、一九六六年度末からは、肖像写真作製そのものも記念資料室が行うこととなった。[59]

この著作目録作成事業はその後も継続されていくことになり、一九六六年には八教授に著作目録を贈呈し、一九六七年にも同じく退官予定の八教授が対象となっている。一九六六年一一月三〇日に記念資料室長から各部局長に宛てて送付された「定年退官教授に著作目録を贈呈することについての調査（依頼）」によれば、著作目録作成に当たっては「カードをもととして、停年退官の教官各位に著作目録を作成贈呈する」という作業方針が説明され、「もしまだ完了しておられない場合は、早急に御提出ください。これは、目録作製の御希望の有無にかかわらず、記念資料室のために必らず、御提出下さるよう、切にお願いいたします」と、著作目録作成が、単に各教官のためのものだけでなく、記念資料室の調査を兼ねていることが明記されている。また教官著作物カードのほか記念資料室には「御著書、御筆跡、論文草稿など、御寄附いただいて、本室に長く記念物品として保存してあります（昨年度も何点かいただきました。）御協力願えれば、幸甚であります」と教官著作物そのものの寄贈も呼び掛けている。[60] このように著作目録作成事業は、記念資料室の教官著作物カードの収集・改訂・増補と密接に結びついた事業であったことがわかる。もっとも、一九六七年一月の『東北大学附属図書館月報　図書館通信』では、「目録は、登録された著作物カードを主体として作製されるのが建前となっているので、本室が例年秋に文書を送って依頼申しあげている」[61]としている通り、教官著作物カードが事前収集されていなくても、希望する定年退官教授には、著作目録を作成・贈呈していた。一例として一九六八年度定年退官教授著作目録は九名分が作成されているが、このうち事前に著作物カードの提出を受けていたのは五名分で、四名については希望を受けてから業績目録を編集したものと思われる。このため業績目録が年度末に贈呈されることはなく、年度を跨いで一九六九年夏に校正作業が行われ、九月までに印刷発送された。[62]

ところで先述の通り、一九六四年に制定された、東北大学文書管理通則、東北大学事務局・学生部文書管理規程はともに記念資料室への移管条項は設定されず、一般記念資料カードによる所在調査においても部局で保有する公文書の把握は十分進展しなかったが、記念資料室では一九六五年度においても、公文書の所在調査と一般記念資料カードによる登録を継続する意向を持っていた。一九六五年一月一九日に開催された第二回記念資料室運営委員会では、今後の計画として「昭和四〇年度　新計画本部事務局について　カード登録実施」があげられ、金谷記念資料室長より「早急の実施を考えたい旨」が述べられ、承認されている。また一九六五年五月一八日に開催された評議会において、東北大学記念資料室設置規程が改正され、調査員の条項が「事務局及び学生部の各課並びに各部局の事務部の長をもってあて、室長が委嘱する」となり、調査員制度に本部事務局および学生部の各課長を加えることが可能となった。本部事務局山田秀吉庶務部長は改正の目的を「事務局および学生部に関する記念資料の収集をより効果的に行なおうとするものである」と説明しているが、記念資料室運営委員会での議論にあるように、本部事務局および学生部への調査員制度の拡大は、実際には公文書の収集そのものに先立つ、学内の記念資料の全容把握の方に主眼が置かれたものであった。このことは同年六月一六日に行われた第二回調査員会でも明らかである。第二回調査員会は、本部事務局および学生部の各課長に向けた、記念資料室による記念資料収集整理用カードの説明会の意味合いを持ったものであった。この席上、原田記念資料室副室長からは「現物の移管・寄贈に関しても早急にということは考えて居らず、当面はカード登録の増加に重点を置く」こと、公文書だけでなく、文献や職員の著作物も含めてカードに記入してほしいことの説明がなされている。質疑応答では、鳥飼光俊庶務部人事課長より、登録について記念資料室の協力を乞う旨と、登録カードの控えを原課でもとりたいとの発言があり、金谷記念資料室長は「登録の控えとしては記念資料室登録台帳の用意があるので、それを配布する旨」を回答している。こうしたやり取りからすると、東北大学事務局・学生部文書管理規程制定後も、各課の保有する公文書を網羅的に台帳登録するような作業は十分行われていなかった可能性が高い。調査員制度の導入は、記念資料室と協力し、各課所蔵の公文書台帳作製につながるものであり、その点において本部事務局庶務部も記念資料室設置規程の改正を後押ししたといえよう。記念資料室も移管そのものに係る議論は棚上げにすることで、カード登録作業における本部の協力を取り付けようと試みたのである。

もっともこのカード提出期限を調査員会では同年九月を一応の目途としていたが、その後の収集結果については記録が残されておらず、調査員会自体も開催されなくなっていく。また、記念資料室運営委員会の開催も不定期となり、一九六五年に開催されて以降、運営委員会の議事要録は一九六八年七月一六日開催までの間の記録が残されていない[68]。史料として残されているこのときの議事要録は第四回とタイプされ、朱書きで三が追記されており、開催数は判然としないが、いずれにせよ三年半の間、運営委員会は一〜二回程度しか開催されなかったことになる。この間の記念資料室の活動としては、一九六七年六月に元事務長経験者へのヒアリングを兼ねた座談会[69]、同年一一月に一九六三年以来の第二回記念資料室展示会を開催するなどしているが[70]、本部へのカード配布は一九六五年度単年度のみの作業でその後継続されなかった。部局についても『東北大学附属図書館月報　図書館通信』ではすでにカードを提出した各部局の教官リストを掲示し、任意のカード提出を促す活動は続けられたもの[71]、カードの新規配布作業は一九六七年以降なされた形跡がみられない。カード登録に基づく全学の記念資料把握調査は、一九六〇年代後半には事実上行われなくなったものと思われる。

四　記念資料室業務の変化と実態

このように記念資料室によるカード登録作業は更新されなくなるが、全学網羅的な記念資料の実態把握を目指さなくなっていった背景には、記念資料室の状況の変化も要因としてあげられる。まず一つは附属図書館の組織環境の変化である。一九六七年（昭和四二）一月に附属図書館に調査研究室が設置され[72]、記念資料室の副室長を務めていた原田隆吉はこの調査研究室の室長を兼務することになる。この調査研究室では図書館事務量調査や[73]、図書館で利用する電子計算機に関する調査など[74]、学内他部局の委嘱研究員とともに取り組むことになる。また金谷附属図書館長と原田調査研究室長は、調査研究室が設置された一九六七年一一月にアメリカの図書館建築と図書館機構について調査出張しており、その視察目的が「本館の移転新営と大学図書館の近代化」であったように、一九七三年に実現することになる、川内キャンパスへの附属図書館の新築移転計画が重要性を増すこととなり、記念資料室の活動だけに専念できなくなっていったものと思われる。

二点目は片平キャンパスから青葉山キャンパスへの部局移転に伴う資料収集作業が本格化していったことである。管見の限りでは一九六六年七月、一九六七年二月、一九六八年二月など複数回、工学部の青葉山移転に際し、各学科の研究室で廃棄予定の文献・文書・試作品・設備・備品などを、記念資料室が収集し保存することに関し、金谷治記念資料室長名義の収集依頼が作成されている[75]。この過程で、工学部諸学科各教室で保管されて来た資料や、包摂校の一つである旧制仙台高等工業学校の資料などの収集が進展、なかでも一九六七年に収集された「旧仙台高等工業学校の記念資料はめざましいもの」があったという[76]。前述の通り、一九六七年一一月、記念資料室では、第二回記念資料室展示会を開催しているが、この時期に展示会が開かれたのには、キャンパス移転に伴い収集された資料の紹介という意味が強かったといえる。開催趣旨は「昭和三八年一一月一〇日、第一回の記念資料展を開催したが、その後収集された資料もかなりの量に達したので、ここにその一部を陳列して第二回の記念資料展を開催することにした」としており[77]、仙台高等工業学校の資料がおよそ四分の一を占めている。記念資料収集整理用カードによる資料の所在調査は、資料収集の前提として開始されたものであったが、青葉山キャンパスへの移転に伴い、廃棄される危険性を有していた記念資料の収集そのものに対応していく必要性が出てきたのである。

また、この第二回の展示目録をみてみると、イルミネーターや電動防止器、切味試験機、ライヘルト顕微鏡などの実験器具も積極的に収集していたことがわかる。当時、東京大学では総合研究資料館設立計画案が持ち上がり、一九六六年に設置されることになるが、こうした動向を受けて、東北大学でも元村勳理学部長が議長を務める「東北大学総合研究資料館設立計画に関する懇談会」が組織され、金谷記念資料室長も附属図書館長の立場からメンバーに加わっていた。しかし、東北大学では、東北大学総合研究資料館の設置は実現しなかった。(78) またそもそも東北大学記念資料室資料収集規程では、「記念物品」として実験器具、実験装置、備品も収集資料の対象とされていた。(79) 博物館に相当する組織が学内にない中で、記念資料室は記念物品の枠組みで実験器具等も実態として収蔵していくことになったのである。

このため、記念資料の状況把握と移管体制の確立以前に、収蔵環境そのものが逼迫していくことになる。不定期開催となっていた記念資料室運営委員会が一九六八年七月一六日開催された目的の一つが、収蔵スペース確保について全学的理解を求めること、にあったことは議事録からうかがえる。このときの運営委員会では、記念資料室の将来計画が議題となっており、記念資料室から「既に本室に収納された資料は、現在は附属図書館の仮書庫の通路上に保管されているが、最近図書館資料も増加し、いままでのように通路を使用するわけにはゆかなくなった」という状況が報告され、本川弘一学長が「川内に新営附属図書館が建設されても、その中に資料の保存ならびに陳列の場所は十分にはとれないであろうから、片平地区で適当な建物を記念資料の保存、展示のスペースとして本室に割りあてられるよう協力を願わねばならないであろう」との発言があり、運営委員会で了承されている。(80) 一方で記念資料収集整理用カードによる資料の所在調査の件は議事録には一切記載がない。公文書も含めた現用文書の全学的把握は記念資料室の活動としては明確に位置づけられなくなっていき、各部局のキャンパス移転に伴い増加した収集資料の保存、展示環境の整備が一九六〇年代後半以降、記念資料室の主たる課題となっていくのである。

おわりに

東北大学記念資料室が設置された一九六〇年代初頭、東北大学はさまざまな資料の在り方に関する課題を内在していた。一つは東北大学が創設五〇周年記念事業として計画した『東北大学五十年史』の編纂が終了し、編纂にあたって活用された資料の散逸が問題となっていたこと。二つ目は文書処理規程が未整備な中で、東北大学の本部事務局、学生部等では事務業務や文書管理の所掌が複雑化してきており、公文書管理の在り方が問われるようになってきていたこと。三つ目は東北大学に在籍していた教官の著述や論文を集約し、学生教育の一助とすべきという意見が学内にあったこと。四つ目は新制大学発足時に包括された包摂校の資料が学内で分散して管理されており、その散逸を危惧する旧包摂校出身の教官が一定の影響力を有していたこと、である。記念資料室の収集規程はそうした学内の要望を包含するかたちで制定されることとなり、「記念資料」に含まれる資料の範囲も幅広いものとなった。

記念資料室が発足後、こうした諸問題に対応した「記念資料」の収集を行うに当たり、設定されたものが、本部事務局・学生部課長級、部局事務長級の職員に委嘱する調査員、名誉教授や元事務長経験者、包摂校同窓会長などを想定した専門員の制度であった。とりわけ現用文書の文書管理者を記念資料室の調査員に委嘱する取組みは、日本におけるレコードマネージャーとアーキビストの関係を考える上で興味深い取組みである。この調査員を通じて、記念資料室は一九六四年以降、記念資料収集整理用カードによる資料の所在調査を開始することとなる。「記念資料」の移管、寄贈の前提として、調査員を通じた全学的な「記念資料」の把握を目指したのである。

しかし、記念資料室が一九六四（昭和三九）～一九六五年にかけて二回の調査員会を開催し、本部事務局、学生部、部局と全学的な記念資料収集整理用カードによる資料の所在調査の説明と協力を要請したにもかかわらず、記念資料収集整理用カード、なかでも公文書を含んだ一般記念資料カードの回収率は低く、全学的な現用文書の所在把握からは程遠いものであった。この調査員制度がうまく機能しなかった要因としては、一九六四年に制定された「東北大学文書処理規程」との接合が不十分であったことがあげられる。当初記念資料室では、全学的な文書処理規程の制定を待って、公文書の移管を主業務とすることが想定されていた。しかし最終的に制定された「東北大学文書処理規程」では、原課における文書処理と適切な保存に重点が置かれたものとなり、記念資料室への移管条項は定められず、「東北大学記念資料室収集規程」と公文書の保存期間の整合性が取られていないなど、現用文書の保存期間満了に伴う記念資料室への非現用文書の移管という流れが規程上整備されることはなかった。このため、記念資料室が送付した記念資料収集整理カードへの記載作業は、規定に基づく強制力はなく、調査員に委嘱された本部事務局、学生部の課長級、部局の事務長級が積極的に、記念資料室に協力する動機付けは低かったのである。

一方、記念資料室は教官系退官者からの寄贈による資料収集を、事業開始当初から重要視していたが、単行書、雑誌論文などの「教官著作物」そのものも東北大学記念資料室収集規程では収集対象として位置づけられていた。附属図書館では退官した教官蔵書の寄贈受入れを行っており、実質的に附属図書館内に置かれていた記念資料室の取組みとして、進めやすい活動であったといえる。また収集規程では、「収集することが不可能な記念資料については、その目録を収集するものとする」とされていた。記念資料収集整理カードは、一般記念資料カードのほか教官著作物カードの形式も用意され、全学教官の著作物の情報蓄積が試みられたのである。また教官著作物カードをもとに、一九六四年度末に定年退官した教授のうち希望者に著作目録の作成が行われ、以後この定年退官教授目録の作成は、記念資料室の活動として毎年継続されていくことになる。もっとも、一般記念資料カードに比べれば教官著作物カードの回収率は三〇％程度と高かったものの、全学教官を網羅するには至らず、記念資料収集整理カードをもとにしたかたちでの目録作成作業は形骸化していくことになった。

その後、一九六〇年代後半から東北大学が、創業地である片平キャンパスから、青葉山への部局のキャンパス移転を本格化していく中、記念資料室は移転に伴い散逸の危険性が高まるとして、各研究室などから記念資料の収集作業を積極的に行うようになる。作業の過程で記念資料室は、包摂校の資料なども寄贈を受けることになったほか、当時全学的な博物館機能を有する施設がなかったこともあって、実験器具や装置なども受け入れたことで、記念資料室の収蔵スペースは狭隘化が進むことになる。また資料の一定の蓄積をもとにして、展示企画が行われていくようになった。この結果、記念資料室の活動の課題は、全学的な公文書や教官著作物の全容把握と移管プロセスの確立から、収集した記念資料の収蔵スペースの確保と、展示公開機能の検討に論点が移っていくことになる。東北大学記念資料室は、「記念資料」の定義を広くとることで、収集対象は幅のあるものとなったが、そのことが定年退官教授目録作成作業や、記念物品の展示公開機能の検討など特色ある取組みを担保し、学内での公文書移管体制未確立な中にあって、大学アーカイブズの命脈を保ったといえよう。

また、東北大学記念資料室の設置は、日本における大学アーカイブズ史においては画期といえるものの、その波及効果は限定的であった。一九六〇年代後半には、京都大学で七十年史が、九州大学で五十年史が編纂されているが、記念資料室に類似した組織が設置されることはなかった。前述の通り、東北大学記念資料室の設置には、年史編纂後の資料の散逸防止だけでなく、学内の文書管理に関する規程整備の動きをはじめとした複合的な要因が背景にあり、そのため学長や本部事務局の事務方など全学的な理解を得やすい状況があった。そうした年史編纂事業終了だけに留まらない、アーカイブズ設置の複合的要因が醸成される状況は、国立大学においては一九八〇年代の東京大学を待たねばならない。

註

（1）安澤秀一・大藤修・安藤正人・大友一雄・冨善一敏「座談会　日本におけるアーカイブズ学の発展」（『アーカイブズ学研究』二七、二〇一七年）五八頁。
（2）桑尾光太郎・谷本宗生「大学アーカイヴズのあゆみ」（全国大学史資料協議会編『日本の大学アーカイヴズ』京都大学学術出版会、二〇〇五年）二二〜二三頁。
（3）永田英明「はじめに」（『これからの大学と大学アーカイブズ――東北大学史料館創立五〇周年記念講演会・シンポジウムの記録』東北大学史料館、二〇一四年）。
（4）原田隆吉「東北大学記念資料室の発足」（原田隆吉図書館学論集刊行委員会編『原田隆吉図書館学論集』雄松堂、一九九六年。初出は『図書館学研究報告』一九、一九八六年）。
（5）永田英明「第二五編　史料館」（『東北大学百年史　七　部局史四』東北大学、二〇〇六年）。
（6）世良晃志郎は東北大学法学部教授、一九五八年一二月から一九六三年一一月まで附属図書館長。
（7）『東北大学職員録　昭和三六年五月一日』一九六一年八月（本部／〇二六五／〇〇一七、東北大学史料館所蔵。以下、註にあげる資料については東北大学史料館所蔵、また初出以降の識別番号は省略）。
（8）「附属図書館商議会議事要録」一九六一年一一月六日（『商議会関係綴　自昭和三十三年度至昭和三十八年度』図書館／二〇一八／Ｂ一）。
（9）中村吉治は東北大学経済学部教授、一九五三年一一月から一九五八年一一月まで附属図書館長。
（10）「原田隆吉略歴」（原田隆吉図書館学論集刊行委員会編『原田隆吉図書館学論集』雄松堂、一九九六年）六三三頁。
（11）「東北大学記念資料室および東北大学記念資料室資料収集規程の制定について（伺）」一九六三年七月一一日（『本部関係規程綴／自昭和三八年四月至昭和三八年一二月』総企画／二〇〇六／〇四―一四）。
（12）「東北大学文書管理通則の制定について（伺）」一九六四年四月二〇日（『本部関係規程綴／自昭和三九年一月至昭和三九年九月』総企画／二〇〇六／〇四―一五）。
（13）「記念資料室設置計画参考資料　九州大学文書処理規則よりの抜粋」一九六一年一一月六日『商議会関係綴　自昭和三十三年度至昭和三十八年度』。
（14）「附属図書館商議会議事要録」一九六二年一二月一四日『商議会関係綴　自昭和三十三年度至昭和三十八年度』。

(15)「附属図書館商議会議事要録」一九六三年一月二八日『商議会関係綴　自昭和三十三年度至昭和三十八年度』。
(16)「附属図書館商議会議事要録」一九六三年七月一六日『商議会関係綴　自昭和三十三年度至昭和三十八年度』。
(17)新制大学時に東北大学に包括された、第二高等学校、仙台高等工業学校、宮城県師範学校、宮城県女子専門学校などについて本章では「包摂校」と名称し記述する。
(18)前掲「附属図書館商議会議事要録」一九六三年七月一六日。
(19)川内分校は一九六四年に教養部として改組される。
(20)前掲「附属図書館商議会議事要録」一九六三年七月一六日。
(21)「東北大学記念資料室設置規程（案）」一九六三年七月一六日『本部関係規程綴／自昭和三八年四月至昭和三八年一二月』。
(22)「記念資料室第一回運営委員会議事録」一九六三年一一月一九日（『記念資料室』〈原田隆吉文書〉）。
(23)「東北大学記念資料室設置規程の一部を改正する規程の制定について」一九六三年一二月一六日（『記念資料室』〈原田隆吉文書〉）。
(24)東北大学百年史では、附属図書館長と記念資料室長の任期にズレがあるが、原議書等の記念資料室長の押印や決裁名義は、附属図書館長交替と連動しており、実質的に規程は機能していたと思われる。『東北大学百年史　十　部局史三』（東北大学、二〇〇九年）二九七、三〇五頁。
(25)「下記名を東北大学記念資料室副室長にしたいので発令よろしく御取計らい願います」一九六三年七月一九日（『記念資料室関係綴　昭和三八～四三年』史料館／二〇一七／一九）。
(26)「記念資料室だより」（『東北大学附属図書館月報　図書館通信』一、一九六四年四月）では、坪井一助手も記念資料室付きの助手とされているが、東北大学職員録では附属図書館洋書目録掛に所属する助手とされている。また一九六四年から石田義光は事務官として掲載されるようになる（『東北大学職員録　昭和三八年一〇月一日』本部／〇二六五／〇〇一九、『東北大学職員録　昭和三九年一〇月一日』本部／〇二六五／〇〇二〇）。
(27)「記念資料室事務の委嘱について（伺）」一九六四年一月一日（『記念資料室』〈原田隆吉文書〉）。
(28)「東北大学記念資料室収集規程（案）」一九六三年七月一六日『本部関係規程綴／自昭和三八年四月至昭和三八年一二月』。

(29)「記念講堂について（依頼）」一九六三年一〇月三日『記念資料室関係綴　昭和三八～四三年』。

(30) 原田隆吉「東北大学記念資料室の発足」（原田隆吉図書館学論集刊行委員会編『原田隆吉図書館学論集』雄松堂、一九九六年）三五四頁。

(31) 東北大学記念講堂は東北大学創立五十周年記念事業の一環として建設が企画され一九六〇年に落成。松下会館は松下幸之助の寄附による記念講堂と一体的に隣接した別館で同時期に竣工した。

(32)「東北大学記念資料展示目録」一九六三年一一月一〇日『記念資料室関係綴　昭和三八～四三年』。

(33)「本学記念資料展示会への貴分校関係の記念資料の出品方について（依頼）」一九六三年一一月四日『記念資料室関係綴　昭和三八～四三年』。

(34)「記念資料室の設置を報告し併せて積極的な御協力を依頼すること」一九六三年一一月『記念資料室関係綴　昭和三八～四三年』。

(35) 前掲「記念資料室の設置を報告し併せて積極的な御協力を依頼すること」一九六三年一一月。

(36) それまで人事課は人事掛、給与掛の二係が置かれていたが、このとき人事班と給与班の二班制となりそれぞれ下部に任用掛、職員掛および一般給与掛、特殊給与掛の計四掛が置かれる体制となっている。東北大学百年史編集委員会『東北大学百年史　十　資料三』（東北大学、二〇〇九年）二四一頁。

(37)「〔メモ〕今後の事業の予定①収集計画」一九六三年一一月頃（『記念資料室』〈原田隆吉文書〉）。

(38)「保存文書分類基準表について（依頼）」一九六四年二月二五日（『文書書式取扱関係　昭和二四～三六年』総務／二〇一〇H／二五三）。

(39)「東北大学文書管理通則（案）」一九六四年四月二八日評議会決定、同年五月一日施行『評議会議事要録綴　昭和三九年度』総務／二〇〇六／〇一―二九）。

(40)「東北大学事務局・学生部文書管理規程」一九六四年四月二八日評議会報告、同年五月一日施行『評議会議事要録綴　昭和三九年度』。

(41)「〔庶務課長発記念資料室宛　学長室保存図書の移管について〕」一九六四年七月二一日（『記念資料室』〈原田隆吉文書〉）。

(42) 東北大学では一九一五年、医科大学開設と同時に図書館医科分館が設置され、一九五四年「東北大学附属図書館規程」の改正により附属図書館分館（医学図書館）と改称されていた。

(43) 前掲「東北大学記念資料室収集規程（案）」一九六三年七月一六日。

(44) 「記念資料室専門員候補者人選ひかえ」一九六三年頃ヵ（『記念資料室』〈原田隆吉文書〉）。のちに任命された事例としては、旧制第二高等学校の尚志同窓会業務の担当者が委嘱されている。「東北大学記念資料寄贈者に対する礼状の送付について（伺）」一九八七年八月一日（『記念資料室関係綴　昭和五十五年三月～六十二年六月』史料館／二〇一七／二四）。

(45) 前掲「記念資料室第一回運営委員会議事録」一九六三年一一月一九日。

(46) 「記念資料室だより」（『東北大学附属図書館月報　図書館通信』一、一九六四年四月）。

(47) 「記念資料室収集整理用カードの作製について」。

(48) 「記念資料室だより」（『東北大学附属図書館月報　図書館通信』六、一九六四年九月）。

(49) 金谷治は東北大学文学部教授、一九六三年一二月～一九六八年一一月まで附属図書館長。

(50) 「記念資料室　登録カード収集はじまる」（『東北大学附属図書館月報　図書館通信』八、一九六四年一二月）。

(51) 「東北大学記念資料台帳」一九六四年末（『記念資料室』〈原田隆吉文書〉）。一般資料カードの点数は公文書の簿冊の実点数ではなく、公文書のシリーズは一括りに一つのカードに記載していた可能性がある。

(52) 「記念資料室第二回運営委員会議事録」一九六五年一月一九日『記念資料室関係綴　昭和三八～四三年』。

(53) 「記念資料室で退官教授の著作目録を作製」（『東北大学附属図書館月報　図書館通信』一五、一九六五年六月）。

(54) 「東北大学記念資料室第二回運営委員会議事資料」一九六五年一月一九日（『記念資料室』〈原田隆吉文書〉）。

(55) 「人事記録附属書類　永野為武」（東北大学史料館所蔵）。『東北大学百年史　十　資料三』では永野の教養部長任期は一九六四年一〇月四日となっているが、実際の任期は一九六五年一〇月四日まで。

(56) 前掲「記念資料室第二回運営委員会議事録」一九六五年一月一九日。

(57) 前掲「記念資料室で退官教授の著作目録を作製」。

(58) 東北大学では規定上は戦前期より「定年」の呼称を用いていたが、慣例として「停年」が用いられることもあった。本章では文章表現は「定年」で統一し、引用文については原文のままとした。

(59) 「記念資料室　定年退官教授記念写真アルバム作製を担当」（『東北大学附属図書館月報　図書館通信』三五、一九六七年二月）。

(60)「停年退官教授に著作目録を贈呈することについての調査（依頼）」一九六六年一一月三〇日『記念資料室関係綴　昭和三八〜四三年』。

(61)「記念資料室　停年退官教授に贈る著作目録作製」（『東北大学附属図書館月報　図書館通信』三四、一九六七年一月）。

(62)「記念資料室　停年退官教授著作目録を作製・贈呈」（『東北大学附属図書館月報　図書館通信』六六、一九六九年九月）。

(63)「東北大学記念資料室第二回運営委員会議事資料」一九六五年一月一九日（『記念資料室』〈原田隆吉文書〉）。

(64)前掲「記念資料室第二回運営委員会議事録」一九六五年一月一九日。

(65)「記念資料室の調査員に事務局・学生部の各課長を加える」（『東北大学附属図書館月報　図書館通信』一五、一九六五年六月）。

(66)「評議会議事要録」一九六五年五月一八日（『評議会議事要録綴　昭和四〇年度』総務／二〇〇六／〇一—三〇）。

(67)「第二回調査委員会議事要録」一九六五年六月一六日（『記念資料室』〈原田隆吉文書〉）。

(68)「第三回記念資料室運営委員会議事要録」一九六八年七月一六日（『記念資料室』〈原田隆吉文書〉）。

(69)「記念資料室第一回座談会」（『東北大学附属図書館月報　図書館通信』三九、一九六七年六月）。

(70)「記念資料室　松下会館で第二回展示会」（『東北大学附属図書館月報　図書館通信』四三、一九六七年一〇月）。

(71)「記念資料室から教官著作物カード提出のお願い」（『東北大学附属図書館月報　図書館通信』四六、一九六七年一月）。

(72)「東北大学附属図書館調査研究室　設置され発足する」（『東北大学附属図書館月報　図書館通信』二二、一九六六年一月）。

(73)「大学図書館事務量調査特別委員会　最終報告」（『東北大学附属図書館月報　図書館通信』五二、一九六八年七月）。

(74)原田隆吉「電子計算機を図書館で利用する計画」（『東北大学附属図書館月報　図書館通信』五三、一九六八年八月）。

(75)「本学記念資料の収集について（依頼）」一九六六年七月二一日、「貴学部各学科の青葉山移転に際し保存すべき記念資料の収集について（依頼）」一九六七年二月二七日（『記念資料室』〈原田隆吉文書〉）。「本学記念資料収集についての依頼」一九六八年二月一四日（『運営委員会議事録（原議書等）　昭和四二〜昭和六一年』史料館／二〇一七／二）。

(76)「記念資料室　総長記念写真大額などを収集」（『東北大学附属図書館月報　図書館通信』三七、一九六七年四月）。

(77)「第二回東北大学記念資料室展示会　まえがき」一九六七年一一月頃（『記念資料室』〈原田隆吉文書〉）。
(78)東北大学では、類似の組織としては一九九八年に設置された総合学術博物館を待たねばならなかった。
(79)前掲「東北大学記念資料室収集規程（案）」一九六三年七月一六日。
(80)「第三回記念資料室運営委員会議事要録」一九六八年七月一六日（『記念資料室』〈原田隆吉文書〉）。

第二章　情報公開法施行前の国立大学における文書管理規程と文書移管

——東京大学を事例に——

はじめに

本章は情報公開法施行前における、国立大学の文書管理規程変遷と文書移管の関係について東京大学を事例に明らかにするものである。

近年、先行研究においては近現代日本における文書管理、移管について制度的、歴史的な研究蓄積が進んでいる（1）。しかし、こうした先行研究は各省庁や国立公文書館が分析対象であり、大学における変遷過程についてはほとんど明らかにされていない。数少ない先行研究の中で着目すべき論考として、所澤潤が帝国大学の文書取扱規程を分析しているほか、坂口貴弘が京都大学における事例から、国立大学における文書管理改革の独自性を示唆しているものの、帝国大学期に分析の比重が大きいこと、また新制大学期においても、その制定過程や実際の運用面について学内でいかなる検討があったのか、実証的な分析には至っていない（2）。

一方、文書移管との関係で見た際、国立大学における文書管理規程制定の画期の一つが行政機関の保有する情報の公開に関する法律（以下、情報公開法）によるものであることは、先行研究によって指摘されている（3）。情報公開法施行への対応の中、国立大学では文書管理規程を新たに制定もしくは改正し、文書管理規程中、大学アーカイブズへの移管条項が盛り込まれていく事例が増加することになる。なかでも日本初の本格的な大学アーカイブズとされる京都大学大学文書館や広島大学文書館などが文書移管の先進的事例として位置づけられ(4)、研究上・実務上でのノウハウの蓄積と伝播が進んでいくことになった(5)。

以上、見てきたように国立大学における文書管理規程、および文書移管についての先行研究は、前史としての帝国大学期における文書管理制度、もしくは二〇〇〇年代以降の大学アーカイブズへの文書移管に研究が収斂され、情報公開法施行前における国立大学の文書管理規程変遷、および文書移管制度の実態については実証的に明らかにされてこなかった。

上記先行研究状況に対し、第一章では、東北大学を事例に、記念資料室と文書管理に関する学内規程との関係についても考察したが、本章で着目する時期は一九八〇年代以降、情報公開法施行までについてである。当該期、日本では大学史編纂事業の高まりとともに(6)、大学史編纂後の在り方もまた研究レベルで進展していった時期であった。東京大学百年史編纂事業最中の一九八三年（昭和五八）にまとめられた「東京大学関係諸資料の保存と利用に関する予備的研究」では、学内文書の課題として「系統的な保存・利用の具体策が講じられていない(7)」ことがあげられ、一九八七年の公文書館法制定も相まって、一九八〇年代「大学史編纂においては資料保存問題を重視する傾向が強くなって(8)」いったのである。

こうした中、本章で取り上げる東京大学では、一九八八年七月に「東京大学事務局文書管理規則」を全部改正し、そこでは東京大学百年史の刊行後に設置された、大学史史料室への文書の移管規程を盛り込んだ(9)。これは大学アーカイブズへの文書移管規程としては、国立大学においては最も早い事例の一つであり(10)、また大学史編纂事業から大学史史料室設置への組織移行手続きや関連諸規則の整備等については、折田悦郎が指摘しているように大学史編纂後の制度設計のモデルケースとして、九州大学や名古屋大学など「後発の大学史料室の設置・運営に多大な恩恵を与え」たとされている。(11)

しかし東京大学では、文書管理規則に移管に関する条項が明文化されているにもかかわらず、大学史史料室への文書移管体制が実態として制度化することはなかった。(12) 東京大学において文書移管が制度的に開始されるのは、二〇一五年（平成二七）度の東京大学文書館の国立公文書館等指定を待たねばならない。先駆的に文書管理規則上に移管条項を盛り込んだにもかかわらず、東京大学ではなにゆえ規則が実態として運用されなかったのか。その背景を明らかにすることは、京都大学大学文書館設立以前において国立大学に本格的な大学アーカイブズが成立しなかった要因の解明につながり、日本における大学アーカイブズの展開過程を実証的に位置づける上で欠くことのできない作業であるといえよう。

以上の先行研究と問題関心を踏まえ、本章では一九八〇年に東京大学において戦後初めて本格的に制定された文書管理規程である「東京大学事務局文書管理規則」制定以降、情報公開法による二〇〇一年の「東京大学行政文書管理規則」制定に至る文書管理規程の変遷について、東京大学史史料室への文書移管に着目して考察を行う。考察においては従来十分活用されてこなかった、学内各種会議の一次史料を用い、大学史史料室内、また本部事務局内で文書移管の問題が、文書管理規則との関係の中でどのように把握され、検討されていったのか、その過程を抽出することで、当該期国立大学における大学アーカイブズへの文書移管機能の模索と展開について解明を試みる。

一　東京大学史史料室の設置と文書管理規則

1　東京大学事務局文書管理規則の制定

東京大学では、所澤氏が指摘しているように、帝国大学期に文書取扱規程が策定されたものの、新制大学期以降しばらくの間、文書管理は事務慣行によって運用されてきたものと思われる。(13)こうした東京大学において文書管理規程が定められたのは、一九八〇年（昭和五五）五月六日向坊隆東京大学総長名で制定された、東大規則第一一号「東京大学事務局文書管理規則」によってである。同規則は制定理由として「事務局における文書の管理は、その重要性にもかかわらず客観的な基準となる規定がなく、慣行によって処理されてきたが、文書の手続きが各部・各課（主幹）不統一で合理的でないので、これを合理化するとともに、文書に対する責任を明確にするため、この規則を制定するものである(14)」としており、業務上の便益をあげているが、この時期に事務局文書管理規則が定められた背景には、東京大学本郷キャンパスにおける本部棟の竣工が要因としてあげられる。

本部棟は事務局文書管理規則が制定された前年の一九七九年九月に完成し、一九八〇年までに本部事務局各課が本部棟に集約されていくこととなった。施設部のように、開学以来常に本部他課と別棟で業務をしてきたような部署も本部棟に集約されることで、本部事務局全体の事務処理の規格統一が求められた結果であったといえよう。(15)同規則の制定に当たっては、評議会に付議された形跡はなく、(16)大学全体としてではなく、あくまでも本部「事務局」に係る文書管理規則であったことも、本部事務局にとっての必要上制定されたものであったことを物語っている。

東京大学事務局文書管理規則では、第四六条において文書の類別、保存期間を定め、保存期間満了後の文書については、第四七条において「保存期間が経過した文書は、所管課長の決裁を受け、文書保存台帳に廃棄の旨を記載して廃棄するものとする」という条項があるのみで、保存期間満了後の文書の受け皿はなく原則廃棄されることとなっていた。

この後、同規則は一九八六年四月一一日に一部改正されたが（同年四月一日遡及適用）、これは庶務部の事務組織改編に関わる文言修正であり、実質的な内容についての変更ではなかった[17]。これに対し、翌一九八七年六月段階において、本部事務局が本格的な文書管理規則の見直しを検討していたことが、東京大学文書館所蔵『諸規則（事務局内規集）』に所収されている、一九八七年六月二三日付、佐藤康夫庶務課長補佐より三浦俊暁広報企画課長補佐に宛てた「東京大学事務局文書管理規則等の見直しについて」から明らかにすることができる。ここには以下のように記されている。「東京大学事務局文書管理規則及び東京大学事務局文書専決内規は昭和五五年五月に制定された。この規則及び内規については、爾後に見直すことを考慮に入れて早急に制定したものであると聞いております。つきましては、この規則及び内規を事務局三部において見直すことになりましたのでご協力方よろしくお願いいたします[18]」。

これに対し庶務部広報企画課では七月二四日、事務局文書専決内規について追加・修正がないこと、また課内における文書の類別、保存期間について庶務部庶務課長に回答しているが、本章において着目すべき点は、文書の類別、保存期間の回答に続いて「事務局文書管理規則中に文書の移管の項目（別紙二参考）を追加して頂きたい」との提案がなされていることである[19]。

別紙二参考は「（東京大学史史料室への移管）第〇〇条　前条の規定による保存期間が永久（第一類）とされた文書で保管の開始後二〇年以上を経過したもの及び永久保存以外とされた文書で当該保存期間を経過したものは、東京大学史史料室へ移管することができる。二、保存期間が永久（第一類）とされた文書の東京大学史史料室への移管については、東京大学史史料室長が当該文書の主管課長と協議の上決定するものとする」という内容であり、大学史史料室への保存期間満了後の文書移管に関する条項を求めるものであった。こうした庶務部内における文書管理規則見直しおよび追加条項設定の動きは、大学史史料室の設置と密接な関係を有していた。ここで話を少し遡り、大学史史料室設置について確認しておきたい。

2　東京大学史史料室の設置と事務局文書管理規則の全部改正

当時東京大学では、百周年記念事業の一つとして『東京大学百年史』編纂が進められていたが、刊行は一九八七年三月で完了する予定となっていた。そのため一九八六年一〇月一四日評議会決定に基づき「東京大学史料の保存に関する委員会」が設置され（以下、保存に関する委員会）、今後の史料保存の在り方が検討されることとなる。(20)同委員会は年度内に四回開催されたが、議題の中心は百年史編集事業終了後の収集史料や百年史編集室等についての当面の措置の検討であった。一九八七年一月八日に開催された第二回保存に関する委員会では、非現用公文書等の取扱いと本部事務局の関係について、伊藤隆委員から意見がなされている。伊藤委員は、非現用公文書類等をどの程度の期間で、どのような形式により移管もしくは寄託するのかのルールを確立することが必要になってくるのではないか、として「一般的に大学文書収集は、大学史の専門家の努力によることが大きいが、しかし、この大学史の専門家の努力だけでは大学文書収集に限界があるので、大学事務局との協力のもとに、全学的な文書管理保存規則を施行し、かつ、事務局との密着した関係を形成する必要」(21)があるとの意見を開陳した。これに関し日下弘庶務部長から、「各省庁から国立公文書館に移管される文書等については、どのような規定があるか等次回の委員会までに事務局側で調査しておきたい」(22)旨が述べられた。

第三回保存に関する委員会では事務局から東京大学と文部省とを比較した「文書の保管等に関する現状」が提

出され、文書移管の規定が東京大学にないこと、文部省文書処理規程において国立公文書館への移管条項があることが説明され、その上で編集室の後継組織として、今後概算要求による「東京大学史史料センター」設置を目指す場合、文書等の移管に関する規程等を整備した後でないと、文部省への概算要求説明に不備をきたすという事務局の判断が示された。[23]

第四回保存に関する委員会でも、概算要求と文書移管規程整備との関係について審議されたが、日下庶務部長からは「時間的な問題、及び事務局・部局が保存している資・史料の管理方法等の具体的措置が定まっていない状況であるから、まだ概算要求の時期ではないであろう」という慎重意見が出されたが、寺﨑昌男委員長から概算要求に向けて次回の委員会から具体案を審議したい旨が述べられ、委員会として了承された。[24] この委員会決定を受けて、本部事務局側でも次年度を目途として、本格的に東京大学事務局文書管理規則の改正が検討されることになったと思われる。また、このとき概算要求までの過渡的措置として、百年史編集室を「東京大学史史料室（仮称）」として再組織することが決定された。

その後作成された「東京大学史史料室利用規則（案）」が、一九八七年四月二一日評議会において承認され、同日付で東京大学史史料室が発足すると、大学史史料室への文書移管体制をどうするかが、改めて議論されることになる。[25] 一九八七年六月三〇日に開催された第六回保存に関する委員会では、「学内行政文書の譲り渡しのルールについて」が議題としてあがった。大学史史料室の中野実助手から「事務局の庶務課法規掛と相談した結果、とくに行政文書の移管について確立されたものはない。文書処理の現状は全学的には様々であり、庶務部の場合を考えてみると、第一には、東京大学文書管理規則の中に「移管」という項目をたてて、史料室に庶務部の史料を移管する方法。第二には、庶務部で文書管理規則の中に文書自体の保存期間と移管規定を明記する方法。第三に、単独に文書の移管規定を作る方法が考えられるので、これらについて事務局と詰めていきたい」という問題[26]

表４　1987 年時における東京大学・文部省文書管理規程比較

項　　目	東京大学事務局文書管理規則	文部省文書処理規程
文書の保管方法	第 46 条第 4 項 編集を終えた文書は，所管掛において所要の期間保存するものとする。	（保管） 第 64 条　記録文書簿冊は，記録班において堅ろうに製本し，次の各号に掲げる区分に応じて文部省記録庫に保管しなければならない。
保管文書の移管	規定なし	（国立公文書館への移管） 第 65 条の 2　前条の規定による保管年限が永久保管とされた記録文書で保管の開始後 20年以上を経過したもの，及び永久保管とされたもの以外の記録文書で当該記録文書の保管年限を経過したものは，国立公文書館に移管することができる。（中略） 2. 永久保管とされた記録文書の国立公文書館への移管については総務課長が当該文書の主管課長と協議の上，決定するものとする。
保管文書の廃棄	第 47 条 保存期間が経過した文書は，所管課長の決裁を受け，文書保存台帳に廃棄の旨を記載して廃棄するものとする。	（廃棄） 第 66 条　第 65 条の規定による保管年限を経過した記録文書は，廃棄することができる。この場合において，記録文書廃棄簿に当該記録文書に関し必要な事項を記入しなければならない。

出典：「文書の保管等に関する現状」1987 年 2 月 20 日（『東京大学史料の保存に関する委員会　第 1 綴（第 1 回～第 8 回）』東京大学文書館所蔵）。

提起がなされた。これについて各委員からは、永久保存の文書についての保存や移管の在り方、移管後の活用について意見が出され、審議の結果、事務局で部局との関連も含め東京大学の文書管理の方法を考える、ということになる。

　しかし前述の通り、本部事務局としては委員会開催以前、六月二三日段階ですでに東京大学事務局文書管理規則の改正が既定路線となっており、実際には委員会決定に先行するかたちで文書管理規則改正の検討が進んでいたのである。

　その後保存に関する委員会では、行政文書の移管後の取扱いについても議論が進められていくことになる。同年一一月九日に開催された第八回保存に関する委員会では、

「移管行政文書に対する史料室の態勢について」という資料が配付された。この資料によれば、移管行政文書は史料室利用規則第一条の「資料」とは別個に位置づけ(27)、独自の保存・公開のシステムを考えること、「現業の利用はフリーパス」とし、「部課の異なる現業からの利用申込にたいしては、許可願等手続きを必要とする(28)」こと、移管行政文書は文書発生の部課単位で受け入れ、原型保存の上事項別編成はしないこと、公開には所管部課掛と保存委員会（史料室室長）との協議を経ること、という案が示されている。これに関し、委員からは公開決定の主体（所管部課掛の関わり方）、公開の対象者（職員利用、研究目的利用の範囲）、原物の保管方法（史料室単独で保管するのか、史料室として保管せず所在把握に留まるのか）について議論が行われた。また事務局側からは、文書の保存体系が十分整理されていない現状に鑑み、文書の分類方法と整理基準を定めた上で保存体系の策定を検討中であり、「今後の態勢としては、一定のルールを設定し、保存年限を付して整理したいと考えている。また、各管理者の判断により使用頻度、秘密保持等特に問題の無いものから順次史料室に保管を依頼することになると思う(29)」との見通しが示された。

その後一九八八年三月二八日事務局長から事務局各部課長宛てに東大庶庶第四七七号「東京大学事務局文書の分類及び保存年限に関する細則の制定について(30)」が通知、まず事務局における文書の具体的な分類および保存年限が制定されることとなった。第一分類として掛ごとにアルファベットが、第二分類として所掌内容について算用数字が振られ、第三分類として主たる文書の内容が明示され、それぞれに保存年限が一年・五年・二〇年・永年の設定がなされた。

この細則は四月一日から施行され、後述する東京大学事務局文書管理規則全部改正の際、規則に基づく細則として整理された。またこれに先立って同年一月一日には「東京大学事務局文書専決内規」の改正、一月一一日には事務局庶務部庶務課長より事務局各部課長に宛てて「文書処理の適正な実施について」通知がなされているが、これら保存年限の設定に係る細則案や専決内規の改正が、保存に関する委員会において審議された形跡はない。文書管理規則改正の動きを奇貨として、本部事務局内で文書処理業務の改善が図られていったことがわかる。(31)

こうした動きを経て、一九八八年六月二三日事務局庶務部庶務課長より事務局各部課長に宛てて東大庶庶第二五三号「東京大学事務局文書管理規則の全部改正について」(32)が通知され、同年七月一日施行された。改正された文書管理規則では、第四五条で「文書の保管については、事務局長が別に定める」とされた上で、第四六条において「前条の規定による保存年限が永年とされた文書で保管の開始後二〇年以上を経過したもの及び永年保存以外とされた文書で当該保存年限を経過したものは、東京大学史史料室へ移管することができる」として、大学史史料室への移管が明記されることになった。ここにおいて東京大学に、初めて永年文書も含め、廃棄以外の文書の保存および移管の在り方が定められたのである。一方で第四六条第二項では「文書の東京大学史史料室への移管については、事務局長が別に定める」とされ、大学史史料室の評価選別権限に関する文言は入れられなかった。

この点について、第一二回保存に関する委員会においても、委員から「第四六条第二項に「史料室への移管については事務局長が別に定める。」となっているが、内規のようなものは既に出来ているのか」との質問が出され、「これから、庶務課と広報企画課で詰めていく」との事務局側からの回答に対して、「その時には、委員会にも連絡を頂き、この委員会の意見も聞いて欲しい」との意見が付され、庶務課、広報企画課と史料室で検討した上で、最終的には委員会に諮ることとなった。このことから、このときの文書管理規則の改正は、移管に伴う具体的なプロセスが詰められないまま施行されたことがわかる。また、実際において「現在、二〇年を過ぎた文書全てを史料室に移管することは、史料室のスペースから無理であろう」との見通しも示されており、移管の受皿としての大学史史料室の役割も疑問視されていた。(33)

そもそも第三回、第四回保存に関する委員会で議論されていたように、この時期の委員会の議論の主眼は概算要求による大学史史料室のセンター化であって、文書管理規則改正の背景には、概算要求説明に当たり、移管規定のある文書管理規則の整備が必要、という文脈があった。その意味において、規則が定められればよく、文書移管そのものの実体化の重要性は、相対的に後景に退いていたといえよう。

3　大学史史料室への移管体制の模索

一九八八年七月一日に全部改正された東京大学事務局文書管理規則の施行以降、東京大学史史料室において具体的にいかなる公文書を受け入れ・収集しようとしていたのか、その一端がわかるのが「収集史料範囲（素案）」および「受入れ文書選択内規（素案）」である。これらの文書の作成日付は不明であるが、第一四回保存に関する委員会（一九八九年〈平成元〉一月二三日）配布資料と混ざって簿冊に綴じられているため、開催頃に作成されたと思われる。[34] これらは、個人文書から印刷物まで広く大学史史料室で保存する資料について設定しようとしていたものであり、公文書に限ったものではないが、公文書に関する取組み方もみてとれる。「収集史料範囲（素案）」によれば、収集対象の公文書については、

一、事務局及び学生部関係の公文書

二、各学部附置研究所等の公文書

三、記者会見用資料

とされ、かなり漠然としている。このうち、事務局および学生部関係の公文書には、庶務、会計、学務等の机配置図、会議予定表、学内電話帳がとくに明記されているが、これらは保存期間満了後ということではなく、おそらく当該年度のものを作成時に保存用に収集したい、という意向を反映したものであると思われる。また収集にあたっては全部局（課、学科、附属施設、附属学校のレベルまで）宛てに依頼を発送することが想定されていた。

「受入れ文書選択内規（素案）」では、「東京大学史料の保存に関する委員会は、委員の中から二名に受入れ文書選択の判断を委嘱する。委嘱された委員は、三ヶ月に一度、東京大学史史料室において、史料室室員と受入れ選択を行う。室員は、当日までに当該期間に送られて来た文書を一箇所に集めておく。担当委員は、廃棄文書について委員会席上で報告する。担当委員が受入れ判断の前例がないと判断した文書は、東京大学史料の保存に関する委員会席上に開示し、廃棄を決定する」と規定されている。こうした素案からは公文書について、まずは大学史史料室で全学的に広く受け入れた後に、保存に関する委員会の判断を経て保存するものを選別する、という考え方をとっていたことがわかる。先の移管規定を明文化した文書管理規則はあくまで事務局に係るものであったことを考えると、部局も含めた公文書も収集するという「収集史料範囲（素案）」は東京大学事務局文書管理規則の条項を拡大解釈したものであったといえる。

このことはやはり問題であったようで、第一五回保存に関する委員会（一九八九年三月一三日）ごろまでには、「収集史料範囲（素案）ver 二・〇」が作成されている。ここでは各学部附置研究所等の公文書については、「原則として各部局が保存することとし、各部局でやむを得ず廃棄する場合以外は、なるべく受入れない」との前提が明記された。また「庶務、会計、学務、学内往復文書、机配置図、会議予定表」が具体的な受入れ文書事例としてあげられているほか、記者会見用資料も引き続き明記された。東京大学事務局文書管理規則の移管条項と、大学史史料室における収集資料範囲の整合性がとられたものと思われる。また「文書の保存方法に関する内規（素案）ver 一・〇」が新たに作成され、原形保存を原則とすることとし、「公文書類は製本して保存して差支えないが、製本の際に裁断をしてはならない」とされた(35)。

しかし一九八八年七月の規則改正以後、事務局から文書移管が行われたと思われる事例は、ほとんどみられない。一九八九年六月一九日開催の第一六回保存に関する委員会において「大講堂改修に伴い学生部から出た廃棄物の中で重要と思われる資料を史料室の方に搬入してある旨の報告」[36]がなされているが、当時事務局と学生部は事務組織上分かれていたため、規則に基づく移管というかたちは取られていない。また一九八九年三月時まで素案策定が進められていた収集史料範囲、文書選択内規、保存方法に関する内規は、いずれもその後進捗することがなく、計画自体が忘れ去られていった。

一九九一年二月五日開催の第二二回保存に関する委員会において、総長を務めた平賀譲の関係資料が寄託されたことに伴い、委員より「どの範囲までを史料室で受入れるのか。以前に受け入れの基準を決めたように思うので調べて欲しい」[37]との発言があり、素案があったことが思い出され、同年五月一四日の第二三回保存に関する委員会において、収集史料範囲は「その後は審議されておらず今日に至っている。当時から時間もたっており、また、委員の交替もあったので、本日改めて（案）として配布させていただいたが、本日早急に決定するということではなく、時間をかけて審議し決定していきたいと考えている」[38]という説明がなされた。このとき配布された「収集資料範囲（案）」は一九八九年段階で作成されていた「収集史料範囲（素案）ver 二・〇」と表題が異なるだけで内容は同一のものであった。

同じころ、東京大学では一九九〇年七月開催の評議会決定に基づき、学術資料問題連絡会が設置され、学術資料の保管並びに活用に係わる問題が審議されていた。この過程で全学的な「学術資料実態調査」が行われており、一九九一年二月一五日付で大学史史料室にも調査依頼が来ている[39]。大学史史料室の回答は、収集に重点を置くものとして「（一）本部事務局及び学生部関係の公文書―文部省往復、会議予定表、その他。（二）記者会見用資料など」とし、第二三回保存に関する委員会で配布されたが、大きな異議は出されず、続く第二四回保存に関する委員会において、第二三回で配布された「収集資料範囲（案）」に沿って資料等の収集を行っていくことが了承された[40]。

一九八九～九〇年度において収集史料範囲等の内規検討が滞った背景には、百年史編纂後の助手任用ポストが継続されなかったことが大きい。一九八九年四月以降一九九三年一〇月までの時期、大学史史料室には専任の教官は配置されておらず、本部庶務部の事務官が配属されているのみであった。事務官一名だけでは積極的に学内文書を収集する体制をとることは難しかったものと思われる。また第二四回保存に関する委員会での「大学全体としても図書とか資料をどのように保管するべきかの検討が始まっており、前回の委員会において報告した「学術資料実態調査」の結果を、学術資料問題懇談会《(マヽ)》がとりまとめ中である。現在史料室が保管している資料でも、他部局で保管したほうが利用価値の高い資料もあると思われる」(41)との委員長発言があるように、当該期の学術資料問題連絡会の動向を、全学的な学術資料の受入れ分担の文脈で捉えることで、大学史史料室の史料収集範囲との棲み分けが図られたともいえよう。

このように収集史料の範囲が定められたことで、この後、大学史史料室に保管されていた公文書の一部が他部局保管となったり、返却されたりする事例がみられるようになる。一九九二年二月一八日に開催された第二六回保存に関する委員会では、大学史史料室に保管されていた成績表について「教養学部の教務課にその保管をお願いすることにした」(42)との報告がなされ、また百年史編纂の際に活用された、東京帝国大学五十年史料についても図書館へ返却されることとなった。かといって本部事務局等の公文書移管がこの期に進展したというわけではなく、一九九三年九月三日に官報が本部庶務部庶務課法規第二掛より大学史史料室倉庫に搬入された際も、「その他」の活動報告としてあげられているように、その後委員会に報告される大学史史料室の活動報告にも文書移管の項目は立てられておらず、業務としての位置づけも定例的な業務とはみなされなくなっていった(43)。またこの間、史料室の拡充は概算要求頼みであり、第三章で詳述する通り、九〇年代前半を通じて毎年概算要求は出されたものの、要求が通ることはなかった(44)。

二　情報公開法制定と文書管理

1　大学史史料室における情報公開法の検討

前節で見てきた通り、東京大学史史料室設置と軌を一にして東京大学事務局文書管理規則が全部改正され、規則上は大学史史料室への公文書の文書移管が可能となったが、その運用については十分機能しなかった。その後、大学史史料室において文書移管を実態として運用していく機運は情報公開法の制定時であった。大学史史料室において情報公開法と絡んで文書移管体制が具体的に検討されはじめるのは、一九九八年（平成一〇）七月ごろからである。東京大学文書館所蔵の「情報公開法」綴に所収されている、当時大学史史料室員であった中野実のものと思われる手書きメモには、「学内文書（保存規程）の明確化」のもと、公文書の収集・保存、および大学関係者資史料・私文書収集を行う研究部門の歴史情報部（大学史史料室）と、情報公開と広報事業を担う現代情報部（広報センター等を位置づけ）からなる二部門制の歴史情報センター構想の組織図が示されている。(45)

また、別の構想としては、史料保存委員会を親委員会に持ち、東大公文書の収集、保存、調査研究を行う歴史情報部と、情報公開委員会（広報委員会の改組）を親委員会に持ち、東大の統計的データの分析・閲覧を担う現代情報部、同じく情報公開委員会を親委員会に持ち、職員などの大学運営業務向上を図る研修部の三部門制からなる、歴史情報センターのモデルも残されている。

このほか、同年七月～九月ごろに作成されたと思われる中野実から高橋進大学史史料室長に宛てた文書には、構想のポイントとして、①センターは直接の情報開示の窓口とはならない、②現代と歴史との区分を明確にする、その際の基準は文書公開期限（三〇年）、移管年限などが考えられる、③文書保存、移管規程を的確に運営する、

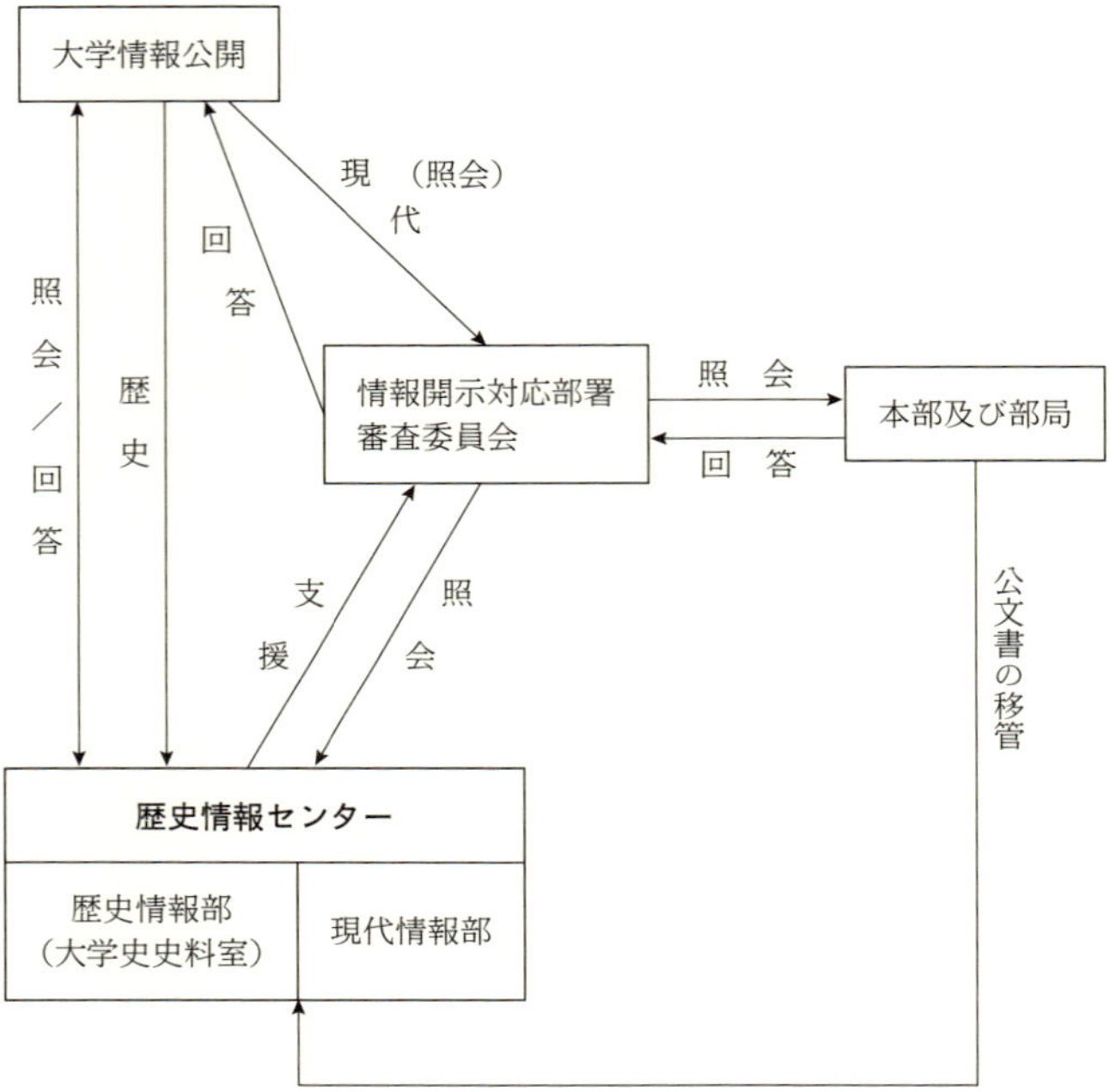

図1　歴史情報センター構想案―1（『情報公開法』東京大学文書館所蔵）

センターは本部および部局から移管された文書を学術的意義の下に公開していく、ただし移管先あるいは寄託先からの条件が優先する、という案が示されている(46)。

後述するように高橋は、当時総長補佐等で構成される補佐会に置かれた倫理・情報WGのメンバーに名を連ねており、このWGでは情報公開法に向けた学内体制が審議されていた。一九九八年七月七日の第七回WGにおいて高橋は「史料室における現状について」レクチャーを行っている(47)。おそらくはここで情報公開法と大学史史料室との関係の質疑応答があり、大学史史料室内において、情報公開法と組織の位置づけが検討されていく契機の一つになったものと思われる。

一九九八年九月二二日に開催された第四六回保存に関する委員会において、高橋進委員長(48)より議題とは別に「情報公開法が取りざたされている中、史料室の今後のことについてが検討課題に上がることも考えられる」として「現用の行政文書などまで取り扱うことになるかもしれず、これまで考えていた性格のものとずれてくるかもしれない、などの問題もある。ご意見を伺いたい。アメリカの大学では古い資料も現用の文書も一括して扱っているところもあるみたいだ」との発言がなされた(49)。高橋委員長の発言と同年七月段階のメモからして、大学史史料室の位置づけ方には、あくまで大学史に関する研究部門として機能させ、情報公開の実務とは分離するという方向性と、情報公開の実務も含めた統合的な組織の中に位置づけられる考え方があり、委員に意見が求められたものと思われる。もっとも情報公開法への対応には、既存の大学史史料室の拡充が不可欠という点では共通しており、高橋委員長は組織拡充要求のこれまでの経緯を改めて説明している。

また、このときの議論の中で、現用文書の情報公開実務を担う場合、大学史史料室が関係してくる範囲の質疑について、「現用文書というとき史料室において主に対象になるのは評議会記録である。これらについては、戦前期も含めて公開の方向になると思われる」との回答が大学史史料室側からな

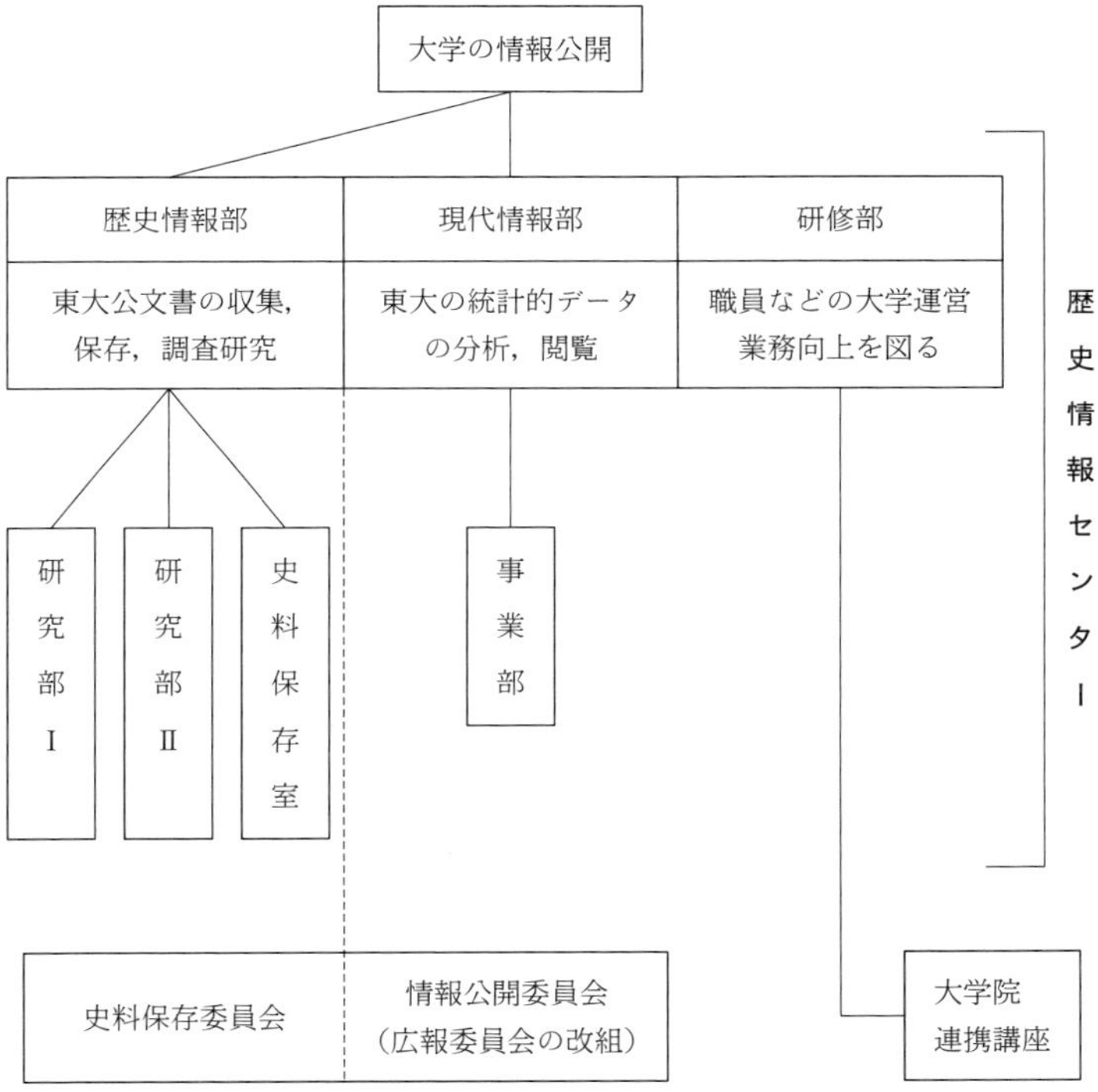

図２　歴史情報センター構想案―2（『情報公開法』東京大学文書館所蔵）

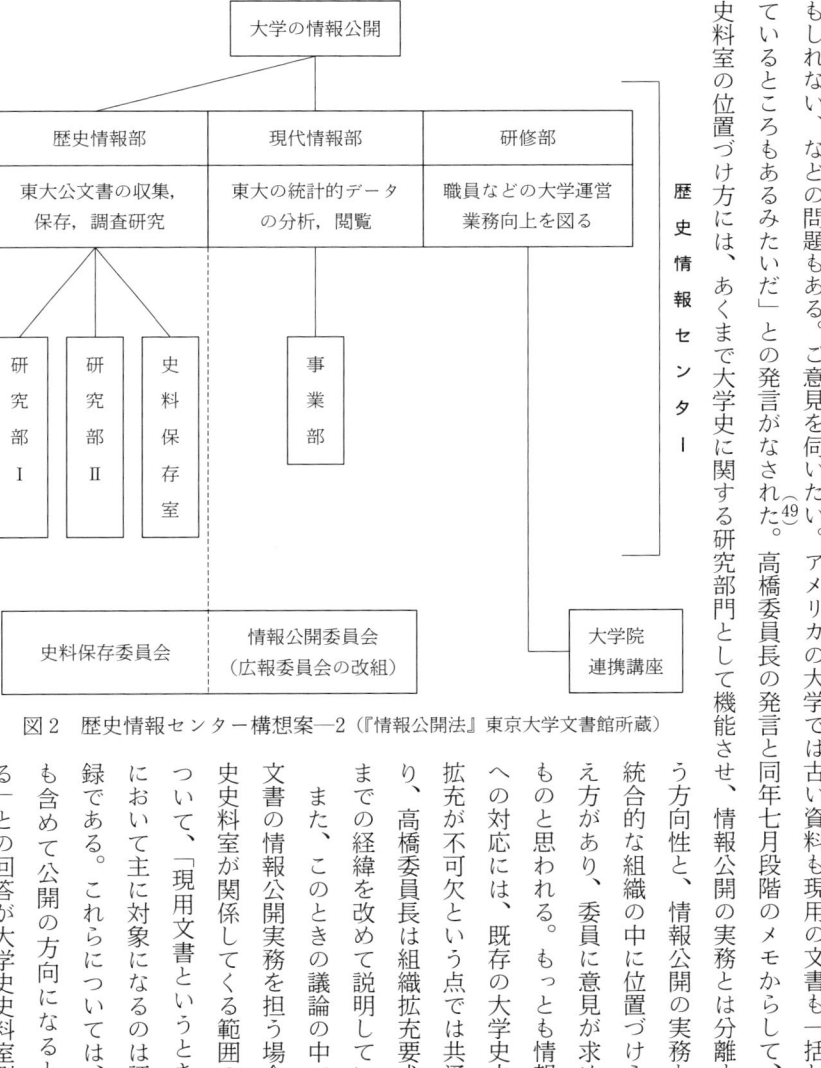

され、文書移管が進まない戦前期の現用文書について、公開審査を大学史史料室が行うことで、実質的に管理することが模索されていたことがわかる。しかし、保存に関する委員会でこの問題が審議されたのはこのときだけであり、その後二〇〇〇年まで同委員会の議題とはされず、歴史情報センター案が概算要求の俎上に載せられることはなかった。このとき東京大学として情報公開法に対応する委員会は、保存に関する委員会ではなかったためである。

2　東京大学における情報公開法への対応

東京大学における情報公開法への対応の動きは、総理府に置かれた行政改革委員会行政情報公開部会において、一九九六年四月二四日情報公開法要綱案中間報告がなされた直後から始まっており、同年七月段階ですでに本部内では情報公開法が議論の俎上に載っていた。七月一〇日の事務局・学生部・図書館・病院部長会（以下、部長会）では「情報公開に関する行改委員会の審議について」資料が配付され、対応について協議されている。(50)七月一六日には総務部長名で事務局各部長に宛てて「情報公開法制定に伴う行政情報開示の取扱いについて」事務連絡があり、本部事務局各課で取り扱っている行政文書のうち、開示できるもの、開示できないもの、および開示できるかどうか当面判断できないものについて、九月を期限に回答するよう依頼がなされ、一〇月の部長会では回答をもとに再び情報公開法が議題となっている。(51)さらに一九九八年度に入ると青柳正規副学長のもと倫理・情報WGが置かれ、全学的な検討が開始されるようになる。(52)

一九九九年五月一四日情報公開法が公布された直後の同月一九日に開催された拡大部長会の資料からは、WGと事務方との所掌分担がみてとれる。(53)これらによれば、学内における情報公開への対応についての体制は、副学長が委員長を務める倫理・情報WG（法、医、工、農、教養、生産技術研究所の各教授、広報委員長、大学史史料室長および本部課長級以上をメンバーとする）と、企画調整官以下事務方で構成される情報公開事務ＷＧ（本部総務課長、課長補佐、専門職員、企画調整掛、事務局二連絡課長補佐、一学部〈補佐または主任級、以下同じ〉、一研究所、病院、図書館、情報基盤センターをメンバーとする）が担うものとされており、情報公開事務ＷＧは拡大部長会、事務長会議および各部局の事務窓口責任者・担当掛と密接に連絡をとるものとされた。

　具体的な活動として、倫理・情報ＷＧでは一九九九年六月以降、二〇〇一年三月まで漸次情報公開の指導・啓蒙（教官・職員）に当たり、情報公開事務ＷＧでは、一九九九年六月より文書の把握、分類作業のためのサンプル作成、二〇〇〇年六月〜九月にかけて保有文書の整理、不要文書の廃棄に当たることになっていた[54]。

　また、これとは別に本部において一九九九年六月〜一〇月まで平成一〇年度分の文書把握、一九九九年一一月〜二〇〇〇年三月まで平成九年度分の文書把握、文書管理基準の決定、規程の整備、二〇〇〇年度中に情報公開室（窓口）の開設、全学審査会の開設、シミュレーションの実施、平成七・八年度分の文書の把握、二〇〇〇年六月〜二〇〇一年三月までに文書検索のシステムの整備、対応マニュアルの整備を行うとされ、部局においても文書の把握や部局担当窓口の開設等は本部に準じて行うものとしている[55]。すなわち情報公開法に係る実務上の作業は企画調整官のもと、本部主導で進められていったといってよい。より詳細な作業一覧をみてみると、

　本部
○公開請求への対応システムの整備
　一請求受付・伝達・決定等の組織・手続の制度デザイン
二窓口、諮問機関の設置、各部局での対応手続の整備
　情報公開室の設置
　全学審査会の設置

三各部局への指導、一般職員への啓蒙
○本部管理の文書の把握と文書管理体制の整備
一文書の分類
二保存管理の基準、管理規程の整備
三検索システムの整備
四保有文書の整理、不要文書の廃棄
文書のライフサイクルシステム（作成・入手・決裁等事案決定手続・施行・保存・利用・廃棄）の整備
　ファイリングシステムの整備
　文書の開示、不開示等の仕分け

となっている。一瞥して保存期間満了後における文書移管の検討作業は組み込まれていないことがわかる。しかし、移管に関する事項が、本部事務側に情報として共有されていなかったわけではない。一九九九年一〇月二一日に開催された拡大部長会では、一九九九年九月二七日文部省大臣官房総務課行政事務管理室より各国立大学事務局長他宛てに通知された『『行政機関の保有する情報の公開に関する法律』の施行に向けた準備について』が配布されているが、この業務連絡には、行政文書の管理方策に関するガイドラインにおいて規定される内容として「行政文書の移管又は廃棄に関する事項」が明記されており、また配布された「行政文書の管理方策に関するガイドラインについて（案）」[56]にも「行政文書の移管又は廃棄」の項目が設けられており、「保存期間が満了した行政文書のうち歴史的資料等として保存する必要のあるものについては、施行令第○条に定める国立公文書館等の機関に移管することとなる」と明記されていた[57]。

しかし本部事務側にとって、文書移管の検討は優先順位が低いものであったと思われる。二〇〇〇年六月六日拡大部長会では、情報公開の準備状況について、平成一〇年度分行政文書ファイル調査が全四五部局で進み、二万五九四五件の文書ファイルが提出されていること、情報公開室（仮称）について、東京大学龍岡門側プレハブ二階建て暫定建物に設置すること、情報公開法施行に向けて、東京大学情報公開準備委員会が設置される予定であることが、配布資料とともに議題にあげられているが、やはり文書移管については話題にあがっていない。

もっとも、配付資料中「今後の検討課題と作業について（案）」では文書管理規則の制定については、順位Aとされていたことから、文書管理規則制定自体の重要性は強く認識されていた。とはいえ「たたき台を準備委員会に諮り、総長決裁で制定したい」とあるように、文書管理規則は新たに立ち上がる予定の情報公開準備委員会が担うものとされていた[58]。情報公開準備委員会委員長は濱田純一情報学環長が務め、東京大学行政文書管理規則の検討や、行政文書ファイル管理簿の整備実施等の方針を策定していくこととなる[59]。また一九九九年の倫理・情報WG時には大学史史料室長が名を連ねていたが、情報公開準備委員会においてはメンバーには含まれなかったようである。この後、情報公開準備委員会は二〇〇一年度末までに役割を終え、二〇〇一年三月以降は新たに廣渡清吾総長特別補佐のもと東京大学情報公開委員会が設置されることになる[60]。

3　東京大学文書管理規則制定と大学史史料室

こうした中、再び大学史史料室において、情報公開法への対応問題が惹起されたのは、二〇〇〇年一〇月のことである。一〇月三〇日付、中野実室員より高橋進室長に宛てたメモが『東京大学史料の保存に関する委員会平成一二年度～（第五〇回～第五四回）』のファイルに所収されている[61]。メモの内容は、同日、平賀勇吉総務課長補佐、大星敏明総務課専門職員より「現在、全部局に通じる『東京大学行政文書管理規則』（案）が検討されており、その中に『大学史史料室等への移管』という項目があり、『保存期間を満了した行政文書については、大学史史料室長と協議のうえ、移管することができるものとする』『大学史史料室等への移管については、別に定める』となっている」との情報が伝えられ、ついては「特に史料室への移管については別に定める、という部分にかかわって、史料室がほしい（移管してほしい）行政文書が何かを示してほしい」との話を受けた、というものであった。これは従来事務局の公文書に限定されていた、大学史史料室への移管が全学に拡大することを意味し、文書移管規程上の画期となり得る情報であった。

これに対し中野は「保存期限の切れた文書は全部史料室へ移管して、史料室が取捨選択する、という原則論」を述べ、両氏ともこの点は承知していたものの、その前提となる人的、物的条件を整備することは困難である状況に鑑み、「取り敢えず来年四月のスタートまでに、史料室への移管を行う場合の基準、すなわち史料室のほしい文書、協議の対象となる文書類を教えてほしい、ということ」が求められ、その期限は二〇〇一年二月ごろとされた。メモの中で中野は「突然の話」であって「協議の対象となる文書、あるいは単純にほしい文書と言われて、いま混乱しております」という率直な感想を記すとともに、「ワーキンググループを作って検討してはどうでしょうか」との案を示している。

このことは、一九九八年七〜九月に情報公開法制定の動きが大学史史料室にもたらされ、これを奇貨として組織改組案を模索していながらも、実際にはその内実や文書移管の具体案についてはこの間、大学史史料室では何ら検討していなかったことを示している。また大学史史料室の親委員会である保存に関する委員会も二〇〇〇年一〇月五日に第五〇回が開催されたばかりで、慣例的にはすぐ翌月に再度設定する、ということは難しかった。中野のワーキンググループ案もそうした状況を踏まえた上でのものであろう。しかし実際には具体的なワーキンググループを作り、対応を審議する、という動きがとられた形跡はない。

次の第五一回保存に関する委員会（二〇〇一年一月二四日開催）に先立って、一月一七日、中野室員と高橋室長の間で打ち合わせがなされているが、ここでのメモには、東京大学行政文書管理規則（案）が同年二月の評議会にて決定予定であり、規則第三三条では「満了した行政文書については、大学史史料室長等と協議のうえ、移管することができるものとする」、第三四条では「大学史史料室等への移管については、別に定める」と規定されているが、「今回の全学的行政文書の管理規則を制定する際に、移管先として旧規則を下敷きにした処置が執られたが、この間に史料室長、史料室への照会は何もなかった。このため史料室の役割について、曖昧になっている」と記されている。そして大学史史料室としては、「大学史史料室長との協議」という文言を、実態としては「史料室の文脈で位置付けるということ」と解釈することがメモされている。(62) しかし打ち合わせの結果を受けて一月一九日大学史史料室で作成されたと思われる「情報公開法の施行にともなう、史料室の業務について」(63)には、結論としては「従前の通りの体制で行く」とあり、「もくろく規則ので、何もしない《ママ》」とされた。

　こうした中開催された第五一回保存に関する委員会では、情報公開に伴う大学史史料室の業務について議題にあがる中、「学内において情報公開にあたり、情報公開のための保存期間が経過した資料をどこの機関が扱う（保存する）かという問題が出てきている」と問題提起がなされ、委員からは「移管する文書の統一が必要なのでは」と質問が出されたが、中野室員と思われる回答は「難しい問題。歴史的資料の評価は一定しておらず、判断が困難なため出来るだけ多くの資料を保存したいと考えている。つまり限定した場合、範疇から外れたものは捨てられてしまう恐れがあるので、検討中である」というものであった。また「『必要』とされるものが移管されない恐れがあるのでは、一定のラインを引く必要があるのでは」との質問についても、「そのラインを引くのが困難。試行錯誤の上、実際走ってから考えるしかないのでは」という返答に終始した。このほか京都大学の事例が示されたが、「京都大学では『京都大学文書館《ママ》』を設置したが、東京大学には史料室がすでにあり（中略）四月一日以降にどういう状況になるのかわからないため様子が分かるまで利用規則も変更せず、当面の間は

表5　東京大学における文書管理規程比較

項　　目	東京大学事務局文書管理規則	東京大学行政文書管理規則（案）	東京大学行政文書管理規則
制定・改正年	1988年7月1日施行	2001年1月段階	2001年3月19日評議会可決
文書の保管方法	第45条 文書の保管については，事務局長が別に定める。	第28条 行政文書は，専用の場所において適切に保存するものとする。	第28条 行政文書は，専用の場所において適切に保存するものとする。
保管文書の移管	第46条 前条の規定による保存年限が永年とされた文書で保管の開始後20年以上を経過したもの及び永年保存以外とされた文書で当該保存年限を経過したものは，東京大学大学史史料室へ移管することができる。 2　文書の東京大学史史料室への移管については，事務局長が別に定める。	第33条 保存期間（延長された場合にあっては，延長後の保存期間。第34条及び第35条において同じ。）を満了した行政文書については，大学史史料室長等と協議のうえ，移管することができるものとする。 2　大学史史料室等への移管については，別に定める。	第33条 保存期間（延長された場合にあっては，延長後の保存期間。第34条及び第35条において同じ。）を満了した行政文書については，指定施設の長と協議のうえ，移管することができるものとする。 2　指定施設への移管については，別に定める。
保管文書の廃棄	第47条 保存期間が経過した文書は，文書主任担当者において別記様式第9号による文書廃棄伺により所管の部長の決裁を受けたのち，文書処理カードに廃棄年月日を記載して廃棄するものとする。	第34条 保存期間が満了した行政文書については，大学史史料室等に移管するものを除き廃棄するものとする。 第35条 保存期間が満了する前に廃棄しなければならない特別の理由がある行政文書は，総括文書管理者の承認を得て廃棄することができる。	第34条 保存期間が満了した行政文書については，保存期間を延長するもの又は指定施設に移管するものを除き廃棄するものとする。 第36条 保存期間が満了する前に廃棄しなければならない特別の理由がある行政文書は，総括文書管理者の承認を得て廃棄することができる。

出典：『事務局職員マニュアル』。『東京大学史料の保存に関する委員会　平成12年度～（第50回～第54回）』。東京大学広報委員会『学内広報』No. 1210，2001年3月，東京大学文書館所蔵。

現状のままで行う」とされている。概して大学史史料室の判断は受け身の態勢に終始していたといってよい。[64]

とはいえ、大学史史料室として、移管対象とする文書について全く検討していなかったわけではない。第五一回委員会開催の前日、一月二三日付で中野実によって「大学史史料室が収集する史料について」が作成された。もっともこれは委員会における質疑応答の想定問答のために用意していたもののようで、手書きで「いま公表せず」とあり、委員会配布資料には含まれなかった。ここでは、Ⅰ基幹資料：公文書関係と、Ⅱ周辺資料とに大きく分類されており、このうち公文書関係については、

・大学運営の歴史を示す公的文書、簿冊、事務記録、その他の文書
・大学内諸機関の議事録、意見書、答申、報告書等
・大学の刊行する年報、要覧、雑誌、新聞、広報誌等

があげられている。一方「以上のような文書を現在の分類に沿っていえば、管理運営、人事、会計、施設、教務、研究交流・研究協力などのすべてに該当する」と具体性に欠けていることを認識しながら「具体的なファイル名をあげられないのは、以下の理由による」として、「一）保存期限と歴史的資料としての重要性は一致しない。二）歴史的資料としての重要性は一定していない。三）ファイル名のみでは、綴じられている文書の中身が判断できない。このため具体的な件名、ファイル名を明記することにより、それ以外の文書が廃棄される可能性があり、それが予想される限りにおいて明示は躊躇せざるを得ない」ことをあげている。その上で、「当面の措置は以下のように考えている。各部局において、保存年限の経過した文書を廃棄する場合は、大学史史料室に連絡をしていただきく（ママ）。大学史史料室ではその都度伺い、判断する。これらの作業をのちにはルーチン化することもあり得る」とした。

委員会終了後に記載したと思われる手書きメモには「保存委の席上やはり最低なにがほしいのか、と聞かれ

る」と記されているように、大学史史料室側としても移管対象の範囲に対する質問が出ることは十分認識していた。しかしそれ以上に、大学史史料室が移管対象を明示することで、対象外文書の廃棄を助長することを恐れていたのである。

二〇〇一年四月一日情報公開法の施行に伴い、総務大臣指定「歴史的若しくは文化的な資料又は学術研究用の資料として特別な管理を行うもの」として、大学史史料室が指定施設に位置づけられた(65)。これによって、全学規則に拡大された東京大学行政文書管理規則に基づき、保存期間満了後の文書が大学史史料室に移管され、大学史史料室所蔵の文書となった場合においては、情報公開法の開示請求の対象外となり、大学史史料室の利用規則に則って公開判断がなされる、という体制が建前上整備されたことになる。しかし本部事務局総務部総務課が担当し、四月一〇日に開催された東京大学情報公開委員会で取りまとめられた、設問三八項目、一六頁からなる「東京大学における情報公開法に関するQ＆A『行政文書』とは何か」には大学史史料室への文書移管についての問答は一切記載がなかった(66)。大学史史料室は規則上において、全学の文書を移管できることにはなったものの、このときもまた実際の文書移管制度運用についての具体的なプロセスは策定されなかったのである。

おわりに

一九八〇年に制定された東京大学事務局文書管理規則は、制定時において移管条項はなかったが、一九八八年に全部改正された同規則においては、前年一九八七年に設置されていた東京大学史史料室への移管規程が明文化された。この全部改正において重要な役割を果たしたのが、東京大学史史料の保存に関する委員会であった。同委員会では、概算要求による大学史史料室のセンター化には文書管理規則上、移管条項整備が必要である、との認識を持っていた。一方、本部事務局においても従来規則は早急に制定されたもので、文書処理上見直しの必要性を認識しており、規則改正の思惑は一致していた。

しかし移管条項の運用に関しては別途定めるとされ、規則改正の際、具体的なプロセスは詰められないままとなった。保存に関する委員会としても、移管規程は、あくまで概算要求説明に資するものとして必要だったのであり、現状の大学史史料室体制では移管の受け皿として十分機能しない、と目されていた。また本部事務局側が考える文書処理の迅速化・適正化の主眼は、事務局文書管理規則の全部改正に先立って行われた「東京大学事務局文書専決内規」の改正、「東京大学事務局文書の分類及び保存年限に関する細則」制定にあった。

もっとも大学史史料室において、公文書移管に向けた収集資料範囲の内規策定の動きがなかったわけではなく、全学的な資料収集案も当初企図されていた。しかし百年史編纂後の助手任用ポストが継続されず、一九九〇年代前半において事務官のみが配置される状況にあったことから、具体性に欠ける収集資料内規の制定に留まった。また事務局に係る文書管理規則との整合性や、当時進められていた学術資料問題に関する学内議論を踏まえ、むしろ大学史史料室の収集範囲は縮小し、百年史編纂時に収集されていた他部局の公文書等については部局へ返却がなされることとなった。

その後一九九八年、情報公開法への対応から、学内に倫理・情報ＷＧが置かれ、そのメンバーに大学史史料室長も加わったことで、大学史史料室において、文書移管を実態として運用していく機運が再び醸成されていくこととなる。この時期、学内の議論の方向性によっては、現用文書の公開に係る業務も大学史史料室が担う可能性があった。このため例えば戦前期に遡る評議会記録等の文書について、移管を経て大学史史料室の利用規則のもとで公開するか、現用文書として公開審査に基づき公開するか、という問題が惹起し、ひいては大学史史料室の組織としての位置づけを含めた議論を伴った。

しかし現実的には本部に情報公開室を設置する方向性が定まり、情報公開に基づく各種文書管理体制の整備についても、本部の企画調整官を中心とした情報公開事務WGのもとで進められていった。また、全学に係る文書管理規則の制定については二〇〇〇年に新たに設けられた東京大学情報公開準備委員会において審議されることとなり、東京大学事務局文書管理規則の全部改正時とは異なり、保存に関する委員会が実質的な議論に十分関与することはできなかった。

また大学史史料室としても、一九九八年以降、文書移管に関する具体的な検討を行っておらず、二〇〇〇年一〇月段階で本部総務課を通じて、東京大学行政文書管理規則制定に当たって、具体的な移管対象の行政文書について照会があった際、十分に応答することができなかった。現状の史料室の組織規模では、文書移管体制が整っていないという理由に加え、大学史史料室が移管対象を明示することで却って、それ以外の文書の廃棄が助長されてしまう懸念を、史料室側が解消できなかったからである。

このように東京大学において規程に基づく移管が実態として確立できなかったことは、情報公開法前における国立大学のポスト大学史編纂組織の在り方に関して影響を与えたであろう。後発の九州大学等他の国立大学も、大学史編纂後の体制移行や関連諸規則の制定においては東京大学のモデルを参考にできた反面、文書移管制度の運用については十分な知見が得られなかったことが想定されるからである。

本章を通じて明らかになったことは、それぞれの思惑は異なるものの、親委員会、事務方、大学史史料室のいずれもが、文書移管規程の必要性を認識しつつも、文書管理規則の変遷過程において、何を移管するのか、その具体的な評価選別基準および移管プロセスの策定を避けてきたことであった。

またその背景にあったのは、現状における大学史史料室の組織運営体制が本格的な文書移管の受け皿として不十分である、という論理であった。この論理は大学史編纂後の史料室を、本格的な大学アーカイブズへ移行する上で必要なものであったが、概算要求が通らない限り文書移管体制は実体化しない、ということと同義でもあった。この結果、東京大学の文書移管に関する規程自体は、一九八〇年から二〇〇一年にかけて段階的に拡大整備されたにもかかわらず、実際には十分機能しないままとなったのである。

註

（1）中野目徹・熊本史雄編『近代日本公文書管理制度資料集　中央行政機関編』（岩田書院、二〇〇九年）、瀬畑源『公文書をつかう：公文書管理制度と歴史研究』（青弓社、二〇一一年）、本村慈「文部省・文部科学省における文書管理と国立公文書館移管文書」（『北の丸』四三、二〇一一年）、栃木智子「経済産業省（通商産業省）文書の構造と移管のあり方について」（『北の丸』四三、二〇一一年）、小宮山敏和「農林水産省の文書管理と移管文書の特徴」（『北の丸』四四、二〇一二年）、下重直樹「内閣補助部局における記録管理の史的展開：政策形成とアーカイブズに関する試論として」（『北の丸』四六、二〇一四年）、坂口貴弘『アーカイブズと文書管理――米国型記録管理システムの形成と日本』（勉誠出版、二〇一六年）。

（2）所澤潤「東大の記録管理（一）明治二三年の帝国大学文書取扱規程」（『東京大学史史料室ニュース』第五号、一九九〇年）、坂口貴弘「文書管理改革をめぐる文部省と京大」（『京都大学大学文書館だより』第二八号、京都大学大学文書館、二〇一五年）。

（3）桑尾光太郎・谷本宗生「大学アーカイヴズのあゆみ」（全国大学史資料協議会編『日本の大学アーカイヴズ』京都大学学術出版会、二〇〇五年）三一頁、菅真城『大学アーカイブズの世界』（大阪大学出版会、二〇一三年）八九頁。

（4）桑尾・谷本前掲論文、三一頁。菅前掲書、一一八頁。各館の設置については、西山伸「京都大学大学文書館―設置・現状・課題―」（『大学アーカイヴズの設立と運営―二〇〇一年度総会および全国研究会の記録　於・神奈川大学―（全国大学史資料協議会研究叢書　第三号）』（全国大学史資料協議会、二〇〇二年）、小池聖一「国立大学法人化のなかの大学文書館―広島大学文書館の設立とその問題点―」（『京都大学大学文書館紀要』第三号、二〇〇五年）、菅真城「広島大学文書館の設立経緯と現状」（『広島大学文書館紀要』第七号、二〇〇五年。菅前掲書に収録）。

（5）研究代表者・西山伸『大学所蔵の歴史的公文書の評価・選別についての基礎的研究』（平成一七～一九年度科学研究費補助金〈基盤研究（B）〉研究成果報告書、二〇〇八年）。

（6）「「大学史」編纂・資料保存等に関するアンケート結果」（『大学アーカイヴズ』九、東日本大学史連絡協議会、一九九三年）五〜一二頁。この調査によれば年史編纂部署設置は一九八〇年代が最も多い。
（7）「東京大学関係諸資料の保存と利用に関する予備的研究」研究グループ「東京大学関係諸資料の保存と利用に関する予備的研究」（『東京大学史紀要』第五号、一九八六年）一四七頁。
（8）澤木武美・鈴木秀幸・中野実・日露野好章・松崎彰「大学史編纂と資料の保存―現状と課題―」（『記録と史料』第三号、全国歴史資料保存利用機関連絡協議会、一九九二年）三五頁。
（9）本章では論述においては「文書管理規程」で叙述するが、東京大学の規程については、東大内で用いられている「文書管理規則」で記述を統一する。
（10）日本初の大学アーカイブズとして一九六三年に東北大学記念資料室が設置されているが、第一章でも確認した通り、一九六四年施行「東北大学事務局・学生部文書管理規程」に文書移管条項は盛り込まれなかった。
（11）折田悦郎「国立大学におけるアーカイブの設置とその機能」（『京都大学大学文書館研究紀要』第一号、二〇〇二年）九頁。
（12）中野実『大学史編纂と大学アーカイヴズ』（野間教育研究所紀要第四五集、二〇〇三年）一三六頁。谷本宗生「東京大学史史料室と中野実の活動について」（『近代日本研究』二三、二〇〇六年）一一八頁。
（13）所澤前掲論文。
（14）『東京大学事務局文書管理規則』（S〇一〇五／SS一／〇〇〇一、一九八〇年五月六日、東京大学文書館所蔵。以下、註にあげる資料については東京大学文書館所蔵。また出典中レファレンスコード未記載のものについては所蔵先である同館へ直接照会のこと）。
（15）『学内広報』四五四（東京大学広報委員会、一九七九年九月一〇日）一〜二頁。
（16）『評議会記録乙八七　昭和五十四年度』（S〇〇八八／〇〇五四）、『評議会記録乙八七―二　自昭和五十四年九月至昭和五十五年三月』（S〇〇八八／〇〇五五）、『評議会乙八八―一　自昭和五十五年四月至昭和五十五年七月』（S〇〇八八／〇〇五六）。
（17）『諸規則（事務局内規集等）』（S〇〇六二）。このときの改正の要点は、庶務部入学主幹、同国際主幹が、入試課、国際交流課に組織替えしたことによる文言修正であった。

(18) 事務局三部は庶務部、経理部、施設部。
(19) 大学史史料室の庶務は発足時、事務局庶務部広報企画課において処理されていた。
(20) 「評議会記事要旨」一九八一年一〇月一四日(『評議会乙八九 昭和五十六年度』S〇〇八八/〇〇五八)。
(21) 「第二回東京大学史料の保存に関する委員会議事要旨」一九八七年一月八日(『東京大学史料の保存に関する委員会第一綴(第一回~第八回)』S〇一〇四/〇〇〇一、以下『第一綴』)。
(22) 前掲「第二回東京大学史料の保存に関する委員会議事要旨」。
(23) 「文書の保管等に関する現状」一九八七年二月二〇日『第一綴』。
(24) 「第四回東京大学史料の保存に関する委員会議事要旨(案)」一九八七年三月三日『第一綴』。
(25) 「第五回東京大学史料の保存に関する委員会議事要旨(案)」一九八七年四月二八日『第一綴』。
(26) 「第六回東京大学史料の保存に関する委員会議事要旨(案)」一九八七年六月三〇日『第一綴』。
(27) 「第一条 この規則は、東京大学史史料室(以下「史料室」という。)が所蔵する史料及び図書(以下「資料」という。)の利用について、必要な事項を定めることを目的とする」。
(28) 「移管行政文書に対する史料室の態勢について」(『東京大学史料の保存に関する委員会第二綴(第九回~第一八回)』S〇一〇四/〇〇〇二、以下『第二綴』)。
(29) 「第八回東京大学史料の保存に関する委員会議事要旨(案)」一九八七年一一月九日『第二綴』。
(30) 『事務局職員マニュアル』(東京大学事務局、一九八八年一一月二八日発行、S〇一〇五/SS一/〇〇〇三)。
(31) 前掲『事務局職員マニュアル』。
(32) 「第一二回東京大学資料の保存に関する委員会配付資料」一九八八年七月四日『第二綴』。
(33) 「第一二回東京大学史料の保存に関する委員会議事要旨(案)」一九八八年七月四日『第二綴』。
(34) 「第一四回東京大学資料の保存に関する委員会配付資料」一九八九年一月二三日『第二綴』。
(35) 「第一五回東京大学資料の保存に関する委員会配付資料」一九八九年三月三日『第二綴』。
(36) 「第一六回東京大学史料の保存に関する委員会議事要旨(案)」一九八九年六月一九日『第二綴』。
(37) 「第二三回東京大学史料の保存に関する委員会議事要旨(案)」一九九一年二月五日(『東京大学史料の保存に関する委員会第三綴(第一九回~第二七回)』S〇一〇四/〇〇〇三、以下『第三綴』)。

(38)「第二三回東京大学史料の保存に関する委員会議事要旨（案）」一九九一年五月一四日『第三綴』。
(39)「第二三回東京大学史料の保存に関する委員会配付資料」一九九一年五月一四日『第三綴』。
(40)「第二四回東京大学史料の保存に関する委員会議事要旨（案）」一九九一年九月二四日『第三綴』。
(41)前掲「第二四回東京大学史料の保存に関する委員会議事要旨（案）」。
(42)「第二六回東京大学史料の保存に関する委員会議事要旨（案）」一九九二年二月一八日『第三綴』。
(43)「第三三回東京大学史料の保存に関する委員会議事要旨（案）」一九九三年九月一八日（『東京大学史料の保存に関する委員会第四綴（第二八回～第三五回）』S〇一〇四／〇〇〇四、以下『第四綴』）。
(44)中野前掲書、一四五頁。
(45)『情報公開法』（S〇一〇五／SS一／〇〇〇四）。
(46)前掲『情報公開法』。
(47)「倫理・情報WG関係の資料」（『部長会　平成十一年度』）。
(48)保存に関する委員会委員長と大学史史料室長は兼務とされていた。
(49)「第四六回東京大学史料の保存に関する委員会議事要旨（案）」一九九八年九月二二日『第四綴』。
(50)「部長会議題・配付資料」一九九六年七月一〇日（『部長会　平成八年三月～』）。部長会は本部事務局の事務局長、企画調整官ほか本部部長級、附属病院事務部長、図書館事務部長による事務局長会議の議題整理その他の連絡調整のために開催されていた会議。なお、一九九六年五月本部では事務局・学生部の一元化が行われている。
(51)「部長会議題・配付資料」一九九六年一〇月一六日（『部長会　平成八年三月～』）。
(52)前掲「倫理・情報WG関係の資料」。
(53)「拡大部長会議題・配布資料」一九九九年五月一九日（『部長会　平成十一年度』）。拡大部長会は本部部長級に加えて課長級も加わり事務長会議の議題整理等を行う会議。
(54)「行政機関の保存する情報の公開に関する法律の制定に伴うスケジュール（案）」一九九九年五月一九日（『部長会平成十一年度』）。
(55)前掲「行政機関の保存する情報の公開に関する法律の制定に伴うスケジュール（案）」。
(56)各省庁事務連絡会議申し合わせのため作成されていたもの。

(57)「拡大部長会議題・配付資料」一九九九年一〇月二一日（『部長会　平成十一年度』）。

(58)「拡大部長会議題・配付資料」二〇〇〇年六月六日（『部長会　平成十二年度』）。

(59)「情報公開に係る行政文書ファイル管理簿の整備について（依頼）」二〇〇〇年一一月二一日（『情報公開法（二）』S〇一〇五／SS一／〇〇〇五）。

(60)「第二回東京大学情報公開委員会議事要旨（案）」二〇〇一年三月一九日（『情報公開法（二）』S〇一〇五／SS一／〇〇〇五）。

(61)『東京大学史料の保存に関する委員会平成一二年度〜（第五〇回〜第五四回）』（S〇一〇四／〇〇〇九）。

(62)「情報公開法の施行にともなう、史料室の業務について（中野メモ）」二〇〇一年一月一七日（『情報公開法』S〇一〇五／SS一／〇〇〇四）。

(63)「第五一回東京大学史料の保存に関する委員会配付資料」二〇〇一年一月二四日（『東京大学史料の保存に関する委員会平成一二年度〜（第五〇回〜第五四回）』S〇一〇四／〇〇〇九）。

(64)「第五一回東京大学史料の保存に関する委員会議事要旨」二〇〇一年一月二四日（『東京大学史料の保存に関する委員会平成一二年度〜（第五〇回〜第五四回）』S〇一〇四／〇〇〇九）。

(65)「官報号外第六三号」二〇〇一年三月三〇日（『情報公開法（二）』S〇一〇五／SS一／〇〇〇五）。

(66)「東京大学における情報公開法に関するQ&A「行政文書」とは何か」二〇〇一年四月一〇日（『情報公開法（二）』S〇一〇五／SS一／〇〇〇五）。

第三章　東京大学における百年史編纂後のアーカイブズ構想と展開過程

はじめに

一九七四年（昭和四九）に始まる東京大学百年史編纂事業は、それまでの国立大学では類を見ない全一〇巻という巻構成をとり、一三年に及ぶ編纂過程において膨大な史料が収集されていった。一方、百年史編集委員会と実務を司る百年史編集室はプロジェクト組織であり、一九八〇年代に入ると、編纂終了後の史料散逸の危険性がクローズアップされるようになる。

東京大学では一九八一年「東京大学関係資料の保存と利用に関する予備的研究」グループが発足し、一九八三年にはその報告書がまとめられるとともに、『東京大学史紀要』第四号において「大学アーカイヴズ」の特集が組まれるなど、東京大学百年史に関わる学内の研究者を中心として、大学史編纂に留まらない大学史史料を恒常的に収集する機関の設置について研究・検討が進められていった(1)。

こうした学内共同研究の中心にいたのが一九八三年から土田直鎮に代わって百年史編集委員会委員長兼百年史編集室長を務めていた寺﨑昌男であった。寺﨑はポスト年史編纂体制を模索していく中で、東京大学に大学アーカイブズを設置することを志向し、その将来構想は学内の議論を経て「大学史史料センター構想」に結実してくこととなる。しかし結果的にセンター構想は実現せず、東京大学には当面の措置とされた大学史史料室が設置されるに留まった。日本における本格的な大学アーカイブズは二〇〇〇年（平成一二）に設置される京都大学大学文書館を待たねばならない。(2)本章では、この実現に至らなかった大学史史料センター構想がいかなるものであったのか、そして構想がいかなる過程を経て挫折したのか、について明らかにすることを課題としている。

先行研究においては、小根山美鈴がセンター構想の存在を指摘しているほか、(3)本書第二章でも一九八〇年代後半から一九九〇年代における東京大学の文書移管制度について明らかにしている。(4)しかし、その内実と実現に至らなかった要因については、これまで先行研究では明らかにされてこなかった。折田悦郎は、この間の東京大学の動きが、九州大学や名古屋大学など後発の大学史史料室の設置・運営に影響を与えたとしており、(5)大学史史料センター構想と展開過程の解明は、日本における大学アーカイブズ成立過程を考察する上で重要な作業であるといえよう。

以上の先行研究を踏まえ、本章では東京大学史史料センター構想の議論の過程を、センター化概算要求の取りまとめを行っていた「東京大学史料の保存に関する委員会」の分析を中心に、寺﨑からのヒアリングを適宜検証することで明らかにしたい。

一　百年史編集室専門委員会における大学史史料センター構想

東京大学内での大学アーカイブズ設置構想は、一九八三年（昭和五八）にまとめられた学内共同研究「東京大学関係諸資料の保存と利用に関する予備的研究」において、「東京大学内に大学文書館を設置する」提言がなされたことを嚆矢とする。この調査報告は、東京大学創立百年記念学術研究奨励資金による二か年の学内共同研究によるもので、研究代表者は土田直鎮文学部教授が務め、そのほか稲垣栄三工学部教授、伊藤隆文学部教授、寺﨑昌男教育学部教授、益田宗史料編纂所教授、長沢雅男教育学部助教授、渡辺定夫工学部助教授、中野実教育学部助手が共同研究者であった。このうち土田は東京大学百年史編集委員会委員長、稲垣・寺﨑はそれぞれ同副委員長の立場にあり、伊藤・益田も同委員、中野は同室員と八名中六名までが百年史編纂の関係者であった。この調査報告がまとめとして「今回の学内共同研究の結果、強く痛感されたのは、本学の沿革を徴する文書が系統的に整理、保存されていなかったということである。それはすでに百年史編纂に多大の困難をもたらしてきた」(6)と記載しているように、学内共同研究の動機が百年史編纂における史料収集の困難さと、編纂後の散逸危険性に対する危機感を背景としたものであったことがわかる。

この調査報告で提示された大学文書館像は、図書館からは分離し、ミュージアムとも並立関係にあるアーカイブズであり、そのためには特定部局に所属しない、学内共同利用センターが望ましいとされた。施設は、当時百年史編集室が置かれていた大講堂（安田講堂）内とし、スタッフは、現職教授によるセンター長併任、専任（助教授・助手）若干名、技官若干名で、その機能は、文書の整理・保存および目録作成ほか、適当な文書の公開・閲覧等を行い、将来の年史編纂を準備する、というものであった。また、この構想の前提として「大学文書の保存と利用に関する学内委員会が設置されることが望まれる。この措置は大学文書の持つ価値とその緊要性を全学に徹底するために是非とも必要」と全学委員会の設置必要性が明示された(7)。この調査報告はのちの大学史史料センター構想を大きく規定していき、一九八三年土田直鎮の後を受けて百年史編集委員会委員長に就任した寺﨑昌男のもと、実際この文書館像に沿って学内手続きが進められていくこととなる。

一九八五年三月八日、百年史編集委員会の席上、寺﨑委員長は「東京大学アーカイヴズ」ともいうべき構想を考えたい旨を提案(8)、これを受けて同月二六日、百年史編集室専門委員会から平野龍一総長宛てに「本学の非現用公文書類や議事録、あるいは上述の寄託史料等の東京大学沿革史史料、ならびに本学教官による研究成果および研究資料、以上の資料（documents）の収集、整理、保存、活用を目的とするセンター（学内共同利用施設）の設立」を骨子とする「東京大学史史料センター（仮称）設置の提案」が提出された。提案の追補に「①沿革史資料等の現況および施設利用の現状からみて、本センターの設置は、百年史編纂事業終了後、空白期間をおかず実行されることが必要である。②本センターが設置されれば（中略）将来沿革史編さんへの準備が着手されることにもなろう」とあるように、東京大学百年史編纂事業が一九八六年度には完結する見込みの中、センター構想はポスト年史編纂組織として、組織体制の独立性を担保しながら百年史編集室の改組拡充を意識したものであった。

ここで提案された具体的なセンターの組織上の位置づけは、「（一）特定部局に属さない独立センターとする。（二）学内共同利用機関とする。（三）東京大学総合研究資料館（university museum）と並立する東京大学文書館（university archives）としての性格を持つ」というもので、当該センターは「史料編さん所の一部門として設置されることは不可能」であり、総合研究資料館とも「museum に対する archives として別個の性格・目的をもつ機関である」として独立性がうたわれていた。学部等附属教育研究施設ではなく、大学の学部等から独立した学内共同教育研究施設としてアーカイブズを措置されることが想定された点において、「東京大学関係諸資料の保存と利用に関する予備的研究」が提案の下敷きとなっていることがわかる。また組織の構成は、第一室（沿革史料研究室）と第二室（学術資料研究室）の二室体制とし、第一室は東京大学の沿革に関する史・資料の収集、保存、整理ならびに大学史研究、編纂を行い、あわせて資料の学術的利用に当たることを目的とし、第二室では東京大学における研究ならびに教育に関する学術資料の収集、整理、保存、利用をなし、大学学術史の研究に当たることを目的としていた。両室にはそれぞれに助教授一、助手一、技官一を配置するほか、センター長（部局教授併任）直下に史料室を設け、図書室・史料室職員二という人員構成が企図された。大学公文書や学術資料を系

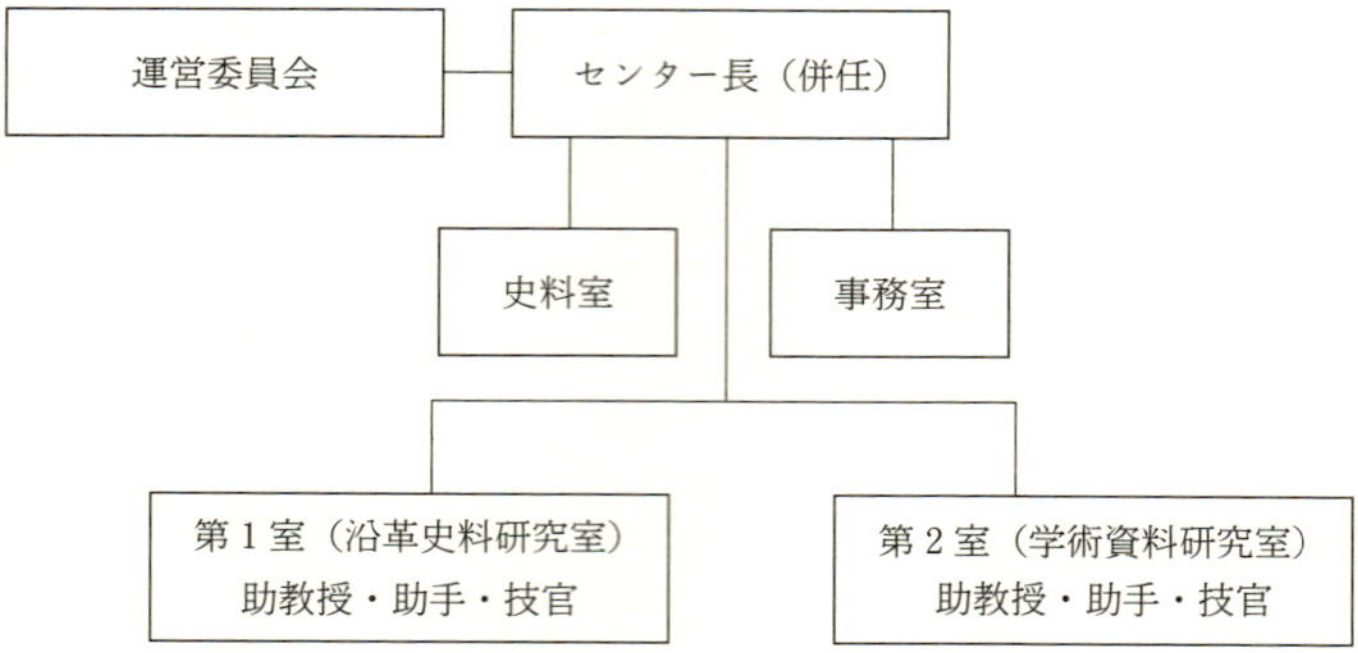

図３　大学史料センター（仮称）組織図（「東京大学史史料センター（仮称）設置の提案」1985年３月26日『東京大学史料の保存に関する委員会　第１綴（第１回〜第８回）』東京大学文書館所蔵）

統的に収集・保存・公開する機能、大学史の編纂と研究、研究者資料を通じた学術史研究などを総合的に展開させるセンターがイメージされていたといえよう(9)。

この時期以降、文書館ではなく、東京大学史史料センターという呼称が用いられていくことについて、寺﨑は「館というといかにも入れ物」で学内外に理解を得にくかったこと、さらに当時「文部省の中で一番通りやすい言葉は情報という言葉」で「歴史情報と付けると通り易いかもしれない」、という歴史情報センター名称案の助言が事務方からあったことを回顧している。寺﨑によれば結局、史料を情報と読み替えることには抵抗があり従わなかったが、センターとすることは採用したという(10)。

史料センター設立の将来構想が提案されたことを受けて、同年一〇月、同じく同専門委員会から「東京大学百年史編集室史料の措置について」が森亘総長宛てに提出され、百年史編纂後の史料の措置について懇談会の設置が提案された。提案を受けて設置された「東京大学百年史編集史料保存に関する懇談会」は森総長の意向を受けた西島和彦総長特別補佐が座長を担い、二回の会合を経たのち、一九八六年三月三一日答申を取りまとめることになる。この答申では二つの案が提示された。一つは史料センターの設置を目指す前提として学内に「東京大学史料の保存に関する委員会（仮称）」を設けるとともに、一九八六年度末で解散予定の東京大学百年史編集室を

「東京大学史料室（仮称）」として再組織し、上記委員会のもとに、当面の史料保存、整理、利用に当たり、少なくとも百年史編集室の専任者定員、施設面積を維持する、というプラン。もう一つは当時学内でもちあがっていた「国際学術交流センター」構想の中に大学史史料センターの機能を収容するというプランである。

国際学術交流センター構想は、名称を変え一九八七年先端科学技術研究センター（以下、先端研）に結実することになるが、当時センター内に日本比較研究情報室と国際交流情報室を設け、両者をあわせて基幹部門一を当てるという組織計画があり、[11]この二つの情報室の機能、任務、仕事の形態は大学史史料センターと類似することが予想されることから、この二情報室と並列する組織として「大学史研究情報室（仮称）」として同部門の中に位置づける、もしくは大学史史料センターが本来もつべき機能が損なわれることのないよう配慮しつつ機能を日本比較情報室の内部に含める、という案であった。[12]前年出された「東京大学史史料センター（仮称）設置の提案」ではセンターの性格については、独立性を担保すべきとしていたものの、この答申では他のセンター構想との接合も併記されている。後述するように、東京大学における大学アーカイブズは独立した組織として機能すべきか、他の全学センター級の組織の中の部門（あるいは室）として機能させるべきか、常に模索される存在であった。東京大学百年史編集室後の体制をいかに設計すべきか、という初発の答申の中に、すでにその議論が内包されていたことは、日本における大学アーカイブズの確立が行政機関の保有する情報の公開に関する法律（以下、情報公開法）制定以前においていかに困難であったか、その状況を考察する上で示唆的であるといえる。また「いくとすれば道は二つしかないと思う」として、この二方向を提示したのは座長の西島和彦であったことを後に、寺﨑は回顧している。[13]

しかし、懇談会答申が総長に対しなされたことは、東京大学内では少なくともポスト年史編纂体制を現実的に検討する環境が整えられたことを意味していた。答申後の一九八六年五月一四日、本部事務局広報企画課と寺﨑昌男百年史編集委員会委員長、中野実百年史編集室員の間で会合が開かれ、のちの東京大学資料の保存に関する委員会の設置に関する手続きについて、事務レベルでの話し合いが持たれ、「東京大学史料保存に関する委員会（案）」が検討されている。(14) 寺﨑によれば当時の東京大学内で概算要求を伴う新設組織の立ち上げには、懇談会答申と設立準備委員会設置のプロセスがあり、この全学委員会の立ち上げは百年史編纂後の当面の措置と、将来設計のための設立準備委員会としての性格を帯びていた。

同年六月五日には「東京大学史料保存に関する委員会設置理由（案）」がまとめられ、設置理由については「当面における史料保存の実施と今後における保存・収集・活用等の方針の策定に当り、併せて網羅的所蔵調査等に当るために措置する」と明文化、委員会の発足時期は九月とされた。あわせて第六条に東京大学史料室の設置条項をうたった「東京大学史料保存に関する委員会規程（案）」が作成される。

一方、同年六月一一日には寺﨑百年史編集委員会委員長、広報企画課長、庶務課長補佐（法規担当）の間で「東京大学史料の保存に関する委員会規程（案）」の検討が行われ、庶務課長補佐（法規担当）から、「「史料室」が最初から規程案の中に入っているのは「なじまない」感じがする。委員会発足を先行させるという方式がよいのではないか」などの意見が出され、以後の方向性が確認されることとなった。また、打ち合わせの席上、関連事項として先端研の中に、科学史・技術史・産業史・会社史・大学史・教育史・学会史等の資料文献を集める、附属施設が概算要求に中に盛り込まれているという情報がもたらされ、当該概算要求立案に際しては、三月の「東京大学百年史編集史料保存に関する懇談会答申」を考慮するかたちになっていることが報告された。(15)

同年六月二四日には議論に関わるメンバーを広げ、東京大学百年史編集委員会専門委員である寺﨑昌男・伊藤隆・益田宗の各教授、事務局の広報企画課長、庶務課長補佐が集まり（百年史編集室スタッフ二名がオブザーバーで臨席）、「保存委員会を考える会」が行われた。組織をどう位置づけるか、先端研との関係について寺﨑、庶務課長補佐のやりとりがあり、寺﨑は「先端研の中で生き延びるのは不可能と思う」と発言、庶務課長補佐も「その通りと思う」と返答、伊藤からは「史料室は情報公開の趨勢の中で、事務局に近いほうが便利である」との意見もだされた。こうした議論の中で庶務課長補佐からは史料室を事務組織につけ広報企画課のブランチとする、というのちの史料室の在り方が案出されている。一方で庶務課長補佐は、本格的な大学アーカイブズを設置することは向こう一〇年間はほとんど望み薄であり、「先端研内であれば教官、事務官等は一名程度は確保できるだろう」との見解を持っていた。上記意見を踏まえ寺﨑は「先端研にのちのアーカイヴズの芽として本部を置き、一方で大講堂に居続ける、という方法はどうか」との考えを提示している。

このように答申後の事務方も交えた議論では、百年史編纂後のポスト年史編纂組織を学内措置として、当初から独立したかたちで位置づけることは検討されなかった。まずは事務局広報企画課や、新たに設置が見込まれる先端研の中に置かれることが模索されていたのである。また庶務課長補佐はこのとき、新たに設置する東京大学史料の保存に関する委員会について、「基本方針を策定したら解散する委員会」という認識を持っており、そのため委員会規程の中に史料室設置条項を設けるべきではないと、あらためて発言している(16)。

会合を経て同日付で庶務部広報企画課より「東京大学史料の保存に関する委員会規則（案）」が作成された。委員会の任務は①史料の保存および活用の基本方針に関すること、②本学公文書の所蔵調査に関すること、③本学に関わる史料収集の方策に関すること、とし史料室についての内容は規則には盛り込まれないかたちとなった。規則（案）はその後九月一六日開催の評議会で承認され、文言修正はほぼないままで同年一〇月一四日東大規則第四〇号として制定された(17)。

二　東京大学史史料室の設置

懇談会答申を受けて、全学委員会が設置されたことで、センター構想の学内手続きは、東京大学史料の保存に関する委員会（以下、保存に関する委員会）に議論の場を移していくこととなる。

一一月二七日の第一回保存に関する委員会の席上、委員長に就任した寺﨑昌男から「本委員会では百年史編集委員会委員長としての立場を離れ、今後の東京大学史料の保存と利用等に関する方針を策定してゆきたい」旨の挨拶があり[18]、当面の措置を将来構想との関連のもとに二月までにまとめる必要性があること、概算要求に結びつくべきものとして六月一杯を目途に第一次中間報告を出すことが提案された[19]。

上記提案を受けて、翌一九八七年（昭和六二）一月八日、第二回保存に関する委員会が開かれ、寺﨑私案として「東京大学史料保存の基本報告ならびに当面の措置等について（案）」が資料として配布された。ここで提示された組織体制は以下の通りであった。恒久的な機関として「東京大学史史料センター（仮称）」を設置するために、昭和六二年度以降、センター設置のための概算要求を作成する等の現実的方策がとられる必要があり、六月を目途にあらためて提案を行う。一方で当面の措置として、百年史編集室が廃止されるに当たり「一．編集室を「東京大学史料室（仮称）」として再組織すること。二．現行規模の専任者定員と施設面積を維持する方策を講じること。三．同室の運営等については、当面「東京大学史料の保存に関する委員会」がこれに当ること。四．同室の事業としては（ア）従来行ってきた収集・整理・保存の作業を継続すると共に、（イ）将来の恒久的作業の準備に当り、（ウ）東京大学史に関する基礎的研究活動を継続するものとすること。五．四の諸活動を行うための予算措置がとられる必要がある」。

この「東京大学史料保存の基本報告ならびに当面の措置等について（案）」について、田中学委員（農学部教授）から史料室は「史料センター準備室といってはどうなのか」との質問が出たが、日下弘庶務部長からは「この委員会は設置理由にもある通り、保存、整理が主要任務であり、あわせて方策を研究するということであってすぐさまセンター準備室とはどうかと考える」との応答があった。また伊藤隆委員（文学部教授）から、組織位置および予算について質問が出た。日下庶務部長より「編集経費で近々の充当はできる。しかし将来的には校費で賄うよう考えなければならない」と返答があり、[20]また寺﨑委員長は「現在まで百年史編集室が行ってきた業務の延長上である組織を考えている」旨が述べられた。[21]また寺﨑委員長から概算要求における委員会の役割について質問があり、日下庶務部長は「骨子から始まり具体的なものまで考えていただきたい」と回答、「東京大学史料の保存に関する委員会」で具体化する方向性が確認された。小高健委員（医科学研究所）より要求する親部局について質問があり、日下から「全く行政的色彩の強いものであれば事務局から概算要求を提出することになる」とのやりとりがあった。このほか、第二回委員会では後継組織の名称について「東京大学史史料室」とすることが了承されている。

一九七四年に東京大学百年史編集室要綱が制定されて以来、百年史編集室の庶務は事務局庶務部広報企画課が処理していた。当面の措置に関する多くの質問に対し、委員会幹事を務めていた日下庶務部長が返答している通り、ポスト百年史編集室の扱いについては事務局で面倒をみることが現実的な方向性であったといえる。一方で概算要求の具体的事項については、伊藤委員が「研究的側面があるので事務局からの提出ではその点が不備になるのではないか」と指摘し、日下庶務部長が「研究的側面を重視するならば今後この委員会にてご検討願いたい」と回答しているように、事務局提出の概算要求となった場合においては、「史料の保存整理を中心に考える場合において可といえる」もので行政的側面を重視する庶務部を中心とした事務局側と研究的側面を付加したい委員を構成する教官等との間で、ポスト年史編纂体制において重視すべきポイントには相違があった。[22]

二月二〇日第三回保存に関する委員会に提出された「東京大学史料保存の基本報告ならびに当面の措置等について（第二次案）」では編集室解散後、再組織される「東京大学史史料室（仮称）」の現行規模の専任者定員について、具体的に「とくに助手ならびに専門的非常勤職員、ならびに職員等の人員」と助手配置が明記された。また同室の企画・運営等については当面「東京大学史料の保存に関する委員会」がこれに当たるが、「行政に関わる文書の調査・保存等については、本部事務局および部局事務室等と密接な連携協力を必要とする。そのための適切な体制をつくり上げていくことが重要となろう」という語句が加わった。委員会席上、川上秀光委員（工学部教授）より当面の措置に対する過渡的期間について問われた際、寺﨑委員長は、恒久的組織として「東京大学史史料センター（仮称）」設置の概算要求をするためには、東京大学における文書等の移管に関する規程等を整備した後でないと、文部省への概算要求に不備をきたすという事務局の判断があり、来年度に文書等の移管に関する規程等を整備、再来年度概算要求をする、というタイムスケジュールから最小限で二年、という期間をもって返答している。議論を踏まえ、史料室の位置づけを東京大学史史料センター（仮称）のような恒久的機構が発足するまでの暫定措置とする「東京大学史料保存の基本方向ならびに当面の措置等について」は二月二七日寺﨑委員長から森亘総長に提出され[23]、総長から一応の了承を得た。その後、二週間をおかず三月三日に開催された第四回保存に関する委員会で、事務局がたたき台を用意した「東京大学史史料室規則（案）」がほぼ原案通り承認され、一九八七年四月二一日の評議会決定を受けて、東京大学大学史史料室が発足、百年史編集室の中野実助手が室員として務めることとなった。

第二条の業務範囲からわかる通り、調査・研究事項は明文化されなかったが、第二条（四）には史料目録・東京大学史紀要等の刊行が含まれるものと解釈された。また室員若干名の内訳は助手一名とされた[24]。日下庶務部長

表6　東京大学史史料室規則対照表

東京大学史史料室規則(案)	東京大学史史料室規則
(設置) 第1条　東京大学に東京大学史史料室(以下「史料室」という。)を置く。	(設置) 第1条　東京大学に東京大学史史料室(以下「史料室」という。)を置く。
(業務) 第2条　史料室は，次の各号に掲げる業務を行う。 (1)東京大学百年史編集委員会によって収集された資・史料の整理及び保管 (2)寄贈資料の受け入れ，整理及び保管 (3)本学に関する各種資料・データの収集，整理及び保管 (4)前各号に定めるもののほか，史料室の業務に関し必要と認められる事項 2　史料室は，前項に定める資・史料等を本学の教職員等に閲覧させることができる。閲覧に関する事項は，別に定める。	(業務) 第2条　史料室は，次の各号に掲げる業務を行う。 (1)東京大学百年史編集委員会によって収集された資・史料の整理及び保管 (2)寄贈資料の受け入れ，整理及び保管 (3)東京大学に関する各種資料・データの収集，整理及び保管 (4)前各号に定めるもののほか，史料室の業務に関し必要と認められる事項 2　史料室は，前項に定める資・史料等を別に定めるところにより，本学の教職員等に閲覧させることができる。
(室長) 第3条　史料室に室長を置く。 2　室長は，本学専任の教授のうちから総長が委嘱する。 3　室長は，史料室の業務を総括する。	(室長) 第3条　史料室に室長を置く。 2　室長は，東京大学専任の教授のうちから総長が委嘱する。 3　室長は，史料室の業務を総括する。
(室員) 第4条　史料室に室員若干名を置く。 2　室員は，室長の指示に従い，史料室に関する業務に従事する。	(室員) 第4条　史料室に室員若干名を置く。 2　室員は，室長の指示に従い，史料室の業務に従事する。
(庶務) 第5条　史料室の庶務は，事務局庶務部広報企画課において処理する。	(庶務) 第5条　史料室の庶務は，事務局庶務部広報企画課において処理する。
(補則) 第6条　この規則に定めるもののほか，史料室の企画・運営等に関し必要な事項は，当分の間，東京大学史料の保存に関する委員会の定めるところによる。	(補則) 第6条　この規則に定めるもののほか，史料室の企画・運営等に関し必要な事項は，当分の間，東京大学史料の保存に関する委員会の定めるところによる。
附則 1　この規則は，昭和　年　月　日から施行する。 2　室長は，当分の間，東京大学史料の保存に関する委員会委員長をもつてあてる。	附則 1　この規則は，昭和62年4月21日から施行する。 2　この規則第3条に定まる室長は，当分の間，東京大学史料の保存に関する委員会委員長をもつてあてる。

出典：「東京大学史史料室規則（案）」1987年3月3日（『東京大学史料の保存に関する委員会　第1綴(第1回～第8回)』東京大学文書館所蔵)。『東京大学史史料室ニュース』第1号（東京大学史史料室，1988年）4頁。

からは、第六条にあるように組織は事務局庶務部広報企画課のブランチとして置かれることから、室員の官職は事務官であり、教官を配置する場合には、併任官職の形式をとらざるを得ないとの認識が示された。(25) このように東京大学におけるポスト年史編纂組織は、研究・教育機能は規則上には明示されないかたちで事務局内に位置づけられることで命脈を保ったといえる。

三　東京大学史料の保存に関する委員会による概算要求案

設置された大学史史料室はこれまでの議論をみてきたように、センター準備のための当面の措置という位置づけであり、次のステップは室のセンター化であった。寺﨑は五月二六日に「東京大学史史料センター（仮称）への概算要求までに予想される手続きについて」を作成し、論点を以下の一～五にまとめている。

一公文書（行政文書）の移管や譲り受けのルールについて
二部局所蔵の非現用文書の取り扱いについて
三概算要求の母体の問題
　a特定部局の提出か
　b本部提出か
　cそれをどうやって決めるか
四設立準備委員会をどう作るか
　a保存委員会を転換するか
　b別組織か

五安田講堂改築計画との関係

その上で、委員会で審議する順序は三、四、五、一、二に順になるだろうこと、実現のあらゆる段階で事務局の協力と合意が重要となり、他の部局設立の場合と大きく異なること、百年史の編集・刊行のような具体的目的をうたうことが難しく、フォーカスの絞り方が課題となることを補記している(26)。この寺﨑が示したいくつかの論点は、九月二九日第七回保存に関する委員会でまとまり、概算要求の母体としては事務局が当たること、東京大学史料の保存に関する委員会を設立準備委員会として位置づけること、委員会下にワーキンググループをおいて実質的な検討をすることが承認された。

その後実質的な議論の場となったワーキンググループでは一九八五年（昭和六〇）三月二六日に東京大学百年史編集室専門委員会から総長に答申された「東京大学史史料センター（仮称）設置の提案」をたたき台として、概算要求では、日本の近代化に果たした東京大学の役割を強調し、目的中に日本の近代化を研究し今後の展望を拓く、といった事項を補足強調すること、日本が国際的にアーカイブズ後進国であるという視点を盛り込むこと、組織は私文書の収集・整理・公開機能も担うこと、大学行政に資するセンターであること、を新たな設置目的として追加することが議論された。そして日本の大学アーカイブズの中核を目指すべく全国共同利用的な機関としていくことが提示されることとなる。百年史編集委員会専門委員会で議論された学内共同教育研究施設という位置づけから、全国共同利用施設として、大学の学部等から独立した施設でなおかつ、大学の枠を超え同分野の研究者の共同利用に供する組織であることが志向されたのである。施設は大講堂（安田講堂）一六八八平方㍍分と算定、一方で組織構成・人員配置等は一部門二室（沿革史料研究室、学術資料研究室）、各助教授一、助手一、技官一、図書室・資料室職員二と従来からの構想を引き継いでいたが、「大学行政を取り扱うので、事務局が若干踏み込んだ組織にする必要」があるとした(27)。踏み込んだ組織の具体的イメージについては第九回委員会で質問が出され、「例えば、一つの文書がある時点までは事務局の所管、その後史料室の所管に属する場合、それを一体的な場所で保管する事にして二面性を持たせ、事務局とセンターの仕事を一体的に処理する事は、今後の考え方として有り得るのではないか」とのワーキンググループメンバーからの応答が議事録に残されている。大講堂にセンターの施設を有し、現用・非現用の公文書について集中管理を行う構想が模索されていたのである。(28)

年が明けて一九八八年一月二五日に開催された第九回保存に関する委員会では「東京大学史史料センター（仮称）概算要求書（案）」が示された。要求事由は以下のようにまとめられている。「本センターは第一に、これらの史料を土台にして更に多くの関係史料を集め、(29)整理し、必要に応じて公開し、それを利用することによってわが国近代化の過程における大学の形成過程とその各学問分野・技術の分野において果たしてきた役割を明らかにすること、第三に、現在年史を編纂している諸大学や近代化に当たって日本と深い関係のあった外国の諸大学との高等教育機関の果たした役割について研究交流を行うことを目的とする」。目的からは、この概算要求がポスト年史編纂事業という性格を強く帯びていたことがよくわかる。

また研究の学術的、社会的意義として「本センターの設置は、先進諸国の少なくとも一流といわれる大学がかならず備えているにもかかわらず、日本では全く発達していない大学文書館を初めて日本に設立することであり、世界的な大学文書館の国際交流に日本も遅れ馳せながら参加するという意味を持っている。またその点で学内共同研究施設として機能するのみならず、全国共同利用施設としても機能し、更に国際的関連において活躍し得るものである」とした。おおむねワーキンググループでの論点が文章化されたものといえ、概算要求の骨子はこの時点でほぼ固まったといえる。

四　概算要求の手続きと文部省の方針

それでは、こうした大学史史料センター構想の概算要求に実現可能性はあったのだろうか。ここで、一九八〇年代後半の東京大学における概算要求のプロセスと、国立大学を取りまく財政状況について確認しておきたい。当時新規の組織設置については、学内で総長もしくは総長特別補佐級を議長とする懇談会を設け、その答申を受けて、全学委員会級の設立準備委員会が設置され、ここで概算要求を提出する母体や具体的な骨子等を策定、二月に設立準備員会もしくは担当部局から部局概算要求を本部経理部に提出、その後、本部経理部で書式等が整えられたのち、学内ヒアリングを経て、五月末に部局長会議で概算要求事項の優先順位を決定、評議会で承認後、六月に文部省へ提出という流れを取っていた(30)。大学からあげられた概算要求はその後、文部省において個別の説明聴取が行われ、予算省議を経て八月末大蔵省に送付、概算査定が行われたのち、一二月下旬に概算査定案（大蔵原案）が取りまとめられ、各省庁からの復活折衝を経て、概算閣議による決定がなされる、という手続きが取られていた(31)。

一方、大学史史料センター構想が練られていた一九八〇年代、概算要求による国立大学の組織新設には、厳しい概算要求基準が立ちはだかっていた。一九八三年（昭和五八）以降、国の予算編成における要求限度額は、前年度予算額を下回るように概算要求基準が設定されるようになる。いわゆるマイナスシーリングである。石油ショックに伴う財政赤字への対応から、一九八一年に発足した国の臨時行政調査会（以下、臨調）は、行財政改革を推進する答申を行い、その結果、緊縮財政政策が取られることとなったのである。臨調の最終答申を受けて、一九八三年文部省大臣官房長から国立学校長に通知された「臨時行政調査会の最終答申後における行政改革の具

表7　東京大学全学センター・部局附属センター設置推移

西暦	名称
1984年	文献情報センター（全）
1985年	留学生教育センター（全），素材開発研究センター（生産技術研究所）
1986年	学術情報センター（改組・文部省直轄）
1987年	先端科学技術研究センター（研究所相当）
1988年	天文学教育研究センター（理学部）
1989年	微生物微細藻類総合センター（応用微生物研究所）
1990年	留学生センター（改組）
1991年	気候システム研究センター（全），ヒトゲノム解析センター（医科学研究所），国際災害軽減工学研究センター（生産技術研究所）
1992年	情報メディア研究資料センター（改組・社会情報研究所），人工物工学研究センター（全）
1993年	生物生産工学研究センター（全），細胞・高分子総合センター（改組・分子細胞生物学研究所），環境安全研究センター（全・改組）

出典：『年譜 1877-1977-1997：東京大学創立 120 周年記念』（東京大学，1997 年）。
※ カッコ内について，全は全学センター，部局名は附属する学部・研究所。

体化方策について」（新行革大綱）では「国立大学については、その新設、学部・学科の新増設、定員増は全体として抑制し、時代の変化等に対応した学部、学科の転換、再編成を進める。また、研究所等の整理再編（共同利用機関化を含む。）を行うとともに、本部、学部等の事務機構の一元化を一層推進するものとする。大学、学部等の附属施設についても、その必要性を見直し、整理再編を含め、その在り方を検討するものとする」(32)とし、大学における組織の新設に対し厳しい方針を示すこととなった。

もっとも当該期、全国共同利用施設、学内共同利用施設の新設が認められなかったわけではなく、一九八四～九三年時、国立大学全体では全国共同利用施設については毎年おおむね一～二件、学内共同利用施設については一九八四年の六件から一九九三年には二五件と、むしろ組織整備は増加傾向をみせている(33)。東京大学でも同様で、この間全学センターおよび部局附属センターはほぼ毎年設立されていた。

しかし認められる新設組織については、徳永保が指摘しているように、成長産業が期待される分野、特定専門分野の人材養成、留学生受入れ整備、産学連携、地域中核医療機関の機能強化、大学教育機能の社会・地域への開放、類型の異なる組織間整備など、社会的要請が強いと文部省が判断したものに限られていた。新設組織の定員要求は新行革大綱以降、文部省高等教育局と総務庁行政管理局との折衝に基づき、行政管理局が査定意見を大蔵省主計局に提示するようになったことで、この査定傾向を踏まえた文部省が示す概算要求方針に適合的な案件だけが採択されるようになったからである。概算要求における文部省の主導性が高かったことは、寺﨑の回顧からもうかがえる。寺﨑が森総長に面会した際に、森は文部省にその場で電話をかけ、文部大臣の諮問機関である「学術審議会でもまだ大学関係史料の保存ということは議題にのぼってないそうです」と回答したという。(34) 文部省の策定する方針に適うか否かが、概算要求の成否に直結するという認識が当時総長レベルで持たれていたことを物語っている。

また当時の国立大学財政は国立学校特別会計制度によって運営されており、歳出予算は大略教職員の人件費と、教育研究費および施設整備費に基づく物件費に分けられるが、予算編成におけるマイナスシーリングの中、人件費、教育研究費等を維持するため、とくにしわ寄せが集中したのが、国立学校施設整備費（文教施設費）であった。神田修、小川正人らによれば、一九八三年時一一五六億円であった文教施設費は一九八六年には七八八億円まで減少し、その後平成年間に入るとやや持ち直すものの、ピークにあった一九七九年度に比べ五〇％前後を確保できているに過ぎない状況にあった。さらに既設学部等施設費は一九九〇年度において国立学校施設整備費全体の八・三八％と大きく抑制されていた。(35) 森亘は総長任期終了後、東京大学の学内広報において、大講堂改修を任期中「概算要求を通じて国に求めること（中略）は、ほとんどすべてのレベルにおける事務、行政、政治上の困難さ（ないし反対）でしかなかった（中略）このオーソドックスな、私にとって最も好ましいと考えられた方法はあきらめざるを得なかった」と述べている。(36) 平野総長期の一九八三年に設置された大講堂利用計画懇談会の八四年答申では「一、二階については大学文書館（university archives）に当てるのが最もふさわしい」としており、学内でも工学部の稲垣栄三や香山壽夫は建築史・建築学の立場から大講堂一、二階におけるアーカイブズ配置計画を発表していた(37)。大講堂を施設とする大学史史料センター構想は、こうした学内理解の醸成を一定程度踏まえたものであったが、施設の概算要求については非常に厳しい状況にあったといえる(38)。

五　大学史史料センター構想と概算要求の推移

第九回保存に関する委員会では、概算要求の骨子が固まったことを受けて、「総長の概算要求に対する考え方を伺うため、委員長は機会を設けて説明をしてはどうか」との意見が出された。こうした状況を踏まえ、一九八八年二月二六日寺﨑委員長が総長会見に臨み、概算要求提出についての総長にうかがいを立てることとなった。このときの森総長が問題としたのは大講堂をセンターの施設とすることについてであった。森総長からは「一、センター概算要求は、大講堂の修復計画と共に考えざるを得ない。二、現在、ホール部分の改修計画があり、これが第一段。センターは第二段（二段計画中の第二段）にならざるを得ない。三、文部省の方針の上でも（学術政策における大学史料の位置）、第二の優先順位になろう」とし、総長からは一〇年計画を覚悟してほしいと意向が示された。

大講堂利用計画のタイムスパンの中にセンター構想をすぐに位置づける、ということについて森総長は消極的であったのである。この総長見解は、大学史史料センター構想の実現が学内優先順位として低いことを意味していた。三月一五日の第一〇回保存に関する委員会において概算要求は経理部に提出されたことが報告されたが、第一二回保存に関する委員会で広報企画課長からセンター概算要求は、六月一〇日の部局長会議において、文部省への要求事項とならなかった旨の説明があり、東京大学として文部省へ提出する概算要求にも残らなかったことが明らかとなった。

第一三回保存に関する委員会では、広報企画課長から経理部担当者の感触として「現在は単独の部局を要求しても文部省では殆ど認めていない。とくにアーカイヴズのようなものを一大学に認めると全部の大学につながるという懸念があるので、予算を通すという意味では資料館等に付けることにしたほうが形としては通り易いという話もあった。また、東大の要求に名前を出すのであれば、多少縮小して室長なりが経理部に説明に行って載せてもらうことは可能である。ただ、それが文部省で通るかどうかは分からない」との説明を行った。先の総長会見では大講堂利用計画の現実性の低さが明らかとなったが、加えて経理部からはセンター構想の単独性と規模の大きさが指摘されたのである。当時大学史史料室には教育学部定員の助手が一名配置されているだけで、組織の統合、改組に伴う全国共同利用施設や学内共同利用施設設置を求める文部省の方針に合致していなかった。また大学アーカイブズの拡大も文部省は望んでいなかった。事務局はこうした文部省の意向を敏感に感じ取っていたといえる。委員会では、独立したかたちでの構想を継続すべきか、学内の他組織に付ける方向性を模索すべきか諸処意見が出され、付ける場合は「総合研究資料館が一番密接な関係にあり自然であろう」との見方が出されている。(39)

このほか寺崎は、百周年という強いインセンティブがない中で、情報ではなく、モノとしての文書を集める場所を新たに作ることについて、理系の教官にはなかなか理解されなかったという学内の雰囲気を回顧している。(40)

一九八九年（平成元）一月二三日第一四回保存に関する委員会では寺崎が附属学校長兼務で繁忙であることを受けて、新たに委員長に就任した原朗委員長（経済学部教授）から二月中旬までに提出する必要がある概算要求について、前年同様とするか縮小するかについて委員に意見が求められた。意見の多くは大講堂利用要求の妥当性についてであり、大講堂の改修にあたっては第一段階としてセンター構想を含めることは難しいという前年の総長意向を受けた反応が多かった。最終的に前年度概算要求から縮小しての要求としてまとめること、細部はワーキンググループで再検討して要求書を出すことが了承された。

二月七日ワーキンググループが開催され、検討の結果、前年度概算の規模を半分にし、なおかつ二年間に分けて要求することが提示された(41)。この結果、提出された要求は、要求事由自体の文言はほぼ変化がなかったものの、昭和六四年度の概算要求額六七八万四〇〇〇円を、平成二年度では六一二万円に縮小、組織体制も助教授一、助手一、事務官一、技官一に要求が縮小された(42)。また施設については当面大講堂五〜八階三五二平方㍍、地下一階倉庫一二四平方㍍の計四七六平方㍍で要求することとし、将来的には七〇七平方㍍を目指すという前年から大幅に要求面積を下げたかたちで提案された(43)。

しかし、この縮小案についても東大として文部省へ要求する概算要求には残らなかったことが、一九八九年六月一九日開催の第一六回保存に関する委員会で広報企画課長から報告された。この回では委員から今後の在り方について、外部資金獲得も含めた史料室自体の実績を高めていくこと、文部省の意向確認の必要性、学内他組織との将来関係の具体像などの論点が出された(44)。もっともこうした議論はその後深化した様子はみられない。一九九〇年一月二二日第一八回保存に関する委員会では原委員長から「平成三年度東京大学史史料センターの概算要求については、もう一度前年度と同じ形で要求したいと考えている」との説明があり、要求事由については多少手を加えた方がよいのではないか、という意見があったものの、とりあえず前年同様の要求とすることで了承された(45)。

第二〇回保存に関する委員会では原委員長が二年間の任期満了となり、後任の委員長には田中学農学部教授が選任された。田中委員長のもとでも概算要求の提出は続けられたが、「平成四年度の東京大学史史料センター(仮称)の概算要求については、平成三年度の要求と同様な構想で要求したいと考え」て準備することが発言された。[46]平成四年度概算要求では要求金額が四〇四万八〇〇〇円とさらに縮小され、[47]前年度と全く同様ではなかったが、「前年度と同じ内容」、「従来と同じ形」での要求との説明のもと、第二二回保存に関する委員会で了承された。[48]毎年東京大学としての概算要求事項に残らない結果を通じ、委員会内部でも概算要求への関心は相対的に低下していたのである。

そしてこの年も文部省への要求は叶わなかった。第二四回保存に関する委員会上、田中委員長から「史料室のセンター化については、今後も従来どおり要求していくが、近い将来に実現する見通しはたっていない。当面は史料のマイクロ化や目録の作成等個々の問題について予算要求を行い、史料室を実質的に充実させ、センター化をアピールしていきたい」という現状認識が示された。事務局広報室長からは、概算要求の説明を行い、その後経理部より「史料室所蔵の文部省往復についてマイクロ化については一九九一年度中に大正期までの分を実施する方向で進めていきたい」との話があったとの報告があった。概算要求説明はすでにセンター化そのものではなく、むしろ経理部に史料室の現状を理解してもらい、実質的な史料室のプロジェクト予算獲得を陳情する場として機能しつつあったことがわかる。[49]平成五年度概算要求額も三五七万円と運営費をさらに低く設定、提出文自体は手を入れない、という前年度からの手続きが踏襲された。[50]

以上、当時の学内外状況からいって、大学史史料センター構想が概算要求として通る要素は限りなく低かった。その意味において寺﨑が主導した概算要求は、現実路線というよりはやや理想像を求めたものであったといえよう。しかし歴代

表8　東京大学史史料センター概算要求運営費案推移

年　　度	概算要求運営費案
平成元年度概算要求案	6,784,000
平成2年度概算要求案	6,120,000
平成3年度概算要求案	6,120,000
平成4年度概算要求案	4,048,000
平成5年度概算要求案	3,570,000
平成6年度概算要求案	4,155,000
平成7年度概算要求案	6,480,000

単位：円。
出典：『東京大学史料の保存に関する委員会　第1綴（第1回〜第8回）』,『東京大学史料の保存に関する委員会　第2綴（第9回〜第18回）』,『東京大学史料の保存に関する委員会　第3綴（第19回〜第27回）』,『東京大学史料の保存に関する委員会　第4綴（第28回〜第35回）』東京大学文書館所蔵。

委員長もまた現実的な対案を十分示し得ず、旗印自体は下ろさないものの、内容を縮小しながらの前年度踏襲に終始したのである。

六　総合研究博物館構想とセンター概算要求の接合

この方針に変化がみられるようになるのは、一九九二年（平成四）一二月、高橋進法学部教授が委員長に就任して以降のことである。一九九三年二月一八日に開催された第三〇回保存に関する委員会では、センター化概算要求は従来同様のかたちで要求することが決まったが、同じころ高橋委員長は青柳正規広報委員長を通じて、事務局から概算要求するよりも、「組織上はある部局（総合研究資料館）について要求したほうが認められやすいのではないか」との助言を受けている。[51]これを踏まえ同年四月には、高橋委員長、田中元委員長、青柳広報委員長、事務局長での会談が行われた。会談では組織上だけ総合研究資料館というわけにもいかず、総合研究資料館としても史料センターの要求が第一に順位されるとは限らないということから、当面は現在のまま事務局から要求することとなったが、総合研究資料館との連携には含みを残したかたちとなった。こうした動きを踏まえ、高橋委員長からは一九九三年五月一三日開催の第三一回保存に関する委員会において概算要求書の見直しを含めワーキンググループの設置等を検討したいという提案が出され了承されている。

第三二回保存に関する委員会（七月八日開催）では、概算要求が議題の第一にあがり、史料センター構想の実現可能性について対応策が検討された。委員会に先立って高橋委員長は六月三〇日に総長と会見し、史料室および東京大学史史料センターの概算要求についての説明を行い、センター実現まで当面の措置として助手一名の補充を要請、内諾を得ていた。全学の空きポストを利用した構造的空き定員による定員流用であったと思われるが、形式的には、百年史編集室以来の慣例で教育学部に助手として採用し、文部事務官庶務部庶務課併任というかたちでの史料室勤務体制がとられた。当時、史料室は専任の教官不在の状態であり、概算要求見直しと並行して、学内措置で可能な史料室体制整備が図られたといえる。委員会では概算要求書見直しのためのワーキンググループのメンバーが確定、高橋委員長、田中学農学部教授（元委員長）、大森博雄理学部教授、寺崎弘昭教育学部助教授、岡崎哲二経済学部助教授が選任された。(52) ワーキンググループは七月一五日、九月一〇日の二回にわたり開催され、一二月開催の委員会に見直し案を提示することとなる。(53) 一二月一六日に開催された第三三回保存に関する委員会で示された概算要求説明書案は、大要以下のような変更点を加えたものであった。

一．従来の概算要求書は、百年史編纂事業を引きずってしまっていたように思われるので、百年史編纂以後も東大としては、史料室を設置して資・史料の収集を積極的に行ってきていることを強調した。

二．当初、概算要求書を作成したころは、史料室が設置されて間もないときであった。現在は、閲覧者および調査事項の大幅な増加、また学内・学外における展示会への協力等アーカイヴィス（ママ）としての機能をかなり発揮してきている。この実績を強調した。

三．現在の大学の課題である、自己点検・自己評価に資する基本的な資・史料の収集・整理・保存に務めなければならないことを盛り込んだ。

四．全官庁レベルで問題となっている文書管理のことであるが、大学における全体的な文書管理として、史料室が円滑に機能することが重要であることを強調した。

五．助教授が必要な点として、史料の貸借、業務の遂行にあたって助手では責任が取れないこと、また、研究組織、交流にあたって助手では対応できないことを書いた。

六．本学が所蔵する史料群は、高等教育機関の形成とその学問・技術の分野において果たした役割を明らかにし、わが国の学術界に多大な影響を与える。また、東京大学が伝統的大学としての歴史的経験の情報を学内外の大学等の機関に提供することにより、全国の大学改革の取り組みに役立つことができる。これらの観点からのもセンター化が望ましいことを書いた。(54)

従来の大学史史料室の実績強調と、有馬学総長主導で進められていた学内での自己評価の動きに資する組織であるという点が新味であった。これに対し委員から各種意見が出されたが、多く提起されたのは更なるセンターの研究機能面の明確化であった。このため一九九四年二月二三日に開催された第三五回委員会で再提案された東京大学史史料センター（仮称）概算要求説明書では、設置の事由として「本センターは、以下のような業務および研究を行う」と研究を行うセンターであることが明示され、内容は「第一に、百年史の編集時代から収集、保存してきた史料及び日々散逸の危険に晒されている貴重な多くの東大関係史料を収集、保存し、その有効な活用を図る。第二に、史料の基礎的研究を通して、わが国近代化の過程における大学の形成過程と各学問・技術の分野において果たしてきた役割を明らかにする。第三に、本学における公文書の合理的かつ効果的な文書管理と学内行政に資する。現在進行している公文書の保存公開問題に対処しての事務当局の努力とあいまって、これらの文書の公開に新しい形を作っていくこともセンターの課題である。第四に、現在年史を編纂している国内の諸大学や近代化に当たって日本と深い関係のあった外国の諸大学との研究交流を行う」(55)とした。第三五回保存に関する委員会においてこの改訂版は原案通り承認されたが、新たな問題も討議されている。それは、この時期学内で検討されていた総合研究資料館の総合研究博物館構想との関係についてであった。

高橋委員長には二月一五日青柳総合研究資料館長との会談を通じて、評議会直下に「総合研究資料館に関する懇談会」が設置され、総合研究資料館を中心に総合研究博物館構想が動いているとの情報がもたらされていた。また史料室について、総合研究博物館の中の一部門として捉え、概算要求も総合研究博物館の中から出すことが提案されていた。この提案には管理運営および委員会の役割、また広報室との関係を可能な限り従前通りとする体制のまま、三〇〇平方㍍くらいの建物の確保と、助手定員が付いた場合の優先的な流用も視野に入れられていた。総合研究資料館は一九九三年末の補正予算によって新館増築が認められ、地下一階、地上七階、延約三〇〇〇平方㍍の工事が一九九四年度から開始される予定にあり、当時としては現実的な提案と受け止められる状況にあったといえよう(56)。

第三五回保存に関する委員会では大学史史料センターの概算要求を独自に出すか、総合研究博物館構想の中に吸収されるかたちとするか、という古くて新しい問題が惹起していたのである。学内の優先順位が「ここ数年は、総合研究博物館そのものの概算要求が第一順位になると思う」という高橋委員長の見通しも相まって、議論は実現可能性が高いのはどちらなのか、に論点が収束された。その結果、今後の対応について総合研究博物館に関する評議会の動向を踏まえた上で、総合研究博物館構想に加わるか否かの決定をする、また総合研究博物館構想の中の史料室の位置づけ等を踏まえたたたき台を作成し、次回委員会までに配付する、ということになった(57)。

しかし、総合研究博物館構想に史料室が加わる方向性は、委員会開催に先行するかたちで進むことになる。当時、「総合研究資料館に関する懇談会」では四月一九日の打ち合わせを経て、五月一〇日に総合研究博物館構想の中間報告（案）を取りまとめるスケジュールになっていたが(58)、四月二一日に開催された第三六回保存に関する委員会では、委員会に先立って総合研究資料館に史料室を組み込むかたちで修正した概算要求書が提出されたことが、高橋委員長から報告された。この概算要求書修正の要点は、助教授一、助手一、事務官一、技官二と技官を増員したこと、従来アーカイブズとミュージアムとの違いを強調してきた内容を、「「大学文書館」と「大学博物館」とを有機的に連携して設置するという形に変更する。ただし、史料室は独自なもの」という書きぶりにしたことであった。また「総合研究資料館に関する懇談会」がまとめている中間報告（案）では大学史史料室、埋蔵文化財調査室、放射性炭素年代測定室を資料館に合併し、総合研究博物館とすること、同館の対象領域に東京大学における大学史を含めることが盛り込まれる予定であることが合わせて委員に示された。この方針は委員会において追認されることとなる。(59)大学史史料センター化構想は先にみてきたように、必ずしも独立した組織であることだけに方針が一本化されていたわけではなく、実現可能性の中で柔軟に対応する論点が担保されていたのである。一方、事務局から提出されていた大学史史料センター概算要求は、以降、総合研究博物館構想の中で検討されることとなり、大学史史料センター化構想は保存に関する委員会の手を離れることとなった。

その後の保存に関する委員会では高橋委員長から「総合研究資料館に関する懇談会」の進捗状況について断片的に情報がもたらされたが、概算要求に関する具体的な審議の場ではなくなった保存に関する委員会は、総合研究博物館構想の推移を見守ることとなる。しかし結果的には、この総合研究博物館構想の中に史料センターが措置されることはなかった。一九九六年五月に発足した東京大学総合研究博物館に史料室が包含されることはなく、史料室のセンター化構想は情報公開法制定の動きの中で再度模索されていくことになるのである。(60)

おわりに

以上のように一九八〇年代半ばから一九九〇年代半ばを通じた東京大学内での大学史史料センター構想は、時期によりその要求内容を変化させながら展開されていったことが今回明らかとなった。一九八〇年代前半までの大学アーカイブズに関する学内共同研究を踏まえ、寺﨑らは独立した大学文書館像を志向していたものの、一九八六年（昭和六一）三月に出された、東京大学百年史編集史料保存に関する懇談会答申では、単独の史料センター設置を目指す前提で史料室を設置する方向性と、国際学術交流センター構想の中に機能を含めていくことの二案が提示されている。実質的な組織を学内にいかに措置するかについては議論の初発より、ポスト大学史編纂組織は独立した組織とすべきか、大きなセンターの中の部門として位置づけるべきか、明確に一本化されていたわけではなかったのである。

またその後、東京大学史史料室の設置、および概算要求によって同室を大学史史料センターとして改組拡充する構想を主導していったのは、事実上の設置準備委員会的機能を果たした東京大学史料の保存に関する委員会であったが、保存に関する委員会内で概算要求を取りまとめるに当たっては、大学史や学術史の研究機関としての性格と、大学行政文書の記録を移管・保存・公開していくアーカイブズ的機能が未分化のまま議論が進められた。これは概算要求提出を引き受けたのが大学事務局であったこと、一方で保存に関する委員会の委員は部局から提出する概算要求のイメージに引きずられていたことと無関係ではない。事務局サイドから概算要求を提出するに当たっての事務局の考え方の基本線は、「全く行政的色彩の強いものであれば事務局から概算要求を提出することになる」、「史料の保存整理を中心に考える場合において可といえる」というものであったのに対し、概算要求のたたき台を作成していた保存に関する委員会のワーキンググループでは、第一室（沿革史料研究室）と第二室（学術資料研究室）の構成を基幹部分とし、「目的中に日本の近代化を研究し、今後の展望を拓くといった事項を補足し強調する」といった具合に大学史史料センター構想の研究的側面を重視していた。東京大学における大学アーカイブズがいかなる形態が望ましいのか、行政寄りであるか、研究重視か、単独組織か、他のセンターのブランチか、その議論は流動的かつ両論併記であったといえよう。

こうした中、寺﨑委員長のもとで最終的にまとめられた概算要求における大学史史料センター像は、ポスト百年史編纂事業としての性格を帯びつつも、東京大学のためだけにとどまらない日本の大学行政・大学史研究に資するアーカイブ機能をもった全国共同利用施設であった。しかし平成六年度分まで事務局を通じて提出された概算要求は東京大学から文部省へあげられる優先順位として残ることはなかった。

東京大学内で大学史史料センター構想の優先順位が低かった背景には、一九八三年以降、国の予算編成のマイナスシーリングの影響があげられる。当時国立大学の概算要求には文部省の主導性が強く反映されるようになっていた。百年史編纂後の史料散逸は東京大学にとっては課題であったが、のちの情報公開法や公文書管理法（公文書等の管理に関する法律）のような法制定の追い風がない中、文部省の学術審議会であげられていた検討課題でもなかった。また東大事務局経理部が保存に関する委員会に助言したように、概算要求を認めることで、他大学にも類似の大学アーカイブズが広がることに文部省はむしろ抑制的であったといえる。加えて、施設面の見通しも十分ではなかった。大学史史料センター構想は大講堂内一、二階を利用する計画であったが、国立学校施設整備費の減少の中、そもそも大講堂の施設改修を概算要求で通すこと自体困難であり、森総長は概して消極的であった。文部省の意向に沿わない大学史史料センター構想を、東京大学として概算要求にあげるインセンティブは低かったのである。

こうした条件下にあって大学史史料センターの概算要求は年ごとにその規模を縮小することとなり、また提出自体もルーティン化し、概算要求を通すことそのものよりも、既存の史料室予算獲得のための副次的なものとして位置づけられるようになっていた。この結果、一九九二年段階までに単独組織としてのセンター化要求は手詰まり感が否めない状況となっていった。状況を打開すべく一九九三年からは概算要求の内容について再検討する動きが起こり、これまでの史料室活動実績の強調や、有馬総長のもとで進められていた大学の自己評価に資する組織であることの提示などを新たに打ち出していくことが検討される一方、センター構想を総合研究博物館構想と接合する可能性も模索されていくこととなる。一九九四年に入り、総合研究博物館構想が現実味を増していく中、保存に関する委員会は、総合研究博物館構想にセンター化構想を盛り込んでいくことを了承、以後、大学史史料センター構想の成否は、総合研究博物館構想の審議過程に委ねられることとなった。

こうした動きは寺﨑らの理想的なポスト年史編纂組織を求める姿勢とは異なる、実現可能性の高い選択肢を目指す試みであったといえるが、最終的にはいずれも概算要求を伴う組織拡充には直結せず、一九九五年以降、保存に関する委員会から概算要求が出されることはなくなった。保存に関する委員会と大学史史料室を残して、東京大学における大学史史料センター構想は事実上潰えたといえる。しかし東京大学における一九九〇年代半ばまでの大学アーカイブ構想の成功と失敗は、その後他大学に参考事例として引き継がれていくこととなる。一九九〇年代以降、年史編纂を終えた九州大学や名古屋大学では、史料の保存に関する全学委員会とポスト年史編纂の室設置が進められていき、京都大学では概算要求を伴わない学内措置での本学的な大学アーカイブズ設置を模索していくことになるのである。

註

（1）中野実『大学史編纂と大学アーカイヴズ』（野間教育研究所、二〇〇三年）一四九～一五〇頁。

（2）西山伸「京都大学大学文書館―設置・現状・課題―」（『大学アーカイヴズの設立と運営―二〇〇一年度総会および全国研究会の記録　於・神奈川大学―（全国大学史資料協議会研究叢書第三号）』（全国大学史資料協議会、二〇〇二年）。

（3）小根山美鈴「二度の「大学アーカイブズ」―ダイジェスト：東京大学文書館前史―」（『東京大学文書館ニュース』第五四号、二〇一五年）。

（4）第二章は、加藤諭「情報公開法施行前の国立大学における文書管理規程と文書移管」（『アーカイブズ学研究』二六、二〇一七年）をもとに改稿したものである。

（5）折田悦郎「国立大学におけるアーカイブの設置とその機能」（『京都大学大学文書館研究紀要』第一号、二〇〇二年）九頁。

（6）「東京大学関係諸資料の保存と利用に関する予備的研究」研究グループ「東京大学関係諸資料の保存と利用に関する予備的研究」（『東京大学史紀要』五、一九八六年）二四頁。

(7) 前掲「東京大学関係諸資料の保存と利用に関する予備的研究」三、二四〜二五頁。

(8)『東京大学史紀要』第七号（一九八九年）一三三頁。

(9)「東京大学史史料センター（仮称）設置の提案」一九八五年三月二六日（『東京大学史料の保存に関する委員会第一級（一〜八回）』S〇一〇四／〇〇〇一、東京大学文書館所蔵。以下、『第一級』。また註にあげる委員会資料については東京大学文書館所蔵）。

(10)「寺﨑昌男氏ヒアリング（二〇一七年一二月六日）」（東北大学史料館所蔵）。

(11)『東京大学先端科学技術研究センター二十年史―ある一部局の自省録―』（二〇〇七年）一六、二二頁。二十年史によれば国際交流情報室、日本科学技術資料室、先端研究協力室の三室からなるセンター内附属施設案だったとされる。

(12)「東京大学百年史編集史料保存に関する懇談会答申」一九八六年三月三一日『第一級』。

(13) 前掲「寺﨑昌男氏ヒアリング（二〇一七年一二月六日）」。

(14)「東京大学史料保存に関する委員会（案）」一九八六年五月一四日『第一級』。

(15)〔寺﨑昌男発東京大学百年史編集委員会専門委員宛六月一一日打合せ報告〕一九八六年六月一五日『第一級』。

(16)「保存委員会を考える会」一九八六年六月二四日『第一級』。

(17)「昭和六一年九月一六日評議会記事要旨」「東京大学史料の保存に関する委員会規則」『第一級』。

(18) 寺﨑は当時、百年史編集委員会の委員長も兼務している状況にあった。

(19)「第一回史料保存委メモ」「第一回東京大学史料の保存に関する委員会議事要旨」一九八六年一一月二七日『第一級』。

(20)「第二回史料保存委員会メモ」一九八七年一月八日『第一級』。

(21)「第二回東京大学史料の保存に関する委員会議事要旨」一九八七年一月八日『第一級』。

(22) 前掲「第二回史料保存委員会メモ」。齋藤尚夫事務局長は一九八六年九月着任で、学内における概算要求の手続きについてこの時点では理解しておらず、代わりに日下が回答している。

(23)「東京大学史料保存の基本方向ならびに当面の措置等について」一九八七年二月二七日『第一級』。

(24)「東京大学史史料室規則（案）」一九八七年三月三日『第一級』。

(25)「第三回東京大学史料の保存に関する委員会議事要旨」一九八七年三月三日『第一級』。

(26)「東京大学史史料センター（仮称）への概算要求までに予想される手続きについて」一九八七年五月二六日『第一級』。

(27)「ワーキング・グループにおける発言」一九八七年九月二九日～一二月二一日頃（『東京大学史料の保存に関する委員会　第二綴（第九回～第一八回）』S〇一〇四／〇〇〇二、以下『第二綴』）。
(28)「第八回東京大学史料の保存に関する委員会議事要旨」一九八七年一一月九日『第二綴』。
(29)平成二年度 ver では「蒐集し」に変更。
(30)「第五回東京大学史料の保存に関する委員会議事要旨（案）」一九八七年三月三日『第一綴』、「第一四回東京大学史料の保存に関する委員会議事要旨（案）」一九九〇年一月二三日、「平成二年度概算要求事項表」『第二綴』、前掲「寺﨑昌男氏ヒアリング（二〇一七年一二月六日）」。
(31)文教予算事務研究会編『平成八年度文教予算の実務ガイド大学編』（第一法規出版、一九九七年）一七～二七頁。
(32)http://www.mext.go.jp/b_menu/hakusho/nc/t19830531001/t19830531001.html（アクセス日：二〇一九年一〇月一〇日）。
(33)徳永保「国立大学政策の進展―国立大学の政策的整備を中心として―」（『学術振興施策に資するための大学への投資効果等に関する調査研究報告書』国立教育政策研究所、二〇一三年）。
(34)前掲「寺﨑昌男氏ヒアリング（二〇一七年一二月六日）」。
(35)神田修・小川正人「国立大学の教育研究施設整備・設備費の推移」（津布楽喜代治『大学の財政運営に関する基礎的研究』一九九二年）。
(36)東京大学広報委員会『学内広報』八五七（東京大学、一九九〇年）一六～一七頁。
(37)稲垣栄三「安田講堂の再生と大学アーカイヴズ」（『東京大学史紀要』第五号、一九八六年）、稲垣栄三・香山壽夫「東京大学アーカイヴズ計画―安田講堂の再生・再利用の提案―」（『東京大学史紀要』第六号、一九八七年）。
(38)最終的に大講堂は、富士銀行、安田信託銀行、安田火災海上保険および安田生命保険の寄付申し出があり、一九八八年九月評議会で受入れ決定することで進むことになったが、改修工事は「歴史性を重要視して原状に復すること」が方針とされた。
(39)「第一三回保存委（メモ）」一九八八年一一月二一日『第二綴』。
(40)前掲「寺﨑昌男氏ヒアリング（二〇一七年一二月六日）」。
(41)「第一五回東京大学史料の保存に関する委員会議事要旨」一九八九年三月一三日『第二綴』。

(42)「昭和六四年度東京大学史史料室概算要求内訳」(第八回東京大学史料の保存に関する委員会配付参考資料)、「平成二年度概算要求事項表」『第二綴』。助教授一、技官一については平成三年度要求となっていた。

(43)「平成二年度東京大学史史料センター(仮称)概算要求書　〔参考資料〕◎施設」『第二綴』。

(44)「第一六回東京大学史料の保存に関する委員会議事要旨」一九八九年六月一九日『第二綴』。

(45)「第一八回東京大学史料の保存に関する委員会議事要旨」一九九〇年一月二二日(『東京大学史料の保存に関する委員会　第三綴(第一九回〜第二七回)』S〇一〇四/〇〇〇三、以下『第三綴』)。

(46)「第二一回東京大学史料の保存に関する委員会議事要旨」一九九〇年一一月一九日『第三綴』。

(47)「平成四年度東京大学史史料センター(仮称)概算要求書」『第三綴』。

(48)「第二二回東京大学史料の保存に関する委員会議事要旨」一九九一年二月五日『第三綴』。

(49)「第二四回東京大学史料の保存に関する委員会議事要旨」一九九一年九月二四日『第三綴』。

(50)「平成五年度東京大学史史料センター(仮称)概算要求書」『第三綴』。

(51)「第三一回東京大学史料の保存に関する委員会議事要旨」一九九三年五月一三日(『東京大学史料の保存に関する委員会　第四綴(第二八回〜第三五回)』S〇一〇四/〇〇〇四、以下『第四綴』)。

(52)「第三二回東京大学史料の保存に関する委員会議事要旨」一九九三年七月八日『第四綴』。

(53)「第三三回東京大学史料の保存に関する委員会議事要旨」一九九三年九月一三日『第四綴』。

(54)「第三四回東京大学史料の保存に関する委員会議事要旨」一九九三年一二月一六日『第四綴』。説明は一九九三年一一月一日より着任した中野実助手が行っている。

(55)「東京大学史料センター(仮称)概算要求説明書」一九九四年二月二三日『第四綴』。

(56)新築増設分のうち総合研究資料館の使用分は二二〇〇平方㍍で、一九九五年三月に完成。館全体の施設規模は約八〇〇〇平方㍍となっていく。藤井恵介「総合研究資料館新館増築の完成」(『東京大学総合研究資料館ニュース』第三四号、一九九五年)二〜三頁。

(57)「第三五回東京大学史料の保存に関する委員会議事要旨」一九九四年二月二三日『第四綴』。

(58)実際の報告は一九九五年五月二五日にまとめられた。「東京大学総合研究博物館　博物館の沿革」http://www.um.u-tokyo.ac.jp/information/history.html　(アクセス日:二〇一九年一〇月一〇日)。

(59)「第三六回東京大学史料の保存に関する委員会議事要旨」一九九四年四月二一日(『東京大学史料の保存に関する委員会　平成八年度(第四一回〜第四三回)』S〇一〇四/〇〇〇六)。

(60)ここでの経緯については、第二章参照のこと。

第四章　東京大学史史料室設置後の活動と学徒出陣五〇周年調査報告

はじめに

本章では、国立大学における本格的な学徒動員・学徒出陣に関する調査を一九九〇年代に開始した東京大学を事例として、当該調査を担った東京大学史史料室の活動実態を分析するとともに、調査活動を行った一九九〇年代半ばから二〇〇〇年代初頭の時期において、学徒動員・学徒出陣に関する調査が大学史史料室の運営にいかなる影響を与えたのか、当該期の国立大学アーカイブズの活動と大学史調査プロジェクトとの関係を解明するものである。

大学における本格的な学徒動員・学徒出陣に関する調査は、一九八〇年代以降、各大学において行われるようになる。私立大学では早稲田大学が、大学史編集所による早稲田大学戦争犠牲者調査を通じて、一九〇三年（明治三六）から四五年（昭和二〇）までの戦没者を算出、校友会所蔵の校友カードの分析に基づく当該調査が一九八六年に公表された。[1] 一九九〇年代に入ると、明治大学や立命館大学・青山学院大学・日本大学・慶應義塾大学などでも学徒出陣や戦没者調査が開始されるようになる。[2] 一九九三年（平成五）は学徒出陣から五〇年を迎えた時期に当たり、一九九三年一二月には二七二の私立大学総長・学長の賛同のもと、「学徒出陣五〇年にあたって—

私立大学総長・学長の共同声明―」が発表されるなど、私立大学を中心に学徒出陣の検証の機運が盛り上がっていたことも背景にあった[3]。この流れは二〇〇〇年代以降にも続き、大谷大学や立教大学などでも調査が行われている[4]。日本における学徒動員・学徒出陣に関する調査は、私立大学の動きが先導的であったといえる。

一方、国立大学においても一九九四年以降、東京大学が学徒動員・学徒出陣に関する調査を行い、一九九八年には『東京大学の学徒動員・学徒出陣』が刊行された[5]。東京大学における調査以前にも、福島大学では一九八五年、信陵同窓会により戦没学生の調査が行われ[6]、一九九九年から一橋大学でも同窓会組織である如水会を中心に戦没学友名簿の作成が開始されている[7]。もっとも、これらは大学そのものというよりは同窓会組織による動きであり、総長のもとでの学内プロジェクト、という形式をとった東京大学とは位置づけはやや異なる。その意味において東京大学の事例は、国立大学としては初めての本格的な調査であったということができる。またこのとき東京大学史史料室が調査を担ったことから、二〇〇〇年代以降の京都大学・東北大学・九州大学・神戸大学など、国立大学アーカイブズによる学徒動員・学徒出陣に関する調査の先行事例となっていく[8]。

二〇一〇年代においても、二〇一三年より慶應義塾福澤研究センターでは「慶應義塾と戦争」アーカイブ・プロジェクトが開始され、戦後七〇年に前後して、東北学院大学・専修大学・中央大学・法政大学などでも史料発掘や調査が行われ、実証的な研究も深化している[9]。しかし、こうした先行研究は文字通り、学徒動員・学徒出陣そのものの実態調査であって、その担い手である年史編纂組織や大学アーカイブズの活動との関係に着目した分析は十分行われてこなかった。第三章で明らかにしているように、東京大学史史料室が学徒動員・学徒出陣に関する調査を開始した時期は、大学史史料室の状況としては、概算要求による単独でのセンター化構想が行き詰まりをみせ、大学史史料室の在り方が問われている時期でもあった[10]。大学史史料室の活動にとって、当該調査がどのような意味を持つものであったのかを解明することは、一九九〇年代における国立大学の大学アーカイブズの活動を歴史的に位置づける上で、重要な作業であるといえよう。本章では、東京大学史史料室の運営を審議する全学委員会であった「東京大学史料の保存に関する委員会」の資料を用いて、吉川弘之総長への最終報告以降も、大学史史料室において学徒動員・学徒出陣の調査が継続されていた状況を明らかにし、当該調査が大学史史料室にとって不可欠な活動となっていった過程を抽出したい。

一　吉川総長期の大学史史料室による学徒動員・学徒出陣に関する調査

東京大学史史料室において、学徒動員・学徒出陣関係の調査が開始されたのは、一九九三年（平成五）一一月、吉川弘之総長が、大学史史料室長である高橋進法学政治学研究科教授に調査を依頼したことを嚆矢とする。(11)大学史史料室の運営に関する実質的な審議の場であった全学委員会、東京大学史料の保存に関する委員会（以下、保存に関する委員会）において同年一二月一六日、高橋は委員長の立場として、(12)「総長から、史料室に対して学徒動員・出陣に関する調査が出来るかどうかとの打診があり、種々検討の結果、基本的に引き受けることとした。総長からは、一九九五年八月一五日までには調査報告をまとめてほしいとの要望である。今年度は取りあえず、予備調査を行いたいと考えている。今後は各部局の資料を閲覧しなければならないことも多くなると思うので各委員のご協力をお願いしたい(13)」と説明している。

この保存に関する委員会では、同年一一月一日付で中野実が教育学部助手（文部事務官庶務部庶務課併任）として採用され、史料室室員になったことが合わせて報告されている。大学史史料室においては一九八九年四月以降一九九三年一〇月までの時期、室員として専任の教官は配置されておらず、(14)室員に配置されていたのは本部庶務部の事務官一名という状況にあった。中野は着任とほぼ同時に、学徒動員・学徒出陣関係の調査に取り組むことになったのである。

翌一九九四年二月二三日に開催された第三五回保存に関する委員会では、調査は政策分析と実態分析を進める方針が打ち出され、政策分析では、文献調査（既存の制度史関係の史料集、先行研究書などから関連事項の収集と整理、既刊の大学沿革史誌類からの情報整理）と年表作成を行うこと。実態分析では（一）戦没者入力フォーマットの作成、（二）法学部所蔵「兵休名簿」[15]の入力準備、（三）旧制高等学校同窓会のネットワーク作り、（四）既存の名簿類から東大関係者の抽出、を行うことが提示され、この調査のため一九九四年一月から大学史史料室ではアルバイト二名を雇用することとした。[16]

またこの間、一九九三年一一月二一日に東京大学駒場祭で開催された永富博道による「元学徒兵の語る戦争体験」、一一月二六日に神奈川大学で開催された田中正俊による「戦後――生活のなかで戦争を考える」に参加している。一一月の講演は、いずれも学徒出陣五〇周年の講演会であった。一九九三年は学徒出陣五〇周年に当たり、各種企画への参加を通じて、調査初動の手掛かりにしていたことがわかる。[17]その後、一九九四年一月から三月までに福島大学、旧制三高同窓会、立命館大学国際平和ミュージアムを訪問しヒアリングが行われた。福島大学では一九八五年に信陵同窓会（福島高等商業学校の同窓会）が中心となって戦没学生の調査が行われており、当該期における数少ない国立大学における先行事例であった。ここでは、同窓会の組織に協力依頼することが最も確かな情報を入手する方法であること、旧制の専門学校を引き継いだ福島大学にも戦没学生関係の資料がないことなどの知見が得られている。また旧制三高同窓会では、個人の就学状況あるいは戦没などを記したデータはないものの、毎年の同窓会名簿を追うことで、学生の進学先は判明することなどの手掛かりを得ている。立命館大学のヒアリングは主として一九九三年に開催された学徒出陣五〇周年の展示会に関するものであったが、資料収集の在り方について意見交換を行っている。[18]こうしたヒアリングを通じて、大学史史料室では、「旧制高等学校の同窓会から調査を先行したほうがよいとの結論に達し」[19]、一九九三年一二月武蔵高等学校同窓会に名簿の寄贈について照会したのを皮切りに、一九九四年に入り旧制高等学校記念館の訪問、旧制高等学校同窓会等に宛て名簿類の寄贈願を発送するなど、聞き取りと名簿類の収集が開始された。このほか、旧陸海軍の名簿類、『わだつみのこえ』をはじめとして刊行されている一般図書からも学生情報の抽出が試行された。

旧制高等学校同窓会を通じた名簿類の収集を先行した背景には、一九九四年四月二一日に開催された第三六回保存に関する委員会で「学内に学徒動員、学徒出陣関係の資料、とくに簿冊の形式をとったものは学内には保存されいない《(マヽ)》。この点については旧職員にヒヤリングを行い確認した」[20]と報告されているように、学内公文書に調査すべき文書が残されていない、と思われていたことによる。

しかし一九九四年度に入り、五月一六日の吉川総長への昨年度作業状況報告、五月一七日保存に関する委員会委員に対する、学部学科の名簿などについての照会、六月八日の各学部長に対する史料調査依頼を経て、六月二〇日以降各学部の事務方の協力のもと所蔵公文書の閲覧・借用による調査が開始されると、各学部所蔵の学籍簿類が活用可能であることが判明するようになる。もっとも学部ごと簿冊の残存状況は、法学部『兵休名簿』、医学部『在籍証書』、工学部『学生進退関係』、文学部『入学者名簿』『戦没者名簿』、理学部『学生履歴簿』『理学部会氏名録』、農学部『学生生徒名簿』、経済学部『戦死者在学証明書』などさまざまであり、その所収内容も、在籍出陣者のみ判明する文書であったり、在籍戦没者のみ判明するものであったりと、抽出できる情報にも偏差があった。

一方、先行して進んでいた旧制高校ならびに帝国大学予科の同窓会を通じた名簿類の収集は、一九九四年度上半期までに三二同窓会から提供があり、うち一五校分について当該調査に有効なデータが抽出できることが判明、加えて応召後について海軍関係を中心に、戦友会名簿や遺稿集からもデータが集積可能であることが判明する。

表9　東京大学の学徒動員・学徒出陣に関する調査推移（1993年下半期〜1994年上半期）

期間	月　日	内　　　　容
1993年下半期	11月22日	駒場祭で開催された学徒出陣50周年の講演会参加。題目「元学徒兵の語る戦争体験」（永富博道）
	11月25日	「海軍技術戦記」「軍艦総長平賀譲」の執筆者，内藤初穂を訪問
	11月26日	神奈川大学へ学徒出陣50周年の講演会参加。題目「戦後—生活のなかで戦争を考える」（田中正俊）
	12月16日	高橋室長，法学部所蔵の「兵休名簿」等の史料を持参
	12月22日	武蔵高等学校同窓会に名簿の寄贈について照会
1994年上半期	1月21日	福島大学出張　同学戦没学生調査の概要について聞き取り
	2月8日	「学徒出陣50周年にあたって—私立大学総長・学長の共同声明」を入手
	2月9日	三高同窓会に連絡
	2月12日	旧制高等学校記念館を訪問
	2月21日	旧制高等学校同窓会等にあて名簿類の寄贈願を発送（37件）
	3月3日	京都大学に出張調査
	3月4日	三高同窓会に出張調査
	3月5日	立命館大学に出張調査
	5月12日	海上自衛隊第一術科学校へ照会，旧海軍江田島兵学校（現在，参考館）について
	5月16日	総長に昨年度の下半期調査状況報告
	5月17日	保存に関する委員会委員に対して学部学科の名簿などについて照会
	6月8日	各学部長に対して史料調査について依頼開始（史料室覚書を作成）
	6月20日	医学部を調査
	6月21日	経済学部を調査
	6月30日	理学部を調査
	7月4日	農学部，工学部を調査
	7月5日	薬学部を調査
	7月6日	文学部を調査
	7月12日	旧制第一高等学校同窓会を訪問（高橋室長とともに）
	7月14日	東京外国語大学を調査
	8月12日	旧制高等学校同窓会へ再度の照会
	8月22日	旧制第一高等学校同窓会常任理事に対して照会
	8月23日	中間報告のための打合せ会開催

出典：「学徒動員・学徒出陣調査報告（1）」『東京大学史料の保存に関する委員会　第4綴（第28回〜第35回）』，「学徒動員・学徒出陣調査報告（2）（1994.4–1994.9）」『東京大学史料の保存に関する委員会　平成6年4月〜（第36回〜第40回）』東京大学文書館所蔵。
※ 調査報告は東京大学史史料室の中野実室員による。

表10　1994年度上半期における東京大学内公文書調査状況

学部	在籍戦没者	その他の調査（卒業者など）	在籍出陣者
法	『兵休名簿』 戦後在籍のみ		
医	『在学証書』等 1926～45入学医学科		
工	『学生進退関係』 1939～45		『学生進退関係』 1939～45
文	『入学者名簿』 1927～45		
文	『戦没者名簿』 1943.4 現在		
理	『学生履歴簿』 1936～45/院含む	『理学部会氏名録』 ～1944年度	『学生履歴簿』 1936～45/院含む
農	『学生生徒名簿』 1940～45		『学生生徒名簿』 1926～38
経	『戦死者在学証明書』 1942～45		

出典：『東京大学史料の保存に関する委員会　平成6年4月～（第36回～第40回）』東京大学文書館所蔵。

一九九四年九月二七日に開催された第三七回保存に関する委員会では、中間報告として、上記調査史料の一次入力作業と一一二七名のデータが入力済みであること、政策分析に関しては学徒動員・学徒出陣に関する年表の作業進捗状況が報告された(21)。また同窓会の名簿などを出典とする出身高校のデータ、各学部所蔵の東京大学の公文書によるデータ、戦友会・各種の回想録などによる応召後のデータの三つの領域のデータベース化を同時に進め、それらを照合して同一人物規定を行い、最終的に学部学籍簿と突き合わせを行うという、戦没者確定のための作業方針が確認された(22)。

この一九九四年度上半期中間報告は、同年一〇月二〇日吉川総長に報告され、一〇月二五日に学部長会議においても経過説明がなされている(23)。その後一九九四年度下半期においては、一九九四年一二月一五日に開催された第三八回保存に関する委員会において、引き続き戦没学生について旧制高校を主に調査が進めているとの状況説明がなされた。旧制高校同窓会ルートの調査においては、依頼していた同窓会組織のうち八高・山形・姫路は不明、富山、松江は回答が届かないなど情報が取れないケースがある一方(24)、旧制一高関係については同窓会の理事会から各期の幹事に調査への全面的な協力要請がなされ、順調に調査が進んでいるケースも報告されており、一九九四年度中に上記五校の同窓会を除いては何らかの回答が得られることとなった(25)。学内史料では下半期は第二次調査として、文学部で在学者名簿を調査するとともに、ついで経済学部と法学部についても調査が進められ、評議会記録、大学史史料室所蔵の文部省往復、官庁往復、元総長である内田祥三の文書から関連事項を入力しデータベース化されていった。

一九九五年四月一七日開催の第三九回保存に関する委員会では、学徒動員・学徒出陣に関する報告書案の構成として、学徒動員調査、学徒出陣調査、戦没者調査の各報告、別冊として動員・出陣年表、戦没者名簿、購入および収集図書文献を付す体裁が提示されている(26)。このうち戦没者調査の対象については、「調査当初は戦没学生と称していたが、医学部卒の戦没者なども対象にしているため、東京大学関係戦没者とする(27)」という括りで位置づけられた。この時点で、戦没者については一六〇六名のデータが集計されており、この集計に基づき戦没者総数は最大値で三五〇〇名、最小値で二四〇〇名程度との予想が報告された。そして今後の調査として、さらに医学部の同窓組織である鉄門倶楽部、経済学部の同窓組織である経友会にも調査対象を広げること、また年表等に係る政策分析のうち学徒出陣については、一九九四年秋の総長への中間報告時点でほぼ終了、学徒動員については、帝国大学新聞と内田文書から調査を進めることが合わせて報告された。

その後一九九五年四月以降、戦没者作業の中心となったのは、学徒動員調査、学徒出陣調査、戦没者調査の継続であり、一九九四年度中より判明人数が増え、一七〇八名のデータが確定するとともに、学部学科名の照合も進められた。また卒業生と在学生の入学年度別の戦没者数の分析が行われ、一九四二年入学者の戦没者数が一番多いことが判明することになる。一九九四年秋の総長への中間報告では、学徒出陣に関してのみであった年表についても、学徒動員と合わせたかたちにするべく、動員先の延日数や動員数なども一覧にするためのデータ処理も行われた。これらの進捗状況については、一九九五年一〇月一日開催の第四〇回保存に関する委員会で報告され、一一月にも総長に最終報告をあげる予定であることが、中野実室員より報告された[28]。最終報告の構成は四月段階から変更はなかったが、資料としては年表や戦没者名簿等に留め、学徒動員・学徒出陣関係の一次史料の復刻収録は見送られることとなった。

一方、最終報告までに網羅的に情報が集約されたわけではなかった。保存に関する委員会委員長を務めていた高橋進からは「前回の中間報告において、戦没者の推定数は二八〇〇から三〇〇〇人くらいではないかと報告したが、現在は一七〇八名分しか確定できなかったため、今後、今回の名簿に含まれなかった該当者がでてくる可能性がある。また、「分析」では学部別の人数も出す予定だが、医学部は名簿、卒業生組織などを完備していたこともあり、戦没者数が抜きん出て多くなっている等、各学部でばらつきがある[29]」との説明がなされている。

戦没者人数についての最終報告では、起点を一九二六年からとしていたが、委員会席上、田中学農学部教授からこのことについて質問がなされた。中野実室員からは「広い意味での学徒動員・学徒出陣による戦没者調査とした。たとえば、医学部の場合は卒業後、医師として動員され、戦地に赴くのであり、いわゆる「学徒」ではない。今回はこのような東京帝大卒業生も対象とした。さらに東大における戦没者調査は最後になるかもしれないと考えて、範囲を広げ一九二六年（昭和元年）から行った。報告書には、実質的な学徒出陣は昭和一八年以降である旨の注釈をつける予定である」と回答、大学史史料室が実質的な調査とは別にプロジェクトの枠を広げてデータ収集に当たっていたことがわかる。

最終報告書を提出した後については、戦没者データについては個人別にカードを作成、学徒動員に関するデータについては、動員先別などに整理しファイル化することとしていたが、回顧録等の資料も継続的に収集し、データを増補していく考えが委員に説明がなされた。一方、個人のデータを遺族に連絡し確認をするかどうか、他大学では学徒動員・学徒出陣に関する「記念碑」等の作成が行われている事例もあるが、そうした行事を東京大学で行うかどうかの検討、「学徒」に収斂していた本調査の趣旨もあり取り組むことができなかった教職員の状況等については今後の課題であることも説明がなされた。

この方向性は一九九六年二月二三日に開催された第四一回保存に関する委員会でも確認された。第四一回保存に関する委員会では「史料室の今後の作業課題――学徒動員・学徒出陣にかかわって」[30]が資料として提出されている。ここでは前年第四〇回保存に関する委員会で課題にあげた事項をより拡大し、今後の作業を進めていく必要性が以下の通り列記されている。

戦没者関係

一）教職員の戦没調査：これまでは学生生徒を中心《ママ》してきたが、在職中に応召して戦没した教職員も少なくない。人事課の記録を悉皆調査をする必要がある。

二）旧植民地学生戦没調査：旧植民地の学生生徒は母国から出陣していったため、戦後の混乱と国交断絶などにより、消息は不明な場合が多いが、本学の学生としてその生死を確認することが必要である。

三）継続、追跡調査：前年度までの調査は、各学部、旧制高等学校同窓会、旧陸海軍戦友会など機関を中心に調査を行い、個人からの情報収集はほとんど行うことが出来なかった。調査結果の公表にともない、今年度は個人情報が多く寄せられると思われる。個人情報の収集と整理、さらに関係者などからの聞き取りが必要になってくる。

動員関係

四）科学動員調査：動員には精神動員、科学動員、勤労動員が含まれており、今回は勤労動員を中心に調査を行った。しかし、科学研究を行う機関としての大学の動員を解明するには、科学動員、特別研究生制度なども調査しなければならない。

五）継続、追跡調査：戦没者と同様に前年度は、新聞記事、公文書などを中心に事実の掘り起こしに務めた。個人の体験談、経歴談には手が回らなかった。今年度はそれらの記事（資料）を収集し、整理して勤労動員の実態を明らかにすることが必要である。

六）軍事教練の実態調査：動員とはすこし性格を異にするが、制度的には大正期から開始された軍事教練について、その前史も含めて実態調査をする必要がある。

七）学徒動員、出陣については、日本だけではなく世界各国においても行われてきた。日本の学徒動員、出陣もドイツ、アメリカに倣って強行されたものであり、その先例としての外国調査が必要である。

海外出張

八）その他

学徒動員・学徒出陣に関する最終報告書自体は、当初予定されていた一一月から遅れ、最終的に吉川総長へは、本文と資料（学徒動員先一覧、学徒動員・学徒出陣年表、学部別戦没者名簿の三部構成）の構成で年度末の三月に提出された。また最終報告書の内容は、同月学部長会議にも報告された上で、(31)そのダイジェスト版が一九九六年七月『学内広報』第一〇七二号に掲載され、学内に広報されることとなった。吉川総長からの諮問を受けた学徒動員・学徒出陣に関する調査はここで一区切りを迎えたといえる。しかし、前述の通り学徒動員・学徒出陣に関する調査の課題はなお残ることとなり、一九九六年以降も大学史史料室では調査・研究が継続されることになる。

二　蓮實総長期の継続調査

一九九六年（平成八）にまとめられた最終報告書以降も、学徒動員・学徒出陣に関するプロジェクトは二つの企画が進行し、継続された。一つは最終報告書の調査結果をもとにした書籍化で、これは一九九八年二月、東京大学史史料室編の『東京大学の学徒動員・学徒出陣』として刊行されることになる。[32]同書は、最終報告書の本文や年表等については体裁を一部省略、抄録としたものの、総長への最終報告書にはなかった学徒動員・学徒出陣関係史料を大幅に収録するとともに、研究論文を所収するなど、[33]最終報告書からの増補がなされた。[34]またこの間、東京帝国大学と文部省との往復文書綴である、文部省往復に所収されていた学徒動員・学徒出陣に関する件名目録については、「学徒動員・学徒出陣関係『文部省往復』件名目録（昭和十二年〜二十年）」として一九九七年三月、東京大学史紀要に掲載された。[35]

最終報告書以降のもう一つの継続調査については、一九九八年二月一〇日に開催された第四五回保存に関する委員会の席上、中野実室員より大学史史料室で、大学院特別研究生制度関係資料の収集・整理を開始した旨、報告がなされている。この位置づけとして中野は「この資料は、戦時下の科学動員に関する資料の整理・収集を目的としており、東京大学における学徒動員・学徒出陣に関する調査研究の継続である」[36]と説明している。一九九八年上半期における具体的な作業としては、東京帝国大学における一九四三年から一九四五年までの第一期生特別研究生候補者について、大学史史料室が所蔵する簿冊をもとに補欠・辞退者等も含めてのデータベース化と、候補者と実際に選定された研究生の比較照合、大学院特別研究生に係る事項の時系列データの作成、他大学における運用状況と現存する史資料の照会、慶應義塾大学・早稲田大学への訪問ヒアリングなどが進められ、一九九八年九月までに第一期生特別研究生候補者の氏名・生年・履歴・研究題目・指導教官・選出学部等を項目化、三四三名についての入力が行われた。[37]また一九九八年八月には個人に関する調査として岡沢裕から学徒出陣関係で聞き取りを行っている。[38]

こうした大学院特別研究生制度は、未調査として第四一回保存に関する委員会で課題としてあげられていた科学動員に関するものであったが、学徒動員・学徒出陣の直接的な調査・研究とはやや対象が異なるものである。しかし「学徒動員・学徒出陣に関する調査研究の継続」と継続作業の文脈に位置づけた点に、当該期の大学史史料室の運営状況がみてとれる。吉川総長からの諮問を受けた翌一九九四年度以降、大学史史料室の予算には「学徒動員・出陣関係調査費」が計上されるようになる。一九九四年の学徒動員・出陣関係調査費は八三〇万円で、大学史史料室予算全体が一四七八万円であったことから学徒動員・出陣関係調査費は予算の五六・二％を占めるものであったことがわかる。(39) その後学徒動員・出陣関係調査費は漸減し、二〇〇万円台で推移するものの、大学史史料室のアルバイトスタッフ経費の重要な支出元として機能しており、調査の継続は大学史史料室の予算獲得と密接に関連したものになっていた。

こうした大学史に関わるプロジェクトの付託、企画によって予算を獲得する在り方は、この学徒動員・出陣関係調査費以降、常態化していくこととなる。学徒動員・出陣に関する調査が一九九五年度末の吉川総長への最終報告と、一九九六年七月の学内広報への掲載というかたちで、学内的に一応の区切りがつくと、一九九七年には東京大学一二〇周年に合わせ、蓮實重彦新総長のもとで一二〇周年調査費が付けられることになり、その成果は『年譜　一八七七―一九七七―一九九七』刊行につながった。(40) ついで蓮實総長から「外国からのお客様がいらした時に東大を紹介するものが英文では概要しかないので、年譜を英語化できないか」(41) と『年譜　一八七七―一九七七―一九九七』の英語版の作成を要請されたことを契機として、一九九八年度には、「英文版『年譜』調査費」が一九九八年度七五六万九五二〇円計上されることになる。この点について、第四五回保存に関する委員会において、大橋陽三委員（宇宙線研究所助教授）より「英文版『年譜』の作成に関して予算案の科目名は「英文判《ママ》『年譜』調査費」となっているが、『年譜』の作成を行うのに調査費という名目でよいのか」との質問があり、新川広報掛長は「『年譜』作成費用も含めて調査費として捉えて要求する形で問題ないと思われる」と回答している。(42)

また一九九九年度予算案では新規に新制東京大学成立史の調査研究として、「新制東京大学成立関係調査研究費」五二〇万が計上された。(43)一九九九年は新制国立大学発足五〇年に当たっており、「資料の状況も、百年史編集当時に比して格段の変化が見られ、いわゆる特に占領軍文書の公開、整理が著しく進んだ」(44)こと「本学にとっても関係者の多くが亡くなり、また老齢化が進んでおり、この期を逸しては重要な記録が失われる危険性が高い状況である」ことを趣旨としたものであった。第四七回保存に関する委員会では、具体的な作業として学内の委員会議事録、学外のGHQの文書、旧制第一高等学校の資料などを中心に調査を行う予定と説明している。(45)大学史史料室の通常予算は、大学史に関する図書費、東京大学史紀要や史料室ニュースのための印刷費、資料保存のための環境整備費、資料調査収集のための調査旅費のほか、文献複写費、文献製本費、消耗品費、備品費などが費目として立てられており、スタッフの人件費やデータベース作成に係る謝金等は計上されていなかった。予算獲得の名目として、絶えず新規または継続事業として調査研究のプロジェクトを担うという仕組みは、一九九〇年代半ば以降、大学史史料室運営にとって欠かせないものとなっていたのである。

大学史史料室で継続事業とされた学徒動員・学徒出陣関係調査は、特別研究生制度だけではなかった。一九九八年一二月一五日開催の第四七回保存に関する委員会では、「動員関係資料、戦没者の新しい情報等の照会があるためデータを更新する必要があり、これらの作業も継続しなければならない。調査費の中で一番大きい金額の調査旅費は、毎年書いているが、外国出張費であり「戦争と大学」との関係について、諸外国の大学の事例を調べる必要がある」(46)と説明がなされた。これに基づき一九九九年度については、中野実室員が五月に韓国（ソウル大学、韓国学徒兵の会）へ、同年六月にはアメリカ（ハーバード大学、ラトガース大学、MIT、プリンストン大学）へ出張し、戦没者慰霊についてどのように行われているかの調査を行った。(47)

二〇〇〇年二月二二日開催の第四九回保存に関する委員会において一九九九年度の作業状況について、『東京

内		訳	
学徒動員・出陣関係調査費		その他のプロジェクト調査費	
計	賃　金	計	備　　考　（賃　　金）
8, 300, 000			
7, 889, 056	3, 969, 056		
2, 927, 560	1, 197, 560		
2, 567, 560	1, 197, 560	2, 395, 120	※120 周年調査費
2, 567, 560	1, 197, 560	7, 569, 520	※ 英文版「年譜」調査費
2, 427, 560	1, 197, 560	5, 200, 000	※ 新制東京大学成立関係調査研究費（内賃金 2, 400, 000 円）
1, 727, 560	1, 197, 560	5, 200, 000	※ 新制東京大学成立関係調査研究費（内賃金 3, 600, 000 円）
1, 914, 560	1, 197, 560	4, 400, 000	※ 大学の自己点検評価の歴史的調査及び研究（内賃金 3, 600, 000 円）
1, 920, 000	1, 200, 000	3, 800, 000	※ 大学の自己点検評価の歴史的調査及び研究（内賃金 3, 000, 000 円）
1, 920, 000	1, 200, 000	3, 800, 000	※ 大学の自己点検評価の歴史的調査及び研究（内賃金 3, 000, 000 円）
0	0	3, 800, 000	※ 大学の自己点検評価の歴史的調査及び研究（内賃金 3, 000, 000 円）
		2, 200, 000	※ 東京大学創設期の総長関係資料の基礎的調査及び研究（内賃金 1, 200, 000 円）

1 綴（第 1 回〜第 8 回）』，『東京大学史料の保存に関する委員会　第 2 綴（第 9 回〜第 18 回）』，『東京大学史料の保
回）』，『東京大学史料の保存に関する委員会　第 4 綴（第 28 回〜第 35 回）』，『東京大学史料の保存に関する委員会
大学史料の保存に関する委員会　平成 8 年度（第 41 回〜第 43 回）』，『東京大学史料の保存に関する委員会　平成 9
保存に関する委員会　平成 10〜11 年度（第 46 回〜第 49 回）』，『東京大学史料の保存に関する委員会　平成 12 年度
存に関する委員会　第 55 回〜第 67 回』東京大学文書館所蔵。
月 12 日予算案，2003 年度 B は 2003 年度決定予算。

表11　東京大学史史料室予算推移

事業年度	合　　計	
		賃　金
1988年度	4, 795, 000	620, 000
1989年度	4, 434, 000	500, 000
1990年度	2, 634, 400	300, 000
1991年度	4, 048, 400	84, 000
1992年度	3, 570, 000	336, 000
1993年度	4, 155, 000	336, 000
1994年度	14, 780, 000	896, 000
1995年度	14, 659, 056	0
1996年度	9, 376, 560	0
1997年度	10, 802, 680	0
1998年度	15, 707, 080	0
1999年度	12, 897, 560	0
2000年度	12, 107, 560	0
2001年度	11, 334, 560	0
2002年度	10, 540, 000	0
2003年度A	10, 540, 000	0
2003年度B	11, 170, 000	0
		0

単位：円。
出典：『東京大学史料の保存に関する委員会　第
存に関する委員会　第3綴（第19回～第27
平成6年4月～(第36回～第40回)』,『東京
年度（第44回～第45回）』,『東京大学史料の
～(第50回～第54回)』,『東京大学史料の保
※1988年度は予算案，2003年度Aは2003年3

大学の学徒動員・学徒出陣』刊行後に寄せられる照会などに対応するために追跡調査、昨年度行った大学院特別研究生の研究者・研究題目のデータベース化に加え、大学院特別研究生制度成立に関する政策的な文書のデータベース化を進め（一方で当該データベースについては存命者もいることから公表は先送りされた）、これまでの調査の報告書を作成していることが報告された(48)。

しかしこれは実際には行われなかったようで、大学院特別研究生に関する調査の進捗状況および制度の概説については、一九九八年に発行された『東京大学史史料室ニュース』第二〇号、二一号に掲載されたものの、報告書に該当するような刊行物が大学史史料室から刊行された形跡はみられない(49)。二〇〇〇年に行われたのは、一九九九年に引き続いての海外の戦没者慰霊に関する調査で、二〇〇〇年六月から七月にかけて中野実室員が、イギリス（エジンバラ大学、グラスゴー大学、ケンブリッジ大学、ロンドン大学、オックスフォード大学）へ出張している(50)。この一連の海外調査は二〇〇一年三月発行の『東京大学史史料室ニュース』第二六号にまとめられることになるが、ニュースの内容からはこの海外調査が主として、各大学内の戦没者に関する記念碑の比較検討に主眼が置か

れ、大学アーカイブズでの史料調査やヒアリング等も行われたようであるが、断片的であり分析までには至らなかった状況がみてとれる。[51] このように継続された学徒動員・学徒出陣に関する調査は、一九九六年度までに行うことができなかった、科学動員とりわけ大学院特別研究生に係る調査、大学における戦没者慰霊を中心とした海外調査の大きく二テーマが取り組まれたが、成果公開という意識は相対的に低下していたことがわかる。

三　大学史史料室における学徒動員・学徒出陣調査の終了

この海外調査後も学徒動員・学徒出陣に関する調査は継続する方向で、二〇〇一年（平成一三）度の予算案にも計上された。二〇〇一年一月二四日の第五一回保存に関する委員会では、二〇〇一年度の予算案が議題にあげられている。計画では、従来各機関や組織の持っていたデータをまとめていたのに対し、個人に対するアンケート調査を行い、データ入力を行うというものであった。[52] 個人情報の収集と整理、さらに関係者などからの聞き取りは、一九九六年度までの調査においては課題として残された事項であり、先の大学院特別研究生や戦没者慰霊の海外調査などと同じ目的意識があったものと思われるが、その成果公開や個人情報の取扱いについて議論された形跡はなく、こうしたプロジェクト型の大学史の調査研究や成果公開と、二〇〇一年に施行された行政機関の保有する情報の公開に関する法律（以下、情報公開法）とを結びつけるような動きはみられない。

この二〇〇一年度予算案では、新制東京大学成立関係調査研究が終了したこともあり、前年度比四二・七%減額とされていた。[53] このため、中野実室員から新規プロジェクトとして「大学の自己点検・評価の歴史的調査及び研究」の提案がなされ、一九七〇年代の大学改革を「新制以後の東大にとってもっとも大きな事象」とした上で、「改革関係資料の保存と定着を図る必要がある」との説明のもと、全四年間で一九九〇万円の調査研究費見積りが示された。

中野室員が、「史料室は史料の収集・保存と閲覧を行っているが、調査研究というプロジェクトも進めている。吉川総長時代以来、進めてきたものだが、蓮實総長の代では今年度までで新制大学成立五〇周年にあたり関係プロジェクトを進めてきた。そこで、来年度より新しい総長の下で「大学の自己点検・評価の歴史的調査及び研究」を新規プロジェクトとして立ち上げたいと考えている」(54)と報告されているように、二〇〇〇年代以降も大学史史料室は、プロジェクト型の調査研究を室運営の目的の一つとして位置づけようとしていた。(55)吉川総長期に諮問されるかたちで下ろされた学徒動員・学徒出陣に関する調査を逆手にとって、大学史史料室は総長の代替わりごとに、調査研究プロジェクトを企画することを既定方針としようとしていたのである。またそれは先にみたように、大学史史料室の運営予算に係るプロジェクト予算の比率の高さと裏腹な関係にあったのである。

一方、史料室では二〇〇一年下半期から二〇〇二年上半期にかけ、二つの事象に直面することになる。一つは大学史史料室が所在していた安田講堂で大規模な雨漏りが発生したことによる改修工事が入り、室の一時移転がなされたこと、もう一つはこの間、二〇〇二年三月に中野実室員が死去したことである。(56)学徒動員・学徒出陣調査費、大学の自己点検・評価の歴史的調査および研究の経費はいずれも予算措置がなされ続行となったが、上記問題から二〇〇二年度に実質的な進捗報告が、保存に関する委員会にあげられることはなかった。また二〇〇三年三月一二日に開催された第五六回保存に関する委員会では、史料室専任の助手ポストの後任不在のまま、保存に関する委員会委員長である高橋進から「「学徒動員・出陣調査費」については、教職員に関する調査等が続行中であるため」、「「大学に自己点検評価《(ママ)》の歴史的調査及び研究」については、プロジェクトの進行が遅れているが、まだ調査等作業の要があるため」ということで、取りあえずは前年度までの予算を参考に、従来通りの項目と金額で予算編成がなされることとなる。(57)ただし進捗報告が委員会にあげられなかったことからわかる通り、学徒動員・学徒出陣に関する調査は、「長期的計画が不明[58]」、大学の自己点検・評価の歴史的調査および研究についても「実際はほとんど手付かずの状態[59]」であった。当時の大学史史料室は、中野実助教授のほかには、時間雇用の教務補佐員、事務補佐員がスタッフとしているだけで、実務レベルで大学史史料室の活動全体を把握するものが、中野以外いなかったのである[60]。

こうした状況は二〇〇三年度に中野の後任として谷本宗生が着任したことで、整理されることとなる。二〇〇三年五月二九日に開催された第五七回保存に関する委員会の席上、谷本は二〇〇三年度予算の修正を協議事項としてあげた。谷本の予算修正案は、「史料室所蔵史料展示諸費用」の費目追加と調査旅費の積み上げに伴う予算増額、およびプロジェクトの見直しの二案からなっていた。プロジェクトについては、「大学の自己点検評価の歴史的調査及び研究」の実質的内容を、大学紛争に関連した資料収集と位置づけなおしたこと、また「「学徒動員・学徒出陣」プロジェクトを終了し、新規プロジェクトとして二年間の計画で「東京大学創設期の総長関係資料の基礎的調査及び研究」を立ち上げたい[61]」というものであった。具体的には、帝国大学初期に総長を務めた、加藤弘之と渡邊洪基に関する資料をデータ化することが具体的な内容であり、「本調査研究の成果は、来るべき「東京大学百五十年史」編纂に当たって東京大学創設期の分析考察に役立つ」こと、また「本調査によって二総長の目録が完成されれば、詳細な歴代総長の関係資料目録が次第に整備されていくことが可能となる[62]」という見通しのもとでの修正案であった。

谷本は中野死去後、長期的計画が不明確となっていた学徒動員・学徒出陣に関する調査を、一五〇年史を見越した歴代総長関係目録の整備、という名目の新規プロジェクトを立ち上げることで事実上の中止としたのである。そして、一連のプロジェクトの区切りは二〇〇四年三月発行の『東京大学史紀要』第二二号に、調査の概要および収集資料等を掲載するかたちで報告・告知された[63]。ここにおいて、一九九四年度以降二〇〇二年度まで東京大学において続けられてきた、学徒動員・学徒出陣に関する調査は終わりを迎えることとなったのである。

おわりに

東京大学における学徒動員・学徒出陣に関する調査は一九九三年（平成五）秋より開始され、当時総長を務めていた吉川弘之総長へ最終報告書をあげることになる一九九六年三月までの約二年半のプロジェクトとして、大学史史料室が実働組織として調査を担った。一九九三年は学徒出陣から五〇年の節目に当たり、私立大学を中心に検証の機運が盛り上がりをみせていたが、東京大学においては同窓会組織等の主体ではなく、総長への報告が求められる大学事業として行われたのである。もっとも調査に当たっては、各部局の学籍に関する文書を中心とする公文書類だけでは足らず、大学や旧制高校の同窓会組織の資料やネットワークにも頼らねばならず、戦友会等資料も含め、各情報をデータベース化し突き合わせることで、戦没者等の情報を確定させていった。また調査は政策分析と実態分析に分けて行われ、学徒動員・学徒出陣に関する制度面の解明と、戦没者等の把握の両面から進められた。

東京大学では一九八七年（昭和六二）までに、全一〇巻からなる東京大学百年史が編纂されていたが、その時点でも十分踏み込むことができなかった東京大学における学徒動員・学徒出陣の状況は、この調査を通じて初めて明らかになっていった。大学史史料室は、東京大学百年史を編纂していた百年史編集室後設置されており、一九九三年一一月大学史史料室に着任した中野実は百年史編纂時、編集室の室員を務める助手であった。大学史史料室が当該プロジェクトを担ったことは、大学史史料室がポスト年史編纂組織として学内的に位置づけられていたことと無関係ではないだろう。

一方、一九九三年当時の大学史史料室は一九八九年四月以来、中野実室員が着任するまで専任教官不在の時期が続いており[64]、概算要求による単独でのセンター化構想も企図されていたものの、概算要求は学内的にも通っていなかった[65]。また一九八八年に全部改正された東京大学事務局文書管理規則では、大学史史料室への事務局文書の移管規程が明文化されていたものの、これも実態として機能していなかった[66]。当該期大学史史料室は、設置当初に描いていた将来計画は実現できておらず、その在り方が模索されている時期にあったといえる。こうした中、総長から付託された東京大学の学徒動員・学徒出陣に関する調査は、大学史史料室の運営に新たな意義を与えるものであった。「東京大学史史料室規則」は第二条で大学史史料室の業務を「(一) 東京大学百年史編集委員会によって収集された資・史料の整理及び保管　(二) 寄贈資料の受け入れ、整理及び保管　(三) 東京大学に関する各種資料・データの収集、整理及び保管[67]」と定めていたが、東京大学の学徒動員・学徒出陣に関する調査は「多種多様の資料から動員、出陣を含めた記録を収集し、整理するということを通して、戦時下の東京帝国大学の一つの動向を明らかにすることを課題[68]」として位置づけ、当該プロジェクトを大学史史料室の活動の柱の一つにしていったのである。

このことは予算面からもみてとれる。学徒動員・学徒出陣に関する調査が開始されると、一九九三年度には四〇〇万程度であった大学史史料室予算は、一九九四年度には一四七八万円に増加、増加分は学徒動員・出陣関係調査費八三〇万円が大きく予算の五六・二%を占めた。これらプロジェクト予算は一定程度人件費に費やされることになり、例えば学徒動員・学徒出陣に関する調査では、学徒動員担当、学徒出陣担当、戦没者担当として三名の教務補佐員（一九九四〜九六年まで延べ四名）が大学史史料室に採用されることになる[69]。一九九六年度末に吉川総長への最終報告がなされたことで、翌年度以降の同調査費は二〇〇万円台に大きく減額されることになるが、蓮實重彦総長期には、そうした減額分を補うかたちで東京大学一二〇周年調査費、英文版「年譜」調査費、新制東京大学成立関係調査研究費など、大学史に関する新規の学内プロジェクトが、大学史史料室側からの企画も含め相次いで計画され、通常予算に加えて調査費が追加される構造が定着していくようになる。スタッフの充実のための予算規模を確保する上でも、大学史に関するプロジェクトを企画し続けることは欠かせない状況となっていったのである。

また二〇〇万円台から一〇〇万円台へと漸減していったものの、一九九七年以降も学徒動員・学徒出陣に関する調査は、大学史史料室の調査事業として継続されていった。これは一九九八年に最終報告書を増補するかたちで書籍刊行が予定されていたこと、また一九九六年度末までの二年半では取り組むことができず課題として残された、科学動員の実態解明、海外の事例蓄積、個人調査への対象拡大などの各種調査が必要とされていたからである。逆説的にはそうした継続調査の必要性をうたうことで、予算措置の継続性を担保していったということもいえる。こうした状況から、継続調査のための予算措置は一九九七年度以降二〇〇二年度まで行われており、東京大学における学徒動員・学徒出陣に関する調査は、足かけ九年半に及んでいたことが今回明らかとなった。もっとも『東京大学の学徒動員・学徒出陣』刊行後については、『東京大学史史料室ニュース』等で調査の概要や作業状況が適宜報告されたものの、まとまった詳細な成果公開がなされることはなくなっていった。

最終的には中野実の死去や雨漏りによる室の一時移転などもあって、二〇〇二年度には実質的な作業は行われなくなり、長期的計画の展望が共有されない中、二〇〇三年度初めに開催された第五七回保存に関する委員会において、調査の終了が決められることになる。しかし、この終了は、新たな「東京大学創設期の総長関係資料の基礎調査及び研究」立ち上げを受けての措置であり、大学史史料室が大学史に関する調査を主たる活動方針として掲げる体制は、二〇〇〇年代以降も続いていくことになるのである。

註

（1）川口浩「早稲田大学戦争犠牲者調査について」（『早稲田大学史紀要』第一八号、一九八六年）。

（2）明治大学百年史編纂委員会編『明治大学百年史』第四巻通史編Ⅱ（一九九四年）、「特集　明大生たちの太平洋戦争二」（『明治大学史紀要』第一三号、一九九五年）、西川賢「立命館大学関係の「学徒出陣」者数調査」（『立命館百年史紀要』第二号、一九九四年）、青山学院大学プロジェクト九五編『青山学院と出陣学徒―戦後五〇年の反省と軌跡―』（一九九五年）、小松修「日本大学における学徒出陣と戦没者」（『日本大学史紀要』第二号、一九九六年）、慶應義塾大学経済学部白井ゼミナール『共同研究　太平洋戦争と慶應義塾』（慶應義塾大学出版会、一九九九年）。

（3）「学徒出陣五〇年にあたって―私立大学総長・学長の共同声明―」（『立命館百年史紀要』第二号、一九九四年）九〇〜九八頁。

（4）大谷大学真宗総合研究所編『大谷大学百年史　資料編別冊　戦時体験集―「学徒出陣」・「勤労動員」の記録―』（二〇〇四年）、老川慶喜・前田一男編『ミッション・スクールと戦争―立教学院のディレンマ―』（東信堂、二〇〇八年）、明治大学史資料センター編『戦争と明治大学――明治大学の学徒出陣・学徒勤労動員』（明治大学、二〇一〇年）。

（5）東京大学史史料室編『東京大学の学徒動員・学徒出陣』（東京大学、東京大学出版会、一九九八年）。

（6）「学徒動員・学徒出陣に関する調査報告（一）（一九九三．一一―一九九四．三）」一九九四年四月二一日（『東京大学史料の保存に関する委員会　平成六年四月〜（第三六回〜第四〇回）』S〇一〇四／〇〇〇五、東京大学文書館所蔵。以下、註にあげる委員会資料については東京大学文書館所蔵）。

（7）「戦没学友名簿の発行に当って」http://jfn.josuikai.net/nendokai/dec-club/kaiko/senbotu1.htm（アクセス日：二〇一九年一〇月一〇日）。

（8）京都大学大学文書館編『京都大学における「学徒出陣」調査研究報告書』第一巻、第二巻（二〇〇六年）、永田英明「東北帝国大学における「学徒出陣」」（『東北大学史料館紀要』第二号、二〇〇七年）、折田悦郎「「戦後七〇年」と大学史資料―九州帝国大学の学徒出陣―」（二〇一五年度全国大学史資料協議会全国研究会）。平成二七年度神戸大学史・特別展「戦時下の神戸大学―戦後七〇年記念―」（二〇一五年一〇月二六日〜一一月六日）において、前身校である神戸商業大と姫路高校について学徒出陣の状況を調査（神戸大学附属図書館大学文書史料室による）。

（9）河西晃祐「東北学院に残された学徒出陣史料について」（『東北学院資料室』第一三号、二〇一四年）、星洋和「「往復文書類綴」と「主務省関連書類綴」について―学徒出陣関連資料を中心に―」（『東北学院資料室』第一三号、二〇一四年）、吉葉恭行『戦時下の帝国大学における研究体制の形成過程：科学技術動員と大学院特別研究生制度　東北帝国大学を事例として』（東北大学出版会、二〇一五年）、専修大学編『専修大学と学徒出陣』（専修大学史資料集第七巻、専修大学出版局、二〇一五年）、都倉武之「「慶應義塾と戦争」を巡る資料と研究」（二〇一五年度全国大学史資料協議会全国研究会）、折田悦郎「「戦後七〇年」と大学史資料―九州帝国大学の学徒出陣―」（二〇一五年度全国大学史資料協議会全国研究会）、法政大学史委員会・法政大学史センター『学び舎から戦場へ―学徒出陣七〇年　法政大学の取り組み―記念展示会・公開シンポジウム図録』（法政大学、二〇一五年）、奥平晋「【調査中間報告】中央大学所蔵「学徒出陣」関係資料を巡って」（『中央大学史紀要』第二〇号、二〇一六年）、加藤諭「戦前・戦時期における東京帝国大学の安田講堂利用と式典催事」（『東京大学史紀要』第三四号、二〇一六年）、永田英明・曽根原理・小幡圭祐「展示記録　東北大生の戦争体験」（『東北大学史料館紀要』第一一号、二〇一六年）。このほか、各大学の資料公開や研究動向に関しては、西山伸「戦争体制」（『野間教育研究所紀要第五三集　学校沿史の研究一　大学編』二〇一一年）。

(10)　第三章は加藤諭「東京大学における百年史編纂後のアーカイブズ構想と展開過程」（『東京大学文書館紀要』第三六号、二〇一八年）をもとに改稿したものである。

(11)　東京大学広報委員会『学内広報』第一〇七二号（一九九六年）四頁。

(12)　東京大学史料の保存に関する委員会の委員長は東京大学史史料室長が務めることになっていた。

(13)　「第三四回東京大学史料の保存に関する委員会議事要旨（案）」一九九三年一二月一六日（『東京大学史料の保存に関する委員会　第四綴（第二八回〜第三五回）』S〇一〇四／〇〇〇四、以下『第四綴』）。

(14)　「第一五回東京大学史料の保存に関する委員会議事要旨（案）」一九八九年三月一三日（『東京大学史料の保存に関する委員会　第二綴（第九回〜第一八回）』S〇一〇四／〇〇〇二）。

(15)　戦後に在籍した応召者の名簿で、一九四五年以前に戦没が届け出られた学生の記載がない公文書。

(16)　「第三五回東京大学史料の保存に関する委員会議事要旨（案）」一九九四年二月二三日『第四綴』。

(17)　「学徒動員・学徒出陣調査報告（一）」一九九四年二月二三日『第四綴』。一九九四年二月八日付で大学史史料室では「学徒出陣五〇周年にあたって――私立大学総長・学長の共同声明」を入手している。

(18)　「学徒動員・学徒出陣に関する調査報告（二）（一九九三．一一―一九九四．三）」一九九四年四月二一日（『東京大学史料の保存に関する委員会　平成六年四月〜(第三六回〜第四〇回)』S〇一〇四／〇〇〇五、以下『委員会（第三六回〜第四〇回)』)。
(19)「第三五回東京大学史料の保存に関する委員会議事要旨」一九九四年二月二三日『第四綴』。
(20)前掲「学徒動員・学徒出陣に関する調査報告（一）（一九九三．一一―一九九四．三)」。
(21)「第三七回東京大学史料の保存に関する委員会議事要旨（案)」一九九四年九月二七日『委員会（第三六回〜第四〇回)』。
(22)「説明参考資料　戦没者名簿および出陣者数調査の作業」一九九四年九月二七日『委員会（第三六回〜第四〇回)』。
(23)「第三八回東京大学史料の保存に関する委員会議事要旨（案)」一九九四年一二月一五日『委員会（第三六回〜第四〇回)』。
(24)「第三九回東京大学史料の保存に関する委員会議事要旨（案)」一九九五年四月一九日『委員会（第三六回〜第四〇回)』。当初学習院と広島からの回答はなかったが、一九九五年四月時までには回答有り。
(25)前掲「第三九回東京大学史料の保存に関する委員会議事要旨（案)」。
(26)「一九九五年（平成七）四月一七日保存委員会配布資料　学徒動員・学徒出陣に関する報告書案」一九九五年四月一九日『委員会（第三六回〜第四〇回)』。
(27)前掲「第三九回東京大学史料の保存に関する委員会議事要旨（案)」。
(28)「第四〇回東京大学史料の保存に関する委員会議事要旨（案)」一九九五年一〇月一一日（『東京大学史料の保存に関する委員会　平成八年度（第四一回〜第四三回)』S〇一〇四／〇〇〇六)。
(29)前掲「第四〇回東京大学史料の保存に関する委員会議事要旨（案)」。
(30)「史料室の今後の作業課題――学徒動員・学徒出陣にかかわって」一九九六年二月二三日（『東京大学史料の保存に関する委員会　平成八年度（第四一回〜第四三回)』S〇一〇四／〇〇〇六)。
(31)前掲『東京大学の学徒動員・学徒出陣』五頁。
(32)前掲『東京大学の学徒動員・学徒出陣』。
(33)加藤陽子「戦時下の東京帝国大学」、照沼康孝「戦時下大学自治の一断面―荒木貞夫文部大臣就任前後―」(東京大学史史料室編『東京大学の学徒動員・学徒出陣』東京大学、東京大学出版会、一九九八年)。

（34）前掲『東京大学の学徒動員・学徒出陣』ｖ頁。
（35）「学徒動員・学徒出陣関係『文部省往復』件名目録（昭和十二年〜二十年）」（『東京大学史紀要』第一五号、一九九七年）。
（36）「第四五回東京大学史料の保存に関する委員会議事要旨（案）」一九九八年二月一〇日（『東京大学史料の保存に関する委員会　平成一〇〜一一年度（第四六回〜第四九回）』S〇一〇四／〇〇〇八、以下『委員会（第四六回〜第四九回）』）。
（37）「大学院特別研究生制度の調査進捗状況について」一九九八年九月二二日『委員会（第四六回〜第四九回）』。
（38）「東京大学史史料室日誌」一九九八年九月二二日『委員会（第四六回〜第四九回）』。
（39）「平成六年度東京大学史史料室予算（参考）」一九九四年一二月一五日『委員会（第三六回〜第四〇回）』。
（40）「第四三回東京大学史料の保存に関する委員会議事要旨（案）」一九九六年一二月一〇日（『東京大学史料の保存に関する委員会　平成九年度（第四四回〜第四五回）』S〇一〇四／〇〇〇七）。この時点での一二〇周年記念事業は、展示企画を総合研究博物館、年譜を大学史史料室、式辞・告辞集を事務局総務課が担当するというものであったが、第四四回保存に関する委員会（一九九七年五月二六日開催）において「『歴代総長の式辞・告辞集』の作成について」が議題にあがっており、これについても大学史史料室が一定程度作成に関与したと思われる。
（41）「第四七回東京大学史料の保存に関する委員会議事要旨（案）」一九九八年一二月一五日『委員会（第四六回〜第四九回）』。
（42）前掲「第四五回東京大学史料の保存に関する委員会議事要旨（案）」。
（43）「平成一一年度東京大学史史料室予算（案）」一九九八年一二月二日作成『委員会（第四六回〜第四九回）』。
（44）「新制東京大学の成立過程に関する資料の調査及び研究」一九九八年一二月一五日『委員会（第四六回〜第四九回）』。
（45）前掲「第四七回東京大学史料の保存に関する委員会議事要旨（案）」。
（46）前掲「第四七回東京大学史料の保存に関する委員会議事要旨（案）」。
（47）「東京大学史史料室日誌（平成一〇年一二月〜平成一一年六月）」一九九九年七月一三日『委員会（第四六回〜第四九回）』。
（48）「第四九回東京大学史料の保存に関する委員会議事要旨（案）」二〇〇〇年二月二二日（『東京大学史料の保存に関す

る委員会　平成一二年度〜(第五〇回〜第五四回)』S〇一〇四／〇〇〇九、以下『委員会（第五〇回〜第五四回)』)。

(49) 小川智瑞恵「大学院特別研究生について」(『東京大学史史料室ニュース』第二〇号、一九九八年)、油井原均「大学院特別研究制度について(二)」(『東京大学史史料室ニュース』第二二号、一九九八年)。

(50) 「東京大学史史料室日誌（平成一二年二月〜九月)」二〇〇〇年二月二二日、「第五〇回東京大学史料の保存に関する委員会議事要旨（案)」二〇〇〇年一〇月五日『委員会（第五〇回〜第五四回)』。

(51) 中野実「学徒動員・学徒出陣に関する海外調査の概略」、小川智瑞恵「オクスフォード・ケンブリッジの戦没者の記念碑」(『東京大学史史料室ニュース』二〇〇一年、二〜七頁)。

(52) 「第五一回東京大学史料の保存に関する委員会議事要旨（案)」二〇〇一年一月二四日『委員会（第五〇回〜第五四回)』。

(53) このほかホームページ開設に伴う「史料室案内」冊子作成中止による減額も影響していた。

(54) 前掲「第五一回東京大学史料の保存に関する委員会議事要旨（案)」。

(55) 二〇〇一年四月からは蓮實総長に代わって佐々木毅法学政治学研究科教授が総長に就任した。

(56) 「第五二回東京大学史料の保存に関する委員会議事要旨（案)」二〇〇一年一〇月一六日、「東京大学史史料室日誌（二〇〇一年一〇月〜一四年三月)」二〇〇二年四月一九日『委員会（第五〇回〜第五四回)』。「東京大学史史料室日誌（平成一四年四月〜一〇月)」二〇〇二年一一月八日（『東京大学史料の保存に関する委員会　第五五回〜第六七回』S〇一〇四／〇〇一〇、以下『委員会　第五五回〜第六七回』)。

(57) 「第五六回東京大学史料の保存に関する委員会議事要旨（案)」二〇〇三年三月一二日『委員会　第五五回〜第六七回』。

(58) 「予算案の作成について（伺い)」二〇〇三年二月二八日『委員会　第五五回〜第六七回』。

(59) 前掲「第五六回東京大学史料の保存に関する委員会議事要旨（案)」。

(60) 中野実は一九九九年に助教授に昇任。

(61) 第五七回東京大学史料の保存に関する委員会議事要旨（案)」二〇〇三年五月二九日『委員会　第五五回〜第六七回』。

(62) 「「東京大学創設期の総長関係資料の基礎的調査及び研究」費（全二年間、概算)」二〇〇三年五月二九日『委員会　第五五回〜第六七回』。

(63) 谷本宗生「学徒動員・学徒出陣に関する東京大学史史料室の調査」、小川智瑞恵「これまでの学徒動員・学徒出陣調査」、八木晴花「「学徒動員・学徒出陣に関する調査」収集資料リスト」(『東京大学史紀要』第二三号、二〇〇四年)。
(64) 東京大学史史料室自体は一九八七年四月に設置されている。
(65) 第三章参照。
(66) 第二章参照。
(67) 「東京大学史史料室規則」(『東京大学史史料室ニュース』第一号、一九八八年、四頁)。
(68) 前掲『東京大学の学徒動員・学徒出陣』三頁。
(69) 前掲『東京大学の学徒動員・学徒出陣』五頁。

第五章　ポスト年史編纂組織と大学アーカイブズ理念の波及

――九州大学大学史料室の設置と活動――

はじめに

本章は、九州大学大学史料室を対象として、九州大学における大学アーカイブズの設置と、拡充に向けた構想について明らかにするものである。日本における国立大学アーカイブズの展開をみると、一九六三年（昭和三八）に設置された東北大学記念資料室がその嚆矢とみることができるが、一九九〇年代に九州大学大学史料室や名古屋大学史資料室など、相次いで大学アーカイブズが設置されていった状況を踏まえたときに、ノウハウの伝搬という意味で影響が大きかったのは、一九八七年に設置された東京大学大学史史料室であったとされている。折田悦郎は、東京大学大学史史料室や、東京大学史料の保存に関する委員会などの関連諸規則の整備等については、大学史編纂後の制度設計のモデルケースとして、「後発の大学史料室の設置・運営に多大な恩恵を与え」たとしている(1)。また九州大学大学史料室の設置過程についても折田による研究成果が出されている(2)。

一方で、九州大学における大学アーカイブズ設置について、ワーキンググループや委員会での議論の過程そのものの実証的分析については先行研究において十分明らかにされてはいない。また東京大学の事例がモデルケースとなったことが先行研究では指摘されているものの、先行する大学アーカイブズの動向が、九州大学大学史料室の設置において、どのような影響を与え、先行事例を参照しながら九州大学ではいかなる大学アーカイブズの制度設計がなされたのか、その内実については十分比較検討されてこなかった。

そこで、本章では九州大学大学文書館に所蔵されている九州大学七五年史編纂に関わる各種公文書、九州大学大学史料室の各種委員会資料などを使用し、上記研究史上の課題を分析することで、一九九〇年代の国立大学アーカイブズにおけるノウハウの波及と展開について明らかにするとともに、東京大学の事例をもとにした大学アーカイブズの制度設計の一定の限界についても抽出したい。

一　九州大学七五年史編纂とポスト年史編纂組織の模索

東京大学において百年史編集事業が佳境を迎えていた一九八〇年代半ば、九州大学では創立七五年を記念した大学史編纂事業が立ち上がっていた。一九八五年（昭和六〇）三月、第一回九州大学七五年史編集委員会が立ち上がり、編集室には、柴多一雄講師と折田悦郎助手が配置された。その後同年七月の第三回編集委員会において、大学史の構成は通史・資料・写真集を柱とすることが決定されたが(3)、翌一九八六年五月一〇日の九州大学創立七五周年記念式典の挙行に刊行されたのは『写真集　九州大学史　一九一一―一九八六』のみであった(4)。もっとも上述の通り、編集委員会の立ち上げは周年記念式典の一年前であり、一九八六年一二月の第六回編集委員会では早速編集期間を翌年度から二か年度延長することを決定していることから、全体の年史完成は創立後となることがある程度想定された中での年史編纂計画であったといえる。

延長後の編纂終了年度に当たる一九八九年（平成元）六月二二日に開催された第九回編集委員会および同月二六日に開催された事業委員会（編集委員会の親委員会）においても、さらに二か年度の再延長が承認され、編纂期間は一九九一年度末までとなった。もっとも、この時点では史料編上下巻は一九八九年七月に校了を迎える運びとなっており、残すは通史および別巻の二巻分で、大学史の完成も見通せる段階に来ていた。このため九州大学では、大学史刊行後の収集史料の在り方に関する議論が活発化していくこととなる。[5]

九州大学七五年史編集室の記録を綴じた「実務（平成元年度）」ファイルには、一九八九年六月二二日付で、九州大学七五年史編集委員会の森洋委員長（文学部教授）から、九州大学創立七五周年記念事業委員会の平田寛委員長（文学部教授）に宛てて提出された「『九州大学七五年史』の編集計画について」の草稿文書が残されている。この文書は先述した年史編集期間の再延長を求めるものであったが、末尾には以下のように記されている。「ところで現在編集室には、七五年史編集のために収集した膨大な資料（マイクロフィルム三〇〇冊、写真三〇〇〇枚その他）を所蔵していますが、編集事業終了後は、これらの資料の整理・保存の問題が大きな問題として残されます。また、今後予想される『九州大学百年史』の編集をはじめ各部局の年史その他の修史事業のために、九州大学関係の資料を継続して収集・整理するための組織が必要であるとの意見も出されています。当委員会は、年史編集事業に関連する問題として、こうした点についても一応の結論を出す必要があると思われますので、延長された期間内において慎重に検討し、全学の納得の得られる結論をだしたいと考えています[6]」。

この時点で少なくとも編集委員会内では、将来の年史編纂事業を円滑に進めるため、という理由づけから、年史編纂終了後も、学内の資料収集・整理のための組織を置くことについて、検討の余地があると考えられていたことがわかる。

翌一九九〇年五月三一日、編集委員会のもとに置かれた小委員会では、「通史および別巻の編集について」審議したほかに、「年史刊行後における収集史料の保存について」審議している。この結果ワーキンググループが下部に置かれることとなり、六月二一日に第一回ワーキンググループが開催されることになる。ワーキンググループの構成員は、松下志朗経済学部教授（編集委員会委員長）、有馬学文学部助教授、植田信廣法学部助教授、新谷恭明教育学部助教授、東定宣昌石炭研究資料センター助教授（以上、編集委員会小委員）、柴田一雄九州大学七五年史編集室講師、折田悦郎九州大学七五年史編集室助手の七名であった。第一回ワーキンググループでは、活動に関する基本方針が議論され、[7]「七五年史刊行後における諸問題、特に収集史料の保存の問題について検討する」[8]ことが確認された。また六月二一日の第一回ワーキンググループの開催に先立ち、ワーキンググループでの検討資料を用意するため、同年六月一一～一四日、編集室の柴田講師、折田助手は、当時国立大学で年史編纂後に収集史料の保存のための組織が置かれていた東京大学、東北大学の視察に向かっている。[9]東京大学では、百年史編集委員長を務め、一九九〇年当時東京大学史料の保存に関する委員会の委員長を務めていた寺﨑昌男東京大学教授に聞き取り調査を行ったほか、東京大学百年史編集室の室員後、国立公文書館に所属していた小川千代子にも面会し、東京大学における大学史史料室設置の経過と現状について聞き取りを行っている。東北大学では、東北大学記念資料室の立ち上げに関わった原田隆吉教授はすでに退官していたが、東北大学記念資料室の助手を務めた、山谷幸司から東北大学記念資料室に関して聞き取りを行った。また柴田・折田は関係者への聞き取りのみならず、東京大学、東北大学の調査では各種資料も入手しており、六月二一日に開催された第一回ワーキンググループではそれらの資料が提示されている。

このときに用意された資料は『東京大学関係諸資料の保存と利用に関する予備的研究』をはじめ、その多くが東京大学に関するものであり、東北大学については、資料一一東北大学記念資料室関係資料としてまとめられた「東北大学記念資料室設置規程」、「東北大学記念資料室資料収集規程」、「記念資料室利用規則の制定について」の三点だけであった。[10]同年七月一三日に行われた第二回ワーキンググループでは、新たな史料収集整理機関の設置が検討されているが、その名称は「大学史史料室（仮称）」とされ、東北大学の記念資料室名称ではなく、東京大学で設置された大学史史料室名称を用いている。九州大学では初発より、東京大学の事例を重要な参考としていたといってよいだろう。

また、ワーキンググループでは七五年史に先立って一九六七年に編纂された『九州大学五十年史』の刊行後に、東北大学のような史料収集整理機関が設置されなかった点について意識があったようである。第一回ワーキング

内　　　　容
寺﨑昌男「大学アーカイヴス(archives)とはなにか」
弥永史郎「大学文書館の成立過程―コインブラ大学の場合―」
小川千代子「SAA と大学アーカイヴス」
東京大学史史料室規則
東京大学史史料室利用規則
東京大学史史料室文献撮影等申し合わせ
東京大学史料の保存に関する委員会
東京大学史料の保存に関する委員会彙報
東京大学史料保存の基本方向ならびに当面の措置等について
東京大学史史料室設置経緯
2. 東京大学の史料の保存に関する委員会規則(昭和 61. 10. 14)
3. 東京大学史史料センター(仮称)設置の提案(昭和 60. 3. 26)
4. 東京大学百年史編集室収集史料の措置について(昭和 60. 10. 1)
5. 東京大学百年史編集史料保存に関する懇談会答申(昭和 61. 3. 31)
○東北大学記念資料室設置規程
○東北大学記念資料室資料収集規程
○記念資料室利用規則の制定について
1. 大学制度改革に関する資料について(『大学広報』44　45. 3. 16)
2. 大学制度改革に関する資料について(『大学広報』98　46. 4. 24)
3. 大学制度改革に関する資料について(『大学広報』外 4　47. 7. 26)
4. 大学制度改革に関する資料について(『大学広報』外 6　49. 1. 16)
5. 大学制度改革に関する資料について(『大学広報』外 7　50. 2. 24)
6. 大学制度改革に関する資料について(『大学広報』外 8　51. 2. 19)
7. 大学制度改革に関する資料について(『大学広報』外 11　53. 3. 28)
8. 大学制度改革に関する資料について(『大学広報』外 14　56. 3. 16)

表12　九州大学75年史編集室が収集した他大学アーカイブズ関係資料

資料番号	資　料　名
1	『東京大学関係諸資料の保存と利用に関する予備的研究』
2	『東京大学関係諸資料の保存と利用に関する予備的研究　附属資料』
3	特集・大学アーカイヴス(『東京大学史紀要』4号)
4	『東京大学史史料室ニュース』1号
5	『東京大学史紀要』7号　彙報
6	小川千代子「記録管理と史料保存―大学の文書館―」(『地方史の視点』)
7	総合研究資料館(『東京大学百年史　部局史4』)
8	五十年史通史資料の収集・整備の状況
9	1990年6月出張報告
10	東京大学史史料室設置関係資料
11	東北大学記念資料室関係資料
12	ワーキンググループの作業について
13	九州大学大学資料室関係資料

内　容
9. 大学制度改革に関する資料について(『大学広報』外15　57. 3. 23)
10. 事務局及び学生部事務分掌規程
○『九州大学一覧　総括編』(昭和61年度)
○『九州大学職員録』(平成元年)
○『九州大学一覧　総括編』(昭和61年度)
○『九州大学職員録』(平成元年)
○『特殊廃液処理施設案内』
○『九州大学職員録』(平成元年)

追加資料」1990年6月21日（『ワーキンググループ資料①』九州大学大学文書館所

グループで配付された資料には、資料九として「五十年史通史資料の収集・整備の状況」が含まれていた。日付の記載はないものの、九州大学五十年史編纂期間中に作成されたこの資料には、「記念資料の整備の必要性について」の項目があり、そこには以下のように記載されている。「本学の歴史に関する記念となる資料を収集し、これを整理・保存して利用に供することは、きわめて緊要なことがらである。すなわち、その整理・保存・利用を通じて直接的には本学の歴史に関する理解を深め、ひいては本学および学術一般の発展に寄与するところ甚大である。本学は、公文書の保存については自らの規則をもっているが、本学の歴史一般の観点からみると、本学の歴史にとって記念とすべき資料で選択を加えられることなく棄却されているものがあり、その危険性にあるものもある。（中略）ちなみに東北大学においては、大学の機構「記念資料室」として制度化され、すでに運用されており、十分な効果を収めている」[11]。

そして合わせて資料の収集・保存の方法についても、「将来における本学年史発刊編集のための諸資料収集保存方法について」としてまとめており、一 公文書、二 公文書に準ずる私文書、三 九州大学関係者の日記・メモ・蔵書類、四 新聞・雑誌、五 九州大学に係る評論・随筆・小説等の単行本、六 九州大学で刊行された新聞・雑誌・パンフレット・ビラ、七 建築物写真、八 九州大学関係者の論著の八の項目が設定されている。そしてこれらの「収集、保存には、専任者および保存室をおき、整理を行なわせ、必要経費を計上すること。所属は学長直属とし、

資料番号	資　　料　　名
14	中央計数施設関係資料
15	超高圧電子顕微鏡室
16	特殊廃液処理施設

出典：「第１回ワーキンググループ（1990.6.21）資料目録」，「第１回ワーキンググループ（1990.6.21）蔵）。

他の機関の制約を受けないようにすること」および「全学的に本学史に対する関心を恒常的に保たせ、これへの協力、助言、指導を行なうこと」も提言されていた。(12)

もっとも九州大学五十年史が刊行された後、九州大学でも大学紛争を経験することとなり、将来の大学史編纂のための組織を設けるような余裕はなくなっていった。このため、大学紛争後の学内の制度改革検討に資するための、大学制度改革関係資料を収集・保管するための大学資料室は庶務部庶務課内に置かれたものの、(13)結局のところ九州大学では、東北大学記念資料室のような組織は九州大学五十年史編纂終了後に設置されることはなかった。

しかし九州大学七五年史編纂が佳境にあった時期に、当該資料がワーキンググループの参考資料とし俎上にあげられていることから、七五年史編纂過程において、「五十年史通史資料の収集・整備の状況」、「将来における本学年史発刊編集のための諸資料収集保存方法について」の二提言が当該期においても有用性をもって意識されていたことがわかる。ただし、「将来における本学年史発刊編集のため」と銘打たれているように、この提言が目的として第一義に掲げていたのは、次の大学史編集を円滑に進めることであった。東北大学記念資料室設置規程は、室の目的を第二条において「記念資料室は、本学の歴史に関係ある記念となる資料を収集し、これを整理保存して、利用に供するとともに、本学の歴史に関する理解を深め、もつて本学及び学術の発展に寄与することを目的とする」[14]と、将来の年史編纂、という目的は必ずしも前面に出ているものではなかったのに対し、九州大学の場合はより大学史編纂に特化した位置づけが提言されていた、ということがいえよう。

一九九〇年七月一三日に開催された第二回ワーキンググループでは、第一回で確認された「七五年史刊行後における諸問題、特に収集史料の保存の問題について検討する」というワーキンググループの任務に基づき、七五年史編集事業の総括、収集史料の保存方法、および大学史史料室（仮称）の在り方、と大きく三点が具体的な検討課題としてあげられた。七五年史編集事業の総括では、将来の百年史編集への継承性が論点として抽出されており、五〇年史編纂後に後継組織が設けられなかったという問題意識を引き継ぎ、収集史料の保存方法の枠組みとして、編集室の廃止に伴う新たな史料収集整理機関として、大学史史料室（仮称）が措定された。また大学史史料室（仮称）の設置形態としては、学内措置による全学共同利用施設が想定され、九州大学内の中央計数施設・超高圧電子顕微鏡室・特殊廃液処理施設・留学生センターが参照施設とされた。そのほか本部庶務課の大学資料室、事務局・学部事務、図書館、総合資料館などの学内他組織との関係も留意事項となっている[15]。

また、ワーキンググループの報告を学内の意思決定に反映させる方法についても議題にあげられた。第二回で用意された「ワーキンググループの作業について」の事項Ⅲ「ワーキンググループの報告について」では報告の結論として「大学史史料室を設置するように要望する」こと、「史料室の設置について検討するための委員会（懇談会）を（評議会内に）設置するように要望する」ことが記載され、報告書は編集委員会名（委員長名）で評議会（学長）宛てに提出される段取りが確認された。そして大学史史料室設置の必要性については、将来の百年史編集を見据えた際、七五年史編集事業で収集された史料を「単に保存するだけでは不十分」であり、「収集史料

表13　ワーキンググループ検討議題一覧

議題番号	ワーキンググループ検討議題内容		備　　　考
1	75年史編集事業の総括		
	a	編集経過の確認	
	b	収集史料の確認	
	c	年史編集事業のあり方について(100年史の編集との関連)	
2	収集史料の保存方法について		
	a	借用史料の返却，収集史料の整理保存(＝編集室の廃止)	
	b	新たな史料収集整理機関＝大学史史料室(仮称)の設置	
3	大学史史料室(仮称)について		
	a	名称	
	b	事業および目的	
	c	性格(設置形態)	全学共同利用施設(学内措置として)
			cf. 中央計数施設・超高圧電子顕微鏡室・特殊廃液処理施設
	d	構成(組織)	cf. 留学生センター
	e	人員(室長・室員)	
	f	管理運営(委員会・事務)	
	g	施設(場所)	
	h	他の組織との関係	大学資料室(庶務課)
			事務局・学部事務
			図書館
			総合資料館
	i	規則	
	j	設置後の展望	

出典：「ワーキンググループの作業について」1990年7月13日(『ワーキンググループ資料①』九州大学大学文書館所蔵)。

を整理するとともに、今後も継続的に史料の収集・整理をおこなう必要」があると理由づけられた。しかし、将来の大学史編纂以外の組織設置の効果、国際交流との関連づけ、公文書館法との位置づけ、についてはこの時点では詰め切れておらず、キーワードとしてあげられるに留まった(16)。

一方、具体的なロードマップもこの時点で示されており、一九九一年四月にワーキンググループ報告を上位の委員会である小委員会および編集委員会で承認、同年五月に評議会内に検討委員会（懇談会）の設置、同年九月検討委員会（懇談会）報告、同年一〇月評議会（部局長会議）決定、一九九二年二月教官定員運用委員会開催、同年四月大学史史料室発足、と手続きが整理され、スケジュールも組まれている。一九九〇年七月段階で、七五年史編纂終了を一九九二年三月と見越し、およそ一年半かけて大学史史料室の設置の道筋をつける、ことが企図されていたのである。一方、概算要求を作成すべきかどうかは、今後の課題とされ、ロードマップには位置づけられていない。

こうしたワーキンググループの議論の動向とは別に、一九九〇年八月二一日付でワーキンググループのメンバーでもある松下志朗経済学部教授が、九州大学七五年史編集委員長名で、髙橋良平九州大学学長に宛てた『九州大学百年史』編纂室設置のお願い」が作成されている。この文書の内容は、大学史編纂が中断されてその後再開するときには、莫大なエネルギーと時間が必要となること。大学史編纂は継続的な資料収集を必要とすること。大学史編纂の知識・技術は歴年の蓄積によって加速度がつくものであること。大学史は、地域社会や国際交流における留学生関連の問い合わせなどに対応することからも必要であること。情報の公開制度の観点からも公的に作成されている文書は当然保管され、何らかの形で公開されることが望ましいこと。の五点をあげ、「現在なしうる最低の提案は、九州大学七十五年史編纂室を《(ママ)》『九州大学百年史』編纂室として、運用定員を認めて頂きたい(17)」という要望であった。松下のこの文書が実際に学長宛てに提出されたものであるかどうかは不明であるが、松下は少なくとも、次の年史編纂のため事業を継続する組織という観点から、九州大学七五年史編集終了後の、ポスト年史編纂組織を位置づけていたといえる。

このように、将来の大学史編纂という理由づけでの大学史史料室設置案がワーキンググループでは先行していたが、一九九〇年九月一八日に開催された第三回ワーキンググループではメンバーの新谷恭明教育学部助教授のレポート「大学史料室に関する日本における議論の現状について」が報告され、大学史料室の定義づけとして「大学アーカイヴズを意識したものであろう」[18]と初めて、大学アーカイブズと大学史料室を結びつける議論がワーキンググループにもたらされることとなる。

新谷のレポートは小川千代子の「文書館は史料の保存施設であって、年史編纂組織は文書館に保存されている史料の利用者である」[19]という整理を前提として、今後は大学史料室を考えるべきである、とする設置理由の新たな論拠を提供することとなった。そして先行する参考事例として東京大学史史料室があげられている。もっとも、東京大学史史料室は大学アーカイブズとして「結果的には不十分な形である」と留保されており、文書規定上では学内公文書を史料室に移管できるものの、「まだ事例がないようであることから、大学アーカイヴズとしての機能は有名無実化していく可能性もないではない。また人的にも史料の専門家（歴史研究者、アーキビストなど）が配置されず、庶務部広報掛から事務職員が一名張り付けられているにすぎないことも大学アーカイヴズとしての機能を十分に果たすには不安な状態であるといってもいいだろう」[20]と評価している。ただし寺﨑昌男が東京大学で唱えた「大学アーカイヴズは、社会史、学術史、教育史、文化史への貢献がとくに期待されるものである」[21]との意義を九州大学に置きかえて、「どれだけ全学的な支持を得られるかを考えるとき、九州大学の場合はさらに不安が大きいと思える」[22]と、東京大学大学史史料室の設置に尽力した、寺﨑昌男の論文を参照しながら、東京大学での大学アーカイブズ設置の論拠をそのまま九州大学に適用することは難しい、との見解を述べている。

その上で新谷は九州大学における大学史料室設置の目的を二点あるとし、一つは「学生及び卒業生の九州大学に対するアイデンティティの形成」、もう一つは「九大の情報バンクとしての役割」と提起している。新谷は「九大の沿革にかかわる資料の収集もそうしたアイデンティティの形成の根幹をなす修史事業と位置づけ（中略）来るべき百年史の編纂等はこの目的のために奉仕するものと名目的には位置づけるべきであろうし、なんらかの歴史研究に供するという機能は放っておいてもついてくるものであろう」と年史編纂のための組織というのは目的ではなく、あくまで九州大学のアイデンティティ形成のための組織が設置目的であるべきで、歴史研究に資することはさらに副次的なものとしている。

こうした新谷の考え方は、大藤修の議論を受けたものであった。新谷は一九八五年に大藤が発表した論文「学校史料と社会教育史料の保存を（上）」から「その史料は、単に学術研究の材料としてのみ価値を有しているのではなく、まさにその大学のアイデンティティや自治を基礎づけるものでもあります[23]」という文章を引用し、大藤の指摘について「重要な意味を持っているのではないだろうか」と肯定的に評価している。その上で新谷は、国立大学における年史編纂事業は、終了するとともに組織も解散されることが多いのに対し、私立大学では何らかのかたちで組織が残っていくことが多いことを指摘し、その理由を「私立大学にとって創立者や大学への功績者などの存在、さらには大学の歴史そのものが自らのアイデンティティを確立するものとして位置づいているからであろう」とみていた。そのため「私たちは国立大学での敗北の歴史に同化するのではなく、私立大学の生き方に学ぶべきではないだろうか」と、私立大学の事例を参考とすることを提案している。

また、企画広報掛の管轄にあった九州大学資料室のように、文教政策に関する資料、大学の将来計画にかかわる情報を収集していくこと、留学生に関する情報の把握と本国からの問い合わせなどの機能が「情報バンクとしての役割」として想定されていた。とりわけ国際化への対応については「松下委員長が提案されている国際化への対応」とあり、松下志朗九州大学七五年史編集委員会小委員会委員長（経済学部教授）の提案を反映していたものであった[24]。

大学史料室を学内でどう位置づけるか、について新谷は「昨今の大学財政事情からみれば人文系の研究施設を敢えて設置できる状況にあるはずもなく」、研究教育の側面からは大学史料室の設置では全学的共通理解は得られない、という見通しから「前述した目的に対応できるという意味で事務系に所属させるものであるほうが現実的であり、かつ恒常的な活動が可能になると思える」とし、「資料の専門家であるアーキビストが少なくても専任で配置される必要があろう。アーキビストという身分が未だ確立されていないようであるから、司書の資格保有者か大学史ないしは大学問題に造詣の深い研究者が配属されれば申し分ないといえる。できれば大学史（資料室は沿革史部門と大学政策部門との二部門は欲しいところではある」としている。また「東京大学関係諸資料の保存と利用に関する予備的研究」研究グループの海外における大学アーカイブズの調査事例をもとに、「現在では大学文書館は教育研究部門よりはむしろ大学事務部門に対するサービスを強化するために、（図書館とは）別立て組織とする傾向にある[25]」との見方を紹介し、大学アーカイブズが図書館等と独立した組織としてすべき、という論拠を示した。

新谷のこうした考えは、前述のように東京大学の事例を意識していたことは間違いないが、東京大学で議論された教育史や大学史など歴史研究のための人文系施設としての位置づけ、また九州大学で議論されてきた将来の大学史編纂のためという名目だけではなく、私立大学にみられる大学のアイデンティティ形成のため、という論拠の重要性をうたったものであった。このためか、国立大学の事例は東京大学にとどまり、新谷のレポートでは東北大学記念資料室への言及は一切ない。

続いて一九九〇年一一月八日に開催された第四回ワーキンググループでは、有馬学文学部助教授が書き下ろした「九州大学史料の収集・保存について」が用意された[26]。内容はⅠ検討の経過、Ⅱ七五年史編集事業の経過と収集史料の現状、Ⅲ大学史料の収集・保存のあり方について、Ⅳ本学における大学史料の収集・保存のあり方について、Ⅴ提言、という構成をとっている。有馬がこのとき作成した「九州大学史料の収集・保存について」は、Ⅳにおいて「問題の検討が、直接には七五年史編集過程で収集された史料を今後どのように保存していくのかという課題に直面して開始されたことを考えるならば、年史編集との関係から九州大学史料の収集・保存のあり方を検討しておくことは、無意味ではなかろう」とし、五〇年史、および七五年史編集過程で収集された史料を「活用が可能な状態に目録を作成して整理・保存するとともに、今後の恒常的な収集活動によって、不断に充実させて行くべきものである。それをになう恒常的な機関と人員が必要」と記載されているように、まず「年史編集との関連から」文章が起こされ、ポスト年史編纂組織設置の必要性を根拠づける内容となっている。九州大学五十年史後にポスト年史編纂組織を設置できなかったことを反省材料に、九州大学七五年史編纂終了後、次の百年史編纂も視野にいれていったとき、恒常的な史料収集活動が継続されることが肝要である、という新谷報告以前の論拠は、なお重要性を担保していたといえよう。一方で、Ⅳではほかに、この時点では項目のみで文章化されていないものの、大学の自己確認・自己評価と大学史料、大学の記録管理システムとの関連についても項目を立て言及する体裁を取っている。自己評価の論理はこのとき初めて登場したが、「大学史料としての観点と同時に、大学の研究教育活動・大学政策に関する歴史的史料としての観点」、「大学の国際化が問題とされる中で、国際的な観点からも九州大学の存在を説明・アピール出来ることが必要」と従来からあがっていたポスト年史編纂組織設置の理由づけを「自己評価」をキーワードとして収斂させていった点で興味深い[27]。

また、Ⅲについては「新谷報告をリライトするもの」、となっており全面的に新谷が報告した、大学アーカイヴズとは何か、大学アーカイヴズに関する議論の現状、諸大学における大学史料室の現状、について文を譲るかたちとなっており、有馬は筆を入れていない。「九州大学史料の収集・保存について」の「はじめに」でも、「九州大学百年史の編纂に向けて、不断に関係史料の収集・整理がなされなければならない」こと、大学史料が大学運営において「自己確認・自己評価の資であると同時に、広く文化史・政治史・社会史の史料となるべき貴重な文化遺産であること」、「大学の記録管理システムをも担うべき存在として、大学文書館（大学アーカイヴズ）の必要性やそのあり方をめぐる研究・議論が活発になされるようになってきたこと」と、ポスト年史編纂組織が必要である根拠を複数列記している。このことからワーキンググループの議論を通じて、将来の年史編纂に留まらない大学史料の価値を提起する方向に報告書が練られていったことがわかる。

もっとも、「最低限九州大学の歴史という観点に限ってみても、以上の要請に答え得るような九州大学史料の収集保存体制の整備が、焦眉の課題」とされているように、ポスト年史編纂組織の必要性は将来的な大学史編纂を見越した恒常的な史料収集・整理の視点が最も重視されていた。また、Ⅴの提言については、どこまで踏み込んだ発言をするのか、まとまっておらずこの段階では未記載であった。

ついで一九九〇年一二月二〇日に開催された第五回ワーキンググループでは前回の有馬報告で作成された「九州大学史料の収集・保存について」からさらに肉づけされたものが用意され、検討が進められた。一二月二〇日版の「九州大学史料の収集・保存について」では前回一一月八日版では、未記載であったⅤの提言が明確化され、提言は大きく二点、一．九州大学史料室（仮称）の設置と人員の設置、二．文書館設置に向けての将来構想の検討からなっていた。

九州大学史料室（仮称）の設置と人員の設置では、以下の五条件が要望された。①独立の機関であること。②歴史研究と史料保存に関する専門家としての研究実績をもつ専任の職員を配置すること。③史料の収集・整理・保存・研究を行うのに十分な場所を確保すること。④学内に、史料室の管理・運営および史料室の研究活動を管掌する常設の委員会を設置すること。⑤史料の収集は、単に年史刊行のみを目的とするのではなく、九州大学に関する史料を恒常的に収集・整理することを目的とし、その活動を保証すること。具体的には学内諸文書の廃棄等の情報が史料室に提供され、収集・保存を容易ならしめるようなシステムをつくること。このように提言された九州大学史史料室（仮称）と配置人員の条件には、公文書管理や大学アーカイブズといった語句は直接的には出てこない。この時点においてワーキンググループでは、九州大学において、一足飛びに本格的な大学アーカイブズを設置することは現実的に難しいと思われていた。

文書館設置に向けての将来構想の検討では、「大学史料の保存についての本来のあり方から考えれば、記録管理システムと結び付いた九州大学文書館設置が最も望ましい」としながらも、直ちに理想的な文書館を構想することは難しいという認識から「さしあたり最低限の措置として、専門職員の配置された九州大学史史料室の設置を提案」した、としている。しかし「自治体においては、文書館法の成立を受けて公文書館設置への動きはかなり進行しており、大学のみがそうした社会的動向といつまでも無縁でいられるわけではない」ことから、「文書館設置に向けての将来構想の検討」自体は必要である、としている。そして文書館の在り方は「大学の記録管理システムの確立と結び付いた形」で考えられる必要があるとされた。(28)

九州大学では、まず最小限、大学史編纂後にも、九州大学に関する史料を恒常的に収集・整理する体制を担保し、本格的な大学アーカイブズとして文書館は次の段階として検討する、というのがワーキンググループ、とりわけ有馬学の考えるポスト年史編纂組織の方向性であった。

翌一九九一年二月七日の第六回ワーキンググループでは、特定の教員のクレジットではなく、九州大学七五年史編集委員会小委員会ワーキンググループ報告書『九州大学史料の収集・保存について—九州大学史料室設置の提言—』として体裁が整えられた資料が用意された。(29)ここでの提言は基本的に一二月二〇日版のものを踏襲したものとなったが、人員配置の要望について、前回は「②歴史研究と史料保存に関する専門家としての研究実績をもつ専任の職員を配置すること」とされていたのが、「②史料の収集・保存に関する専任のアーキビストを配置すること」に変更された。また、文書館設置に向けての将来構想の検討については、「大学文書館」の用語について「大学文書館（アーカイヴズ）」と補足がなされ、前回にはなかった「大学が整備された博物館と大学文書館をもつことは、欧米の大学においては、むしろ常識的な形態と言える。本学においても、最終的には図書館、博物館、大学文書館が並立し、相互に補完しあえるような形態が実現されるべきであろう」という文章が加筆された。このようにワーキンググループとして取りまとめられた提言は、最終的に歴史研究のための組織という色合いを弱め、専門のアーキビストを配置することが明確化されたものであり、これまでのワーキンググループの報告書草稿から一歩踏み込んだものとなった。またあくまで次の段階の将来構想という留保はなされているものの、図書館や博物館からの独立性を担保した大学アーカイブズを将来的に検討する、という方向性が明記された点も新味あることであった。

その後、同年四月四日の第七回ワーキンググループが開催され、一部目次項目名が変更されたものの、前回から提言の内容は変更されず報告書を完成とすることとなり(30)、『九州大学史料の収集・保存について―九州大学史料室設置の提言―』は、同月四月一九日の九州大学七五年史編集委員会小委員会で報告された(31)。また小委員会では、三月三一日現在の『九州大学七五年史編集室主要収集史料仮目録』も合わせて資料として用意され、いずれも了承された(32)。その後、報告書は順次親委員会にあげられ、五月二三日の編集委員会で了承、六月一八日の事業委員会でも了承された(33)。こうした手続きを経て七月九日には森良一九州大学七五周年記念事業委員会委員長(34)より髙橋良平学長に大学史料室設置の要望書が提出された(35)。しかし髙橋良平学長の任期は同年一一月六日となっており、大学史料室設置に向けた動きは、次の和田光史学長に引き継がれることとなる。

二　九州大学史料収集・保存に関する委員会の発足と九州大学大学史料室の設置

この間、一〇月二一日に開催された小委員会では、史料室案件を早急に学長の引継ぎ事項に入れること、また学長へ公式に要望があがる手続きまで進んだことで、史料室設置を前提として新たな委員会が作られることになる、という本部事務局庶務課による見通しが示されている。(36)一一月二八日の小委員会では、より確定的な情報として部局長会議にかけた上で、翌年に委員会が立ち上がることが伝えられた。(37)こうして一二月一三日および翌一九九二年（平成四）一月二四日の部局長会議において「九州大学史料収集・保存に関する委員会」が諮られ、同日開催された評議会において、九州大学史料収集・保存に関する委員会規則が承認された。(38)

九州大学七五年史の刊行に伴い、九州大学七五年史編集委員会および編集室は一九九二年三月末でその任務を終えることとなっていた。九州大学史料収集・保存に関する委員会は一九九二年二月四日に第一回が開催され、(39)松下志朗経済学部教授が委員長、有馬学文学部教授、相原安津夫理学部教授がそれぞれ副委員長に選出された。松下・有馬・相原はいずれも九州大学七五年史編集委員会小委員会の委員であり、九州大学史料収集・保存に関する委員会の構成員には、九州大学七五年史編集委員会小委員会の委員一〇名中七名、ワーキンググループからは全員が参画している。(40)九州大学史料収集・保存に関する委員会は、事実上、九州大学七五年史編集委員会の廃止に伴う、その後継委員会として位置づけられていた。また、同委員会のもとで実際に史料の収集・整理・保存に関わる業務を行う組織として、一九九二年四月一日、九州大学七五年史編集室を改組し、九州大学史料室が置かれることとなった。(41)

九州大学史料収集・保存に関する委員会の任務は規則第二条で「一　史料の整理、保存及びその活用に関する基本方針の策定に関すること。二　本学に係わる史料の収集に関すること。三　本学に係わる史料としての公文書等の調査に関すること」と規定されたが、こうした任務は東京大学で一九八六年に制定（一九九〇年七月改正）の「東京大学史料の保存に関する委員会規則」を参考にしたものと思われる。同規則第二条では委員会の任務を「(一) 史料の保存及び活用の基本方針に関すること。(二) 本学公文書の所蔵調査に関すること。(三) 本学にかかわる史料収集の方策に関すること」となっており、九州大学史料収集・保存に関する委員会規則の任務とほぼ一致するものであった。また委員会事務について、東京大学史料の保存に関する委員会では、「事務局庶務部庶務課において処理する」、とされていたが、九州大学史料収集・保存に関する委員会規則でも、「庶務部庶務課において処理する」とされ、類似性がみてとれる。東京大学では、一九八六年（昭和六一）一〇月に東京大学史料の保存に関する委員会が設置され、翌一九八七年四月に東京大学史史料室規則が定められたが、九州大学でも以後、同様の手続きを踏襲している。ワーキンググループでの議論後の、九州大学の史料室設置過程は、手続き論において、東京大学の事例を強く意識していたといえよう。

ところで東京大学における東京大学史史料室は、「東京大学史史料室規則（案）」が、一九八七年四月二一日評議会で承認されたことによって[42]、一九八七年三月末の東京大学百年史編集室の廃止から間を置かずに学内規則上に組織が位置づけられることになったが、九州大学史料室の場合、一九九二年四月設置時点では、九州大学史料室に関する学内規則は制定されておらず、九州大学史料収集・保存に関する委員会規則自体にも史料室が明文化されていたわけではなかった。このため九州大学史料収集・保存に関する委員会規則第五条「委員会に、専門的事項を調査審議するため、必要に応じ専門委員会を置く」との条項に基づき、一九九二年六月四日九州大学史料収集・保存に関する委員会専門委員会が開催され、専門委員会のもとにワーキンググループを設けて、史料室の位置づけを改めて検討していくこととなる。

ワーキンググループの委員は、有馬学文学部教授、新谷恭明教育学部助教授、植田信廣法学部助教授、東定宣昌石炭資料センター助教授の四名で、柴田一雄九州大学史料室講師、折田悦郎九州大学史料室助手が加わるという構成で、昨年九州大学七五年史編集委員会小委員会に置かれたワーキンググループと顔ぶれは一致しており、議論の継承性が担保されていた(43)。

ワーキンググループは同年六月一九日から一〇月八日までの間に四回行われたが、第一回において、暫定的に置かれた九州大学史料室の名称を「九州大学大学史料室」とすることが決まり、以後、呼称は上記で統一されていくこととなる(44)。また最終的に有馬が原案執筆した「大学史料室のあり方について　九州大学史料収集・保存に関する委員会専門委員会ワーキンググループ報告書（案）」および柴田が原案執筆した「九州大学大学史料室規則（案）」が取りまとめられたことからわかる通り、ワーキンググループの実質的な役割は室の設置規則の制定に向けた原案作成と制度設計であった(45)。ちなみに七月一七日に行われた第二回ワーキンググループにおいて設置規則は「東大の規則をベースに検討する」こととされており、ここでも東京大学大学史料室設置規則が参考とされたことがわかる。東京大学において、東京大学史料の保存に関する委員会の委員長が、東京大学史史料室の室長を兼ねていたのと同様に、「九州大学史料収集・保存に関する委員会の委員長が大学史料室の室長を兼ねる」ことも、このとき確認されている。

一方で、東京大学の場合とは異なる独自性として、大学史料室の業務の細かい部分については、内規または申し合わせで定め、「「九州大学大学史料室規則（仮称）」の条文には、九州大学七五年史編集委員会収集史料の整理はうたわない」こととした。東京大学史史料室規則では「東京大学百年史編集委員会によって収集された資・史料の整理及び保管」という記述がなされていたが、九州大学では、大学史料室の業務について、実態はさておき、規則上は、年史編纂を前面に出すことを控え、アーカイブズとしての役割を前面に出すことを意識していたのである。

また第二回ワーキンググループでは、九州大学史料収集・保存に関する委員会において選出された委員をもとに「大学史料室の業務をサポートする実質的な委員会＝業務についての専門家集団を置く」ために「大学史料室運営委員会」を設けることも確認されている。(46) ただし、この運営委員会を設けるかどうかは紆余曲折があり、その後九月八日に事務局側から、九州大学史料収集・保存に関する委員会との関係について「屋上屋を重ねることになるのではないか」(47)という指摘が入り、第三回ワーキンググループでは「九州大学に係わる史料の収集、整理及び保管に関する調査・研究に従事する」(48)兼任の教官を置く、という案になった。

当該期東京大学では、百年史編集室以来の助手の流用定員ポストが維持できず、専任としては事務官が配置されているだけとなっており、東京大学史史料室の実務は停滞気味であった。東京大学史史料室設置規則でも第四条でも「史料室に室員若干名を置く」とするだけで、特段教官を配置することは明文化されてはいなかったためである。九州大学でも百年史編集室終了後、大学史料室に専任教官が継続的に措置できるかは不透明であったが、東京大学の当該期の状況を反面教師とし、第二回ワーキンググループの議事録ではポストの維持の困難さがにじみ出ている記述ではあるものの「室員は、できれば「九州大学の専任の教官若干名」とする」と教官配置に踏み込んだ規則案とすべきとしていた。(49) ワーキンググループでは何らかのかたちで、専任教官の不安定性をサポートできる体制を構築しておく必要性を認識していたのである。

その後一〇月八日の第四回ワーキンググループで示された「大学史料室のあり方について　九州大学史料収集・保存に関する委員会専門委員会ワーキンググループ報告書（案）」では、規則制定と関連付けながら、大学史料室の位置づけについて「九州大学に関するあらゆる史料を日常的に収集・整理し、大学の教育・研究活動の

表 14　九州大学大学史料室規則，東京大学史史料室規則の比較表

東京大学史史料室規則(昭和 62. 4. 21 評議会可決) 改正平成 2. 7. 10	九州大学大学史料室規則
(設置) 第 1 条　東京大学に東京大学史史料室(以下「史料室」という。)を置く。	(設置) 第一条　九州大学(以下「本学」という。)に，学内共同利用の施設として九州大学大学史料室(以下「大学史料室」という。)を置く。
(業務) 第 2 条　史料室は，次の各号に掲げる業務を行う。 ⑴東京大学百年史編集委員会によつて収集された資・史料の整理及び保管 ⑵寄贈資料の受け入れ，整理及び保管 ⑶東京大学に関する各種資料・データの収集，整理及び保管 ⑷前各号に定めるもののほか，史料室の業務に関し必要と認められる事項 2 史料室は，前項に定める資・史料等を別に定めるところにより，東京大学の教職員等に閲覧させることができる。	(業務) 第二条　大学史料室は，本学に係わる史料(以下「史料」という。)について，次の各号に掲げる業務を行う。 一　史料の収集，整理及び保存に関すること。 二　史料の調査・研究に関すること。 三　史料の利用に関すること。
(室長) 第 3 条　史料室に室長を置く。 2 室長は，東京大学専任の教授のうちから総長が委嘱する。 3 室長は，史料室の業務を総括する。	(室長) 第三条　大学史料室に，室長を置く。 2 室長は，本学の専任の教授をもって充て，大学史料室の業務を掌理する。 3 室長は，九州大学史料収集・保存に関する委員会規則(平成四年一月二十四日施行)に定める九州大学史料収集・保存に関する委員会(以下「委員会」という。)の推薦に基づき，総長が任命する。
(室員) 第 4 条　史料室に室員若干名を置く。 2 室員は，室長の指示に従い，史料室の業務に従事する。	(室員) 第四条　大学史料室に，室員として教官若干人を置く。 2 室員は，室長の命を受け，大学史料室の業務を処理する。
(庶務) 第 5 条　史料室の庶務は，事務局庶務部庶務課において処理する。	(兼任の教官) 第五条　大学史料室に，兼任の教官を置くことができる。 2 兼任の教官は，本学の専任の教官のうちから，委員会の推薦に基づき，総長が任命する。 3 兼任の教官の任期は，二年とし，再任を妨げない。
(補則) 第 6 条　この規則に定めるもののほか，史料室の企画・運営等に関し必要な事項は，当分の間，東京大学史料の保存に関する委員会の定めるところによる。	(事務) 第六条　大学史料室の事務は，庶務部庶務課において処理する。
附則　1 この規則は，昭和 62 年 4 月 21 日から施行する。 2 この規則第 3 条に定める室長は，当分の間，東京大学史料の保存に関する委員会委員長をもつてあてる。 附則　この規則は，平成 2 年 7 月 10 日から施行し，平成 2 年 6 月 8 日から適用する。	(雑則) 第七条　この規則に定めるもののほか，大学史料室の運営に関し必要な事項は，委員会の議を経て，室長が細則で定める。 附則　1 この規則は，平成四年十二月十一日から施行する。 2 室長は，第三条第二項及び第三項の規定にかかわらず，当分の間，委員会の委員長をもって充てる。

出典：「第 1 回九州大学史料収集・保存に関する委員会専門委員会　資料 (8)」1992 年 6 月 4 日 (『専門委員会議事録①』九州大学大学文書館所蔵)。『九州大学大学史料室ニュース』第 1 号 (1993 年)。

全体像を歴史的・現在的に明らかにすることが任務である」とした。その具体的な業務は「①九州大学にかかわる史料の収集・整理（＊史料としての九州大学の公文書の収集整理、＊九州大学に関する個人所蔵史料の収集整理、＊九州大学の刊行物および学外で刊行された九州大学に関する刊行物の収集整理、＊大学行政に関する史料の収集整理、＊旧七五年史編集委員会収集史料の整理）　②九州大学史に関する史料の刊行および史料室ニュースの刊行　③収集史料の閲覧利用　④九州大学一〇〇年史編纂の準備作業　⑤大学文書館に関する文書館学的研究」[50]とまとめられた。

また同じく第四回ワーキンググループで示された「九州大学大学史料室規則（案）」では、大学史料室の業務に第二条で「一　史料の収集、整理及び保存に関すること。二　史料の調査・研究に関すること。三　史料の利用に関すること」とし、大学史編纂を想起させる記述は盛り込まなかった。第四条では「大学史料室に、室員として教官若干人を置く」とし、第五条では「大学史料室に、兼任の教官を置くことができる」とした。当該期における東京大学史史料室の現状を参考にしつつ、九州大学では教官配置にこだわった大学史料室の規則案が作成されたのである。その後、この報告書、規則案は同年一〇月一五日の第二回専門委員会、一一月四日の第二回九州大学史料収集・保存に関する委員会、一一月一七日の部局長会議を経て、一二月一一日の評議会でほぼ、ワーキンググループの原案通り、九州大学大学史料室規則の制定が承認され、同日付で九州大学大学史料室が組織として学内規則上に位置づけられることとなった[51]。

三　概算要求による文書館構想と文書移管体制の整備

こうして大学史料室が学内規則上に位置づけられたのち、ワーキンググループでの次なる議題は概算要求の提出に移っていくこととなる。一月二一日のワーキンググループでは「地域研究資料センター等、他の構想との連携を考える必要があるが、今年度は時間的な制約もあるので、大学史料室独自の要求を行う方向で要求案を作成[52]」することとしたが、結局二月一八日段階で、「単独での要求は実現が困難と考えられるので、当面他組織との関係について検討することとし、平成六年度の概算要求は提出しないことになった[53]」。

ところで二月一日、九州大学大学史料室規則に基づき兼任教官の発令が行われたが、このとき委嘱された兼任教官はワーキンググループの四名、有馬学文学部教授、新谷恭明教育学部助教授、植田信廣法学部助教授、東定宣昌石炭資料センター助教授であり、事実上、ワーキンググループの構成員は、九州大学大学史料室の教官で占められることとなった[54]。このため会議の性質は、九州大学史料収集・保存に関する委員会専門委員会ワーキンググループから、九州大学大学史料室の専任・兼任の教官による会議という整理がなされることとなり、一九九三年（平成五）二月以降開催された会議は、ワーキンググループとしてではなく、「大学史料室の室長・室員・兼任の教官で行う会議の名称は、運営委員会[55]」と呼称されることとなる。また二月一八日に開催された第一回九州大学大学史料室運営委員会では、一月のワーキンググループを「運営に関する懇談会」と以後称することを決議した[56]。先にみたように事務局との打ち合わせを経て、九州大学大学史料室規則では運営委員会に関する条項は定められず、兼任教官について規定されるのみであったが、実態としては兼任教官の発令とともに、大学史料室運営委員会も立ち上がったのである。

また、この機会に九州大学史料収集・保存に関する委員会専門委員会と、九州大学大学史料室運営委員会の役割について議論があり、専門委員会は史料の収集・保存に関する専門的事項を審議、運営委員会は大学史料室の運営に分化することとし、大学史料室の業務報告は運営委員会にあげられ、専門委員会には要旨のみ示すこととされた[57]。しかし両委員会の議題は重複することが多く、例えば一九九三年七月に開かれた運営委員会、専門委員会の議題はいずれも（一）公文書の収集・整理の在り方について、（二）学内印刷物の収集について、（三）その他、と変わりない。運営委員会の役割は、特定の事項について集中的に議論するために、専門委員会のもとに不定期に置かれたワーキンググループが、定常的な会議として切り替えられた、というのが実態であり、運営委員会は九州大学史料収集・保存に関する委員会専門委員会から、九州大学史料収集・保存に関する委員会へとあげていく初発の議題整理の場として機能していたといってよい。

さて先にみたように、次年度概算要求は見送られたものの、運営委員会での議題の中心の一つはその後も概算要求であり続けた。一九九一年一月に開催された「運営に関する懇談会」も含め、一九九三年度末までに運営委員会は計一〇回開催されているが、そのうち概算要求が議題にあげられたのは、六回と最多になっている。一九九三年一一月一八日、柴多一雄講師、折田悦郎助手は、東京大学史史料室の中野実助手、鈴木敏行事務官に対し、概算要求に関する聞き取りを行っている。東大での聞き取り報告書は一〇項目に分け、一、継続して概算要求を出し続けていること。二、一九九三年に入って寺﨑昌男元東京大学百年史編集委員会委員長が文部省に出向いたこと。三、東大での要求はセンター構想で、助教授一、助手一、事務官一、技官一であること。四、従来二か年度で人員を充足させる要求であったものを、平成七年度要求では一年で要求する予定であること。また建物・施設の要求は行わないこと。五、建物については他の構想（総合研究資料館や大型計算機センター）との関連で考えられていること。六、概算要求は部局からではなく本部事務局から提出していること。七、①助教授の必要性の訴え、②総合研究資料館との違いの明確化、③年史編纂の意識を引きずらないこと、④学内自己点検や他大学等へのサービスに資する活動の強調、も重要であること。八、実質的な責任者足り得る専任教官配置の必要性。九、方向性の内実は史料室から文書館を目指すものであること。一〇、実績報告のPRは重要であること。が列記されている。(58)

第三章で明らかにした通り、この当時、東京大学では数年来継続して学内で提出してきた概算要求について、内容の見直しが議論されていた。東京大学の大学アーカイブズの拡充構想は、大学史史料室を大学史史料センターとするものであり、一九九三年までの概算要求事由は「史料を土台にして更に日々散逸しつつある貴重な多くの関係史料を蒐集し、整理し、必要に応じて公開し、第二に、それを利用することにとってわが国近代化の過程における大学の形成過程とその各学問・技術の分野において果たしてきた役割を明らかにすること、第三に、現在年史を編纂している諸大学や近代化に当たって日本と深い関係のあった外国の諸大学との研究交流を行うことを目的とする」[59]というものであった。

これらの情報は一一月二五日開催の運営委員会にもたらされており、一二月六日に開催された、九州大学史料収集・保存に関する委員会専門委員会でも報告され、概算要求提出の基本的な参考事例となっていく[60]。翌一九九四年二月一七日の九州大学史料収集・保存に関する委員会において、「平成七年度の概算要求は大学史料室単独で要求すること、およびその内容については大学史料室に一任することが了承」され、同日開催の運営委員会において、「九州大学大学文書館の新設を要求すること、要求人員は教授一、助手一、事務官一、技官一とすることで、事務局と折衝すること」[61]になった。東京大学に当時配置されていた教官は助手一名で、概算要求では助教授ポストを要求していたが、九州大学史料室は、講師一（一九九三年度末に柴田一雄講師が転出したことに伴い、折田悦郎助手が昇任）であったことから、助教授ではなく教授要求になったものと思われる。また九州大学大学文書館の概算要求に際しては、建物新営（三階建て、一三七四平方㍍）が計画された[62]。この時期、東京大学では施設要求は取りやめていたものの、最初期には大講堂（安田講堂）を利用するかたちでの施設の要求を行っており、一定の類似性がみてとれる。

同年三月八日の運営委員会では、要求主体は九州大学史料収集・保存に関する委員会でよいことが確認され[63]、九州大学大学文書館新設の概算要求事項表が四月一日、経理部主計課に提出された[64]。またこの間、大学史料室は一九九三年一二月二二日段階で、九州大学総合資料館新設に係る平成六年度概算要求書を入手しており、総合資料館構想との統合案か単独提出かの比較のための検討材料としていたことがわかる。(65)

概算要求では、九州大学大学文書館新設理由を三点にまとめている。「一）大学にとって価値のある資料を系統的に収集、整理、保存する。二）学内および学外の各方面に対し、収集、整理した資料を幅広く提供し、独創的な教育と研究を援助するための資料センターとしての役割を果たす。三）大学の管理運営を援助するための各種の情報サービスを提供する」。また大学文書館の役割について「一）大学の自己確認・自己評価を行う具体的な場を大学が持つことになり、大学の将来の教育・研究計画の策定に大きく寄与す。二）大学における教育・研究の過程を示す資料が網羅されることによって、学際的な研究に貢献することができるとともに、広くわが国における科学史・文化史・社会史の研究に大きく貢献する。三）大学の管理・運営を援助するための情報サービスが可能となり、大学の管理・運営はより効率的・機能的に遂行することができる。四）将来の大学史編集、たとえば九州大学一〇〇年史の編集に大きく寄与する」とまとめられた。(66)概算要求の設置事由や役割は、ワーキンググループ以来の議論も反映したものであったといえるが、東京大学における概算要求事由や当該期の傾向の影響もみてとれる。

また、その後の概算要求をめぐる動向も東京大学で起きた状況と似た流れをたどることとなる。数年間の単独による東京大学大学史史料センターの概算要求を経て、議論の末一九九四年以降東京大学では、大学史史料センターについては単独提出ではなく、総合研究博物館構想の中で検討される経緯をたどることになったものの、最終的には一九九六年総合研究博物館が実現した一方、大学史史料センターが措置されることはなかった。九州大学でも、一九九六年まで単独での大学文書館設置要求を続けたが、単独要求は成果をあげず、一九九七年一月二四日に開催された九州大学史料収集・保存に関する委員会において「『九州大学ユニバーシティ・ミュージアム』

構想の一部門として概算要求を行うこと」が了承されることになる。(67)博物館構想の一部門としての要求は二か年度続けられたが、(68)しかし博物館構想の中でアーカイブズ部門を要求する、というかたちも結局実現することはなかった。

ところで、九州大学史料室発足後、九州大学では、東京大学のように史料室の設置や概算要求に合わせて、大学史料室の業務として、公文書の収集・整理も具体的に検討されていくようになる。そもそも、「大学史料室のあり方について　九州大学史料収集・保存に関する委員会専門委員会ワーキンググループ報告書」でも今後の検討すべき問題の第一番目は「公文書の収集・整理のあり方について」とされていた。

一九九三年四月七日の第二回九州大学大学史料室運営委員会では、「三月に事務局より、廃棄すべき公文書について事務協議会で取扱について連絡すべきかどうか問い合わせがあり、事務局でも検討するが、大学史料室でもどうすべきか検討してほしい」(69)との要請があったことが報告されている。その後、同年四月二八日庶務課総務掛長と大学史料室との打ち合わせの中で、今年度中に結論を出す方向を確認している。(70)また五月二八日の庶務課長と有馬学大学史料室長（教授）・柴田一雄室員（講師）との打ち合わせにおいて、公文書の範囲、公開基準、評価選別、文書作成段階からの文書管理の在り方など、公文書の移管と廃棄に係る諸問題の洗い出しが話し合われた。(71)七月一日第四回運営委員会では、大学史料室としての評価選別基準が議論され、「七五年史編纂の経験にたって年史を編纂するうえで必要な公文書を具体的に出していく」(72)方針があげられた。年史編纂の視点と公文書の評価選別が一体的に捉えられていたのである。

しかし概算要求提出の議論が先行していたこともあり、一九九三年度中に公文書の収集について行動に移されることはなかった。そこで一九九四年春になり、改めて九州大学における公文書作成・利用・保存の流れを、東京大学等の事例と比較して調査・研究することとなる。(73)同年三月の柴田一雄講師の転出に伴い、昇任した折田悦郎講師は、東京大学が規則は制定されていても、実態が伴っていないという当該期の現状を的確に把握しており、「東京大学の例は規則が突出してストップしているのが現状＝事務局長裁定として凍結されている」と認識していた。その上で、「規定が無いと受け入れ体制の不備と見なされる。但し規則のみ突出して東大のようにならないようにする」(74)と、規則制定は必要ではあるものの、実際の運用を伴うかたちでなければならない、と考えていた。一方で「公文書のことは、原則的にはこちら動かないと止まったままですので、ある意味では急ぐ必要もないが、どこかで話しをしないといけない」、また「実効性に問題があるのに、ことさらもめる必要もないんじゃないかと思うので、ゆっくりやって行く」というスタンスを取っていた。(75)

そのため、大学史料室の立場としては、各委員会における議題としてはあげ続けるが、本部事務局庶務課との打ち合わせを継続する中で、庶務課との意見のすり合わせに急がず時間をかけることとなる。議論の過程では庶務課大森課長補佐からの提案で、収集規則のようなものを作って、必要な文書を全部局から、自動的に史料室に入れるような体制も検討されるなどしたが、(76)このすり合わせ期間についておよそ二年半ほどかけた後、一九九六年八月に作成された、「公文書の移管に関する申合せ（案）」に基づき、規則制定によらず大学史料室と本部事務局庶務部間での、試行的な文書移管を実施する案に収斂していくことになる。

このとき示された「公文書の移管に関する申合せ（案）」は、移管公文書の範囲は庶務部において管理する公文書とし、九州大学文書処理等規則に基づく文書保存年限表をもとに、「沿革に関する史料、諸令達、往復文書等歴史的に重要な文書」との基準から評価選別を行い、(77)「（イ）有期限の公文書のうち、保存年限を経過し、原課が移管することができると判断した文書　（ロ）永久保存の公文書のうち、当該文書が完結してから二〇年を経過し、原課が移管することができると判断した文書」について、当該文書の廃棄手続きをした上、引継ぎ目録を添えて移管する、というものであった。また「移管文書は、当分の間、学外者には公開しないもの」とし、「移管文書を廃棄する場合は、大学史料室は、原課に協議の上、行うものとする」とされた。(78) 申し合わせ（案）では移管の時期は、原則として八月としていたが、実際には一九九六年一二月二五日に本部事務局庶務部庶務課所蔵の公文書、同月二七日に研究協力課所蔵の公文書が大学史料室に移管された。(79) この間一九九四年度中には、旧産業労働研究所や、旧教養部からの旧制福岡高等学校関係史料など不定期に公文書の受入れは行われていたが、(80) 申し合わせではあったものの、大学アーカイブズに制度的に公文書移管が行われた、という意味では日本における大学アーカイブズの一つの画期であったといえよう。その後も一九九八年、一九九九年一二月に研究協力課所蔵文書の移管が行われており、試行的ということではあったが、本部事務局との間で定例的な文書移管が継続されていくこととなる。(81)

また、「大学史料室のあり方について　九州大学史料収集・保存に関する委員会専門委員会ワーキンググループ報告書」でも今後の検討すべき問題の第二番目は「史料の収集に関する、他の史料所蔵部局（事務局、図書館等）との調整」となっていたが、このうち事務局、図書館との関係も含め、考えられたのが学内印刷物の収集に関してであった。

五月六日の第三回運営委員会で規則を制定することが承認されたことを受けて、(82) 翌五月七日、大学史料室と附属図書館受入掛長との間で話し合いがもたれ、行政的なものは基本的に附属図書館では収集しておらず、学術的なものは中央図書館と部局の図書館・図書室で分散している状況が附属図書館側から伝えられている。この結果学術的なもの、とりわけ紀要について、作業能力・スペースの問題から収集範囲とするか、また学生団体の印刷物の取扱いなどが課題とされた。(83) ついで五月二七日には本部庶務課長との打ち合わせで、規則の草稿は大学史料室で作成し、庶務で原案作成することとなり、(84) 七月一五日に開催された第六回九州大学史料収集・保存に関する委員会専門委員会で規則制定が了承された。(85) また先行事例として参考とされた「東北大学記念資料室資料収集規程」、「北海道大学が発行する出版物等の保存に関する規則」は、東北大学の場合「学内刊行の印刷物」、北海道大学の場合は学内「出版物」など用語が定まっていなかった。そこで九州大学では「印刷物」名称を用いることとなり印刷物の中で、一義的には、九州大学において教職員、学生、市民等に対し周知する目的をもって国費により作成したものを対象とすることとし、学生団体の印刷物は、大学史料室の収集対象から除くかたちで内容が検討されることになった。また紀要等、学術的なものについてはスペース、人員の余裕がないこと、図書館が収集していることから大学史料室の収集対象とはしない方向性が確認されている。(86)

その後作成された原案をたたき台として、同年一一月二五日に開催された第六回運営委員会では、九州大学全体としての規程とするか、大学史料室に係る規程に留めるかが議論され、九州大学としての規程とした場合、事務文書処理規程など公文書との関わりも出てくるため、大学史料室に係る規程として制定する方向で進めることになった。(87)さらに一二月段階までに、これまでの議論を踏まえ原案からは「記念論文集、紀要、研究年報等学術的なもの」、「自己点検評価報告書等行政的なもの」は削除され、「教育研究活動に関する報告書、研究課題一覧(学術研究論文集、紀要を除く。)」、「各種委員会、部局等において将来計画その他当面する課題の周知を目的として印刷したもの」が加えられた。(88)また九州大学大学史料室規則との整合性の観点から、「九州大学大学史料室印刷物収集・整理・保存要項」と、規程より一段低い要項とすることで整理された。

一九九四年一月一三日の九州大学史料収集・保存に関する委員会では、この点について「学内で印刷された印刷物を収集・整理するという趣旨は変わらない」と、実際の運用上に不都合はないことが強調されている。(89)同委員会で要項は承認され、一月二〇日総長裁定によって制定された。(90)要項が整備されたことで、収集作業は翌年度から開始され、一九九四年四月二六日に各部局で刊行された印刷物送付依頼が発送されている。(91)同年六月までに全学部、数理学研究科、医療技術短期大学部、主要な全学センター・施設、学生部入試課から印刷部が大学史料室に送付されており、以後、毎年四月に大学史料室より、各部局・センター・施設宛に印刷物送付依頼を発送することが定例となっていく。もっとも一九九七年四月に送付された依頼状には「講義題目、時間割表等、学生教務に関する印刷物、学生募集要項、入学者選抜概要等、入学試験に関する印刷物の送付が十分ではありません。ご協力方、宜しくお願いいたします」(92)と付記されているように、学内各部局で刊行された印刷物の集約性については課題があったようである。しかし網羅性はともかくとして、定例的に収集する流れは、実際の運用上において実現したといってよいだろう(93)。

おわりに

九州大学七五年史編纂終了後のポスト年史編纂組織体制の模索は一九八九年（平成元）ごろより問題提起がなされていたが、具体的な動きとしては一九九〇年五月に七五年史編集委員会小委員会のもとにワーキンググループが設置されたことが契機であった。ワーキンググループでは先行する東北大学記念資料室、東京大学史史料室に赴き、ヒアリングや関連規程等の収集を行っており、とりわけ東京大学史史料室の状況が参考事例とされた。一方で、ポスト年史編纂組織設置の目的は、九州大学五十年史編纂後に後継組織を設けられなかったことを踏まえ、当初、将来の百年史編纂のため、という考え方が先行していたが、ワーキンググループにおける新谷レポートを機に、学生および卒業生の九州大学に対するアイデンティティの形成、および九大の情報バンクとしての役割が付加されていくことになる。こうした議論は大学アーカイブズの設置という理念と接合していくこととなる。

その後、一九九二年一月に九州大学史料収集・保存に関する委員会が発足、同委員会のもとで制度設計が審議され、一二月に九州大学大学史料室規則が制定されたが、体制整備に係る手順や、規則の内容なども東京大学史史料室の事例と類似性がみてとれる。しかし、当時の東京大学史史料室の体制が大学アーカイブズとしては不十分なものである、という認識もなされており、とりわけ教官配置の不安定さは問題視されていた。そこで九州大学大学史料室規則では、東京大学史史料室の規則では明記がなかった、専任教官配置とそれをサポートする兼任教官制度が盛り込まれた。

また、学内措置で置かれることになった九州大学大学史料室は、九州大学七五年史事業終了後の最低限の措置、という位置づけで、一九九一年にまとめられた『九州大学史料の収集・保存について―九州大学史料室設置の提言―』にも文書館設置に向けての将来構想の検討がうたわれていた。このため、大学史料室設置以降、九州大学史料収集・保存に関する委員会では文書館構想を議論していくこととなり、実際に学内の概算要求提出の時期には、概算要求を提出していくことになる。しかし単独での要求のほか、一九九七年から一九九八年にかけては九州大学ユニバーシティ・ミュージアム構想の一部門として要求するなどしたものの、最終的に概算要求が通ることはなかった。年史編纂事業終了後、当座ポスト年史編纂組織を学内措置で置き、しかるのちに本格的な大学アーカイブズを概算要求による省令施設化で実現する、というシナリオは東京大学でとられた方法であり、このパターンが九州大学でも踏襲されていたといえよう。これは概算要求が通らない限り、学内に本格的な大学アーカイブズはできないことと同義であり、東京大学の方法論を参考にした文書館構想には一定の限界があったのである。

しかし、九州大学では学内規程の改正や概算要求の省令施設化によらず、本部事務局と大学史料室との間で「公文書の移管に関する申合せ（案）」を作成し、一九九六年以降、本部事務局に限ったものであったが、文書移管制度の運用を試行的に行うことを開始した。それまでも先行する他大学で文書移管の事例がなかったわけではないが、一過性で非定例的なものがほとんどで、定例的な移管はなされてこなかった。九州大学における上記試行は、その意味で国立大学アーカイブズにおいて制度的に文書移管制度が運用された初の事例として位置づけることができよう。また、これに先立ち一九九四年には「九州大学大学史料室印刷物収集・整理・保存要項」が制定され、毎年四月に学内各部局で刊行された印刷物の収集が運用上において実現している。いずれも網羅性・集約性については課題があったものの、東京大学などではみられなかった事例であり、九州大学における取組みとしての独自性がみてとれる。

このように九州大学史料収集・保存に関する委員会や、大学史料室の制度設計や拡充構想については、東京大学の事例が参照されたものの、九州大学ではその課題もまた認識しており、一定程度学内規程や申し合わせによって、運用上の課題解決を図る試みが模索されていた。その意味で九州大学は東京大学の事例の上に立って、一九九〇年代において、大学アーカイブズの運用蓄積を進展させた、ということがいえよう。

註

（1）折田悦郎「国立大学におけるアーカイブの設置とその機能」（『京都大学大学文書館研究紀要』第一号、二〇〇二年）九頁。

（2）折田悦郎「〈講演〉大学史編纂と史料収集・保存のあり方について」（『広島大学史紀要』第二号、二〇〇〇年）、前掲「国立大学におけるアーカイブの設置とその機能」。また二〇〇〇年代の九州大学文書館に関わるものとしては、折田悦郎「大学文書館の設置と「自校史」教育」（『神戸大学史紀要』第七号、二〇〇七年）。

（3）「九州大学七五年史編集経過報告（稿）」一九九二年頃（九州大学大学文書館所蔵。以下、註にあげる資料については断りのない限り、九州大学大学文書館所蔵）。

（4）九州大学創立七五周年記念事業委員会編『写真集　九州大学史　一九一一―一九八六』（九州大学創立七五周年記念事業委員会、一九八六年）。

（5）九州大学七十五年史編集委員会編『九州大学七十五年史　史料編』上・下巻（一九八九年、九州大学出版会）。発行年月は一九八九年五月となっているが、実際の校了は七月、書籍の納品は八月であった。前掲「九州大学七五年史編集経過報告（稿）」。
（6）「九州大学七五年史の編集計画について」一九八九年六月二三日『実務（平成元年度）』。
（7）前掲「九州大学七五年史編集経過報告（稿）」。
（8）「ワーキンググループの作業について」一九九〇年七月一三日『ワーキンググループ資料①』。
（9）前掲「九州大学七五年史編集経過報告（稿）」。
（10）「第一回ワーキンググループ（一九九〇・六・二一）資料目録」「第一回ワーキンググループ（一九九〇・六・二一）追加資料」一九九〇年六月二一日『ワーキンググループ資料①』。
（11）「資料（八）五十年史通史資料の収集・整備の状況　一九六三〜一九六八年頃作成」一九九〇年六月二一日『ワーキンググループ資料①』。
（12）「資料（八）将来における本学年史発刊編集のための諸資料収集保存方法について　一九六三〜一九六八年頃作成」一九九〇年六月二一日『ワーキンググループ資料①』。有馬学「九州大学史料の収集・保存について」一九九〇年一一月八日『ワーキンググループ資料②』によれば、この提言の作成者は九州大学五十年史執筆の中心にあった川添昭二講師（当時）であった。
（13）九州大学広報委員会「大学制度改革に関する資料について」（『大学広報』号外四、一九七二年七月二六日発行）。
（14）「東北大学記念資料室設置規程（案）」一九六三年七月一六日（『本部関係規程綴／自昭和三八年四月至昭和三八年一二月』東北大学史料館所蔵）。
（15）前掲「ワーキンググループの作業について」。
（16）前掲「ワーキンググループの作業について」。
（17）松下志朗『九州大学百年史』編纂室設置のお願い」一九九〇年八月二一日『大学史料室関係』。
（18）新谷恭明「大学史料室に関する日本における議論の現状について」一九九〇年九月一八日『ワーキンググループ史料②』。
（19）小川千代子「記録管理と史料保存」（『地方史の新視点』雄山閣、一九八八年）。
（20）前掲「大学史料室に関する日本における議論の現状について」。
（21）寺﨑昌男「大学アーカイヴズ（archives）とはなにか」（『東京大学史紀要』第四号、一九八三年）。

(22) 前掲「大学史料室に関する日本における議論の現状について」。
(23) 大藤修「学校史料と社会教育史料の保存を（上）」（日本教育史研究会内部通信『日本教育史往来』三四、一九八五年）。
(24) 「九州大学七五年史編集委員会小委員」一九九一年四月一九日『小委員会関係資料（平成三年度）』。
(25) 「東京大学関係諸資料の保存と利用に関する予備的研究」研究グループ『東京大学関係諸資料の保存と利用に関する予備的研究』（一九八三年）。
(26) 有馬学「九州大学史料の収集・保存について」一九九〇年一一月八日『ワーキンググループ史料②』。
(27) こうした動きは第三章で明らかにした通り、東京大学でもみられる。一九九三年に東京大学史料の保存に関する委員会のもとに置かれた、概算要求見直しのワーキンググループでは、概算要求説明事項に、自己点検・自己評価に資する基本的な資・史料の収集・整理・保存を盛り込むことを提案している。「第三四回東京大学史料の保存に関する委員会議事要旨」一九九三年一二月一六日（『東京大学史料の保存に関する委員会　第四綴（第二八回～第三五回）』S〇一〇四／〇〇〇四、東京大学文書館所蔵）。
(28) 有馬学「九州大学史料の収集・保存について」一九九〇年一二月二〇日『ワーキンググループ史料②』。
(29) 九州大学七五年史編集委員会小委員会ワーキンググループ報告書『九州大学史料の収集・保存について―九州大学史料室設置の提言―』一九九一年二月七日『ワーキンググループ史料②』。
(30) 九州大学七五年史編集委員会小委員会ワーキンググループ報告書『九州大学史料の収集・保存について―九州大学史料室設置の提言―』一九九一年四月一九日『ワーキンググループ史料②』。
(31) 「九州大学七五年史編集委員会小委員会」一九九一年四月一九日『小委員会関係資料（平成三年度）』。
(32) 目録素案は一九九一年一一月三一日版、一月三一日版などが作成され、その後三月末までに修正増補されている。『ワーキンググループ史料②』、『ワーキンググループ史料③』。
(33) 前掲「九州大学七五年史編集経過報告（稿）」。
(34) 森良一は九州大学医学部教授、当時は医学部長を務めていた。
(35) 『九州大学大学史料室ニュース』第一号（一九九三年）三頁。
(36) 「小委員会議案説明」一九九一年一〇月二二日『小委員会関係資料（平成三年度）』。

(37)「小委員会議案説明」一九九一年一一月二八日『小委員会関係資料（平成三年度）』。
(38) 前掲『九州大学大学史料室ニュース』第一号、三頁。
(39)「九州大学七五年史編集委員会小委員会　作業報告」一九九二年二月六日『小委員会関係資料（平成三年度）』。
(40) 前掲『九州大学大学史料室ニュース』第一号、五頁。前掲「九州大学七五年史編集委員会小委員会委員」一九九一年五月二三日（『小委員会関係資料（平成三年度）』）。ワーキンググループの構成員のうち、九州大学七五年史編集室の柴田一雄講師、折田悦郎助手は除く。
(41) 前掲『九州大学大学史料室ニュース』第一号、三頁。「大学史料室のあり方について　九州大学史料収集・保存に関する委員会専門委員会ワーキンググループ報告書（案）」一九九二年一〇月一五日『専門委員会議事録①』。
(42)「第五回東京大学史料の保存に関する委員会議事要旨（案）」一九八七年四月二八日（『東京大学史料の保存に関する委員会　第一綴（第一回～第八回）』S〇一〇四／〇〇〇一、東京大学文書館所蔵）。
(43)「第一回九州大学史料収集・保存に関する委員会専門委員会議事録」一九九二年六月四日『専門委員会議事録①』。
(44)「第一回ワーキンググループ議事録」一九九二年六月一九日『ワーキンググループ（平成四年度）』。
(45)「第三回ワーキンググループ議事録」一九九二年九月二一日『ワーキンググループ（平成四年度）』。
(46)「第二回ワーキンググループ議事録」一九九二年七月一七日『ワーキンググループ（平成四年度）』。
(47)「事務局との打ち合わせについて」一九九二年九月八日『ワーキンググループ（平成四年度）』。
(48) 前掲「第三回ワーキンググループ議事録」一九九二年九月二一日。
(49) 実際、一九九四年三月に柴田一雄講師が長崎大学に転出した後、折田悦郎助手が講師に昇任したものの、助手ポストは充当されなかった。『九州大学大学史料室ニュース』第四号（一九九四年）八頁。
(50)「大学史料室のあり方について　九州大学史料収集・保存に関する委員会専門委員会ワーキンググループ報告書（案）」一九九二年一〇月八日『ワーキンググループ（平成四年度）』。
(51) 前掲『九州大学大学史料室ニュース』第一号、八頁。
(52)「九州大学大学史料室ワーキンググループ議事録」一九九三年一月二一日『運営委員会議事録①（一九九三年一月～一九九三年七月）』。
(53)「第一回九州大学大学史料室運営委員会議事録」一九九三年二月一八日『運営委員会議事録①（一九九三年一月～一

九九三年七月)』。

(54)『九州大学大学史料室ニュース』第二号（一九九三年）八頁。

(55)「九州大学史料室ワーキンググループ議事録」一九九三年一月一四日『運営委員会議事録①（一九九三年一月〜一九九三年七月)』。

(56)前掲「第一回九州大学大学史料室運営委員会議事録」。

(57)「第三回九州大学大学史料室運営委員会（説明)」一九九三年五月六日『大学史料室実務（平成五年度②)』。

(58)「聞き取り報告書」一九九三年一一月一八日『大学史料室実務（平成五年度④)』。

(59)「東京大学史史料センター（仮称）概算要求書」第三二回東京大学史料の保存に関する委員会配付資料、一九九三年七月八日（『東京大学史料の保存に関する委員会　第四綴（第二八回〜第三五回)』S〇一〇四／〇〇〇四、東京大学文書館所蔵）。

(60)「第六回九州大学大学史料室運営委員会（説明)」一九九三年一一月二五日、「第八回九州大学史料収集・保存に関する委員会専門委員会」一九九三年一二月六日（『大学史料室実務（平成五年度④)』。

(61)「第七回九州大学大学史料室運営委員会議事録」一九九四年二月一七日『大学史料室実務（平成五年度④)』。

(62)「〔平成七年度〕概算要求書」一九九四年四月一五日『概算要求関係①)』。

(63)「第八回九州大学大学史料室運営委員会（説明)」一九九四年三月一八日『大学史料室実務（平成五年度⑦)』。

(64)「平成七年度国立学校特別会計概算要求書の提出について」一九九四年一月二七日『大学史料室実務（平成五年度⑥)』。

(65)九州大学総合情報伝達システム設置準備委員会「平成六年度歳出概算要求書」『大学史料室実務（平成五年度④)』、『九州大学大学史料室ニュース』第四号（一九九四年）八頁。

(66)「九州大学大学文書館（仮称）新設（第八回九州大学大学史料室運営委員会資料（三)」一九九四年三月一八日『大学史料室実務（平成五年度⑦)』。

(67)「九州大学史料収集・保存に関する委員会議事要旨」一九九七年一月二四日『大学史料室実務（平成八年度②)』。

(68)「第一九回九州大学大学史料室運営委員会（委員長メモ)」一九九七年四月一六日『大学史料室実務（平成十年度①)』。

(69)「第二回九州大学大学史料室運営委員会（説明)」一九九三年四月七日『大学史料室実務（平成五年度①)』。

(70) 前掲「第三回九州大学大学史料室運営委員会（説明）」。

(71) 「第六回九州大学史料収集・保存に関する委員会専門委員会（説明）」一九九三年七月一五日『大学史料室実務（平成五年度③）』。

(72) 「第四回九州大学大学史料室運営委員会議事録」一九九三年七月一日『大学史料室実務（平成五年度③）』。

(73) 「第九回九州大学大学史料室運営委員会議事録（要旨）」一九九四年四月一二日『大学史料室実務（平成六年度①）』。五月三一日には、東京大学から、東京大学大学史史料室への公文書の移管条項を設けていた「東京大学事務局文書管理規則」を取り寄せ、参考にしている。

(74) 「運営委員会報告・収集・保存委員会打ち合わせ（折田メモ）」一九九四年四月一八日『大学史料室実務（平成六年度①）』。

(75) 「第一一回九州大学大学史料室運営委員会（説明）」一九九四年七月一四日『大学史料室実務（平成六年度③）』。

(76) 前掲「第一一回九州大学大学史料室運営委員会（説明）」。

(77) 一九八三年四月一日以降保存年限表は更新されていなかったようで、新たに新分類を行う必要性も議論されていたが、結局は既存の保存年限表をもとに移管対象文書を選別することとなったようである。

(78) 「公文書の移管に関する申合せ（案）」一九九六年八月六日『大学史料室実務（平成八年度①）』。

(79) 「九州大学大学史料室作業報告」九州大学史料収集・保存に関する委員会資料（一）、一九九七年一月二四日『大学史料室実務（平成八年度②）』。

(80) 「第一一回九州大学史料・保存に関する委員会（委員長メモ）」一九九五年一月一九日『大学史料室実務（平成六年度⑤）』、「第一二回九州大学史料・保存に関する委員会（メモ）」一九九五年四月二〇日『大学史料室実務（平成七年度①）』。

(81) 「九州大学大学史料室業務報告」九州大学史料収集・保存に関する委員会資料（一）、一九九九年一月二八日『大学史料室実務（平成十年度②）』、『九州大学大学史料室ニュース』第一三号、（一九九九年）八頁。

(82) 「第三回九州大学大学史料室運営委員会議事録」一九九三年五月六日『大学史料室実務（平成五年度③）』。

(83) 前掲「第六回九州大学史料収集・保存に関する委員会専門委員会（説明）」。

(84) 「第四回九州大学大学史料室運営委員会（説明）」一九九三年七月一日『大学史料室実務（平成五年度②）』。

(85) 前掲「第六回九州大学史料収集・保存に関する委員会専門委員会（説明）」。

(86)「第五回九州大学大学史料室運営委員会（説明）」一九九三年九月二四日『大学史料室実務（平成五年度③）』。

(87)「第六回九州大学大学史料室運営委員会（説明）」一九九三年一一月二五日『大学史料室実務（平成五年度④）』。

(88)「九州大学史料室印刷物保存規程（案）」「九州大学が刊行する印刷物等の保存に関する規程（案）」九州大学史料収集・保存に関する委員会専門委員会資料（二）、一九九三年一二月一六日『大学史料室実務（平成五年度④）』。

(89)「第六回九州大学史料収集・保存に関する委員会（柴田メモ）」一九九四年一月一三日『大学史料室実務（平成五年度⑤）』。

(90)「九州大学大学史料室作業報告」第七回九州大学大学史料室運営委員会資料（一）、一九九四年二月一七日『大学史料室実務（平成五年度⑥）』。

(91)「九州大学大学史料室作業報告」第一〇回九州大学大学史料室運営委員会資料（一）、一九九四年六月二日、「大学史料室への印刷物の送付について（依頼）」一九九四年六月二日『大学史料室実務（平成六年度②）』。

(92)「大学史料室への印刷物の送付について（依頼）」一九九七年四月二四日『大学史料室実務（平成九年度①）』。

(93)「九州大学大学史料室作業報告」第一一回九州大学大学史料室運営委員会資料（一）、一九九四年七月一四日『大学史料室実務（平成六年度③）』。本部事務局については要項制定以前から資料の受入れが行われていた。

第六章　名古屋大学における史資料室設置と制度設計の模索

はじめに

名古屋大学の大学アーカイブズは、一九九六年（平成八）四月に名古屋大学史資料室が設置され、以降、二〇〇一年四月に名古屋大学大学史資料室、二〇〇四年四月の名古屋大学大学文書資料室への改組を経て、二〇一四年四月には歴史公文書部門と歴史資料・大学史編纂部門の二部門制へと移行するなど、数度にわたる組織再編がなされてきた。この間における改組の歴史的評価について先行研究では、「大きな転換期になったのが、平成一六年の大学文書資料室への改組」であったとされ、二〇〇〇年代以降の画期性が強調されており[1]、また二〇一一年に施行された公文書等の管理に関する法律（以下、公文書管理法）への対応やその課題に関する堀田慎一郎の一連の研究を通じて、名古屋大学アーカイブズの活動についての事例蓄積は二〇一〇年代に集中している[2]。一方で、名古屋大学史資料室設置に至る過程については、同時代的に山口拓史が設置経緯を名古屋大学史資料室ニュースに記載し、一九九七年の制定された「名古屋大学史資料室利用規程」に関する論稿が出されたほかには、実証的な研究はほとんどなされてこなかった[3]。このため、名古屋大学史資料室の設置から、名古屋大学大学史資料室改組に至る、名古屋大学における大学アーカイブズの制度設計や活動実態については未解明な点が少なくない。

そこで本章では、名古屋大学を事例に二つの論点から一九九〇年代後半の国立大学アーカイブズの形成過程について分析したい。一九九六年、名古屋大学史資料室が設置された当時、国立大学においては、東北大学記念資料室のほか、東京大学史史料室、九州大学大学史料室など、先行する国立大学アーカイブズがすでにあり、先行事例を参照可能な状況にあった。名古屋大学では上記大学アーカイブズのどのような点を踏まえて、いかなる議論の上に史資料室の設置に至ったのか、その影響と名古屋大学史資料室の特質を解明することを論点の一つとする。二つ目の論点は二〇〇一年四月の名古屋大学大学史資料室の改組の歴史的意義である。

先述のように大学文書資料室への改組の意義が強調されるのは、大学文書資料室への改組に伴い、二〇〇四年度から大学文書資料室で保存期間満了後の法人文書の評価選別および移管が始まったからであり(4)、行政機関の保有する情報の公開に関する法律（以下、情報公開法）の施行（学内においては名古屋大学行政文書管理規程の施行）と名古屋大学大学史資料室への改組は、二〇〇一年四月と同時期であったものの、実際の文書移管体制は二〇〇四年を待たねばならなかったことになる。それでは、名古屋大学大学史資料室への改組は如何なる目的のもと行われたものであったのだろうか。上記二つの論点を手掛かりに、一九九〇年代後半の名古屋大学における大学アーカイブズの設置、改組の背景や制度設計を、実証的に明らかにしたい。

一　名古屋大学史資料室および名古屋大学史資料委員会の設置

九州大学で百年史編集室が立ち上がったほぼ同時期、名古屋大学でも名古屋大学史編集委員会が設置されている。一九八五年一月評議会において創立五〇周年記念事業委員会の設置が承認、創立五〇周年記念事業の一環として大学史編纂が位置づけられたことで、合わせて名古屋大学史編集委員会が立ち上がったのである。名古屋大学史編集委員会のもとに、同年四月名古屋大学史編集室が置かれ、以後名古屋大学では、『名古屋大学五十年史』

の編纂が進められていくことになる。[5] 名古屋大学五十年史の編纂では、一九九一年までに部局史編、写真集などが順次刊行されていったが、一九九五年度内の通史編刊行が見通せるようになると、収集された関係資料の編纂後の取扱いが問題として提起されるようになる。

一九九四年一〇月四日に開催された第三五回名古屋大学史編集委員会において、「大学史編纂事業終了後の大学史資料の収集・整理・保存、さらには後に構想されるはずの七十五年史、百年史に向けての継続的資料収集をどのように行っていくかについて検討を開始し、最終的には総長に対して提言を行うことが決定」[6]された。提言作成の準備作業は、編集委員会のもとに置かれた小委員会で、編集委員長、副編集委員長、名古屋大学史編集室長（編集委員長兼務）で構成される常任編集委員会に付託され、常任編集委員会において他大学等における大学史資料の収集・整理・保存の体制の在り方等について基礎的な調査・検討が進められていくことになる。[7]

また総長への提言に先立ち、加藤延夫総長側からも一九九五年一月一〇日段階で、五〇周年記念事業の今後の在り方を詰めることに関し、本部事務局を通じた依頼というかたちで、篠田弘名古屋大学五十年史編集室長（教育学部教授）、高木雅史室員（教育学部助手）に諮問がなされている。[8] 名古屋大学五十年史編集室では総長の諮問を受け、たたき台として「大学アーカイヴズ整備の動向（報告）」を作成、[9] この報告をもとに、同月に常任編集委員会名で二月一日付で調査報告書「名古屋大学における大学史資料の収集・整理・保存のあり方について」が編集委員会委員に送付された。この報告書の構成は、「はじめに、Ⅰ名古屋大学史資料の現状と活用状況、Ⅱ大学アーカイヴズの整備動向、Ⅲ大学アーカイヴズの意義、Ⅳ大学アーカイヴズの要件、結論」という体裁になっており、大学アーカイブズの説明に力点を置く構成になっていた。また報告書には資料二として「大学アーカイヴズ一覧」が添付されており、ここでは東北大学、東京大学、九州大学が比較対象としてあげられている。名古屋大学大学文書資料室所蔵の『名古屋大学史編集委員会綴』には、当該期の参考資料として「東北大学記念資料室設置規程」、「東北大学記念資料室資料収集規程」、「東京大学史料の保存に関する委員会規則」、「東京大学史料室規則」、「九州大学史料収集・保存に関する委員会規則」、「九州大学大学史料室規則」の各種規程が綴じられており、ポスト年史編纂体制を検討するに当たって、先行して設置されていた国立大学の大学アーカイブズの情報を入手していたことがわかる。(10)

調査報告書「名古屋大学における大学史資料の収集・整理・保存のあり方について」では結論として、「〈名古屋大学内に大学史資料の恒常的な収集・整理・保存および調査・研究のための機関として名古屋大学資料室（仮称）を設置すること〉が望まれる」とし、設置条件について「①特定部局に所属しない独立の機関であること。②教官専任スタッフを配置すること。③大学史資料の収集・整理・保存および研究活動を行うのに十分な場所を確保すること。④学内諸文書の廃棄等の情報が資料室に提供され、大学史資料の収集・整理・保存およびその活用が円滑に行われるようなシステムを作ること。⑤資料室の管理・運営・研究活動を管掌する常設委員会を設置すること」が必要とされた。なお、将来的には「図書館、博物館との関係を考慮した上で、独立機関としての名古屋大学文書館（仮称）の設置が望まれ、そのための将来構想の検討が進められなければならない」とし、年史編纂後には室を設置したのち、文書館として拡充を目指すことが明記されていた。(11)

報告書は二月一七日開催の名古屋大学史編集委員会で審議されることとなったが、これに先立つ二月二日、篠田弘編集委員長より加藤総長に宛てて「大学史編纂事業終了後における名古屋大学史資料の収集・整理・保存・研究体制について（回答）」が個人的見解として提出された。回答は、加藤総長から諮問のあった「名古屋大学史編集室を存続させるのかどうか、存続させるとすれば、どのような形（例・資料室、文書室等）で、その業務を引き継ぐのか」、「名古屋大学史編集室の構成員はどうするのか、現状維持か縮小するのか、縮小するとすれば何人程度とするのか、また、何時の時期から然るべく手続きを行い実施（学内措置）するのか」という二点について応答する形式が取られた。

篠田の回答は、前者については「名古屋大学内に大学資料室（仮称）を設置すること」を提言し、「平成八年三月の大学史編纂事業終了にともなって廃止される名古屋大学史編集室の業務が引き継がれ、さらなる大学史資料の収集・整理・保存および研究活動が進められるべき」であるとした。人員配置は学内措置の間は、発足時室長一（現職教授の併任）・助手三名、二年目以降は助手二名体制が想定されていた。

また後者については、「東京大学、九州大学では、大学史編纂事業終了後に大学アーカイヴズを設置する際に、既存の大学史編集室のスタッフを移行させるかたちがとられております。その例に倣い、名古屋大学においても、大学史資料室（仮称）の発足時には、大学史資料に関して経験と実績のある名古屋大学史編集室のスタッフを移行させることが最善の方法」と回答がなされた。また、大学史資料室（仮称）を設置するだけではなく、各部局選出の委員からなる「常設委員会「名古屋大学史資料の保存に関する委員会（仮称）」の存在が不可欠」で、このような体制は、東京大学、九州大学において実施されており、両大学では、「常設委員会が大学アーカイヴズに先行して設置され、そこで大学アーカイヴズ関係の規程類、組織のあり方等の検討を行われ、全学の審議・合意を得た上で大学アーカイヴズが設置」されている、との先例を紹介し、名古屋大学においても同様の手続きをとるべきと提案している。

加えて「学内措置として大学史資料室（仮称）を設置するにしても、センター化をめざした概算要求を継続的に進めていく体制が作られる必要があると考えます。すでに東京大学、九州大学では、同様な考えに基づいて概算要求の取り組みが行われております。このことからいえば、あくまで名古屋大学資料室（仮称）は、名古屋大学文書館（仮称）設置に向けての暫定措置として位置づけられなければなりません」と付記している。[12] 総長への回答書は、東京大学・九州大学の事例に倣うこと、将来の概算要求によるセンター化（文書館）構想が求められることがより明確に述べられており、名古屋大学の大学アーカイブズ設置計画は、先行する東京大学・九州大学の影響を強く受けていたといってよいだろう。

二月二日に回答された篠田弘編集委員長の個人的見解を受けて、翌三日加藤総長より、編纂終了後の編集室の方向性が本部事務局に伝えられている。その内容は、五十年史刊行後の重要な資料の保存の必要性から大学資料室（仮称）を発足させ、学内措置で流用定員枠の教官配置を継続し、その体制のための要項等を作ること、というものであった。また公式の手続きとしては、編集委員会から編纂終了後の提案を行ってもらい、その内容を五十周年記念事業委員会にかける。次に部局長会議に諮った上で、内容については部局持ち帰り案件とし、その後「編集委員会でWGしてもらうことを部局長会で了承してもらう」、というシナリオで段取りを進めることも伝えられている。この時点で加藤総長は、ポスト年史編纂組織を置くことに内諾していたといえよう。(13) そして実際の流れも加藤総長の意向の通り進むこととなる。

二月一七日の名古屋大学史編集委員会において調査報告書「名古屋大学における大学史資料の収集・整理・保存のあり方について」が承認、総長に対して編集委員会として「名古屋大学内に大学史資料の恒常的な収集・整理・保存および調査・研究のための機関として名古屋大学資料室（仮称）を設置すること」が提言された。これに基づき二月二一日開催の創立五十周年記念事業委員会において、加藤総長より名古屋大学資料室（仮称）の設置に向けた提案が行われ、五〜六月までを目途に、各部局でも持ちかえって検討することとなった。(14)

また本部事務局でも三月七日、庶務部長・経理部長・施設部長・学生部次長を構成員とし、庶務課長・庶務課長補佐・法規企画掛長が列席する「名古屋大学資料室（仮称）設置にむけた事務局委員検討会」が開催され、位置づけ、規模、設置場所、スタッフ・経費等について事務レベルでも対応の検討が始められることになる。(15)

同年六月までに各部局からは名古屋大学資料室（仮称）の設置について各部局から異論がなかったことを踏ま

え、加藤総長から編集委員会に対し、名古屋大学資料室（仮称）の具体的内容の検討が付託された。七月一七日に開催された編集委員会において、下部委員会である、常任編集委員会において原案作成することとなり、八月常任編集委員会では、篠田編集員長から委員長案（原案）が示されることとなる。この委員長案の骨子は以下のようなものであった。

①名称：「名古屋大学資料室（仮称）」を「名古屋大学史資料室（仮称）」に変更する。

②目的：名古屋大学にかかわる資料の恒常的な収集・整理・保存および調査・研究ならびに展示等の活動を行う。

③組織：室長（教授併任）一名、助手（教官欠員流用）三名とし現編集室三名を充てる。

④位置付：当面は学内措置による独立機関とし、設置後、概算要求を行いセンター化をめざす。

⑤設置時期：平成八年四月とする。

⑥設置場所：資料の収集・整理・保存・および調査・研究活動を行うために十分なスペースを有し、資料利用者等の利便しやすい場所とする。適当な場所の確保が困難な場合は、現在の編集室を継続利用する。

⑦必要経費：印刷費・人件費等に六二五万円必要であり、発足時には別途備品費等が必要となる。これらは、全学の共通経費から支出する。

⑧「名古屋大学資料の収集・保存・活用に関する委員会」の設置構想：資料の収集・保存・活用に関する事項を審議するため、現在の名古屋大学編集委員会を基本的に受け継ぐかたちで設置する。(16)

組織の名称変更については、先行して大学アーカイブズが設置されていた東京大学や九州大学では、東京大学史史料室、九州大学大学史料室など、「大学史」名称が組織名に用いられており、名古屋大学でもこの事例に倣ったものと思われる。一方、編集委員会の後継として考えられた全学委員会については、類似の委員会名称が東京大学の場合「東京大学史料の保存に関する委員会」、九州大学の場合「九州大学史料収集・保存に関する委員会」であったのに対し、「名古屋大学大学資料の収集・保存・活用に関する委員会」と名古屋大学では「活用」の語句を加えた名称となっている。同じころに作成されたと思われる「名古屋大学資料室（仮称）の設置構想（案）」では、展示企画案が示されており、大学史に関する展示室および、公開閲覧室の必要性があげられ、年間経費としても展示費が費目として明記されている。[17]名古屋大学五十年史編集室では、東北大学記念資料室の館内配置図や、展示レイアウトについての情報を入手しており、東京大学にも安田講堂内に当該期、展示スペースが設けられていることを知っていた。[18]名古屋大学の場合、結果として展示スペースの確保は実現しなかったものの、当初計画では展示を含めた大学アーカイブズの活動を意識していたといえよう。実際の取組みの内実は別としても、東京大学、九州大学、名古屋大学と大学アーカイブズが設置されていく過程で、全学委員会の名称が保存から収集、活用と広がっていったことは興味深い。

また当時、名古屋大学では東北大学記念資料室（六六二万円）、東京大学史史料室（五六三万円）、九州大学大学史料室（五一三万円）という他大学における大学アーカイブズの年間経費についての情報も入手しており、[19]年間経費はこれらを参考に算出された。

常任編集委員会では、この篠田委員長による委員長案を承認し、九月八日の編集委員会に提示することとなるが、その間八月二一日本部事務局において「名古屋大学資料室（仮称）設置にむけた事務局委員検討会」が開催され、委員長案の骨子①〜⑤について事務レベルでも了承することが確認され、「今後、名古屋大学史資料室及び名古屋大学史資料の収集・保存・活用に関する委員会規程の制定を進めていく」ことになった。一方で、設置場所は「関係部局との調整が必要であり、現時点で提示するのは好ましくないこと」とされ、必要経費については、一九九四〜九五年度の編集室運営費の実績を参考とし、経理部主計課と打ち合わせをすることとされた。[20]

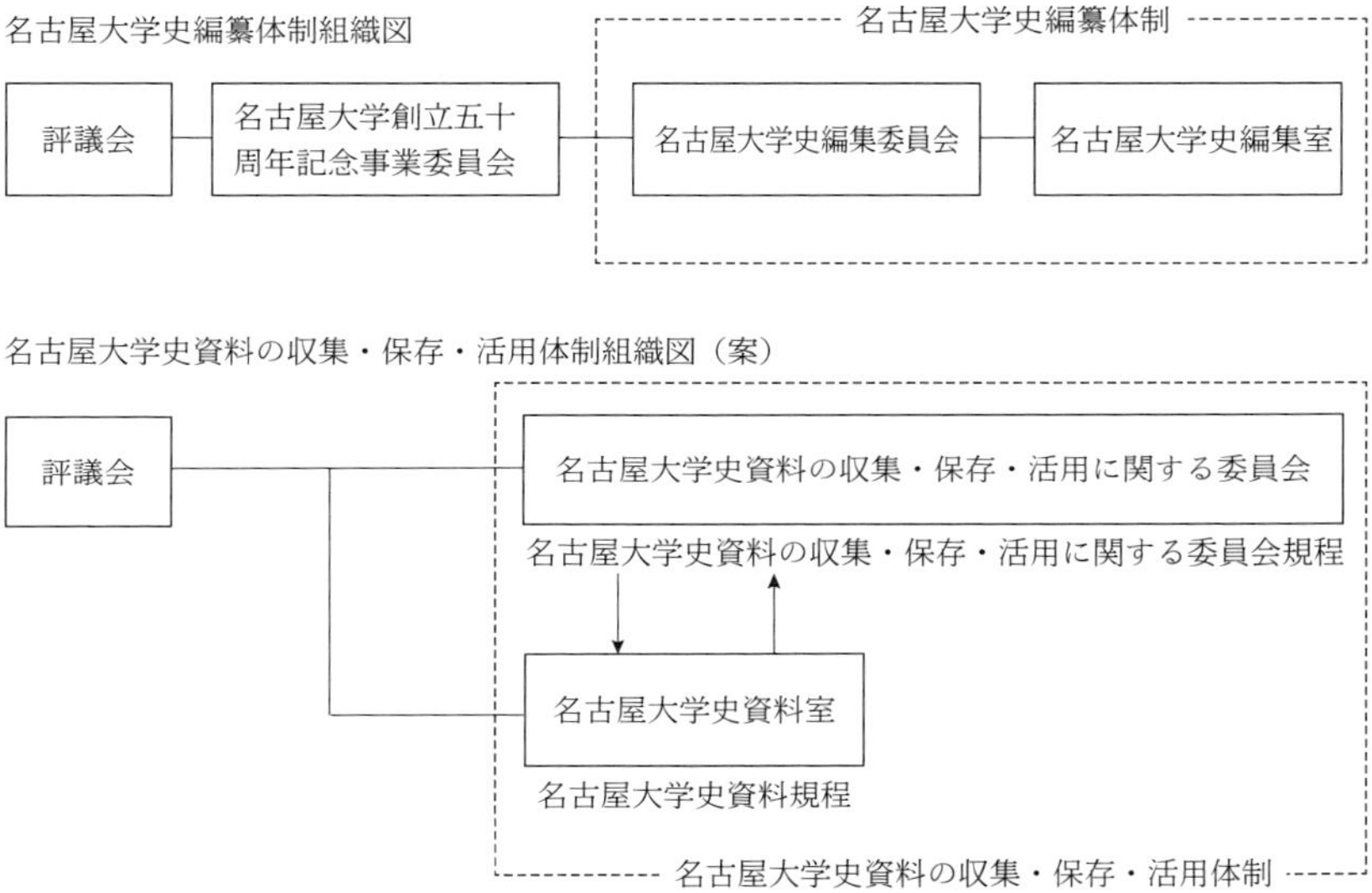

図4　名古屋大学史編纂体制組織図・名古屋大大学史資料の収集・保存・活用体制組織図（案）（「名古屋大学史資料の収集・保存・活用体制についての提言―「名古屋大学史資料室」および「名古屋大学史資料の収集・保存・活用に関する委員会」の設置について―」1995年9月『名古屋大学史常任資料委員会関係綴　No. 2　WG 書類　'98（平 10）4～'01（平 13）3』名古屋大学大学文書資料室所蔵）

九月八日の編集委員会では常任編集委員会案が承認されたのち、「名古屋大学史資料の収集・保存・活用体制についての提言」としてまとめられ、九月一九日開催の名古屋大学創立五十周年記念事業委員会で承認、同日部局長会にも諮られ、持ち帰り審議となった。[21]法学部からは「展示・公開する資料について、慎重な取扱が必要である」との意見が出されたものの、大筋で各部局からの異存はなく、最終的は一〇月一七日の評議会において、総長から大学史資料の収集・整理・保存の在り方について審議する提案が行われ、名古屋大学史資料室の設置が決定することになる。[22]

「名古屋大学史資料の収集・保存・活用体制についての提言」では、評議会のもとに、名古屋大学史資料室およびその親委員会に当たる、名古屋大学史資料の収集・保存・活用に関する委員会を設置し、室・委員会それぞれに規程を制定することとしていた。評議会による設置承認を受けて、同年一一月に編集委員会が開催された。ここで、八月の「名古屋大学資料室（仮称）設置にむけた事務局委員検討会」以降、本部事務局で作成していた学内規程案が審議され、一二月の編集委員会を経て一九九六年一月に評議会において「名古屋大学史資料室規程」ならびに「名古屋大学史資料委員会規程」が承認された。(24) 名古屋大学史資料室規程では第二条で室の業務を、

一　名古屋大学史編集委員会が収集した資料の整理及び保存

二　名古屋大学史に係わる資料の収集、保存及び活用

三　名古屋大学史及び高等教育史に関する調査及び研究

四　ほか資料室の業務に関し必要と認められる事項

とした。このうち一、四は東京大学史史料室規則第二条の業務で規定された、「東京大学百年史編集委員会によって収集された資・史料の整理及び保管」、「前各号に定めるもののほか、史料室の業務に関し必要と認められる事項」と類似しており、二、三は九州大学大学史料室規則第二条の業務で規定された「史料の収集、整理及び保存に関すること」、「史料の調査・研究に関すること」と類似している。業務の範囲について名古屋大学は東京大学、九州大学の折衷型であったといえる。また九州大学大学史料室規則第四条で「大学史料室に、室員として教官若干人を置く」としたように名古屋大学史資料室規程第四条でも室員について「資料室員は、教官をもって充てる」と専任の教官を置くことが明記された。東京大学史史料室では教官不在期間があったことから室運営が停滞した時期があったことを踏まえ、九州大学では室に専任の教官を配置することを規程に盛り込んだが、名古屋大学でも九州大学の先例を踏襲したかたちをとったといえる。このように名古屋大学史資料室規程は東京大学、九州大学の先行事例の影響がみてとれる。

また「名古屋大学史資料の保存に関する委員会（仮称）」とされていた名古屋大学史資料室の運営に関する委員会は、名古屋大学史資料室規程第五条で「資料室の運営に関し必要な事項を審議するため、名古屋大学史資料委員会を置く」と「名古屋大学史資料委員会」という名称となった。委員は第二条で、室長のほか、学部、独立研究科、附置研究所、言語文化部および総合保健体育科学センターの教授または助教授一名、医療技術短期大学部の教授または助教授一名、附属図書館長、事務局各部長、そのほか委員会が適当と認めた者という全学委員会のかたちがとられた。評議会直下の委員会という構想もあったものの、東京大学史料の保存に関する委員会や九州大学史料収集・保存に関する委員会など他大学の事例でも、必ずしも部局長級が委員である必要はない規程となっていたこともあり(25)、そうした他大学の事例を参考にしたものと思われる。

ところで、名古屋大学の場合は、先に見たように室の設置や委員会などの規程制定まで、総長自身が少なから ず関心をもっており、名古屋大学創立五十周年記念事業委員会や部局長会に、総長が構成員として提案できる回路があったことが、設置のプロセスにおいて大きかった。時の総長、加藤延夫は一九八七年から一九九二年の総長就任直前まで医学部から選出されるかたちで名古屋大学史編集委員会委員を務め、一九九〇年から一九九二年にかけては編集委員長の座にあった(26)。このことはすでに東京大学、名古屋大学と先行事例があったことに加え、名古屋大学における大学アーカイブズの検討から設置までの期間が、東京大学・九州大学と比べ一年半と短期間で実現したことの要因になったと思われる。このこともあって、東京大学、九州大学はまず委員会が立ち上がり、その後に室の規程が制定される流れを取っていたのに対し、名古屋大学ではこの名古屋大学史資料委員会規程と名古屋大学史資料室規程がともに一九九六年四月一日施行と同時期に発足した。この点でも名古屋大学の大学アーカイブズ設置に至る体制整備は、東京大学、九州大学と比べスムーズに進行したということがいえよう。

二　名古屋大学史資料室設置後の活動

一九九六年（平成八）四月一日の名古屋大学史資料室発足後、同年六月一四日、第一回名古屋大学史常任資料委員会が開催された。名古屋大学では、名古屋大学史資料室の委員会として規程上、名古屋大学史資料委員会が置かれていたが、室の実務的な審議や、史資料委員会にあげる議題整理などは、大学史資料委員会のもとに置かれた常任資料委員会において進められていくことになる。この常任資料委員会は、篠田弘教育学部教授、三鬼清一郎文学部教授、河野恭廣農学部教授の三名が正規の委員であり、これに名古屋大学史資料室の専任室員である、神谷智助手、中村治人助手、山口拓史助手の三名が列席するというメンバー構成であった。篠田弘は名古屋大学史資料室の室長であったが、一九九六年三月で廃止された名古屋大学史編集委員会の委員長でもあり、三鬼・河野は副委員長の立場にあった。このことから常任資料委員会は、旧名古屋大学史編集委員会の性格を色濃く引き継いでいたといえよう。

第一回常任資料委員会では資料収集方針が議論され、事務文書・部局史関係資料・各部局同窓会資料が収集すべき資料としてあげられている。このうち事務文書について名古屋大学では、一九六五年に名古屋大学本部文書処理等内規が制定されており、本部の公文書については永久保存・一五年保存・五年保存・一年保存の四分類の保存期間を設定し、第三八条で「保管年限を経過した文書は、起案課において文書廃棄簿に所定事項を記入し、課長の決裁を得て廃棄することができる」ことになっており、保存期間満了後も原課において文書を保持し続けることも可能となっていた(27)。また第三八条第二項では「前項により廃棄した文書は、文書廃棄簿の引継事項欄に所定事項を記入し、経理課に引き渡すものとする」と定めており、形式上は最終的な廃棄文書は経理課に集約さ

表15　名古屋大学史資料室収集対象資料案（1996年時）

収集対象資料	非収集対象資料
部局史編纂資料	附属図書館との重複資料(どこまで？：紀要類)
各部局自己評価報告書	広報プラザとの重複資料(どこまで？：パンフレット類)
各部局学生便覧	
各部局案内パンフレット	
本部刊行物	
各種委員会報告書	
各種公開講座資料	
教養部改革資料	
職組・自治会等団体資料	
各部局・前身校同窓会資料	
名帝大(旧制名大)資料	
仮医学校以降医学部資料：医学部	
八高資料(情文学部)	
名高商(名経専)資料：経済学部	
岡崎高師資料：教育学部	

出典：「第1回名古屋大学史常任資料委員会議題　資料1」1996年6月14日（『名古屋大学史常任資料委員会関係綴 No. 1　'96（平成8）4～'98（平成10）3』名古屋大学大学文書資料室所蔵）。

れ処分されることになっていたようである。

一方で、移管に関する条項は内規に設定されていなかったため、常任資料委員会では「収集を確実かつ円滑に進めていくためには、「名古屋大学本部文書処理等内規」に資料室を位置づけるなどの学内規程類の改定が必要であり、今後、資料委員会での審議も含めこれに継続的に取り組んでいくこと」が承認された(28)。

このほか部局史関係資料および各部局同窓会資料について、「各資料委員を通じて情報収集する必要がある点、また、附属図書館・広報プラザ等との連携をはかり資料収集を円滑に進める方法の構築などが必要となる点」の合意がなされている(29)。とくに紀要類は附属図書館、パンフレット類は広報プラザと重複する可能性が高いことから、非収集対象資料に分類された(30)。またこのとき提起された収集資料概要をみると、部局史編纂資料や同窓会資料のほか、各部局の学内刊行物も収集対象となっていたことがわかる。

その後、第三回常任資料委員会において各部局史編纂資料については一九九六年中、各部局同窓会資料については同年一一月中に史資料委員を通じて回答を行ってもらうこととなり[31]、同年一二月一三日に開催された第四回名古屋大学史資料委員会において、各部局の同窓会組織状況調査および部局史編纂資料保管状況について、全部局から回答があったことが報告されている[32]。また、同史資料委員会では、委員を務めていた奥村隆平経済学部教授や経済学庶務掛の協力を得て、名古屋高等商業学校関係資料の調査を行っていることも合わせて報告されている。

この間、六月までに井上俊名古屋大学名誉教授らから医学部紛争資料の寄贈[33]、八月に杉田直樹名誉教授の遺族から名古屋医科大学関係資料の寄贈などの申し入れがあったことから[34]、寄贈資料の受入れについて検討がなされた。この結果、名古屋大学史資料室における資料受入れ方法（案）が作成され、第三回常任資料委員会で承認されている。ここでは「原則として、受入れ形態は「寄贈」（「受贈」）とする。ただし、「寄託」（「受託」）形態も可とする」と定め、「原則として、受入れ資料の廃棄は行わない」こととした。また寄託の場合は、「資料の利用に関する権限を資料室に一任してもらう」こととされ、資料の利用公開の観点からも内規整備が必要であったことがうかがえる[35]。もっとも、このとき作成された受入れ方法が寄贈・寄託資料を対象としているように、本部・部局からの「移管」については考慮されていない。

先にみたように名古屋大学史資料室では室発足後、一九九六年度において収集対象資料の範囲、また部局を中心に収集の前提となる資料の所在状況調査を行い、同年末までに一定の情報収集がなされている。また一九九六年度には学内の教育研究特別経費（特別分）として「大学史資料検索システムの構築」一五八万四〇〇〇円も要求している[36]。こうした作業は、資料収集を制度的に進めるための前提作業であり、事実一九九六年度以降、名古屋大学史資料室の事業計画については第一に「資料収集システムの構築」があげられていくことになる[37]。

しかし、実際に大学史資料室が資料収集に関する学内規程の制定や、部局との資料収集についての申し合わせなどを取り決めていった形跡はみられない。大学史資料室の資料収集として具体的な動向として確認できるのは、一九九八年一月一二日に開催された第六回名古屋大学史資料委員会において、篠田委員長が提起した定年退官教官への資料提供依頼ぐらいである。篠田は「資料収集の方途として、退官する教官に不要となる諸資料の提供をお願いしたい、これは九州大学の大学史料室で既に行われており、一定の成果が見られている」として、九州大学の事例を参照しながら、定年退官教官を通じた資料収集について提案している。このように資料収集の方向性は、当面の間教官等の関係者からの寄贈・寄託をもとにし、本部・部局で保管する文書については「調査」するに留まり、「移管」への道筋は構築し得なかった。

一方、名古屋大学では史資料室の概算要求についての動きも鈍かった。概算要求については、一九九六年四月一二日開催の第一回史資料委員会でも議題にはあがっていたが、方向性を確定するまでには至らず、一九九六年一〇月に開催された第四回常任資料委員会でも、具体的な動きはその後ないことが報告され[38]、同年一二月の第五回常任資料委員会において、「時期尚早と判断したため、今回資料委員会（第四回）の議題を取り下げること[39]」が了承されている。当時名古屋大学では、概算要求に向けた博物館構想や、高等教育革新センター（仮称）構想があり[40]、とりわけ高等教育革新センター（仮称）構想では、「国内外の最新の高等教育情報を網羅的に収集し、それらを体系的に整理し、マルチメディア時代にふさわしい情報ネットワーク・システムを通じて、大学内外の関係者の必要に応じて提供する」国際高等教育情報資料室をセンター内に設置、「この資料室には、名古屋大学史を編纂・調査研究する「大学アーカイブ」を併設する」という案が水面下で模索されていた[41]。そのため学内構想での競合を避けるため、史資料室側が単独での要求を控えていた背景があった[42]。このセンター設置構想は一九九八年四月高等教育研究センターの設置というかたちで実現することになるが、概算要求の過程で当初より組織規模が縮小されて認められたことに伴い、センター内に「大学アーカイブ」を併設する計画は頓挫してしまうことになる。こうした中で、史資料室では一九九九年度にはそれまで事業計画として位置づけられていた「概算要求の準備」も明文化されなくなってしまう。[43]

このように一九九六年に名古屋大学史資料室が設置されて以降、一九九〇年代後半にかけて、史資料室は全学的な文書移管体制の整備や、単独での概算要求による省令施設化については、概して消極的であったといえよう。一方で、史資料室は所蔵資料の公開については積極的に活動しており、『名古屋大学史資料室ニュース』では第二〜四号にかけて、名古屋大学史資料室利用規程の制定に向けた動向を毎号紹介している。名古屋大学史資料室利用規程については、資料委員会内でワーキンググループが設置されて逐次検討が進められ、一九九七年一〇月二一日開催の評議会で承認され、同日付で制定施行された。当時、東北大学記念資料室や東京大学史史料室では曜日を限ってレファレンス対応を受けている状況であったが、名古屋大学史資料室の利用日は月〜金と平日は毎日対応することとし、一九九八年段階からウェブ検索を見据えた構想を持っており、実際二〇〇〇年五月には名古屋大学史ホームページにて学外向けオンライン検索サービスの試験運用を開始している。[44]また実現はしなかったものの、事業計画には、「資料の保存、活用のためのスペース確保」をあげ、一九九八年には核融合研究所跡施設の利用希望の表明も行っている。[45]そもそも名古屋大学は、名古屋大学史資料室規程第二条で室の業務を、「一　名古屋大学史編集委員会が収集した資料の整理及び保存、二　名古屋大学史に係わる資料の収集、保存及び活用」と、[46]他大学と比べて「活用」を重視した規程を制定していた。一九九〇年代後半の名古屋大学史資料室は、建前としては組織の拡充や全学的な文書管理体制の構築も掲げていたが、実質的には名古屋大学五十年史以来収集して来た、資料の公開に向けた体制整備に力点を置いて活動していたといえよう。

三　名古屋大学大学史資料室への改組

こうした名古屋大学史資料室の活動の転機となったのは、名古屋大学における組織、管理に関する改革構想の動きであった。一九九九年（平成一一）三月、「大学のあり方が問われている現在、新たな世紀に先端的な学術文化と教育研究を担うべき本学にとって、その責務を果たすための理念と方策を提案し、その実現を図ることが最重要課題である」[47]との認識のもと、評議会に名古屋大学組織改革検討委員会が設置され、組織、管理体制等に関する改革構想が審議されていくことになる。この名古屋大学組織改革検討委員会が設置されたときの総長は加藤延夫の後を受けて一九九八年四月よりその任にあった松尾稔であった。松尾は一九九九年六月の国立大学協会総会において「国立大学の独立行政法人化問題に関する検討結果のとりまとめ（松尾リポート）」を提出、その後名古屋大学では初となる国立大学協会副会長に就任するなど、国立大学協会において、国立大学の法人化問題に対応した人物である。その意味で名古屋大学組織改革検討委員会は、国立大学の法人化そのものを検討するものではなかったものの、国や国立大学協会などの動向に対応できるよう、学内での議論を進めることも想定されていたといえよう。

この名古屋大学組織改革検討委員会の動きが、名古屋大学史資料室にも波及してきたのは、二〇〇〇年度に入ってからである。五月一六日、組織改革検討委員会管理運営検討小委員会の北住炯一委員長（法学研究科長）名で、史資料委員会委員長に宛て「全学各種委員会の見直し・再編に関するアンケートのお願い」の依頼文が送付された。同小員会では二〇〇〇年度は「全学各種委員会の見直し・再編問題」を審議事項とすることとしており、各種委員会の現状と問題点の整理をするため実態調査を行っていたのである。[48]このとき「全学各種委員会の見直し・再編に関するアンケート」について史資料委員会は、現委員会が「資料室の下で運営される運営委員会」のような立ち位置にあり、名古屋大学に関する資料を全学的に収集するには「組織機構上からも十分な活動ができていないように思われる」との回答を行っている。史資料委員会の立ち位置が委員会内でも疑問視されていたのである。アンケート回答では「評議会の下に置かれる全学委員会として位置づけなおし」て「名古屋大学に関する資料を全学的に収集するようにすることが望ましい」としている。(49)

またこれとは別に六月一九日に開催された名古屋大学組織改革検討委員会全学共通基盤整備小委員会では、当面整備すべき全学共通基盤支援組織の中に「史資料調査室（大学史資料室等）（仮称）」が示され、にわかに大学史資料室の組織改編が議論の俎上にあがってくることになる。(50)この小委員会を所掌していたのが、当時副総長を務めていた山下興亜であった。

この小員会の開催に先立ち、山下副総長と二〇〇〇年度から篠田弘室長の後を受けて室長となっていた加藤鉦治教育学部教授が六月一四日に会談の機会を持っている。小委員会の議論の推移によって、大学史資料室の在り方そのものが再検討を迫られる可能性がある中、加藤室長は「名古屋大学に「全学共通基盤施設」としての大学アーカイヴズが必要であることと、その核（原資）になるのは大学史資料室」であり、「その文脈において、（大学史資料委員会の在り方も含めた）大学史資料室の在り方が全学的に議論されることは大いに歓迎」すると発言し、山下副総長の意向を確認した。

山下副総長は、現状では史資料室の活動状況や史資料委員会での議論内容が全学に伝わらず、「「大学史資料室は必要ない」とは考えないが、大学史資料室あるいは大学アーカイヴズを維持・発展させるのであれば、相応のバックアップシステムを準備する必要がある」として、副総長などの執行部が委員長を務める「協議会」相当の委員会が必要であり、将来的な省令施設化を念頭に置いているのであれば、概算化をサポートしてくれるような

部局長クラスを構成員とする委員会として用意しなければならない、と発言した。(51)

この会談を踏まえ、六月二八日に開催された常任資料委員会において、加藤室長は「現在組織改革検討委員会全学共通基盤整備小委員会で、整備すべき支援組織として資料室もその対象となっており、今後図書館等との再編の可能性もある」という見通しを伝える一方、「来年度四月から「協議会」相当の全学委員会を設置したい、このため、委員会規程を見直し、規程改正原案を作成するワーキンググループを設置したい」との提案を行い承認されている。(52)史資料室の再編が危惧される中、全学委員会が見直しされている学内改革情勢をむしろ大学アーカイブズとしての機能拡充の好機と捉えていこうとする姿勢がみてとれる。常任資料委員会に続いて七月一四日に開催された史資料委員会では、二〇〇一年度から新たな全学委員会を設置することを検討するため、ワーキンググループを組織し一〇月中旬までに結論を取りまとめるとの委員長提案がなされ、ワーキンググループが設置されることとなる。(53)

七月一八日には、山下副総長と加藤室長との会談が再度持たれ、加藤室長からはこの間の経緯について報告がなされた。これに対し山下副総長からは、「運営委員会としての資料委員会が存続することは別にかまわない」が、部局長会、評議会レベルの「全学委員会に史料室長が参加していないことが「特殊」イメージを持たせる原因の一つ」であることが告げられている。そして「協議会」相当の委員会を設置することこそが重要であることを再度提起し、ワーキンググループ、資料委員会を経た成案ができたら、部局長会、評議会にかけるよう手配することを約束した。

続いて山下副総長からは「全学共通基盤施設」構想は、従来の個別部局的研究の枠を越えたものとして位置づけるものであり、「新たな（学問研究領域として）「質の高いサービス」のあり方を研究することが今後必要であり、そうした（サービス）研究を行う施設こそが「全学で支援する」に相応しい全学共通基盤施設である」と説明、情報公開法下での役割、部局にある資料へのアクセス等を念頭に、そのため大学アーカイブズにしかできないサービスを、「積極的に打ち出す形で将来構想を展望することは良いことだと思う」と述べている。[54] このようにワーキンググループ報告がなされる前に、トップダウンでの意向はすでに示されており、ワーキンググループの報告は副総長との会談を踏まえたかたちで作成されていくこととなる。

ワーキンググループは史資料委員会委員長（加藤室長）、同副委員長二名、史資料室専任室員二名および総務課担当者二名で構成され、夏場にかけて検討が行われ、九月一八日に「ワーキング・グループ報告」原案が確定することになる。[55] このときのワーキンググループでの検討結果の骨子は、以下の通りであった。

（一）学内諸規程に照らして変則的な構成となっている大学史資料室関係規程類を根本的に見直し、関係規程の整備を通じて大学史資料室をいわば「準省令施設」と位置づける

（二）「名古屋大学史資料室規程」を改正する

（三）新たに「名古屋大学史資料室協議委員会規程（仮称）」の制定

（四）「名古屋大学史資料委員会規程」を廃止し、新たに「名古屋大学大学史資料室運営委員会規程（仮称）」を制定

既存の学内省令施設に設けられている「協議会」および「運営委員会」に相当する組織を設け、全学的な管理運営の機構を整備し、もって現行の「名古屋大学史資料室規程」の修正を行う、というもので山下副総長の意向に沿った内容であったといえる。一方このときの報告には、概算要求による省令施設化を目指すことや、情報公開法と関連付けた内容は全くなく、組織体制の変更について主眼をおいた報告となっていた。

このワーキンググループ報告は、一〇月二三日の第一四回史資料委員会に提出された後、山下副総長に提案、部局長会、評議会の議を経て、[56] 二〇〇一年四月一日付で「名古屋大学大学史資料室協議委員会規程」および「名

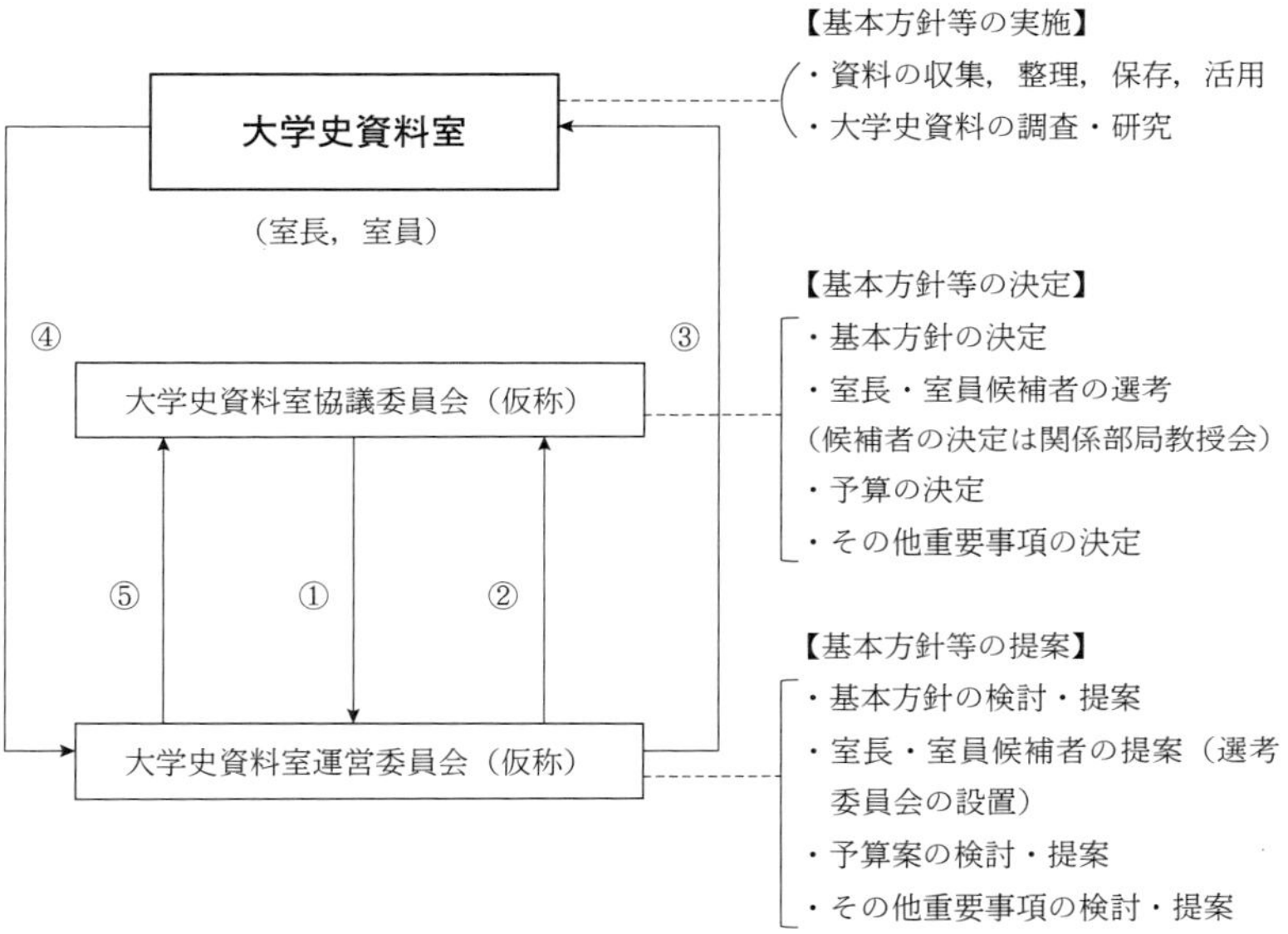

① 資料の収集，整理，保存及び活用の基本方針等策定の指示
② 資料の収集，整理，保存及び活用の基本方針等の提案
③ 資料の収集，整理，保存及び活用の基本方針等の提示
④ 基本方針等に基づく実施状況の報告
⑤ 実施状況の報告

図５　大学史資料室と関係委員会とのイメージ図（「ワーキング・グループ報告」2000年９月18日『大学史資料室関係綴（大学史資料委員会関係を含む）No. 3』名古屋大学大学文書資料室所蔵）

古屋大学史資料室運営委員会規程」が施行されることになる。協議委員会は総長が指名する副総長が議長となり、委員は情報文化学部長、医学部長、研究科長、附置研究所長、附属図書館長、博物館長、言語文化部長および総合保健体育科学センター長ら部局長級、それに大学史資料室長、事務局長が加わる体裁をとった。審議事項は「一　名古屋大学にかかわる歴史的資料の収集、保存及び活用の基本方針に関する事項　二　資料室長及び資料室員の選考に関する事項　三　予算及び施設等に関する事項　四　その他資料室の管理運営に関する重要事項」とされた(57)。一方、運営委員会の構成員は博物館長が新たに明記され、事務局各部長が明記されなくなった変更点はあったものの、事実上、運営委員会は史資料委員会の後継委員会であり、運営委員会規程の制定に伴って名古屋大学史資料委員会規程は廃止された。また運営委員会規程では第七条に「運営委員会が必要と認めたときは、専門委員会を置くことができる」とされ、常任資料委員会に代わるものとして専門委員会が措置された(58)。さらにこの改編に伴い、従来の「名古屋大学史資料室」は「名古屋大学大学史資料室」に名称変更がなされた(59)。

ところで二〇〇一年四月一日には、名古屋大学大学史資料室に関する各種規程が制定、改正されただけでなく、名古屋大学行政文書管理規程も制定されている。全学に及ぶ文書管理規程は名古屋大学では初めて制定されたものであり、第一条で「行政機関の保有する情報公開に関する法律（平成一一年法律第四二号。以下「法」という。）第三七条第二項及び行政機関の保有する情報公開に関する法律施行令（平成一一年政令第四一号）第一六条の規定に基づく名古屋大学（以下「本学」という。）における行政文書の管理については、この規程の定めるところによる」とされたように、いわゆる情報公開法の施行を受けて制定されたものである。この名古屋大学行政文書管理規程では第八条で「保存期間（延長された場合にあっては、延長後の保存期間。次項において同じ。）が満了した行政文書は、名古屋大学大学史資料室に移管するものを除き、廃棄するものとする」(60)と移管条項が定められた。

しかし、二〇〇一年三月一九日に開催された第一五回史資料委員会でも、新運営委員会への申し送り事項の中で、未検討の議題に「資料収集システムの構築について」が盛り込まれていることから明らかなように、室、委員会の改組の議論の中で、具体的な文書移管についての議論は詰められていたわけではなかった。名古屋大学大学史資料室への名称変更や、名古屋大学大学史資料室協議委員会の設置など、大学アーカイブズに関わる一連の再編は、必ずしも情報公開法への対応という議論の中で持ち上がったわけではなく、むしろ一九九九年からの名古屋大学における全学的な組織改革の流れの中で、全学委員会としての名古屋大学史資料委員会の在り方が問い直された結果であったといえよう。

表16　名古屋大学大学史資料室協議委員会規程

（趣旨）
第1条　名古屋大学大学史資料室規程第4条第2項の規定に基づく名古屋大学大学史資料室(以下「資料室」という。)の協議委員会に関する事項は，この規程の定めるところによる。

（審議事項）
第2条　協議委員会は，次の各号に掲げる事項を審議する。
一　名古屋大学にかかわる歴史的資料の収集，保存及び活用の基本方針に関する事項
二　資料室長及び資料室員の選考に関する事項
三　予算及び施設等に関する事項
四　その他資料室の管理運営に関する重要事項

（委員）
第3条　協議委員会は，次の各号に掲げる委員をもって組織する。
一　副総長のうち総長が指名した者(以下「副総長」という。)
二　情報文化学部長，医学部長，研究科長，附置研究所長，附属図書館長，博物館長，言語文化部長及び総合保健体育科学センター長
三　資料室長
四　事務局長

（招集）
第4条　会議は，副総長が招集し，その議長となる。ただし，副総長に事故がある場合は，あらかじめ副総長が指名した委員が議長となる。

（定足数及び議決）
第5条　会議は，委員の3分の2以上の出席によって成立し，議事は，出席者の過半数によって決する。ただし，第2条第2号の議事については，出席者の3分の2以上をもって決する。

（細則）
第6条　この規程の施行に関し必要な事項は，協議委員会の議を経て，総長が定める。
附則　この規程は，平成13年4月1日から施行する。

出典：『大学史資料室関係綴（大学史資料委員会関係を含む） No. 3』名古屋大学大学文書資料室所蔵。

表 17　名古屋大学史資料室・名古屋大学大学史資料室規程比較表

名古屋大学史資料室規程	名古屋大学大学史資料室規程
（設置） 第１条　名古屋大学史に係わる資料の恒常的な収集，整理，保存及び活用並びに調査及び研究を行うため，名古屋大学史資料室(以下「資料室」という。)を置く。	（設置） 第１条　名古屋大学にかかわる歴史的資料の恒常的な収集，整理，保存及び活用並びに調査及び研究を行うため，名古屋大学大学史資料室(以下「資料室」という。)を置く。
（業務） 第２条　資料室は，次の各号に掲げる業務を行う。 一　名古屋大学史編集委員会が収集した資料の整理及び保存 二　名古屋大学史に係わる資料の収集，保存及び活用 三　名古屋大学史及び高等教育史に関する調査及び研究 四　前各号に定めるもののほか，資料室の業務に関し必要と認められる事項	（室長） 第２条　資料室に室長を置く。 2　室長は，本学専任の教授のうちから総長が任命する。 3　室長は，資料室の業務を掌理する。
（室長） 第３条　資料室に室長を置く。 2　室長は，本学専任の教授のうちから総長が任命する。 3　室長は，資料室の業務を掌理する。	（室員） 第３条　資料室に専任室員若干名を置く。 2　専任室員は，教官をもって充てる。 3　第１項に定めるもののほか，資料室に兼任室員を置くことができる。 4　室員は，室長の指示に従い，資料室の業務に従事する。
（室員） 第４条　資料室に専任室員若干名を置く。 2　専任室員は，教官をもつて充てる。 3　第１項に定めるもののほか，資料室に兼任室員を置くことができる。 4　室員は，室長の指示に従い，資料室の業務に従事する。	（協議委員会） 第４条　資料室に，資料室の重要事項を審議するため，名古屋大学大学史資料室協議委員会(以下「協議委員会」という。)を置く。 2　協議委員会の組織及び運営に関し必要な事項は，別に定める。
（名古屋大学史資料委員会） 第５条　資料室の運営に関し必要な事項を審議するため，名古屋大学史資料委員会(以下「委員会」という。)を置く。 2　委員会に関する事項は，別に定める。	（運営委員会） 第５条　資料室に，資料室の運営に関する事項を審議するため，名古屋大学大学史資料室運営委員会(以下「運営委員会」という。)を置く。 2　運営委員会の組織及び運営に関し必要な事項は，別に定める。
（事務） 第６条　資料室の事務は，総務部総務課において処理する。	（事務） 第６条　資料室の事務は，総務部総務課において処理する。
（細則） 第７条　この規程の施行に関し必要な事項は，委員会の議を経て，総長が定める。	（細則） 第７条　この規程の施行に関し必要な事項は，協議委員会の議を経て，総長が定める。
附則　この規程は，平成８年４月１日から施行する。	附則　この規程は，平成８年４月１日から施行する。
附則　この改正は，平成８年５月11日から施行する。	附則　この改正は，平成８年５月 11 日から施行する。
	附則　この改正は，平成 13 年４月１日から施行する。

出典：『大学史資料室関係綴（大学史資料委員会関係を含む）No. 3』名古屋大学大学文書資料室所蔵。

おわりに

名古屋大学史資料室は名古屋大学五十年史編纂事業の終了とともに、一九九六年（平成八）四月に設置された大学アーカイブズであり、他大学同様ポスト年史編纂組織として出発した。一九九六年の時点で、すでに東北大学記念資料室、東京大学史史料室、九州大学大学史料室など、国立大学において先行事例があったこと、また当該期の総長である加藤延夫が名古屋大学五十年史編集委員会の委員長経験者であったことも相まって、名古屋大学では名古屋大学史資料室の設置に至る審議過程は他大学と比べて短期間であった。名古屋大学は他大学の関連規程の情報を把握しており、編集委員会から総長へ大学アーカイブズ設置の提言をなし、学内措置で室および室を所掌する全学委員会を設ける、という基本的な設置の流れは名古屋大学も他大学の先行事例を基本的には踏襲している。その意味で名古屋大学における大学アーカイブズの設置課程は、これまでの先行事例の蓄積に沿ったものであったといえる。

一方で、名古屋大学の場合は、大学アーカイブズの設置過程における議論の中で、保存からより活用に向けた文言が目立っており、一つの特徴となっている。当初想定していた展示機能などは実際には一九九〇年代後半において実現をみることはなかったが、室設置後の活動をみても、新規の資料収集よりは、名古屋大学五十年史編纂以来収集して来た、資料の公開に向けた体制整備に力点を置いた活動を行ったといえよう。もっとも、既存資料の整理・公開が主軸の活動となり、資料収集はその前段階である学内の資料保存状況調査に留まった背景には、名古屋大学史資料委員会の立ち位置も関係していた。名古屋大学史資料委員会は全学委員会ではあったものの、構成する委員は大学執行部や部局長級と規定されたものではなかった。このため全学的な文書管理や資料収集について意思決定することが難しかった。実現可能な活動の在り方として、結果的に五十年史編纂後に史資料室に残された資料の整理、公開が進められた、ということもできよう。

しかし、名古屋大学史資料委員会を構成する委員の規程は、東京大学や九州大学の場合とそれほど差異があったわけではない。東京大学や九州大学では同様の制度設計下の委員会であっても、本部事務局と協力して概算要求を提出、とりわけ九州大学では本部事務局に限った試行ではあったが保存期間満了後の文書移管を実現している。名古屋大学の場合、一九九〇年代後半においては、ポスト年史編纂組織体制の整備が総長の関心もあってスムーズに移行した反面、現場からのボトムアップ機能は他大学に比べて相対的に強くはなかったといえる。

こうした中、松尾稔総長のもと、一九九九年に名古屋大学組織改革検討委員会が設置され、全学共通基盤施設、全学委員会の在り方について見直しが求められるようになると、名古屋大学史資料室および史資料委員会もこうした見直しの対象として検討されていくことになる。現状の史資料室、史資料委員会の機能を拡充強化する必要があることは内部においても共通認識があり、一方で大学執行部側も史資料委員会が全学的な意思決定に十分組み込まれていない状況になっていることを認識していた。このため、当時室長を務めていた加藤鉦治教育学部教授と山下興亜副総長との会談を経て、従来の史資料委員会を運営委員会とし、新たに、副総長を委員長とし、部局長級を構成委員とする協議会を親委員会に持つという、制度設計の再編が行われることとなり、二〇〇一年四月に、名古屋大学史資料室は、名古屋大学大学史資料室に改組され、新たに名古屋大学大学史資料室協議委員会が設置されることとなった。

この間、情報公開法の制定・施行が同時並行で進んでおり、二〇〇一年四月に施行された名古屋大学行政文書管理規程では、名古屋大学大学史資料室への移管条項を定めた、という点で画期的ではあったが、史料上からは大学アーカイブズ側で、こうした課題に具体的に対応したという動きはほとんどみられない。二〇〇一年の名古屋大学の大学アーカイブズ機能の再編の動きは、情報公開法の影響以上に、全学的な学内改組の文脈において進展したといえよう。

註

（1）『名古屋大学大学文書資料室ニュース』第三一号（二〇一四年）二頁。
（2）堀田慎一郎「公文書管理法の施行と大学アーカイブズ—名古屋大学の事例を中心に—」（『国文学研究資料館紀要』アーカイブズ研究篇第八号、二〇一二年）、堀田慎一郎「「国立公文書館等」としての名古屋大学大学文書資料室：公文書管理法によって何が変わったのか」（『名古屋大学大学文書資料室紀要』第二〇号、二〇一二年）、堀田慎一郎「公文書管理法施行後の公文書の評価選別とその諸問題」（『名古屋大学大学文書資料室紀要』第二一号、二〇一三年）、堀田慎一郎「国立大学法人における機関アーカイブズの構築とその諸問題：名古屋大学の事例を中心に（前編）」（『名古屋大学大学文書資料室紀要』第二四号、二〇一六年）、堀田慎一郎「国立大学法人における機関アーカイブズの構築とその諸問題：名古屋大学の事例を中心に（後編）」（『名古屋大学大学文書資料室紀要』第二五号、二〇一七年）。
（3）山口拓史「名古屋大学史資料室設置経緯」（『名古屋大学史資料室ニュース』創刊号、一九九六年）四頁、山口拓史「〈報告〉「名古屋大学史資料室利用規程」制定の取り組み」（『名古屋大学史紀要』第六号、一九九八年）。
（4）前掲『名古屋大学大学文書資料室ニュース』第三一号、二頁。
（5）前掲『名古屋大学史資料室ニュース』創刊号、四頁。
（6）「大学史編纂事業終了後における名古屋大学資料の収集・整理・保存・研究体制について（回答）」一九九五年二月二日（『名古屋大学史編集委員会綴』一二〇一一〇〇〇一四六八、以下、『編集委員会綴』名古屋大学大学文書資料室所蔵。以下、註にあげる資料については断りのない限り、名古屋大学大学文書資料室所蔵）。
（7）当時の編集委員長兼編集室長は篠田弘教育学部教授、副編集委員長は三鬼清一郎文学部教授、河野恭廣農学部教授であった。「名古屋大学史編集委員会委員」一九九四年五月『編集委員会綴』。
（8）「五〇周年記念事業の今後の在り方について」一九九五年一月一〇日『編集委員会綴』。
（9）前掲『名古屋大学史資料室ニュース』創刊号、四頁。
（10）このほか、「名古屋大学における大学史資料の収集・整理・保存のあり方について」ではお茶の水女子大学女性文化研究センター、京都大学文学部博物館が参考事例として記載され、『名古屋大学史編集委員会綴』では、大阪市立大学大学史資料室の資料が所収されている。

(11)「名古屋大学における大学史資料の収集・整理・保存のあり方について」一九九五年二月『編集委員会綴』。

(12)「大学史編纂事業終了後における名古屋大学史資料の収集・整理・保存・研究体制について（回答）」一九九五年二月二日『名古屋大学史編集委員会綴』。回答では「大学資料室（仮称）」、「大学史資料室（仮称）」の表記混在がみられるが、引用ではそのままとした。

(13)「編集室の件」一九九五年二月三日『大学史資料室関係綴（大学史資料委員会関係を含む）』一二〇一四〇〇〇一〇八四、以下『史資料室関係綴』。

(14)「経緯資料二　名古屋大学創立五十周年記念事業委員会メモ」一九九五年二月二一日『史資料室関係綴』、「名古屋大学資料室（仮称）設置にむけた事務局委員検討会メモ」一九九五年三月七日『編集委員会綴』。

(15)「経緯資料三　名古屋大学資料室（仮称）設置にむけた事務局委員検討会メモ」一九九五年三月七日『史資料室関係綴』。

(16)「名古屋大学史資料室（仮称）設置にむけた事務局委員検討会メモ」一九九五年八月二一日『史資料室関係綴』。

(17)「名古屋大学資料室（仮称）の設置構想（案）」一九九五年前半頃作成『編集委員会綴』。

(18)「他大学アーカイヴズ面積等調べ」一九九五年三月一日、「〔東北大学〕記念資料室」一九九五年三月三一日『編集委員会綴』。

(19)「経緯資料四　他大学におけるアーカイヴズ経費調」一九九五年四月一一日『史資料室関係綴』。

(20)前掲「名古屋大学史資料室（仮称）設置にむけた事務局委員検討会メモ」一九九五年八月二一日。

(21)「経緯資料九　名古屋大学創立五十周年記念事業委員会メモ（案）」「経緯資料一〇　部局長会メモ」一九九五年九月一九日『史資料室関係綴』。

(22)「平成七年一〇月一七日部局長会・評議会　大学史資料の収集・整理・保存の在り方について」一九九五年一〇月一七日『史資料室関係綴』。

(23)「名古屋大学史編纂体制組織図／名古屋大学史資料の収集・保存・活用体制組織図（案）」「名古屋大学史資料の収集・保存・活用体制についての提言―「名古屋大学史資料室」および「名古屋大学史資料の収集・保存・活用に関する委員会」の設置について―」一九九五年九月『史資料室関係綴』。

(24) 前掲『名古屋大学史資料室ニュース』創刊号、四頁。
(25) 東北大学記念資料室については、総長もしくは副総長を運営委員会の委員長としていた。
(26) 堀田慎一郎『名古屋大学歴代総長略伝—名大をひきいた人びと—』(名古屋大学大学文書資料室、二〇〇九年)四五〜四七頁、『名古屋大学史編集委員会(一)』一二〇一一〇〇〇一四六九、『名古屋大学編集委員会(二)』一二〇一一〇〇〇一四七〇。
(27) 「名古屋大学本部文書処理等内規」一九六五年四月一五日制定(最終改正一九九五年四月一日)(『名古屋大学史常任資料委員会関係綴 No.一 一九九六(平成八)四〜一九九八(平成一〇)三』一二〇一四〇〇〇〇九二〇、以下『常任資料委員会関係綴No.一』)。
(28) 「名古屋大学史常任資料委員会(第一回)記録(案)」一九九六年六月一四日(『名古屋大学史常任資料委員会関係綴No.一』)。
(29) 前掲「名古屋大学史常任資料委員会(第一回)記録(案)」。
(30) 「第一回名古屋大学史常任資料委員会議題　資料一」一九九六年六月一四日『常任資料委員会関係綴No.一』。
(31) 「名古屋大学常任資料委員会(第三回)記録(案)」一九九六年九月一三日『常任資料委員会関係綴No.一』。
(32) 「名古屋大学史資料委員会(第四回)記録」一九九六年一二月一三日『史資料室関係綴』。
(33) 前掲「名古屋大学史常任資料委員会(第一回)記録(案)」。
(34) 「第三回常任資料委員会(一九九六.九.一三)議事進行」一九九六年九月一三日『常任資料委員会関係綴No.一』。
(35) 「〔第三回名古屋大学史常任資料委員会〕資料一—二　名古屋大学史資料室における資料受入れ方法(案)」一九九六年九月一三日『常任資料委員会関係綴No.一』。
(36) 「〔第三回名古屋大学史常任資料委員会〕資料三—一　平成八年度教育研究特別経費(特別分)要求書」一九九六年九月一三日『常任資料委員会関係綴No.一』。
(37) 「〔第五回名古屋大学史料委員会〕資料二」一九九七年四月二五日『史資料室関係綴』、「〔第一二回名古屋大学史資料委員会〕資料一」二〇〇〇年六月二日(『大学史資料室関係綴(大学史資料委員会関係を含む)No.三』一二〇一四〇〇〇一〇八六)。以下、『史料室関係綴No.三』。
(38) 「常任資料委員会(第四回)議事進行メモ」一九九六年一〇月一八日『常任資料委員会関係綴No.一』。

(39)「名古屋大学常任資料委員会（第五回）記録（案）」一九九六年一二月一三日『常任資料委員会関係綴No.一』。
(40)「名古屋大学常任資料委員会（第一一回）」一九九八年四月二七日（『名古屋大学史常任資料委員会関係綴　No.二　WG書類　一九九八（平一〇）四～二〇〇一（平一三）三』一二〇一四〇〇〇〇九二一、以下『常任資料委員会関係綴No.二』）。
(41)「高等教育革新センター（仮称）」一九九七年四月一八日『史資料室関係綴』。
(42)「定例常任資料委員会（第八回）」一九九七年一〇月三日『常任資料委員会関係綴No.一』。
(43)「名古屋大学史常任資料委員会（第一六回）」一九九九年五月二八日『常任資料委員会関係綴No.二』。
(44)『名古屋大学史資料室ニュース』第四号（一九九八年）、五頁。同第九号（二〇〇〇年）、九頁。
(45)前掲「名古屋大学史常任資料委員会（第一六回）」。もっとも、資料の閲覧機能に対し、展示機能に関する活用方針とそのためのスペース要求は、ほとんど提唱されてなくなっていく。
(46)『名古屋大学史資料室ニュース』創刊号（一九九六年）、四頁。
(47)「名古屋大学学術憲章の制定にあたって」（『名大トピックス』七八（別冊）、二〇〇〇年）五頁。
(48)「全学各種委員会の見直し・再編に関するアンケートのお願い」二〇〇〇年五月一六日『史資料室関係綴No.三』。
(49)「全学各種委員会の見直し・再編に関するアンケート」二〇〇〇年五月一六日『史資料室関係綴No.三』。
(50)「組織改革検討委員会全学共通基盤整備小委員会（第一二回）審議結果」二〇〇〇年六月一九日『常任資料委員会関係綴No.二』。
(51)「加藤室長—山下副総長会談メモ（抄）」二〇〇〇年六月一四日『史資料室関係綴No.三』。
(52)「名古屋大学常任資料委員会（第一七回）記録（案）」二〇〇〇年六月二八日『常任資料委員会関係綴No.二』。
(53)「名古屋大学史資料室委員会（第一三回）記録（案）」二〇〇〇年七月一四日『史資料室関係綴No.三』。
(54)「加藤室長・山下副総長会談メモ（山下副総長発言骨子）」二〇〇〇年七月一八日『史資料室関係綴No.三』。
(55)「ワーキング・グループ報告」二〇〇〇年九月一八日『史資料室関係綴No.三』。
(56)「名古屋大学史資料委員会（第一四回）記録」二〇〇〇年一〇月二三日『史資料室関係綴No.三』。
(57)「名古屋大学大学史資料協議委員会規程」二〇〇一年四月一日（『大学史資料室　説明資料　平成十五年四月』一二〇一四〇〇〇一一〇八七、以下『大学史資料室説明資料』）。

(58)「名古屋大学大学史資料室運営委員会規程」二〇〇一年四月一日『大学史資料室説明資料』。
(59)「名古屋大学大学史資料室規程」二〇〇一年四月一日改正『大学史資料室説明資料』。
(60)「名古屋大学行政文書管理規程」二〇〇一年四月一日『史資料室関係綴No.三』。

第七章　大学アーカイブズによる催事展開

――東北大学を事例に――

はじめに

アーカイブズにおける展示活動が本格的に議論されるようになるのは、日本では一九九〇年代以降のことである。九〇年代には先行研究において、中野等が柳川古文書館での活動に展示を業務として位置づけ、森本祥子が日本と海外の文書館普及活動とアーキビストの専門性を比較検討する中で、展示活動の重要性を指摘するなど、主として地方自治体の公文書館を事例として分析がなされていくことになる(1)。二〇〇〇年代に入ると、折田悦郎や西山伸・小池聖一・堀田慎一郎など大学アーカイブズにおける展示に関する議論が進んでいくようになり(2)、個別企画展の事例報告も増加していった(3)。現場の実践とも関わりながら、これら先行研究を通じて、アーカイブズの機能やアーキビストの役割に関わる理論的枠組みについて、一定の蓄積が進んできたといえる。二〇一六年(平成二八)三月内閣府の「国立公文書館の機能・施設の在り方等に関する調査検討会議」においてまとめられた「国立公文書館の機能・施設の在り方に関する基本構想」では、国立公文書館の新館建設を見据え、新たな国立公文書館に求められる機能として「展示・学習機能」が明示されるなど、二〇一〇年代においてアーカイブズの役割に展示は重要な要素として位置づけられている。

一方、大学アーカイブズに関してみると、前述の通り研究対象は二〇〇〇年代以降の展示に関するものがほとんどであり、それ以前についての論稿はほとんどみられない。しかし、二〇〇三年に全国大学史資料協議会東日本部会が行った「大学アーカイヴズに関するアンケート」によれば、五九の加盟機関からの回答のうち、常設展および企画展を開催していた機関は五一（重複回答含）となっており、非開催機関と比べて圧倒的に多かったことがわかる。これはアーカイブズ学における議論に先行して、大学の資料保存・年史編纂機関においては展示が当該期一般化しつつあったことを裏づけるものである。(4) またこのことは大学アーカイブズ史を考察する上で、展示が密接な関係を有していたことを示唆している。

以上の先行研究や統計を踏まえ、本章ではアーカイブズにおける展示論に収斂されがちであった研究動向に対し、むしろ研究蓄積が進んでこなかった、大学アーカイブズ史における展示の歴史的変遷そのものを明らかにしたい。とりわけ先行研究において未解明となっている、二〇世紀後半における国立大学アーカイブズの展示展開過程に着目して検討することとし、その事例として東北大学記念資料室を取り上げる。東北大学記念資料室は一九六三年（昭和三八）に東北大学に設置されて以降、二〇〇〇年に東北大学史料館として改組するまで、東北大学のアーカイブズとして置かれ、この間定期的な企画展・常設展を行っていく中で、その機能を適宜充実させ一九八六年には独自の館を設けるに至る。日本における大学アーカイブズ史の中で展示展開を歴史的に位置づける上で、東北大学記念資料室は格好の事例であると考える。本章では、一九六三年から二〇〇〇年まで東北大学に置かれていた記念資料室における展示を、記念資料室の資料収集機能や運営との関係と絡めて分析することで、二〇世紀後半における国立大学アーカイブズの展示の在り方を明らかにしたい。

一　東北大学記念資料室初期の展示活動（一九六三〜八二年）

東北大学におけるアーカイブズによる展示は、東北大学記念資料室（以下、記念資料室）によって一九六三年（昭和三八）一〇月九、一〇日の二日間、東北大学川内キャンパスにある東北大学記念講堂大ホールを会場とした資料展が開催されたことを嚆矢とする。(5) これは同月、東北大学を当番校として国立大学附属図書館長会議が開催されることに合わせて行われたものであった。(6) 展示に際しては、東北大学五十年史編纂後、記念資料室で所蔵していた資料に加え、附属図書館に寄託されていた旧制第二高等学校資料の一部が陳列された。これは日本初の大学アーカイブズによる企画展示といえよう。国立大学附属図書館長会議に先立って、同年七月に東北大学には日本初の大学アーカイブズである記念資料室が設置されていた。記念資料室は独立部局ではあったものの、附属図書館長が室長、附属図書館長補佐が副室長を務める体制を取り、「記念資料室の管理は、当分の間、附属図書館において行なう」とされ、室も館内に配置されるなど、附属図書館と密接な関係を持っていた。(7)

この東北大学記念講堂での展示後、同年一一月一〇日の大学祭に合わせ、今度は記念講堂別館の松下会館一階大会議室において記念資料展示会が開催された。(8) この記念資料展示会は東北大学関係資料七九点、新制大学時に東北大学に包括された包摂校関係二六点からなる展示会で、(9) 包摂校関係の資料が四分の一を占めていた。包摂校の資料については一一月四日東北大学附属図書館長兼記念資料室長世良晃志郎から東北大学川内分校主事に宛てて出陳依頼状が出されており、川内分校で保管していた旧制二高、仙台高等工業学校など包摂校の資料の借用が依頼されている。(10) 記念資料室が旧制二高や仙台医学専門学校など包摂校の資料の寄贈を受けるのは一九七三年のことであり、当該期包摂校の資料は学内で一元的な管理はなされていなかった。原田隆吉が「この段階では一気に寄贈してもらうとまでは行かず、ひとまず出品を依頼した」(11)と回顧しているように、企画展示は包摂校資料等の将来的な一括管理を意識した布石として位置づけられていた。また東北大学関係の資料のうち意思決定に係る文書は評議会議事録のみが出品されており、部局も含めた重要文書についてもこの時期記念資料室に移管されていなかったことがわかる。

この記念資料展示会の開催後、しばらく記念資料室による企画展の開催は行われなかったが、一九六七年一一月三、四日に東北大学記念資料室展示会が東北大学記念講堂別館松下会館で行われた。第二回と銘打っており、一九六三年開催の記念資料展示会の後継企画という位置づけであった。開催趣旨に「第一回の記念資料展を開催したが、その後収集された資料もかなりの量に達したので、ここにその一部を陳列して第二回の記念資料展を開催することとした。本学の歴史や研究成果を如実に物語るこれらの資料は、現在記念資料室に保存されている」(12)とされているように、記念資料室発足以来の資料収集成果の公開という意図がみてとれる。

第二回東北大学記念資料室展示会の出品点数は三二点で、そのうち退官教員個人や研究室由来の寄贈物品が二二点となっている(13)。記念資料室では一九六五年に金属材料研究所、遺族から本多光太郎元総長の実験用具や座右具などの寄贈を受けるなど(14)、適宜資料の受入れを行っていたが、一九六七年に企画展が開催された背景には、第一章でみた通り、工学部の青葉山キャンパス移転の影響が大きかった。東北大学は片平キャンパスが創業地であったが、戦後川内・青葉山地区にキャンパスを拡大していくこととなり、ちょうど一九六〇年代後半は、理工系学部の青葉山キャンパス移転の時期に相当していたのである。一九六七年四月発行の『東北大学附属図書館月報図書館通信』には「特に本年の学年度変わり目は、例年よりも格段にさかんな成果があがっている。それは本年は工学部の電気系諸学科・化学系諸学科など非常に多くの教室が、青葉山の新営校舎に移転するので、この機会に長い年月にわたって蓄積されていた資料や心ある人々によって大切に保管されて来た貴重品が提供されたからである」と、工学部の各教室の移転に伴い、資料の寄贈が進んでいったことが記載されている。[15] また「中にも、旧仙台高等工業学校関係の記念資料はめざましいものがあり」としているように、新制大学以降に工学部に包摂された旧仙台高等工業学校関係の資料が記念資料室にもたらされ、第二回東北大学記念資料室展示会では七点が展示に供された。

こうした青葉山キャンパスへの部局移転に伴う資料寄贈の流れは翌年以降も続き、一九六八年四月には理学部物理学教室から本多光太郎元総長のノート数十冊を受け入れたほか、同年五月には工学部各学科の移転によって残された過去の実験器具等の処置について、工学部用度掛と記念資料室が交渉を行い、集積場から大型の実験機材等の資料収集が行われた。こうした結果「収集すべき記念物は相当数にのぼり、かなり大きくまた重いものが多いので、適当な場所」の必要性が生じるようになる。[16] 一九六八年七月に開催された記念資料室運営委員会では、記念資料室が数年来収集してきた資料は「現在図書館仮書庫の通路などに置いてあるが、狭隘かつ不便」で、保管場所が溢れてきている現状が報告されている。附属図書館本館機能は当時片平キャンパスにあったが、一九六八年六月二一日の評議会で、附属図書館本館の川内地区移転新営に係る概算要求提出が承認されており、図書館の川内移転計画が本格化しつつあった。[17]

こうした状況を踏まえ、記念資料室運営委員会では附属図書館の「川内地区への移転がおこなわれた後においても、同資料の保存・展示のスペースの一部としてやはり片平丁地区の適当な建物を充てるのがよいのではないか」という議論になり「種々熱心な討議の結果、その線で進むのがよい」[18]という委員会の結論が出されている。また一九六四年一二月に附属図書館商議会で決定された「附属図書館新築に関する基本方針」では、記念資料室として設けるべき部屋として、閲覧室、書庫、レファレンス兼整理室、管理室があげられているが、展示スペースは想定されていなかった。[19] 一方で一九六八年ごろの構想段階になると「展示・利用・整理・保存スペースが必要」[20]と展示機能が盛り込まれるようになる。片平キャンパスに記念資料室の保存・展示機能を残すか、川内キャンパスの附属図書館新館において記念資料室の機能を拡充するかの議論は両論併記であったといえるが、いずれにせよ一九六七年以降の収蔵資料の急増が展示スペース要求へと転化していったといえよう。

附属図書館の川内移転計画が現実性を帯びる中、一九六八年一二月には記念資料室の竹内利美室長より、附置研究所である電気通信研究所の菊池喜充所長、高速力学研究所の坪内為雄所長に対し、移転後空きスペースとなっていた旧工学部建築学科鉄筋コンクリート建物の一部（六〇〜八〇坪程度）を使用したい旨の依頼が出されている。川内移転に先立って片平キャンパスに適当な収蔵場所が模索されていたのである。もっともこのときに依頼した建物は将来応用情報学研究所の設置が想定されており、川内移転するまでの間、と期間を区切ったもので永久的な話ではなかった[21]。この収蔵スペースの借り入れに加えて、一九七〇年には旧工学部金属工学科二階の一室も新たに借り入れ、

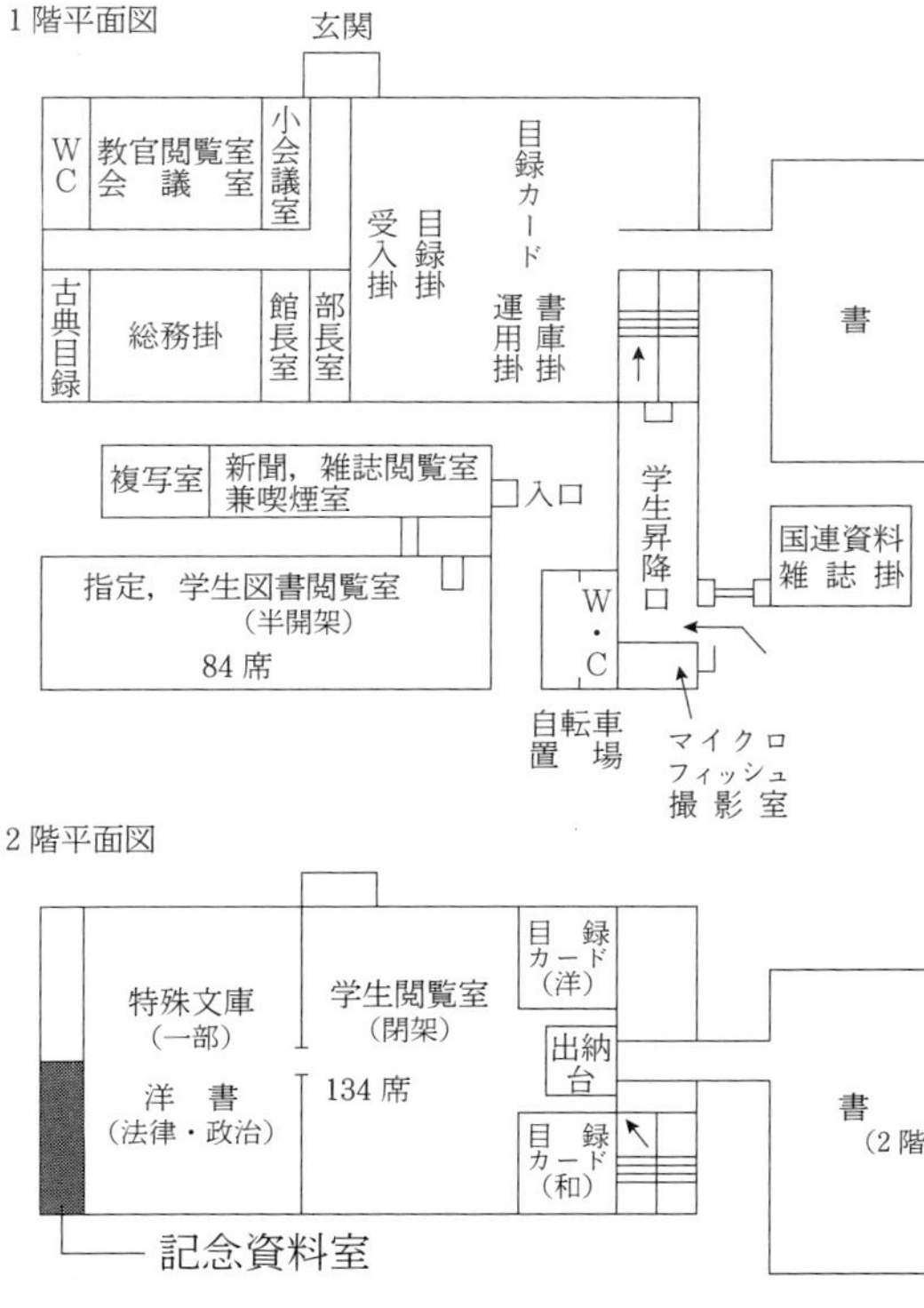

図 6　附属図書館配置図（1971 年時）

地上2階

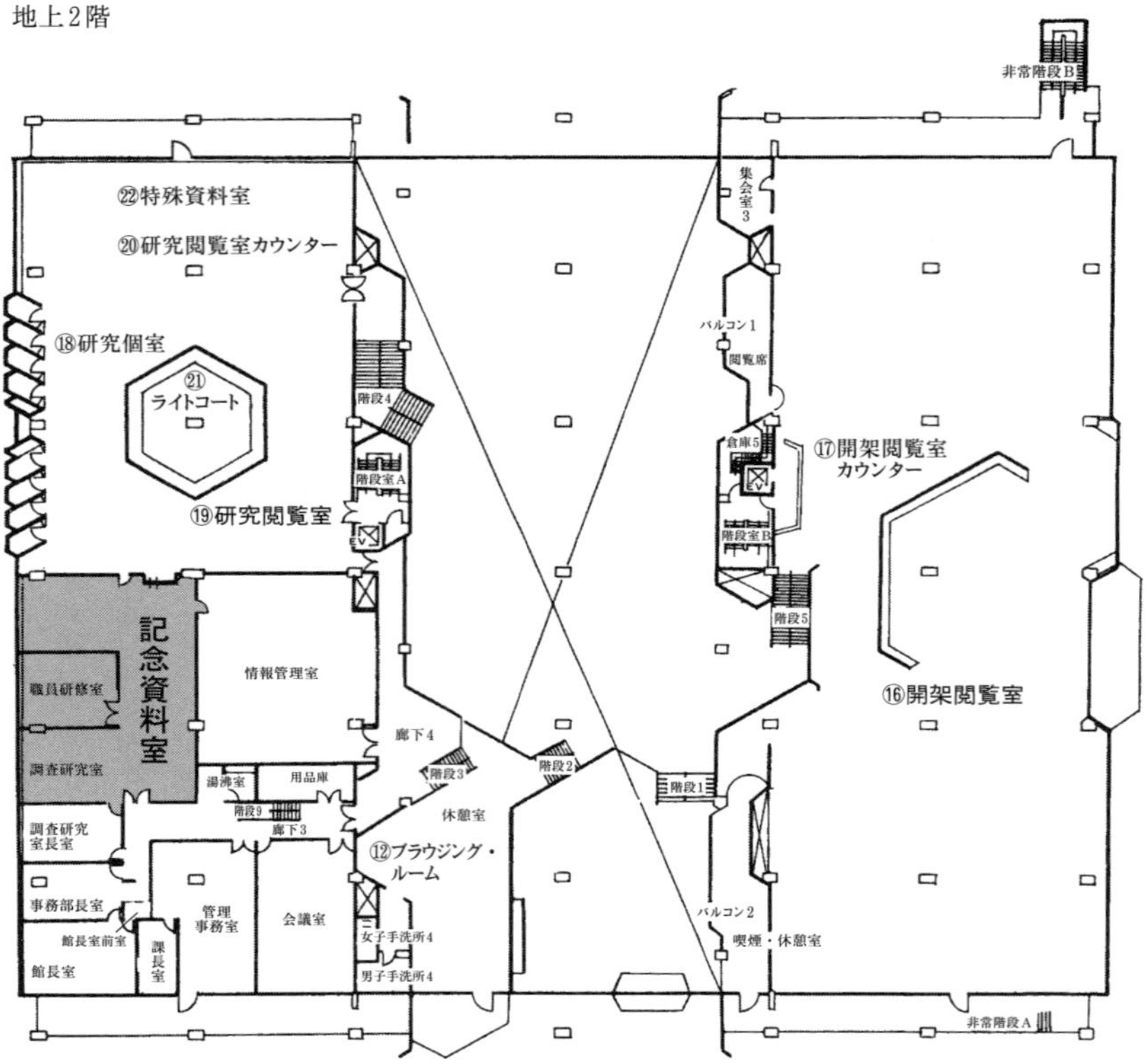

館配置図（1974 年時）

地上1階

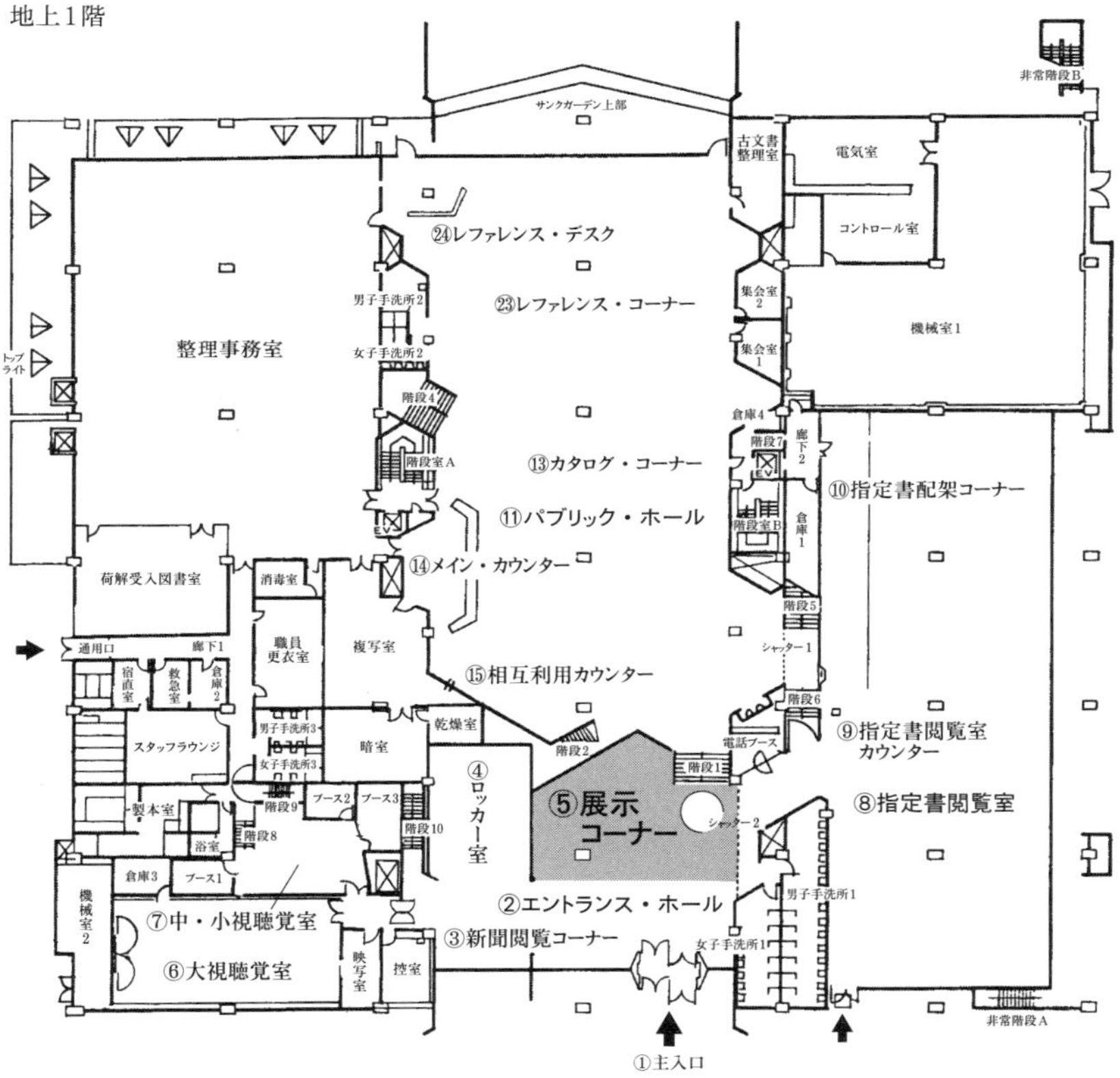

図7　附属図書館新

これに本部旧御真影奉安庫室を加え、一九七〇年一〇月までに記念資料室の収蔵庫は片平キャンパス内に三か所分散収蔵するかたちになった。本部旧御真影奉安庫室には本多光太郎元総長の関係資料、旧工学部建築学科建物内には、モーターなど重量物や大型物品、旧工学部金属工学科には歴代総長の大額や実験器具、箱詰めにした文書資料等が置かれたという(22)。

最終的には、このときに片平キャンパスに収蔵機能を確保した一方、川内に建設された附属図書館新館の中で記念資料室の名がみられる部屋は、記念資料室・レファレンス館員室一二三・七平方㍍で、調査研究室内の一角として配置され、同部屋内の情報管理室一六〇・九平方㍍よりも小さいものであった(23)。資料の増加への対応は一定程度図られていったものの、附属図書館新館の中で記念資料室が拡充される構想は後退したといえよう。しかし附属図書館新館自体にはエントランスホールに展示スペースが設けられたこともあり(24)、移転後の一九七三年一一月、記念資料室による東北大学の歴史展が図書館内で展開されている(25)。この図書館内での展示会は一九七九年以降、六月の東北大学創立記念日に合わせて、エントランスホールを会場に三日程度行われるようになり、毎年の定例的な企画展示になっていくことになる(26)。

また創立七五周年記念行事として一九八二年には例年よりも規模を拡大して展示会を開催し、その展示目録を充実させて『東北大学記念資料蔵品目録一』が刊行された(27)。先にみたように記念資料室は学内組織図的には、独立した組織と位置づけられていたが、実際には附属図書館内に部屋が置かれ、事務所掌も附属図書館が担う一室であった。図書館施設と記念資料室の運営は密接不可分であり、図書館内に置かれた記念資料室にも図書館展示機能の有効活用が求められたのである。

二　記念資料室の移転と新館開館（一九八三〜八六年）

一九八〇年代に入ると、こうした展示環境状況は抜本的に変化していくことになる。それは記念資料室の片平キャンパスへの移転であった。一九八三年（昭和五八）九月一九日に行われた記念資料室運営委員会において、記念資料室の移転計画について審議が行われ「記念資料室を旧図書館に移す方向で検討するという室長の提案が了承」(28)される。この移転案については、前年一九八二年の創立七五周年における記念行事企画委員会での議論も後押しになったと思われる。創立七五周年事業について、記念資料室は学長から諮問を受けており、評議会直下の記念行事企画委員会に素案を提出、その結果「①文書の収集と登録の推進　②記念資料の保存、展示活動の強化　③組織の強化とネットワークの構成　④所蔵目録の編集刊行と記念展示会の開催」など四項目が掲げられていたことが記念資料室運営委員会で報告されている。先にみたように記念資料室は、川内キャンパスの附属図書館本館内調査研究室の一角に置かれ、企画展示についても創立記念日に合わせた数日間に限られていた。このため移転先については「①利用面から便利な場所であること　②建物自体が記念資料を所蔵するにふさわしいこと　③建物の内部構造が広大で常設展示も可能であること」が吉岡昭彦記念資料室長より提起されており、この条件を満たす建物として「片平地区の旧図書館の建物が候補」にあげられたのである。加えて当時建築学会から旧附属図書館の建物等について永久保存の要望があり、施設部として建物の耐久力その他を検討、考慮中でもあった(29)。一九六〇年代以降の東北大学の青葉山キャンパス移転に伴う収集資料の増加と展示圧力、一九七〇年代以降の附属図書館新館内展示機能の定期的な活用といった記念資料室活動の実績を経て、周年事業を機会として展示機能強化が本格的に模索されるようになっていったのである。

また記念資料室の片平移転計画は、附属図書館自体の機能再編の動きとも関連していた。記念資料室運営委員会開催後、九月二六日吉岡記念資料室長より施設整備委員会片平地区協議会委員長に宛てた旧附属図書館の使用検討依頼文案には「記念資料室では、本学の歴史に関係のある貴重な記念資料を多数収集・保存しつつあり、現在、それらを図書館内の情報管理室の一部に暫定的に収容しておりますが、同場所も極めて狭隘であり、今後における史料の増加を考慮しますと長く現状を維持することは到底困難な状況にあります。更にこの情報管理室も近く迫った図書館業務電算化計画に基づき使用することを予定しておりますので、館内には記念資料室として使用しうる部屋の余裕がありません[30]」とあり、記念資料室の片平移転には、図書館内における電算化計画に伴う配置見直しも背景にあったことがわかる。

この依頼に先立つ一九八三年三月一九日、記念資料室長は施設整備委員会片平地区協議会において、「旧図書館建物を記念資料室として利用する案」を提示している。この案によれば建物全体を記念資料室単独で使うのではなく、「大体において、南半分を記念資料室で、北半分を同居する他の組織で、使用することとする」と他部局との併用が示された。具体的には建物スペース六二四・五平方㍍のうち、室員室、事務室、貴重品庫（計三九・五平方㍍）以外の室長室ならびに貴賓室、副室長室、小展示室ならびに利用者コーナー二九一平方㍍については同居する他の組織に留保されるスペースとした。一方で二階に想定された大展示室二九四平方㍍はとくに記念資料室として要望するスペースとして設定されている。この大展示室については「天井が高く特別なスペースなので、室の中にパネルや木材をもって（中略）細分し、きめこまかく有効に利用したい。なおこの部屋は他の利用はきわめてむつかしいものと考える[31]」とした。旧附属図書館本館の利用についてとくに展示機能を重視していたのである。

一九八六年三月一八日開催の記念資料室運営委員会において、記念資料室長から片平地区協議会の了承を得た

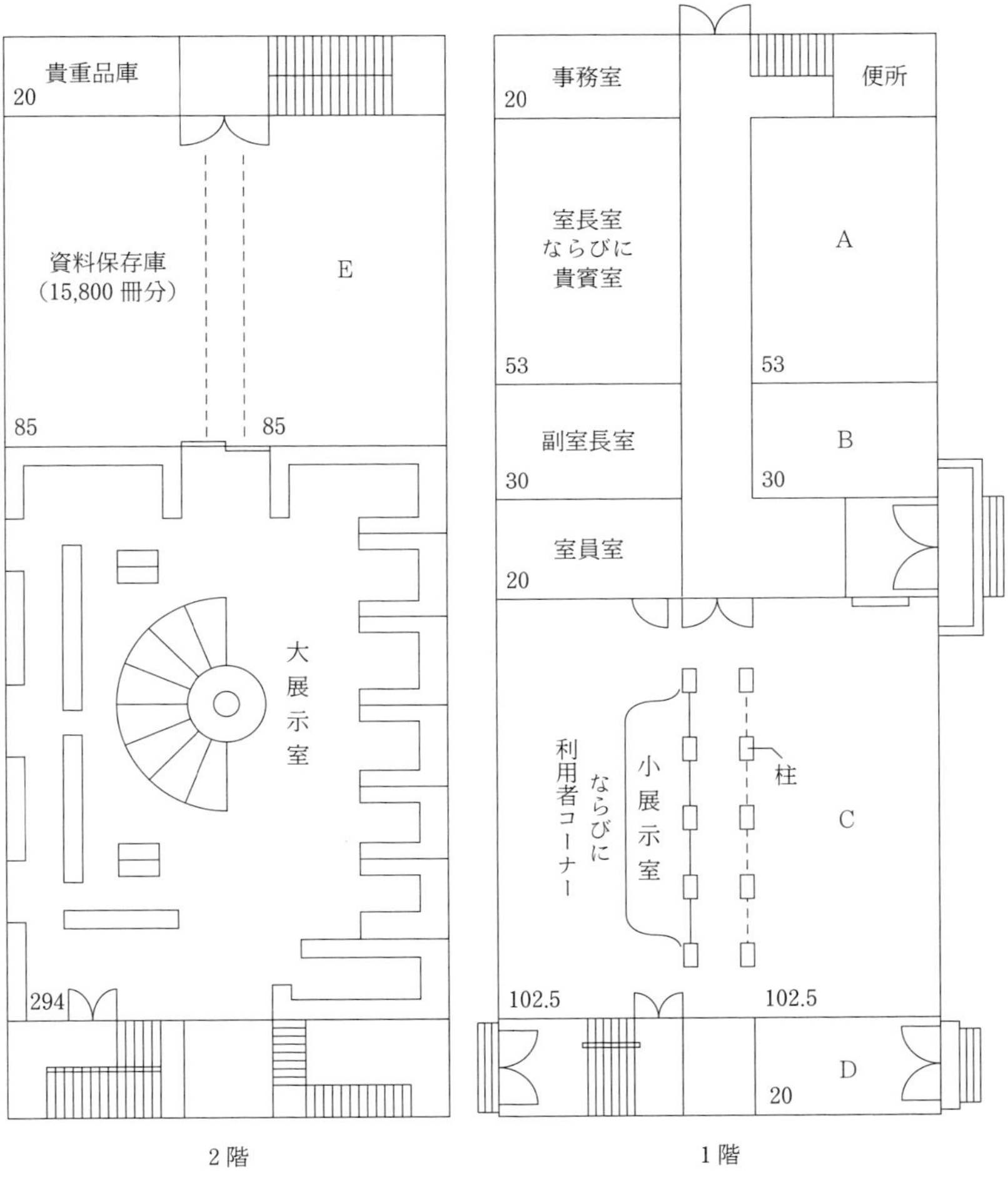

図 8　1983 年時における記念資料室利用案

こと、またこの移転計画について北目幸太郎施設部長から「概算要求を行ったこと、その結果、予算が配当される見通しであること」[32]の説明があった。この段階において記念資料室の片平移転が学内的に決定となったといえる。その後、片平キャンパスの旧附属図書館改修工事が一九八六年度前半に進み、同年九月一日の記念資料室運営委員会では、九月下旬をもって改修工事が完了する見通しであることが塚本哲人委員長から報告された。また委員会幹事の原田隆吉副室長からは、改修においてはなるべく旧状を尊重して進め、旧附属図書館本館建築時現場主任であった石井組の河合宇三郎が九五歳で健在で改修工事に関わったこと、建物の使用については、階下三分の二が文部省工事事務所（貴賓室・室長室兼会議室分は共用扱い）、階下三分の一、二階全部、三階全部が記念資料室に割り当てられたこと、二階部分は貴重資料室、資料保存室、資料研究室および資料展示室に区分して使用すること、三階については公文書室・視聴覚室に充てる予定であること等が報告された[33]。

この年は包摂校の一つである旧制第二高等学校創立百周年に当たっており、資料展示室では開館に際し、一〇月二五日より第二高等学校創立百周年記念史料展が行われることとなった。そのため改修に伴って第二高等学校尚志同窓会から援助が寄せられており、展示ケース一八本、ソファー一二本が寄付されたほか、一〇月二五日の各種式典（開館オープニング、企画展オープニング、記念資料室建物東側に設置された旧制二高生の像除幕式）に係る小宴経費が提供された。このように、記念資料室の新館開館に当たっては、第二高等学校尚志同窓会から展示に関する強い協力を得ていた。またこの企画展に当たっては記念資料室専門員を委嘱されていた山田利雄を通じて一四八名の旧制二高関係者からの資料提供を受けている[34]。山田は旧制二高の事務官を経て東北大学医学部、理学部の事務長を務め、退官後旧制二高同窓会業務を担当していたが、記念資料室の専門員として旧制二高同窓会との資料収集の橋渡しを行った[35]。記念資料室の原田副室長は『東北大学附属図書館報』に寄稿した「東北大学記念資料室新館の開館」の中で、「最後に一言謝意を表すべきは第二高等学校尚志同窓会に対してであります。同校は本年創立一〇〇周年を迎え、この機会に多くの史料を収集し本室に寄贈され（中略）また二高同窓会はこの機会に大展示室に優秀な備品を数多く寄附して、本室に大きな力を加えられました。この他二高同窓会の方々は本室の新館開館に関しても大きな陰の力となって、石田学長や塚本室長の奔走を助けられました。実状に接したものとして、ここに感謝の意を表するものであります」と締めくくっている。(36)

また、東北大学歴代学長についても旧制二高卒業者であることが多く縁が深かった。記念資料室の片平キャンパス移転時、第二高等学校尚志同窓会の会長を務めていたのは、第一〇代学長であった黒川利雄であり、第一三代学長で旧制二高出身の加藤陸奥雄は旧制第二高等学校創立百周年に寄せた寄稿の中で「私が学長であった折、二高終焉を見とどけた野口明先生が二高同窓会長として単身学長室においでになり、二高関係資料の目録を差し出されて東北大学にその保管を託された。野口先生の御心情を推察し、深い感動を覚えた。これらの史料は、新たに蒐集されたものを加えてすべて東北大学記念資料館《(ママ)》にある」というエピソードを紹介している。(37)また第二高等学校創立百周年記念史料展開催の経緯についても、記念事業企画委員会の要望というかたちで、旧制二高出身の第一五代学長石田名香雄経由で記念資料室に下ろされた案件であった。(38)こうした旧制二高の人的つながりは、以降の記念資料室展示に影響を与えていくこととなり、記念資料室の展示は包摂校に配慮した展示になっていくことになる。(39)

改修費約九〇〇〇万円をかけた工事完了後に開館した記念資料室本館は、入場無料の一般公開の形式をとり、以後、展示に際し入館料は取らない方針が踏襲されることとなった。開館時間は午前一〇時から午後四時、土曜は正午までとして日曜定休とされた。第二高等学校創立百周年記念史料展では、歴代校長の写真や肖像画をはじめ、校旗、校章、学寮、運動部ゆかりの資料など約八〇〇点を展示するという大規模なものとなった。一九八六年当時、記念資料室の所蔵資料約七〇〇〇点は、川内キャンパスの附属図書館内に記念資料室本室も含め四か所、

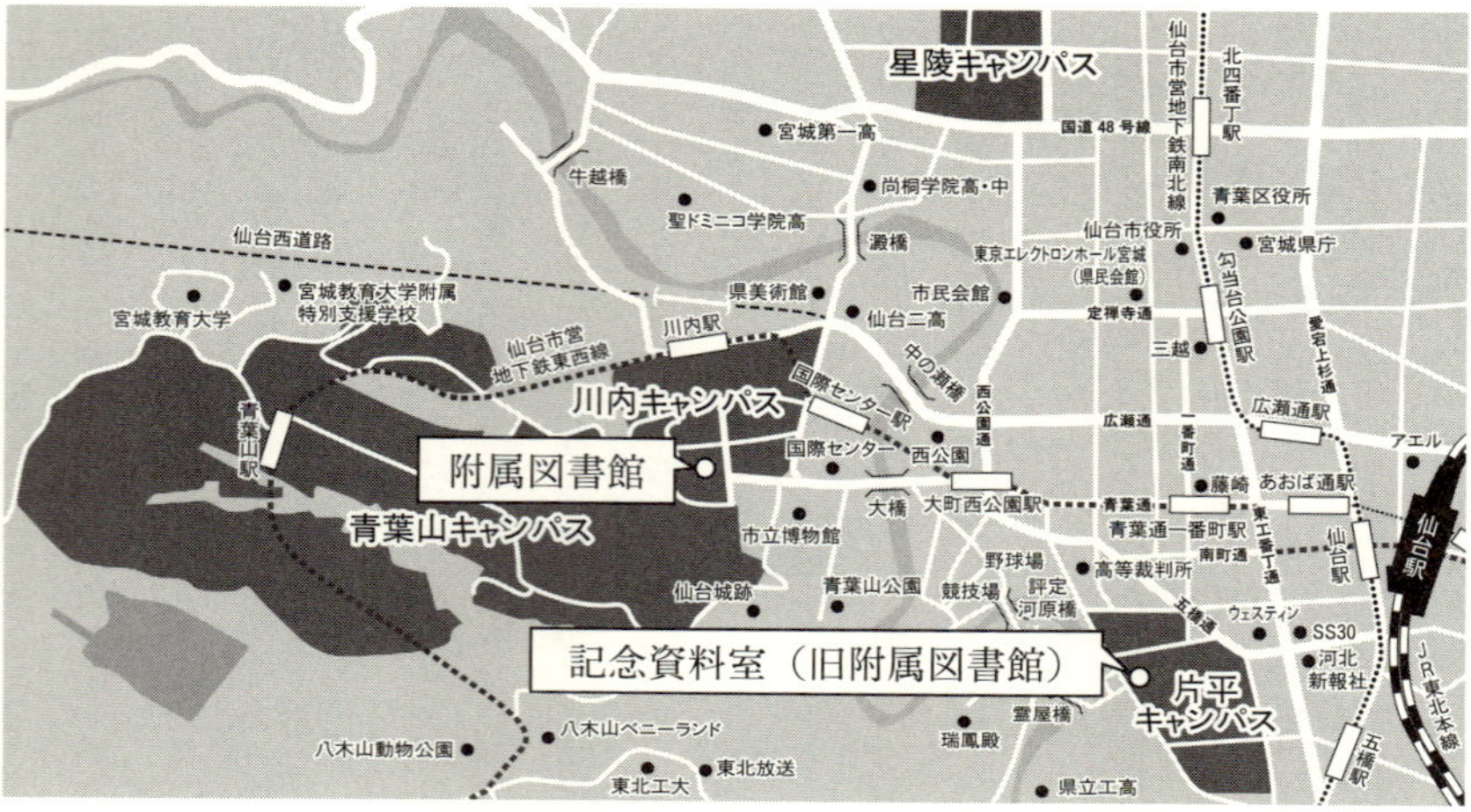

図９　東北大学キャンパス配置図

片平キャンパスに三か所と分散保管されていたが、一〇月二五日から一一月一〇日までの企画展開催に合わせて、一〇月二〇日頃までに旧制二高関係資料をまず記念資料室本館に集約し、企画展終了後に「一〇日ほどの休館を設け残りの記念資料の大部分を同本館に移転し、一一月二〇日頃から全学各部局と包摂校とを一丸とした常設的展示に入る予定[40]」が組まれており、このときの企画展は二階展示室全体を活用したものであったことがわかる[41]。

またその後の常設展示の計画について東北大学生新聞の取材に対し原田副室長は「二高、理学部、法文学部、工専等の部門ごとの展示を行いたい[42]」としており、開館の翌年一九八七年三月に発行された仙台サンケイリビング新聞社のショッピングマガジン『ディノスリビング』で取り上げられた記念資料室の記事では「旧制二高、そして東北大学の歴史を語る資料館(ママ)[43]」と紹介されている。東北大学記念資料室本館の展示機能は、包摂校、とりわけ旧制二高の同窓会の援助を受けたことから、旧制高校の顕彰機能を強く有した形で成立したということがいえよう。

三　記念資料室本館における企画展示と包摂校（一九八七〜九三年）

旧制高校や包摂校との密接な関わりの中で企画展が開催される形式は、一九八〇年代後半を通じた特徴となっていく。記念資料室本館開館の翌一九八七年（昭和六二）は東北大学創立八〇周年に当たり、評議会直下に置かれた記念事業企画委員会より、記念事業の一環として創立八〇周年記念事業資料展示会の開催が提起された。これを受けて一九八七年五月一八日の記念資料室運営委員会ではこの要望を承認、[44]記念資料室では六月一九日から二五日まで創立八〇周年記念事業資料展示会が開催された。[45]この展示草案によれば出品概要は、公文書、学内で刊行された印刷物、教官著作物、記念物品、視聴覚資料、その他（法規、新聞切抜、沿革表等）となっていたが、記念物品には旧制二高の校旗や蜂の校章、土井晩翠自筆の校歌、玉蟲一郎一校長肖像画、宮城女専の在校生アルバムなど、このときも包摂校関係資料の展示が取り上げられている。[46]最終的に学内外に告知する段階では、記念物品から包摂校関係資料の押し出しは控えられたが、それでも安井曾太郎作の玉蟲一郎一校長肖像画については展示概要に名を連ね、[47]実際の展示目録を見ても、三六三点中、包摂校関係の出品資料は一二四点と、およそ三分の一は包摂校由来のものが展示されている。[48]

続く一九八八年の企画展も旧制高校との関係の中で開催された。一九八八年七月一二日に開催された記念資料室運営委員会専門委員会では、塚本哲人委員長より「旧制二高同窓会（尚志会）では、来る一〇月下旬に仙台市において年次総会を予定しており、その際「故黒川利雄元学長を偲ぶ展示会を開催したい。現在展示資料を収集中であるが、同展示会は記念資料室主催、同窓会後援の形で開催することを考えてもらえないだろうか」[49]との打診があったので、前向きに検討してみたいと回答した」ことが報告されている。記念資料室設置以来副室長を務

表18　記念資料室来場者数推移

年	年間来館者数
1989	※900
1990	226
1991	483
1992	689
1993	964
1994	1, 073
1995	968
1996	1, 781
1997	1, 374
1998	6, 235
1999	1, 344
2000	1, 155

単位：人。
出典：『記念資料室運営委員会同専門委員会関係綴　平成元年度〜』,『東北大学記念資料室運営委員会専門委員会書類』,『東北大学史料館運営委員会資料（付月例会議）平成12〜17年度』東北大学史料館所蔵。
※1989年は企画展のみの人数，1990〜92年は4月〜12月末までの人数。

めていた原田隆吉助教授が一九八六年度で定年退官した後、記念資料室の運営は学長を委員長とする記念資料室運営委員会のもとに、記念資料室の管理運営を実質的に審議する専門委員会が設置され、文科系から二名、理科系から二名、研究所系から一名に室長を加えて構成され方針が策定されるようになっていた。[50] 黒川利雄は旧制第二高等学校出身で東北大学第一〇代総長を務めた医学者であったが、一九八八年二月に死去していた。このとき、専門委員会では、「本委員会の基本方針として、包摂校同窓会から展示会等の開催の要望があった場合は、誠意をもって希望に添う（ママ）ようにする。但し、そのことにより記念資料室に属する職員の業務が過重にならないように配慮したい」[51] との方針が承認され、旧制二高のみならず、旧宮城県女子専門学校や旧仙台高等工業専門学校等の同窓会から、記念資料室での展示会開催依頼があった際には、上記基本方針のもと協力することが決議された。

この決議に基づき、一九八八年一〇月二〇日から二四日までの五日間旧制二高同窓会の協力のもと、黒川利雄先生追想展が開催された。開催時期の設定は旧制二高同窓会年次大会が一〇月二二日であったことから、年次大会を挟んだ時期が選ばれた。[52] また一九八八年一一月二五日に開催された記念資料室運営委員会専門委員会では昭和六四年度事業計画として、宮城県女子専門学校の同窓会と共催による同校関係資料の展示があげられ、一九八九年（平成元）一月一七日の記念資料室運営委員会において承認されることになる。[53] これは宮城県女子専門学校白楊会（同窓会）から展示開催依頼を受けてのもので、同年一〇月二五日から一〇月三一日まで一週間の開催であった。[54] 宮城県女子専門学校開設期間約三〇年間の同校に関する写真や着物、実習作品、校章、教科書など四〇

〇点ほどの展示で、来場者数は約九〇〇名であった。(55)

一九九〇年において企画展示は行われなかったが、同年一二月一三日の記念資料室運営委員会専門委員会では、魯迅生誕一一〇周年を記念して仙台市において開催される予定の「魯迅生誕一一〇周年記念祭」が同祭実行委員会において進捗中で、協力依頼があった場合、記念資料室も協力することが報告された。(56) 実行委員会は東北大学、宮城県、仙台市、河北新報社、仙台商工会議所で組織され、会長には西澤潤一東北大学学長が就き、北京魯迅博物館が所蔵する魯迅仙台留学時代の資料を中心とした企画展、記念講演会、国際シンポジウムが予定されていた。また企画・指導には北京魯迅博物館と東北大学記念資料室が企画・指導を担うこととされた。(57) この依頼は一九九一年九月二一日から二八日まで開催された魯迅生誕一一〇周年小展示会の開催に結実することとなる。小展示会は記念資料室本館内での開催であったが、大規模な企画展の方は仙台の地場系百貨店である藤崎を会場に行われ、九月二〇日から二五日まで魯迅生誕一一〇周年仙台記念祭展示会「魯迅と日本」と銘打って開催された。記念資料室本館内での企画展示来場者は五四名であったものの、藤崎で開催された企画展示では期間内に九〇〇〇名余りの入場者数を数えた。

また、この魯迅の企画展示の前後には、記念資料室本館内において九月一一日から一六日まで理学部開講八〇周年記念展を理学部と共催し一五〇名の来場者をみたほか、一〇月二二日から三一日まで旧制二高創立一〇五周年記念展を開催（来場者数三四名）するなど、立て続けに企画展示が開催された。このように常設展示以外に年間を通して複数の展示会を開催するのは、記念資料室本館二階展示室の利活用においては初めての事例となったが、一方で企画展の規模自体は来場者数からみても相対的に小規模になっていったことがわかる。一九八六年の第二高等学校創立百周年記念史料展開催の際には、分散収蔵されていた資料の集約を企画展後に行っていたり、一九八七年の創立八〇周年記念事業資料展示会開催にあたっては、開催準備のため展示室の閲覧を三日にわたって停止し、陳列ケース内展示資料の収納、陳列ケースの再配置、展示室内物品資料の収納などの作業にあてるなど、[58]展示資料の数からいっても基本的には常設展示との大規模な入れ替えのもとで開催していたと思われる。これに対し一九九一年秋季の企画展示は常設展示の総入れ替えを伴うようなものではなく、魯迅生誕一一〇周年小展示会とタイトルにあるように、二階展示機能の一部を区切っての企画展であったと思われる。このときの企画展示は記念資料室単独企画ではなく、他組織や団体との共催や協力のもと要請に応じるかたちで開催されたものであったが、こうした常設展示＋企画展示という形式は後の記念資料室単独開催による企画展開催の素地を形成した。

このほか一九九一年度は記念資料室本館内以外においても展示協力のかたちで学内外の展示に記念資料室が関わっており、宮城県美術館開館一〇周年記念特別展「昭和の絵画・第一部」（於、宮城県美術館。一九九一年七月一三日〜八月一一日）への協力として安井曾太郎作「玉蟲先生像」の出品も行っている。[59]時期が少し遡るが一九七七年八月、この玉蟲先生像について神奈川県立美術館から理学部を経由して生誕九十周年記念「安井曾太郎展」を開催するにあたって出陳依頼が来た事例があった。この際記念資料室は「安井曾太郎作玉虫先生の像につきましては本室において保存管理しておりますが、旧所有者であるところの第二高等学校同窓会との関係がありまして、館外への持ち出しは原則として一切おこなっておりません[60]」と依頼を断っている。一九七九年京都国立近代美術館での安井曾太郎の回顧展に当たり、「二高同窓会の会長の方々、野口明先生や黒川利雄先生のお口添えがあり、また運送・展観についてまだ例を見ないというほどの十全な保全措置を講じた上で[61]」例外的に出陳されたことがあったが、記念資料室本館移転以降、企画展を通じた旧制二高同窓会との間に展示に関わる信頼関係が醸成されていったことがわかる。

一九九二年二月一七日に開催された記念資料室運営委員会において、一九九二年度の展示会の開催について「今のところ、学内・同窓会等から展示会開催の申し出はございません」と報告があがっているように、基本的に記念資料室の企画展示は要請に応じるかたちで開催されるものであり、要請が特段ない場合には一九九〇年の事例のように、企画展そのものが開催されなかった。しかし、この年は「八月二〇日前後の寮歌祭の頃、第二高等学校・仙台工業高等専門学校・宮城県女子専門学校など包摂校関係の小展示会を構想しております」と、記念資料室独自の企画展開催が提案されている(62)。寮歌祭は旧制高校などの同窓生が当時の衣装を身に着けて寮歌を歌い伝える催事であり、仙台での寮歌祭は包摂校に関わる催事に合わせて計画されたものではあったが、記念資料室が主体的に包摂校の企画展示に取り組んだ、という意味では企画展示における一つの画期であった。先にみたように記念資料室は前年一九九一年に小規模な企画展示の複数開催を行っており、常設展示に加え小規模な企画展示を展開するノウハウの蓄積を前提としたものであったといよう。この企画展示は「古き良き時代—東北大学包摂校関係展示会—」として八月一三日から二〇日にかけて開催（来場者一一四名）され、東北放送や仙台放送、毎日新聞などで取り上げられた。この企画展開催月の八月の来場者数は二一二名で年間来場者の三〇・八％を占めている。

一九九二年には三月から五月にかけて宮田光雄、中村啓、鈴木舜一ら定年退官教官関係資料の小展示を行ったほか、六月五日前後には、「岡崎義恵先生生誕一〇〇年没後一〇年祭」に係る文学部国文学研究室関係小展示を開催、このほか理学部化学教室関係小展示を行うなど、前年に続いて複数の小規模企画展が展開された。理学部化学教室同窓生が五月、九月、一〇月と見学したという記録があることから、文学部国文学研究室関係小展示や、理学部化学教室関係小展示は、他の主催事に対応したスポット的な展示と位置づけることができる。包摂校関係以外の学内他部局研究室、教室のための記念行事に記念資料室本館展示室が利活用されるのは、移転後初の試みであり展示室利用が多様化していったことがわかる(63)。

また一九九四年二月一五日に開催された記念資料室運営委員会では一九九三年度より土曜日は閉室となったこ

表19　1993年東北大学記念資料室入場者推移

月	来館者数（人）
1	11
2	44
3	79
4	117
5	45
6	202
7	26
8	99
9	86
10	82
11	87
12	86
計	964

単位：人。
出典：「〔資料1〕東北大学記念資料室運営員会」1994年2月14日（『東北大学記念資料室運営委員会専門委員会書類』東北大学史料館所蔵）。

とが報告されたが、一方で年間来場者数はむしろ増加傾向をみせていた。これはこの年の古川商業高校の約一〇〇名、日本エスペラント協会の約五〇名など「団体の利用がいくつかあったためであり、本室が広く知られるようになってきた」と言及されているように、学外団体見学による利用が行われるようになってきたことを反映していた。(64) 加えて一九九三年の主要な団体見学をみてみると、古川商業高校の一七〇名（六月）が最多であるが、ついで東北大学初任者研修の七二名（四月）、文学部実習授業の六〇名（一二月累計）と学内見学の利用の比重も大きくなっていた。この年は昨年に続いて八月に「古き良き時代―東北大学包摂校関係展示会―」、九月にヨット部主催のかたちをとり展示会場を提供した「学友会ヨット部創立五五周年記念展示会」、一一月に「宮城県女子専門学校記念碑建立記念小展示会」が開催されているが、団体見学があった月の来場者数は、企画展開催月の来場者数と同等か上回っている。包摂校関係や同窓会的企画展示以上に、学内外の見学利用が全体の来場者数を押し上げていたのである。このことは、記念資料室の企画展示にも影響を与えていくことになる。

四　記念資料室来場者数の増加と企画展示の多様化（一九九四〜二〇〇〇年）

一九九四年（平成六）度に行われた企画展示は同年八月記念資料室主催の「卒業――帝国大学時代の一光景」であった。これは一九一四年（大正三）ごろから一九三五年（昭和一〇）ごろまでの東北帝国大学理科大学数学教室の卒業記念写真を中心に展示公開したもので、理科大学数学科初代教授林鶴一由来の未整理資料となっていたものを企画展に合わせて調査整理したものである。周年記念展示ではなく、東北大学の大学史を特定のテーマに沿って取り上げた企画展示これが初めてとなった。上記企画展は読売新聞、河北新報、NHKなどに取り上げられ、同月の入場者数も二一五名と年間最多となり、年間の来場者は一〇七三名と初めて一〇〇〇名を超えた(65)。一九九五年度は大学と地域にフォーカスした「東北帝国大学と学都仙台――学徒の見た昭和一〇年代」が一九九六年一月に開催された。一月という通常閑散期に当たるにもかかわらず一五〇名の来場者となり前年同月の四三名と比べ三倍以上の入場者数となった(66)。こうした包摂校関係展示に依拠しない東北大学に関わるテーマでの企画展の成功は、一九九〇年以降の記念資料室の認知度の高まりと、包摂校関係者に関わらない学内外からの利用者数の増加を背景としたものであり、以後の企画展示における重要な前例となっていく。また同時期の百周年記念事業の動きも要因の一つにあげられる。

一九九三年四月二〇日開催の評議会において二〇〇七年の創立百周年に向けた準備に必要な事項が、評議会直下の記念事業企画委員会に付託され、同年七月に「記念事業企画委員会における検討結果（報告）」を提出、この報告では東北大学百年史編纂・刊行事業の準備が提言された。その後設けられた東北大学百年史構想委員会の事務局的機能を記念資料室が担うこととなり、百年史編纂事業のための調査検討が進められていった。一九九五年には東北大学百年史編纂構想委員会で『東北大学百年史』編纂構想について（報告）」がまとめられたが、これによれば「改編または廃止された部局、包摂校、前身校等は関係の深い部局で、部局史の前史として取り扱う(67)」こととされ、通史として記述しない方針が提示された。東北大学をテーマに掲げた展示を主催しはじめた時期と、記念資料室が年史編纂構想の事務局的機能を果たしていた時期はほぼ重なっており、当該期、記念資料室が東北大学に直接関わる資料整理と公開に視点が向く時期であったともいえる。

もっともこうした流れが一気に進んだわけではなく、包摂校関係展示も記念資料室の主軸の企画展示として並行して行われていった。一九九六年度は旧制第二高等学校一一〇周年にあたり、第二高等学校尚志同窓会から企画展開催要請があったこともあって、包摂校関係展示が一九九六年一〇月一二日から二〇日まで開催され、同月の入場者は九五三名となった(68)。この年は年間を通して一七八一名の来場者数をみたが、企画展の占める割合は五三・五％と包摂校関係展示はなお一定の集客力を誇る展示として機能していたことがわかる(69)。

一九九七年以降は再び、東北大学に関わるテーマ企画展示に戻り、一九九七年一〇月には元教養部助教授であった玉虫静より寄贈された水彩画集と同時期の仙台市内の写真を絡めて展示した「水彩画で綴る昭和三〇年代の風景―東北大学と仙台―」を記念資料室主催で開催(70)、一九九八年一〇月には「卒業式に見る明治・大正・昭和」が行われるなど、卒業式や、大学と仙台をテーマに据えた企画が踏襲されている(71)。一九九八年は東北大学片平キャンパスにおける研究所の一般公開にあたる「片平まつり」が初めて開催された年でもあり、この「卒業式に見る明治・大正・昭和」は、上記片平まつりに協賛参加のかたちで行われたこともあって、より市民向けの企画展示になったものと思われる（企画展見学者は六〇一名）。

このほか一九九八年の企画展示でとくに話題となったのが、一一月二九日東北大学に中華人民共和国の江沢民国家主席が来学し、記念資料室および魯迅ゆかりの「階段教室」（旧仙台医学専門学校六号教室）を見学したことを記念し、一二月一日から六日まで開催された「魯迅と東北大学」であった。記念資料室では所蔵の魯迅関係の資料二六点ほか、江沢民国家主席の揮毫、来学に関する新聞記事や写真等も合わせて展示したが、一週間の開催期間の見学者は四五三七名と、一九九〇年代を通じて最多となった(72)。これは企画展期間中、事務局国際交流課の協力のもと「階段教室」もセットで見ることができたことに加え、テレビ取材五社、新聞取材五社による報道も相まって、普段入れない学内施設の見学という希少性と高い宣伝効果によるものであった。また事務局「広報調査課にて編集した「江沢民来仙関係ニュース」ビデオを展示室にて流したことで、それを見る人も多く、効果を盛り上げた」という。[73] 一一月一六日〜三〇日まで半月ほど江沢民国家主席来学準備のため臨時閉室したにもかかわらず、年間来場者数も六二三五名と大きく増加、一連の行事、また魯迅に関わるコンテンツは記念資料室の学内外の認知度に大きく貢献したといえる。

一方でその副作用として「魯迅」資料の関係施設、という印象が強まってしまったことを、企画展開催後の活動報告の中で記念資料室では問題点として以下のようにあげている。「マスコミ等であやまった名称を連呼されたのは、とても重大なことだと思う。本室は『魯迅記念資料室』でもなければ、『魯迅記念館』でもない。これを機に、「記念資料館」もしくは「東北大学資料館」と名称を変更してはどうだろうという意見がある」。[74]

その後一九九九年から二〇〇〇年にかけて行われた企画展示は、前身校に着目した企画展「解剖・仙台医学専門学校――公文書に見る明治の医学校」、退官教員の資料寄贈を受けた展覧企画である「トロポノイド化学の父野副鉄男博士資料展」、また他の企画からの協力要請を受けて行われた「東北大学における国際交流のあゆみ」と、[75] これまでの企画展開催事例に沿ったかたちで進められ、年間来場者数も九〇年代を通じての増加傾向が一段落し、一〇〇〇人台前半で落ち着くようになる。この時期までに記念資料室の企画展示の類型はほぼ形成された、といえよう。

「解剖・仙台医学専門学校――公文書に見る明治の医学校」は、魯迅の留学先で東北大学医学部の前身校である仙台医学専門学校を取り扱っていることから、前回盛況であった企画展示「魯迅と東北大学」の流れを受けており、前年同様事務局国際交流課の協力を得て階段教室見学会も行っている。一方でタイトルに「公文書」と銘打っている通り、展示では公文書の公開が強く打ち出されており、この企画展は一九九八年度東北大学教育研究協力基金による仙台医学専門学校関係資料のマイクロフィルム化と資料目録刊行の成果でもあった。[76]

表20　東北大学記念資料室企画展一覧

企画展名称	開催期間	会場(キャンパス)
〔記念資料室〕資料展	1963年10月9～10日	記念講堂(川内)
記念資料展示会	1963年11月10日	松下会館(川内)
第2回東北大学記念資料室展示会	1967年11月3～4日	松下会館(川内)
法文学部創設五十周年記念展示会	1972年8月27日	松下会館(川内)
東北大学の歴史展	1973年11月2日	附属図書館(川内)
開学記念日記念資料展示会	1979年6月19～21日	附属図書館(川内)
創立73周年東北大学の歴史に関する展示会	1980年6月17～20日	附属図書館(川内)
東北大学の歴史に関する資料展	1981年6月23～25日	附属図書館(川内)
〔創立75周年記念展示会〕	1982年6月19～24日	附属図書館(川内)
〔開学記念日〕記念資料展示会	1983年6月20～25日	附属図書館(川内)
東北大学記念資料室昭和59年度定期展示会	1984年6月18～23日	附属図書館(川内)
創立78周年記念東北大学の歴史に関する資料展	1985年6月21～27日	附属図書館(川内)
東北大学の歴史に関する資料展	1986年6月23～28日	附属図書館(川内)
第二高等学校創立百周年記念史料展	1986年10月26日～11月3日	記念資料室(片平)
〔東北大学〕創立80周年記念事業資料展示会	1987年6月19～25日	記念資料室(片平)
黒川利雄先生追想展	1988年10月20～24日	記念資料室(片平)
宮城県女子専門学校資料展	1989年10月25～31日	記念資料室(片平)
理学部開講80周年記念展	1991年9月11～16日	記念資料室(片平)
魯迅生誕100周年小展示会	1991年9月21～28日	記念資料室(片平)
旧制二高創立105周年記念展	1991年10月22～31日	記念資料室(片平)
定年退官教官関係資料の小展示	1992年3～5月	記念資料室(片平)
理学部化学教室関係小展示	1992年5，9，10月	記念資料室(片平)
文学部国文学研究室関係小展示	1992年6月5日前後	記念資料室(片平)
古き良き時代――東北大学包摂校関係展示会	1992年8月13～20日	記念資料室(片平)
古き良き時代――東北大学包摂校関係展示会	1993年8月20～26日	記念資料室(片平)
学友会ヨット部創立55周年記念展示会	1993年9月29日～10月4日	記念資料室(片平)
宮城県女子専門学校記念碑建立記念小展示会	1993年11月26日～1994年1月10日	記念資料室(片平)
卒業―帝国大学時代の一光景―	1994年8月19～25日	記念資料室(片平)
東北帝国大学と学徒仙台――学徒のみた昭和10年代	1996年1月22～28日	記念資料室(片平)
創立百十周年　第二高等学校資料展	1996年10月12～20日	記念資料室(片平)
水彩画で綴る昭和30年代の風景―東北大学と仙台―	1997年10月24～30日	記念資料室(片平)
卒業式にみる明治・大正・昭和	1998年10月27日～11月13日	記念資料室(片平)
魯迅と東北大学	1998年12月1～6日	記念資料室(片平)
解剖・仙台医学専門学校――公文書に見る明治の医学校	1999年11月2～19日	記念資料室(片平)
トロポノイド化学の父 野副鉄男博士資料展	2000年1月5日～2月29日	記念資料室(片平)
東北大学における国際交流のあゆみ	2000年8月22日～9月30日	記念資料室(片平)

出典：『東北大学附属図書館報　木這子』Vol. 7～11（1982～86年），『記念資料室関係綴　昭和38～43年』，『運営委員会議事録（原議書）等　昭和42年～昭和61年』，『記念資料室関係綴　昭和五十五年三月～六十二年六月』，『記念資料室運営委員会運営委員会専門委員会議事要録関係綴　昭和62年度～昭和63年度（委嘱任免を含む）』，『記念資料室運営委員会同専門委員会関係綴　平成元年度～』，『東北大学記念資料室運営委員会専門委員会書類』，『東北大学記念資料室運営委員会専門委員会書類』東北大学史料館所蔵。

記念資料室では一九九八年二月一六日開催の記念資料室運営委員会において、文書館的な機能の明確化と整備の必要性が示された「記念資料室の長期的整備について」が承認されており、[77] また一九九九年の行政機関の保有する情報の公開に関する法律（以下、情報公開法）の制定もあり、全学的な公文書保存システムと記念資料室の在り方の検討も進んでいた時期にあった。[78] 二〇〇〇年の記念資料室から史料館への改組を見据える中で、公文書の保存・整理・公開という公文書管理を事業の柱とする大学アーカイブズへの変化の過程が、企画展示の在り方にも投影されていくことになるのである。

おわりに

一九六三年（昭和三八）、記念資料室設置に伴い制定された、東北大学記念資料室設置規程は「記念資料室は、本学の歴史に関係ある記念となる資料を収集し、これを整理保存して、利用に供するとともに、本学の歴史に関する理解を深め、もって本学及び学術の発展に寄与することを目的とする」[79] と定めており、記念資料室の設置目的に展示公開は語句として明示されていない。しかし、これまでみてきたように記念資料室は一九六三年の設置当初から展示活動を展開しており、実態としては記念資料室の活動の中で展示は一定の位置づけがなされていた。設置当初記念資料室が展示を行った背景には、学内に分散保存されていた包摂校関係資料の一元管理を見据えた上で、展示を通じた学内における資料把握と、収集された資料を公開することで、更なる移管・寄贈の呼び水とする意味合いがあった。一九六〇年代後半は片平キャンパスから青葉山キャンパスへの理工系学部の移転に伴い、文書資料のみならず大型の実験機材等の収集も図られた。こうした所蔵資料の増加に伴い、記念資料室の狭隘性が問題となる中で、収蔵機能に加え常設の展示スペース要求がなされていくことになる。

この展示機能を有する施設の要求は、東北大学の周年事業の中に位置づけられることによって進展し、片平キャンパスにあった旧附属図書館跡を改修することで実現することになるが、一九八六年の開館時には第二高等学校創立百周年記念史料展が開かれているように、一九九〇年代初頭まで記念資料室は独自の展示を主催するというよりは、包摂校・前身校の展示開催要求を受け入れるかたちで催事が展開されていった。とりわけ第二高等学校尚志同窓会は、記念資料室本館の開館に当たって展示用什器を寄贈したほか、同窓会を通じた資料収集とその後の記念資料室への寄贈の橋渡しを行うなど、密接な関係を持っており、学長の中にも旧制二高卒業者が少なくなかったこともあって、記念資料室の展示方針に与える影響力は大きかった。こうした状況もあって一九八八年の記念資料室運営委員会専門委員会では、包摂校同窓会から展示会等の開催の要望があった場合は、誠意をもって希望に副うようにすることが決議されるようになる。記念資料室の展示機能の充実は、旧制高校を中心とした顕彰機能と接合することで実現し、包摂校同窓会との密接な関係の上に成り立っていたといえよう。

加えて、一九九〇年代に二回開催された魯迅に関する企画展は、記念資料室の主体的な事業というよりは協力要請のもと実施されたものであったが、結果的に記念資料室は内外に、魯迅関係資料の所蔵機関としての認知度を強めることとなった。

このように包摂校・前身校関係の展示は一九九〇年代を通じても開催され続けたが、一九九四年度以降は、包摂校に依拠しない東北大学史に関する企画展が多くなり、一九九〇年代後半になると、未整理公文書の公開と展示を接合する企画展がみられるようになる。企画展示と絡めて目録を公開する試みは一九八二年の創立七五周年記念展示にすでにみられたが、公文書を銘打つ企画展は一九九〇年代後半の特徴であり、情報公開法制定の機運や、全学的な公文書管理の在り方の再検討の中で記念資料室の改組を見据えたものであったといえる。また包摂校関係の展示が相対的に低下する背景には、東北大学百周年記念事業として東北大学百年史編纂が立ち上がる中、包摂校は通史ではなく、部局史の前史として整理されたことも要因としてあげられる。百年史編纂構想の初期においては、記念資料室が事務局的機能を担っていたため、百年史編纂構想の中で記念資料室の立ち位置が模索されていた。企画展示にもそうした影響が一定程度反映されていったと思われる。

以上みてきたように、記念資料室の展示は時期ごとに画期があり、それらは時期に応じた資料収集公開の方針と大学および包摂校同窓会の周年事業を反映したものであった。大学アーカイブズとしての展示論の議論が日本においてほとんどなかった時期にあって、記念資料室の企画展示は、東北大学が当該期重視していた「記念資料」の在り方そのものを投影するものであったといえよう。一方、それは来場者数の着実な増加に裏付けられるように、東北大学の中で、大学の記録を保存・整理・公開する組織の意義が認知されていく過程でもあった。展示はその重要な役割を果たし、本格的な大学アーカイブズの整備を見据えた二〇〇〇年以降の東北大学史料館の改組につながっていくのである。

註

（1）中野等「文書館（史料館）における「展示」業務――柳川古文書館を素材として」（『記録と史料』第二号、一九九一年）、森本祥子「アーキビストの専門性　普及活動の視点から」（『史料館研究紀要』二七、一九九六年）。森本の議論は幅広いが日本の事例については、地方自治体の公文書館が中心となっている。このほか地方自治体の公文書館展示に関する事例としては、青山英幸「報告――開館五周年記念特別展示について」（『北海道立文書館紀要』六、一九九一年）、柴田知彰「記録史料の展示に関する一考察」（『秋田県公文書館研究紀要』三、一九九七年）など。

（2）折田悦郎「国立大学アーカイブ私論」（『大学アーカイヴス機能についての基礎的研究―「大学改革」との関連において―』平成一四～一五年度科学研究費補助金基盤研究（B）二〈研究成果報告書研究代表者・新谷恭明〉、二〇〇二年）、西山伸「〈記録〉大学文書館における展示活動―常設展「京都大学の歴史」を中心に―」（『京都大学大学文書館研究紀要』三、二〇〇五年）、小池聖一「大学文書館のサービス戦略」（『情報の科学と技術』五八（一一）、二〇〇八年）、堀田慎一郎「大学アーカイブズの展示活動とその諸問題―名古屋大学における「八高展」を事例に―」（『名古屋大学大学文書資料室紀要』一七、二〇〇九年)。

(3) ここではすべてを載せることは控えるが国立大学における企画展示で代表的なものとして、小宮山道夫「旧制広島高等学校創立八〇年記念資料展「広高二六年の歴史」」(『広島大学史紀要』六、二〇〇四年)、菅真城「広島大学文書館企画展示「金井学校の二人展――平岡敬と大牟田稔」の記録」(『広島大学文書館紀要』八、二〇〇六年)や『北海道大学大学文書館年報』、『東北大学史料館紀要』の展示記録など。

(4) 西山前掲、一三八頁。

(5) 「記念講堂について(依頼)」一九六三年一〇月三日(『記念資料室関係綴　昭和三八~四三年』史料館／二〇一七／一九、東北大学史料館所蔵。以下、註にあげる資料は断りのない限り、東北大学史料館所蔵、また初出以降の識別番号は省略)。

(6) 原田隆吉「東北大学記念資料室の発足」(原田隆吉図書館学論集刊行委員会編『原田隆吉図書館学論集』雄松堂、一九九六年)三五四頁。

(7) 「東北大学記念資料室設置規程」『記念資料室関係綴　昭和三八~四三年』。

(8) 東北大学記念講堂は東北大学創立五十周年記念事業の一環として建設が企画され一九六〇年に落成。松下会館は松下幸之助の寄附による記念講堂と一体的に隣接した別館で同時期に竣工した。

(9) 「東北大学記念資料展示目録」一九六三年一一月一〇日『記念資料室関係綴　昭和三八~四三年』。新制大学時に東北大学に包括された、第二高等学校、仙台高等工業学校、宮城師範学校、宮城県女子専門学校などについて本章では「包摂校」と名称し記述する。

(10) 「本学記念資料展示会への貴分校関係の記念資料の出品方について(依頼)」一九六三年一一月四日『記念資料室関係綴　昭和三八~四三年』。川内分校は新制大学時の包摂校をもとに組織されており、一九六四年には教養部に改組。

(11) 前掲「東北大学記念資料室の発足」三五四頁。

(12) 「第二回東北大学記念資料室展示会　まえがき」(『運営委員会議事録(原議書)等　昭和四二年~昭和六一年』史料館／二〇一七／二)。

(13) 「第二回東北大学記念資料室展示会　目録」『運営委員会議事録(原議書)等　昭和四二年~昭和六一年』。

(14) 『東北大学附属図書館月報図書館通信』二〇(一九六五年)、一頁。

（15）『東北大学附属図書館月報図書館通信』三七（一九六七年）、一頁。
（16）『東北大学附属図書館月報図書館通信』五〇（一九六八年）、一頁。
（17）『昭和四三年　評議会議事録』。
（18）『東北大学附属図書館月報図書館通信』五三（一九六八年）、一頁。
（19）『東北大学附属図書館月報図書館通信』一四（一九六四年）、三頁。
（20）一九六八年ごろに作成された「内部的必要条件のアブストラクト」には展示スペースの必要性が明記されている。原田隆吉「東北大学附属図書館の新営における設計図段階」（原田隆吉図書館学論集刊行委員会編『原田隆吉図書館学論集』雄松堂、一九九六年）二六六～二六七頁。
（21）〔竹内利美発菊池喜充宛依頼状〕一九六八年一二月一八日『記念資料室関係綴　昭和三八～四三年』。
（22）『東北大学附属図書館月報図書館通信』七九（一九七〇年）、一頁。
（23）『東北大学附属図書館月報図書館通信』八二（一九七一年）、一〇頁。
（24）前掲『東北大学附属図書館月報図書館通信』八二、六頁。
（25）永田英明「東北大学記念資料室年表」（『東北大学記念資料室関係資料集』二〇〇四年、史料館／二〇一七／二二一二）。
（26）「「創立七三周年記念東北大学の歴史に関する展示会」の開催について（通知）」一九八〇年六月一二日（『記念資料室関係綴　昭和五十五年三月～六十二年六月』史料館／二〇一七／二二四）。
（27）「記念資料室運営委員会議事録」一九八三年九月一九日『記念資料室関係綴　昭和五十五年三月～六十二年六月』。
（28）前掲「記念資料室運営委員会議事録」一九八三年九月一九日。
（29）前掲「記念資料室運営委員会議事録」一九八三年九月一九日。
（30）「旧図書館建物の一部を記念資料室として使用する計画について（依頼）」一九八三年九月二六日『記念資料室関係綴　昭和五十五年三月～六十二年六月』。この依頼以前、一九八三年三月段階で片平地区協議会には建物の一部使用について一応の意向が伝えられている（「記念資料室運営委員会議事録」一九八三年九月一九日）。
（31）「旧図書館建物を記念資料室として利用する案」一九八三年三月一九日『記念資料室関係綴　昭和五十五年三月～六十二年六月』。

(32)「記念資料室運営委員会議事録」一九八六年三月一八日『記念資料室関係綴　昭和五十五年三月～六十二年六月』。
(33)「九月一日一〇：三〇東北大学運営委員会シナリオ（原田）」『記念資料室関係綴　昭和五十五年三月～六十二年六月』。
(34)「東北大学記念資料寄贈者に対する礼状の送付について（伺）」一九八七年八月一日『記念資料室関係綴　昭和五十五年三月～六十二年六月』。
(35)当初、一九八五年四月一日より一九八九年三月三一日まで委嘱。専門員は記念資料収集の援助を行うもので、記念資料に関する豊富な識見を有する者のうちから室長が委嘱するとされていた（東北大学記念資料室設置規程第四条）。
(36)原田隆吉「東北大学記念資料室新館の開館」（『東北大学附属図書館報』一一―三、一九八六年）四頁。
(37)加藤陸奥雄「旧制第二高等学校創立百周年に寄せて」（『東北大学学報』第一一八七号、一九八六年）二五頁。
(38)「記念資料室運営委員会議事要録」一九八七年五月一八日『記念資料室関係綴　昭和五十五年三月～六十二年六月』。
(39)記念資料室が設置されていた一九六三～二〇〇〇年において歴代学長・総長九名のうち、旧制二高出身者は四名で、うち第一〇代学長黒川利雄は同窓会長、第一三代加藤陸奥雄は同窓会副会長も務めている。
(40)前掲「九月一日一〇：三〇東北大学運営委員会シナリオ（原田）」。
(41)「記念資料館がオープン　大学の歴史を一堂に　東北大から片平キャンパス」（『東北大学生新聞』第一三〇号、一九八六年一一月一五日）。
(42)前掲『東北大学生新聞』第一三〇号。
(43)「仙台おもしろ名所　懐かし美し大正建築　東北大学記念資料室新館」（『ディノスリビング』八、一九八七年三月七日号）S二頁。
(44)「記念資料室運営委員会議事要録」一九八七年五月一八日『記念資料室関係綴　昭和五十五年三月～六十二年六月』。
(45)前掲「記念資料室運営委員会議事要録」一九八七年五月一八日。
(46)「記念資料展示会（草案）」『記念資料室関係綴　昭和五十五年三月～六十二年六月』。
(47)「記念資料展示会」『記念資料室関係綴　昭和五十五年三月～六十二年六月』。
(48)「（案）東北大学創立八〇周年記念資料展」『記念資料室関係綴　昭和五十五年三月～六十二年六月』。
(49)「記念資料室運営委員会専門委員会」一九八八年七月一二日（『記念資料室運営委員会運営委員会専門委員会議事要録関係綴　昭和六二年度～昭和六三年度（委嘱任免を含む）』史料館／二〇一七／二五、以下『運営委員会専門委員会議

事要録　昭和六二年度〜昭和六三年度』）。
(50) 前掲「記念資料室運営委員会議事要録」一九八七年五月一八日。
(51) 前掲「記念資料室運営委員会専門委員会」一九八八年七月一二日。
(52) 「（委員長用の進行メモ）記念資料室専門委員会」一九八八年七月一二日（『運営委員会専門委員会議事要録　昭和六二年度〜昭和六三年度』）。
(53) 「昭和六三年度第一回記念資料室運営委員会」一九八九年一月一七日『記念資料室運営委員会同専門委員会議事概要・議事要録（助手用）S六三末〜H四年』史料館／二〇一七／三三）。
(54) 「平成元年度第一回記念資料室運営委員会専門委員会」一九八九年七月一〇日『記念資料室運営委員会同専門委員会関係綴　平成元年度〜』史料館／二〇一七／一一、以下『運営委員会同専門委員会H一〜』。
(55) 「平成元年度事業実施状況」一九九〇年一月一一日（『運営委員会同専門委員会H一〜』。
(56) 「平成二年度第一回記念資料室運営委員会専門委員会」一九九〇年一二月一三日『運営委員会同専門委員会H一〜』。
(57) 「魯迅生誕一一〇周年仙台記念事業（案）」一九九一年二月一八日『運営委員会同専門委員会H一〜』。
(58) 「創立八〇周年記念展示準備にともなう閲覧停止について（案）」一九八七年五月一五日『記念資料室関係綴　昭和五十五年三月〜六十二年六月』。
(59) 「平成三年度事業計画の進捗状況・活動状況について」一九九二年二月一三日『運営委員会同専門委員会H一〜』。
(60) 「（原田隆吉記念資料室副室長発理学部宛陳列依頼回答控え）」一九七七年八月一五日『運営委員会議事録（原議書）等　昭和四二〜昭和六一年』。
(61) 原田隆吉「安井曾太郎と東北大学」（『東北大学附属図書館報　木這子』四―一）一頁。
(62) 「平成三年度第一回記念資料室運営員会」一九九二年二月一七日『運営委員会同専門委員会H一〜』。
(63) 「平成四年度事業計画の進捗状況・活動状況について」一九九三年二月二日『東北大学記念資料室運営委員会専門委員会書類』史料館／二〇一七／二一、以下『運営委員会専門委員会書類』）。
(64) 「〔資料二〕東北大学記念資料室運営委員会専門委員会」一九九四年二月『運営委員会専門委員会書類』。
(65) 「〔資料二〕東北大学記念資料室運営委員会専門委員会」一九九五年二月一三日『運営委員会専門委員会書類』。
(66) 「〔資料三〕東北大学記念資料室運営委員会専門委員会」一九九六年二月一三日『運営委員会専門委員会書類』。

(67)『東北大学百年史』編纂構想について（報告）」一九九五年二月一七日『百年史構想委員会』。
(68)前掲「〔資料三〕東北大学記念資料室運営委員会専門委員会」。
(69)「〔資料一〕東北大学記念資料室運営委員会」一九九七年二月一七日『運営委員会専門委員会書類』。
(70)「〔資料三〕東北大学記念資料室運営委員会専門委員会」一九九八年二月二日『運営委員会専門委員会書類』。
(71)「〔資料一〕記念資料室運営委員会」一九九九年二月一六日『運営委員会専門委員会書類』。
(72)前掲「〔資料一〕記念資料室運営委員会」一九九九年二月一六日。
(73)「東北大学記念資料室活動報告　平成一〇年九月二八日～一二月二八日現在」一九九八年一二月二八日『記念資料室関係綴（活動報告・資料利用申請等）自平一〇年四月～至平一一年三月』。
(74)前掲「東北大学記念資料室活動報告　平成一〇年九月二八日～一二月二八日現在」。
(75)二〇〇〇年八月一八日に開催されたＩＳＲＥ二〇〇〇（二一世紀の研究と教育に関する国際シンポジウム）に合わせた見学会や企画展示の要請が同年六月までに金属材料研究所教員を通じてなされている。「東北大学記念資料室活動報告　平成一二年四月～六月三〇日現在」「東北大学記念資料室活動報告　平成一二年七月～九月末日現在」『記念資料室関係綴　自平成一一年四月至平成一二年三月』。
(76)『東北大学記念資料室所蔵　仙台医学専門学校資料目録』（東北大学記念資料室、一九九九年）。
(77)「記念資料室の長期的整備について」一九九八年二月一六日『運営委員会専門委員会書類』。
(78)「〔資料六〕記念資料室の長期的整備について」一九九九年二月二日『運営委員会専門委員会書類』。
(79)「東北大学記念資料室設置規程」一九六三年七月一六日制定『記念資料室関係綴　昭和三八～四三年』。

第八章　国立大学法人化問題と東北大学アーカイブズの改組

――記念資料室から史料館へ――

はじめに

本章は日本初の大学アーカイブズとして一九六三年（昭和三八）に設置された東北大学記念資料室が、二〇〇〇年（平成一二）東北大学史料館として改組される過程を明らかにするものである。東北大学記念資料室から東北大学史料館への改組の要因については、桑尾光太郎・谷本宗生が、この東北大学における動きを、京都大学や名古屋大学・広島大学・九州大学などの事例と合わせて「大学アーカイヴズの設置と充実にとって、情報公開法の施行は大きな契機となった」(1)と、二〇〇一年四月に行われた行政機関の保有する情報の公開に関する法律（以下、情報公開法）施行とその対応の中に位置づけている。また菅真城も情報公開法によって「保存期間が満了した行政文書（国立大学法人化後は法人文書）の受入れ機関として大学アーカイブズが位置づけられるようになったのである。二〇〇〇年には京都大学大学文書館が新設され、東北大学記念資料室は史料館に改組された」と整理している。(2)これらの先行研究は、東北大学における大学アーカイブズ改組の動きを情報公開法の反映という文脈で説明したものといってよい。

日本における国立大学アーカイブズの歴史的展開を考察する上で、これらの先行研究が指摘する情報公開法の画期性は十分に踏まえる必要があるが、一方、第二章で明らかにしているように、東京大学のように情報公開法に対応した大学アーカイブズへの体制移行が行われなかった事例も存在しており、(3)大学アーカイブズの改組を情報公開法の影響のみに収斂させることは、二〇世紀後半の大学アーカイブズの展開過程の多義性を捉える視座を狭めてしまうことにもつながりかねない。二〇〇〇年前後の情報公開法の機運を一部の国立大学がなにゆえ、大学アーカイブズの設置・拡充に結びつけることができたのか、その要因の解明こそが、大学アーカイブズ史上の課題といえよう。

この点、東北大学史料館への改組について、永田英明が公文書移管の制度整備に加えて、東北大学の百年史編纂事業による契機の二面性があったことを指摘していること、(4)また『東北大学百年史』が一九九八年に評議会のもとに置かれた「東北大学の在り方に関する検討委員会」における検討を契機に提起され、実現に至ったとしていることは示唆的である。(5)これらは東北大学史料館への改組については、情報公開法に基づくものだけではなく、大学内における他事業や将来構想との関係を含めた分析が必要であることを意味している。

本章では、以上の先行研究と問題関心を踏まえ、東北大学記念資料室内における資料収集や施設整備方針などの議論、学内全体・他部局の動向の影響、国の法整備の各要素に着目しながら、東北大学史料館への改組過程の分析を試みる。時期設定としては、「館」名称への改組根拠の前提となる、東北大学記念資料室の旧附属図書館建物への移転（一九八六年度）以降、二〇〇〇年度の東北大学史料館への改組までを取り上げることとし、東北大学史料館所蔵の記念資料室運営委員会、同専門委員会の一次史料を通じて、改組に係る展開過程を実証的に明らかにしたい。

一　一九八〇年代後半における教官データベース作成計画と学術史の情報集約構想

記念資料室の改組の前提となる議論として、まずは一九八〇年代半ば以降の二つの記念資料室の運営整備案についてみていきたい。一つは「東北大学停年退職教官の学術業績及び現職教官の研究テーマ・授業題目に関するデータベースの作成について」（以下、教官データベース作成計画）である。

一九八〇年代半ば、東北大学記念資料室は運営の画期を迎えていた。一九八六年（昭和六一）一〇月片平キャンパスの旧附属図書館が記念資料室本館として改修され、川内キャンパス附属図書館内の一室に置かれていた記念資料室が移転することとなったのである。加えて一九八七年三月には記念資料室発足以来、副室長として記念資料室の運営に主導的な役割を担ってきた原田隆吉教授が定年退官し、図書館業務と兼務していた新田孝子・坪井一助手二名も交代、記念資料室専任助手として新任の樋口知志・山谷幸司二名が配置されるなど、当時の記念資料室は大きなスタッフ交代と新館移転がほぼ同時期に行われていたのである。

一九八〇年代半ばまで記念資料室の運営体制としては、学長を委員長とし、部局長を委員とする運営委員会が置かれていたが[6]、記念資料室の古参教官の不在と、附属図書館から物理的に分離した新たな記念資料室の方針策定という課題に対処するため、一九八七年度から記念資料室運営委員会の下に専門委員会が置かれることとなる。この専門委員会は記念資料室長（図書館長兼務）を委員長に、文系学部から二名、理系学部から二名、附置研究所から一名を委員とし、運営に関わる実質的な議論を行っていくことになっていた[7]。

一九八七年六月に開催された第一回記念資料室運営委員会専門委員会（以下、専門委員会）では、記念資料室の

記念資料室運営委員会

委員長：学長（総長）→1998年度以降副総長

委員：記念資料室長（図書館長），部局長級，事務局長，学生部長

幹事：事務局部長級，附属図書館事務部長

記念資料室運営委員会専門委員会

委員長：記念資料室長（図書館長兼務）

委員：文系学部2名，理系学部2名，附置研究所1名

列席：附属図書館事務部長，議事に関係する図書館職員（年次により変化）
記念資料室助手，同専門員

記念資料室

図10　東北大学記念資料室運営体制（1987〜2000年。『記念資料室運営委員会同専門委員会議事概要・議事要録（助手用）S63末〜H4年』，『東北大学記念資料室運営委員会専門委員会書類』東北大学史料館所蔵）

当面する諸問題として、①資料収集の基本方針、収蔵資料の保存方針、②収蔵資料の整理作業、③記念資料室と旧制二高同窓会との関わり、④記念資料室本館内に設置された貴賓室の使用の四点があげられている(8)。

当面する諸問題としてあげられた四点のうち、②〜④までの三点については一九八八年までに、それぞれ②については、記念資料室叢書（目録）の刊行と「資料の整理基準（案）」の提示、③については、包摂校同窓会から展示会開催等の要望があった場合、誠意をもって希望に添うようにすること、④については、原則として学長および東北大学の来賓者の応接室として使用するなど順次結論を出していくことになる(9)。一方で、記念資料室の運営方針に最も影響を与える可能性があった議論が①であった。

一九八七年六月の専門委員会では、「今後の資料収集は東北大学一〇〇年史編纂に関わる収集となる(10)」とされ、一九八八年三月に開催された運営委員会でも、将来計画として東北大学百年史編纂に向け関係資料収集基準の作成、ならびに保管設備の年次計画整備があげられるようになる。一九八〇年代後半の記念資料室の資料の収集・保存方針については百年

史編纂を見越した位置づけが模索されていたのである。また一九八八年三月の運営委員会では、これに加えて、「退職教官の学術研究業績及び現職教官の研究テーマ・授業題目等公刊された資料に基づいて教官のプロフィールに関するデータベース作成を計画している」(11)ことが報告されており、教官データベース作成計画案が委員会レベルで話し合われた初発となった。同年七月の専門委員会の席上、塚本哲人委員長は、教官データベース作成計画について、「停年退職教官の学術研究業績に関しては、昭和三九年度から「停年退職教官著作等目録」として、記念資料室において作成し保存しているが、さらに関係部局の協力を得て、本学学術史に関する基礎資料の形成を図りたいと考えている。また、東北大学百年史編纂時の資料としても準備したい」(12)と目的等その概略の説明を行っているように、教官データベース作成計画は、学術史に関する基礎資料形成、および百年史編纂準備の両面に係る事業として企図されたものであった。また専門委員会に列席していた附属図書館調査研究室の石垣久四郎研究員から、データベース・ファイル構成、システム設定について説明があり、データベース公開自体は技術的には可能であることが報告されているように、このデータベース計画は附属図書館や全学的な情報処理システムとの関係の中で提起されたものであったと思われる。

東北大学では、全学委員会である情報科学委員会によって一九八六年に「東北大学における総合情報ネットワークシステムの構想―計算機群の有機的活用―＝ＴＡＩＮＳ＝」報告書が取りまとめられ、一九八八年四月より、自営方式でキャンパス間を光ファイバーで結ぶ東北大学総合情報ネットワークシステム（ＴＡＩＮＳ）の運用を開始していた。附属図書館でも一九八六年度に文部省から図書館業務電算化経費の予算措置がなされたことを機に、学術情報センター（のちの国立情報学研究所）が構築を進めていた目録所在情報システムとＴＡＩＮＳに対応可能な仕様のもとで、一九八七年に東北大学附属図書館情報処理ネットワークシステム（Ｔ‐ＬＩＮＥＳ）の第一次システムを導入・稼働させるなど、図書館業務の電算化を進めていた時期であった。(13)

一九八八年七月の専門委員会では塚本委員長から「本年三月一四日の記念資料室運営委員会において、記念資料室の運営状況について説明を行った際に、概算要求書の提出を目前に控えている時期であったことから、記念資料室の存在価値をＰＲする意味も含め、今後の事業計画の一つとして、本学学術史に関する基礎資料の形成に資するため、昭和六三年度から標記データベースを作成する計画について説明し[14]」た、と意図が開陳されている。また記念資料収集の基準についても委員から「今までは制度的なものが中心になっているが、これに加えて学内教官・学生の日常的な資料（例えば、研究・教育の諸活動、国際交流関係、サークル活動、学寮生活、新旧建物の写真、その時代時代の学内の動向等）の収集、また、可能であれば記念資料室の機能の一つとして、各部局が独自に保有する記念資料のリストの作成等、記念資料の情報センター的な役割を持たせてはどうか[15]」という発言がなされている。この時期、記念資料室の将来的な方向性として、記念資料室が作成保存してきた、定年退職教官著作目録を前提として、百年史編纂を視野に入れた学術史資料等の収集を図り、それを全学的なネットワークを通じて公開する組織像が描かれていたといえよう。

この教官データベース作成計画は一九八八年三月の運営委員会において了承され、一九八八年度から二か年学内共通経費申請の予算が通ったが、計画を進めていくに当たって公開の問題は将来的に整備することとし[16]、問題を先送りにしたことが後にネックとなっていく。一九八九年一月の運営委員会において、公開に当たり「データベースの有効性や利点は認められるが、本人の意向と無関係に、事務的に作成されるのはどうか。本人に確認してもらう等、その取扱いについては慎重を期するようにしてほしい[17]」との意見が出され、プライバシー問題に対する配慮および、その方面の専門家を専門委員会に加えることが要請された。

一方、専門委員会は一九八九年四月に「記念資料室運営委員会専門委員会報告書」を石田名香雄運営委員長（学長）に提出、データベース作成に当たっては「各教官が本学の公人として行った研究業績を対象に、既に公表されている資料に基づき作成し、公開に関しては関係規程を整備することとしていることから、プライバシーに関して問題が生じることはないものと思われる」、「プライバシー問題に限ってその専門家を増員することは、専門委員会としては現段階としてはその必要性は低いと判断[18]」していることが報告され、議論が平行線となっていく。

最終的には一九八九年四月の運営委員会において、公開に関する関係規程が整備されるまでは、学内・学外においても直接アクセスできないようにするとともに、当面はデータ入力だけに止めおくこととし、また現職教官の研究テーマ・授業題目に関する事項はデータベース作成要領からは除くこととなった。この決定後、具体的な公開規程の制定の議論は行われた形跡はみられず、事実上の議論の打ち止めを意味していた。また記念資料室側としても実際には使用ソフトに習熟したスタッフがおらず、データベース作成の進捗状況は遅れ、一九九一年までかかることになり、大規模データ処理に適した機器に関する予算措置もなされなかったことから[19]、定例的な定年退官著作目録の作成のみが行われ、一九九一年度分以降のデータベース作成事業は以後停止されることになる[20]。このようにして、記念資料室が教官データベース作成計画をもとに、学術史の情報センター的役割を担う構想は実現しなかったのである。

二　一九九〇年代における百年史編纂構想の具体化と記念資料室の長期的整備案

二つ目の記念資料室の運営整備案は一九九〇年代、教官データベース作成計画とは別の文脈から持ち上がってくることになる。一九九四年（平成六）二月八日に開催された記念資料室の専門委員会では、一九九二年度から着任していた中川学助手より「記念資料室の長期的整備について（案）」（以下、長期的整備案）が報告された。報告は広範にわたるかたちでの広報活動、資料保存環境・資料所蔵スペースについて長期的整備が必要であるというもので、(21)とりわけ専門委員会では「「資料の劣化」や「資料所蔵スペースの不足」等への対策については、長期的な課題として問題点を整理していく」こととした。(22)同年二月一四日に開催された運営委員会において、菊地和聖室長が「昨年百年史編纂構想委員会が設置され、今後百年史関連の各種資料の受入もあり、資料収蔵スペースの問題が長期的課題である」(23)と発言しているように、この長期的整備案は百年史編纂構想との関連の中で持ち上がってきた問題であった。

先の教官データベース作成計画も百年史編纂を見越した事業として企図されたものであったが、編纂計画自体は一九八〇年代において全くの白紙であった。しかし、二〇〇七年の百周年に向けた事業について、一九九三年七月、全学委員会である記念事業企画委員会が「記念事業企画委員会における検討結果について（報告）」を取りまとめたことで、編纂計画は学内の具体的な検討事項として俎上にあがることになる。この報告では「創立百周年にあたって、東北大学百年史を編纂・刊行することが学内の総意であると思われる」(24)とされ、編纂の基本方針、編纂組織、百年史の構成、関係資料の収集などに関する事項を専門的に検討し、草案をつくる編纂構想委員会を記念事業企画委員会の下に設けることとされていた。この検討結果を受け、同年中に百年史編纂構想委員会は設置され、以後、編纂構想の具体化を担うこととなる。

この報告がまとめられるに当たり、記念資料室は一九九三年六月段階で、百年史編纂事業への関わり方について以下のような意見を述べている。

一　本来、東北大学のアーカイブス（文書館・資料館）として機能すべき記念資料室は、百年史の編纂事業の有無にかかわらず、継続して果たすべき固有の任務をもっている。

二　とくに、定年退職する教官の著作目録の作成や肖像写真の撮影、資料の貸出、展示会への協力、各種の照会に対する回答など、対外的な窓口としての役割があり、百年史の編纂と直接関係のない業務も多い。

三　また、現在、記念資料室の事務は附属図書館が担当しているが、百年史編纂活動が本格化した場合の事務量は、到底、図書館の手に負えるものではない。したがって、将来「百年史編纂委員会」（?）が設置された場合には、記念資料室とは別に、同委員会のもとに強力な事務機構（「百年史編纂室」?）を置く必要がある。

四　しかし、初期の「百年史構想検討委員会」（?）が活動する当面の期間は、記念資料室の現体制（助手一、事務補佐員一名）に非常勤職員一名程度を補充して、聴き取り調査や映像撮影などの資料収集能力を強化する程度で対応できるのではないか。

五　具体的には、上記の非常勤職員の人件費のほか、委員と室員に対して若干の調査旅費を用意する程度の体制強化を行えば、当面必要な資料収集のほか、構想検討委員会の事務局をつとめることも可能かと思われる。

六　そして、将来、本格的な百年史編纂室が設置された時点で、記念資料室は本来の業務に復帰する。(25)

ここでは記念資料室は、大学アーカイブズとして、編纂事業とは別の役割があるとしつつも、編纂構想段階においては、その準備や事務局的機能を果たす、という考え方が示されている。一九九四年以降の長期的整備案はこうした学内における百年史編纂の動きを受けたものであり、「百年史編纂構想委員会による調査・収集に伴う寄贈資料の増大が予想される現在、今後どのような形で対応してゆくべきか」(26)という課題の中で、保存機能の強化を模索するものであった。

百年史編纂構想自体は、その後百年史編纂構想委員会における二年の議論を経て一九九五年二月『東北大学百年史』編纂構想」が取りまとめられ、百周年記念事業企画委員会に提出・承認、同年三月評議会に報告されることとなる。この『東北大学百年史』編纂構想」では、最終的に、編纂事業を推進する機関として、編纂室を設けること、また「編纂室は、既設の記念資料室と密接な関係にあるが、記念資料室には本来の業務があり独自の役割を有するから、記念資料室とは別に設置すべきである」[27]ことが明記された。また当時の百年史編纂構想委員会の委員長は、文学部教授の渡邉信夫が務めていたが、渡邉は百年史編纂構想の議論の初発より「本格的な編纂事業に着手する際には独立した編纂室を設置する必要がある」[28]という考えを持っており、百年史編纂室と記念資料室の分離案は渡邉の考えも影響を与えたと思われる。また渡邉は記念資料室の専門委員会委員も務めており[29]、百年史編纂構想委員会の事務局は記念資料室が担い、会議も記念資料室本館内貴賓室で行われていた。『東北大学百年史』編纂構想」と記念資料室の長期的整備案は、相互に関連した形で検討されていったということがいえよう。

記念資料室の長期的整備案のうち、保存スペースの確保については、一九九六年二月一三日の専門委員会において、記念資料室が置かれた東北大学片平キャンパス近辺に史料保管庫分室を確保することが議論され、一九九七年までに旧理学部化学教室棟に新資料保存室を確保することとなる[30]。

一方、この専門委員会でより重要であったのは、長期的整備案に文書館的機能が求められたことであった。専門委員会で配付された資料には、「―文書館的機能の付加―本室は、本学に関する「記念資料」の収集・保存・調査・展示等を主たる業務としているが、各部局における保存文書・資料の増大と保管スペースの不足などの現状から、文書・資料等の保存に関する規定を見直し、「東北大学公文書館」的な役割を併せもつ機関となるような方向性を持つ必要があるのではないか」[31]と今後の方向性が示され、①（公）文書資料の収集・保存・利用の促進、②収集記念資料の限定、③資料利用環境の整備という三つの「柱にしたがって運営を行っていく必要があると考えられる」とした。①については「百年史に向けて、文書資料に重点を置いた事業方針が不可欠」であることがうたわれ、②については具体的には「教官の業績関係資料は、今後、著作目録の作成・保存のみをおこなう方向」とし、そのため記念資料収集規程の再検討を提起している。学術研究に関する収集を限定的にし、公文書を軸とする収集・保存・利用に重点を置くこの長期的整備案は、一九八〇年代の学術史に関する基礎資料形成を目指す方向とは明確に異なり、記念資料室の収蔵機能に議論が集約されていた初期の長期的整備案からも踏み込んだ、文書館構想の提案であったといえる。

一九九六年二月一三日記念資料室の専門委員会に議題として出された新たな長期的整備案は原案通り承認され[32]、翌一九九七年二月、親委員会の運営委員会において「百年史編纂事業を契機とした全学的な文書資料の保存・利用システムの確立、すなわち将来の大学文書館設立に向けての基盤作りの検討作業を始めることとしたい」とする平成九年度事業（案）が承認[33]、文書館構想は記念資料室の公式な長期的整備案として位置づけられることとなった。

こうした文書館構想を伴う新たな長期的整備案は、百年史編纂準備の過程で公文書の収集が進んだことを背景としていた。一九九六年二月一三日の専門委員会で報告された、一九九五年度事業の実施状況によれば、一九九五年九月に本部事務局庶務部関係の資料調査が行われ、庶務部入試課、庶務部広報調査課、庶務部研究協力課から、開学からの教務関係文書などを含む一四〇〇点以上の文書が記念資料室に移管されている[34]。また前年度一九九四年には学生部より学生原簿をはじめとする学生部関係文書も移管を受けていた。これらは百年史編纂準備のための資料調査の結果、文書の移管につながったものであったが、事務局・学生部からの大量の文書移管を通じて、全学的な文書資料の収集・保存・利用をシステムとして運用する機運が醸成されていったものと思われる。

一九九六年二月一三日の専門委員会で提起された、記念資料室収集規程の再検討については、翌一九九七年三月四日に小山貞夫記念資料室長名で専門委員会委員に宛てて、改正案の素案が示された。規程改正素案は、記念資料室設置以降、実態として収集してきた資料の加筆と、東北大学運営の意思決定に関わる文書として今後移管を望む文書について、従来評議会および協議会、教授会のみが明文化されていた条項を、評議会および学部長会議・研究所長会議、全学的委員会の記録[35]、部局の教授会および付属文書と、明示する範囲を拡大、また学術史に関わる資料や、文部省や議会関係など東北大学の範囲を超える資料の削除といった、収集対象資料の文言の全面改正を伴うものであったが、当座は記念資料室長決裁による取扱いというかたちで、学術的なもの（記念論文集、紀要、研究年報、機関誌）、その他の資料（行政法規集、地方統計、大学統計、議会議事録）等を収集対象から一時的に外し、次年度の委員会まで暫定対応することとなった[36]。ここに至って、記念資料室に学術史に関する基礎資料形成機能を持たせるという一九八〇年代の構想は、収集方針として事実上取りやめとなったといえる。

もっとも、翌一九九八年二月二日の専門委員会では「百年史編さん事業及び東北大学総合学術博物館（仮称）設置とのかかわりもあり、さらに検討を続けることとし、資料の収集については、当面、平成九年三月四日付文書による室長決裁により運用していく[37]」ということが報告され、規程そのものの抜本的改正は記念資料室期を通じて先延ばしとなった。

一方、一九九八年二月一六日の記念資料室運営委員会で報告された長期的整備案は、資料の保存・管理環境の整備に加えて、長期的な事業方針に分けて説明がなされることとなった。ここでは「学術雑誌・著作物などに関しては一般に附属図書館において体系的に収集されており、保存や利用環境も記念資料室に比べ格段に整備されている」こと、また「発明品・実験器具等についても、多くはその性格も分からないまま死蔵されている状態である。学術博物館（仮称）の建設計画が具体化したことにより、今後はこうした資料の収集が博物館を拠点に行われていく可能性も考えられ、記念資料室が体系的な収集を続けていくことは今後も困難な状態にある[38]」と図書

表 21　記念資料室資料収集規程別表比較

現行(1963 年 7 月 16 日制定)	改　　正　　案
1 文書 a 永久保存文書 b 15 年以上の保存文書(永久保存文書を除く。) c 評議会及び協議会の記録文書 d 教授会の記録文書 e その他の文書	1 文書 a 評議会及び学部長会議・研究所長会議，全学的委員会の記録及び付属文書など。 b 教授会の記録および付属文書など。 c その他の文書。
2 学内刊行の印刷物 a 行政的なもの……学内規程集，一覧，便覧，講義題目集，授業時間表 b 学術的なもの……記念論文集，紀要，研究年報，機関誌 c 歴史書的なもの……年史，略史 d 目録的なもの……蔵書目録，職員録，卒業生名簿 e その他の学内刊行の印刷物	2 学内刊行物 a 学内規程集，要覧，便覧，講義時間表など。 b 自己評価報告書，外部評価報告書など。 c 年史，記念誌など。 d 職員録，卒業生名簿など。 e 学友会・同窓会・学会・職員組合の刊行物など。 f 学内に拠点を置く団体(生協・財団など)の刊行物など。 g その他の学内刊行物。
3 教官著作物 a 単行書 b 雑誌論文 c その他の教官の著作物	3 教官関係 a 著書。 b 講義ノート，自筆原稿。 c 日記，手帳，手沢本など。 d 実験装置，実験記録，発明品など。 e 自伝，評伝など。 f その他。
4 記念物品 a 校旗，看板，記念メタル，ネームプレート b 実験器具，実験装置，備品 c 原稿類……講義ノート，手帳，日記，手沢本 d 書画類……肖像画，肖像，短冊，色紙，条幅，書簡，署名入物品 e 坐右具類……筆，硯，墨，蔵書印，印章 f その他の記念物品	4 記念品 a モニュメント類，看板，旗，印章など。 b 肖像画，肖像，短冊，色紙，条幅，書簡，文房具など。 c その他の記念品。
5 視聴覚資料 a 写真 b 複製物 c マイクロフィルム，スライド，録画 d 音盤 e その他の視聴覚資料	5 視聴覚資料 a 写真・記念アルバムおよびその複製など。 b マイクロフィルム，スライド，ビデオなど。 c カセットテープ，レコード，CD など。 d その他の視聴覚資料。
6 その他の資料 a 行政法規集　文部省，大学関係法規，官報 b 全国的地方的一般統計，文部省統計 c 大学統計 d 議会関係の議事記録 e 新聞・書籍の記録 f その他の資料	6 その他の資料 a 本学関係の新聞・雑誌記事など。 b 他大学年史，報告など。 c 資料調査・収集・整理・保存に関する参考資料など。
7 整理研究資料	

出典：「東北大学記念資料室収集規程改正について（依頼）」1997 年 3 月 4 日『東北大学記念資料室運営委員会専門委員会書類』東北大学史料館所蔵。

館と博物館の収集方針とのすみ分けの必要性が提示されている。

一九九八年は東北大学に総合学術博物館の設置認可がなされた年にあたり(39)、従来からの附属図書館との関係に加えて、大学博物館との関係の中で、記念資料室の位置づけが規定されていくことになったのである。こうした学内の図書館、博物館の存在に対し、記念資料室は「現在進行中である「東北大学百年史」の編さん事業の成果も将来記念資料室に移管される予定となっており、文書を中心としたこれらの歴史的資料の収集・管理については、百年史編さん事業の成果をどのように継承するかという点も考慮しながら、今後中心的な事業として組織・環境の整備を行っていくべきである」として、あらゆる東北大学の記念資料たり得る資料を網羅的に収集するのではなく、文書を中心に据えた組織づくりを目指すことが全面に押し出されていくことになる。一方でこうした長期的整備案については「今後一定の期間をかけ、検討すべきである」と将来的な検討課題として強い切迫感は示されていない。この状況が大きく変化することとなったのが、「東北大学の在り方に関する検討委員会」の議論であった。

三　東北大学の在り方に関する検討委員会と史料館運営体制の見直し

一九九七年（平成九）一〇月町村信孝文部大臣は、二一世紀の大学像の提示、大学院制度の改革、学部レベルの改革、大学の組織運営システムの改革の検討からなる「二一世紀の大学像と今後の改革方策について」を文部大臣の諮問機関である大学審議会に諮問した。これを受け、大学審議会では一九九八年一〇月「二一世紀の大学像と今後の改革方策について―競争的環境の中で個性が輝く大学―」を答申することとなる(40)。この答申は、（一）課題探求能力の育成を目指した教育研究の質の向上、（二）教育研究システム柔構造化による大学の自律性の確保、（三）責任ある意思決定と実行を目指した組織運営体制の整備、（四）多元的な評価システムの確立による大学の個性化と教育研究の不断の改善という、四つの基本理念に沿った、二一世紀に向けた大学改革の在り方を提示した。

文部大臣の諮問後、六月に中間まとめ、一年後に大学審議会答申という流れの中、東北大学でも答申に対応できるよう内部的な検討を進めていく必要性があることから、一九九八年三月一七日の評議会で「東北大学の在り方に関する検討委員会」設置が承認された。同年四月二一日の評議会では、文部大臣の諮問に対応するかたちで、「東北大学の在り方に関する検討委員会」へ、①東北大学の今後の研究教育の方向性について、②大学院制度の改革について、③学部段階の教育学部機能の充実強化等のための改革方策について、④東北大学の組織運営システムの改革について、からなる四つの付託事項を決め、①から③を検討する小委員会と、④を検討する小委員会を設置する事を決議する。この二つの小委員会は、研究教育等改革小委員会、組織運営システム改革小委員会として整理され、それぞれ検討を進めていくこととなり[41]、両小委員会は一九九九年一月までに各計一六回開催され、一月一九日評議会において、その検討結果が報告された。

この中で記念資料室に関わる議論が展開されたのが、組織運営システム改革小員会であった。組織運営システム改革小委員会が取り扱った全学的な組織運営体制の見直しの中には、「評議会及び部局長会議の外に設けられている各種全学委員会の合理的かつ効率的な運用に向けた再編」があり、総長（一九九八年度からは副総長）を委員長とする全学委員会であった記念資料室運営委員会は見直しの対象とされていたためである。

組織運営システム改革小委員会によれば、一九九九年段階で東北大学には一八の全学委員会が設けられていた。再編案は、全学委員会の担う任務について各委員会の性格を基準に、二つの方式に整理するというものであった。一つは当該委員会を廃止し、代わって部局長会議の調整事項として扱う方式、二つ目は当該委員会を廃止し、下部の専門委員会等に必要に応じて評議会が先決権を付与し、総長の責任で執行する方式であった。記念資料室運営委員会は後者の方式二に分類されるものとされていた。(42)

この報告は一九九九年二月一六日の評議会において承認、以後実行に向けた検討を組織運営システム改革小員会第三ワーキンググループが担ったが、検討の過程で、全学委員会の中には「合理的かつ効率的な運用が期待できず、部局長会議の肥大化をもたらすなど種々の問題が生じることが想定される委員会、また、対外的に本学の責任体制や危機管理体制を明示する意味から存続が望ましい委員会、更に、副総長を委員長としている全学委員会の中には、総長補佐体制の一環として有効に機能していると思われる委員会」などがある、ということになった。意見調整を経て、組織運営システム改革小委員会は一年後の二〇〇〇年二月一五日の評議会で一〇の全学委員会は存続が望ましい、との認識を報告するに至る。

一方、存続とされた全学委員会はすべて方式一の整理に係る委員会であり、方式二の整理に係る記念資料室運営委員会の取扱いについては「当該委員会の下の専門委員会構成を見直した上で、当該委員会を廃止し、専門委員会が総長の委託を受けて、当該任務を執行することが適当」(43)と前年報告が踏襲された。この報告は同年三月の評議会で承認されることとなり、記念資料室運営委員会の廃止は決定的となった。一方報告では、「廃止に先立ち、専門委員会の委員構成等の見直しを含めて、廃止による不都合が生じないよう、しかるべき移行措置を当該委員会で検討することが必要である」とされ、運営体制の移行措置の必要性も合わせて明記されていた。このことが記念資料室から史料館への改組の動きへとつながっていくことになるのである。

この二〇〇〇年二月の組織運営システム改革小委員会による評議会報告と三月の報告承認に先立って、同年一月記念資料室の助手であった永田英明によって「東北大学記念資料室のアーカイブズとしての整備に関する私案」（以下、アーカイブズ整備私案）が作成される。このアーカイブズ整備私案では、運営委員会の廃止後は、文系学部から二名、理系学部から二名、附置研究所から一名からなる（当時の部局構成は文学部・教育学部・理学部・医学部・金属材料研究所の各部局から推薦された教官をメンバーとしていた）現在の専門委員会を、全学的な意見集約の場として改組する必要があることから、専門委員会の構成委員を記念資料室長および各部局（事務局含む）からの推薦者に範囲を広げることとした。一方で少人数の委員会での実質的な議論形成の有効性も指摘、その工夫として附属図書館（図書館長は記念資料室長を兼務しているため除く）、総合学術博物館、百年史編纂室からの参画は必須とし、専門委員会の委員には部局からの推薦以外に、学問上の専門的な見地から委員を加えることができるような余地を残しておくこと、専門委員会の一部の委員に記念資料室の「アドバイザリー・スタッフとなってもらうよう、特定の肩書を委嘱する」(44)ことが案出されている。このアドバイザリー・スタッフの形態としては、「専門委員会内の「資料委員」のような専門性の高い委員、記念資料室の兼任室員」などが考えられるとし、後者については九州大学の事例をもとにしていた(45)。

またアーカイブズ整備私案では、この整備に合わせ「東北大学記念資料室」という名称についても、変更の可否について検討すべきであると問題提起している。論点の一つは「室」から「館」への変更であった。記念資料室は一九六三年の発足当初のような附属図書館内の一室を間借りしていた状況とは異なり、一九八六年以降、片平キャンパス旧附属図書館を改修した記念資料室本館を拠点としており、施設・人員面で附属図書館から一定程度独立を果たしていたことから、こうした変化に伴い「室」名称は、実態にそぐわないものとなってきていたこと、また独立部局である附属図書館や総合学術博物館だけでなく、学部附属施設である理学部自然史標本館や、文学部阿部次郎記念館なども「館」名称となっていることから、名称の上で並ぶ「館」とすべきというものであった。論点の二つ目は「記念資料」という名称の問題である。一九九八年に総合学術博物館が設置されたことで、機能分担の面で、記念資料名称はあいまいさを残すこと、また長期的整備案として掲げてきた大学歴史博物館・

大学文書館的方向性を反映した名称にすべきことから「東北大学史料館」「東北大学歴史博物館」などへの名称変更を検討する必要があるとした。

加えて、アーカイブズ整備私案ではスタッフの増員も求めている。当時の記念資料室は室長一、室員二（助手一、事務補佐委員一）という状況であったが、「この構成で、資料の収集・選別、整理・仮目録化、適切な保存対策の検討、閲覧申請への対応、展示の企画・実施、正式目録の編集刊行、広報誌の編集刊行といった業務に対応して行くのは難しい。よって、分業体制が可能となるように、一定の専門的知識を有する職員を複数配置し、さらに専門員・教務補佐などがこれをサポートしていく体制を作る必要がある(46)」と訴えた。こうした組織名称変更や、実態の業務に応じた人員配置要求は、「東北大学の在り方に関する検討委員会」で議論されていた、記念資料室の運営委員会体制の再検討の流れを逆手にとって、記念資料室組織そのものの改組をも盛り込んでしまう、というものであった。

四　情報公開法の動向と記念資料室改組の論理

ややもすると拡大解釈とも取られかねないこの改組案に一定の説得性を持たせたものは、学内の運営体制の在り方の見直しに加えて、二〇〇一年（平成一三）から施行予定となっていた情報公開法への対応という文脈であった。

一九九八年一〇月二〇日の評議会決定に基づき、東北大学では「情報公開に関するワーキンググループ」が設置(47)、情報公開に関する方針について議論が始まっていたが、一九九九年五月に情報公開法が制定されると、同ワーキンググループのもとで情報公開法への対応から、公文書を公開するための具体的方法が検討され、事務局および各部局では、原課で所有する公文書のリストアップ作業が行われていた。アーカイブズ整備私案では、すべてにわたる詳細なリスト作成作業の負担が転化し、「「事務処理上」不要となった公文書の整理・廃棄が今後積極的に進められていく可能性」につながることを指摘、情報公開法施行に合わせ、従来保存期間満了後であってもすぐに廃棄されず、文書管理部署の書庫等に引き続き保管されていた類の公文書廃棄励行に歯止めをかける措置として、「事務部局における文書管理・保存のシステムと有機的に連動しながらもそれとは別の「歴史的価値」という視点に基づいた本学公文書の体系的な選別・収集保存を恒常的に行う機関」の整備が必要で、その受け皿を記念資料室が担うべきであるとした。

またアーカイブズ整備私案では、「歴史的資料」として所蔵する文書資料は、情報公開法の対象からはずされる見通しであったことから、移管された公文書の公開は、事務部局の情報公開業務とすることがなく、文書管理担当業務のスリム化を進めやすくなること、歴史的資料として保存される公文書は評価・選別を前提にすることから、全学の公文書整理が進み事務機構改革に資すると、そのメリットを説明する。その上で、記念資料室の公文書収集業務を強化する事項として、具体的に、①全学的な文書管理システムの改正、②記念資料室における資料収集・公開システムの整備・再検討、③受入れ文書の保存・閲覧環境の整備の三点をあげている。

①については全学的な文書管理規程において、文書の移管や廃棄に関し記念資料室の評価・選別を経ることを位置づけること、②については評価・選別基準、公開基準を設定すること、③は収蔵スペースの効率的な運用、独立した閲覧スペースの設置が必要であること、を内容としており、これらの機能を記念資料室がもつことで本格的な大学アーカイブズになるとされた。

これらは情報公開法への対応を奇禍として、従来、記念資料室が長期的整備案として志向してきた、文書を中心とした歴史的資料の収集・管理を実現可能とする組織への移行計画であった。先にみた記念資料室名称の変更や人員増強要求は、こうした情報公開法施行とアーカイブズ整備を結びつけることで、その必要性の論拠としたのである。

もっとも二〇〇〇年までの段階で、情報公開に関するワーキンググループには記念資料室の専任室員がメンバーとして参加してはおらず、当時記念資料室として、学内で情報公開法に関する議論に直接関われるような状況にはなっていなかった。しかし、同ワーキンググループには、記念資料室運営委員会委員長を務めていた小山貞夫副総長、同運営委員会の幹事であった事務局総務部長、経理部長、学務部長、施設部長が参画していた。このため、記念資料室での議論は間接的にではあるが、情報公開に関するワーキンググループにも一定の影響を与えたものと思われる。

その証左として、二〇〇〇年三月第六回情報公開に関するワーキンググループで資料として配布された「東北大学が保有する行政文書の管理に関する基本事項（案）」では、行政文書の廃棄に関して「保存期間が満了した行政文書ファイルは、速やかに廃棄するものとする。ただし、事務局が保有する行政文書ファイルについては、当分の間、本学の記念資料室を経由して廃棄の手続を行い、本学の歴史的資料価値の評価を受けるものとする」(48)と、事務局に係る文書と限定的ではあったものの、東北大学の文書管理の中に記念資料室が位置づけられている。同ワーキンググループにおいて記念資料室が議論の中で出てくるのはこれが初発であり、二〇〇〇年一月以降の記念資料室内のアーカイブズ整備私案を含めた議論の影響がみてとれるのである。

翌二〇〇一年一月、同ワーキンググループによる評議会への最終報告の想定質問と回答でも、「保存期間が満了した文書は、廃棄するのか」との質問への回答は「原則廃棄です」との答え方で整理されているものの、「事務局の行政文書は、東北大学史料館において、歴史的価値の判断を仰ぐことにしています。史料館で歴史的価値があるとして引き続き保管する文書については、情報公開法とは別に、将来歴史資料として公開されることがあるかもしれません」[49]として記念資料室改組後の史料館の機能として位置づけられることになる。

五　東北大学記念資料室から東北大学史料館への改組

二〇〇〇年（平成一二）一月に永田英明助手によってまとめられたアーカイブズ整備私案は、その後記念資料室長へ報告され、一月三一日までに記念資料室では、記念資料室運営委員会の廃止と専門委員会の再編成に対応した「東北大学記念資料室設置規程・東北大学記念資料室資料収集規程の改正骨子案」（以下、規程改正骨子案）を作成し、室長から総長への説明用としてまとめられることになる。この時点で記念資料室の名称変更案は「総合学術博物館との機能分担を明確にするため、東北大学の歴史資料を対象とした、資料保存・公開施設であることを明示するには史料館が適当」[50]であるとし、東北大学史料館で統一、英文名称は従来からの「Tohoku University Archives」で変更なしとされた。

新専門委員会の委員長は、現行の運営委員会の委員長と同様に、総長の指名する副総長とし、総長への直属性を確保することとし、構成員は現行運営委員会に参画する部局の教授または助教授（従来は部局長）に加え、総合学術博物館および百年史編纂室からも委員を出すこと、記念資料室の助手も研究員として規定し参画させることとした。研究員制度は、実質的な専任室員である助手を、研究員の枠組みで正式に専門委員会に参加できるようにするとともに、私案にあった専門的学識を有する学内教官等をアドバイザリー・スタッフとして委嘱研究員とし、協力を得やすくするための仕組みを作るためであった。一方で、事務局からの委員をどう規定するかは検討事項として残された（従来は事務局部長級以上、附属図書館事務部長が幹事の立場で運営委員会に参加）。

このほか規程改正骨子案では、「東北大学記念資料室史料収集規程」および「東北大学記念資料室利用規則」

の改正は最小限に留めることが打ち出された。これは二〇〇一年四月の情報公開法の施行を控え、学内の文書管理規程と歩調を合わせるため、全学的な文書管理体制の検討を待つ必要があったことに加え、総合学術博物館の収集規程の今後の整備を踏まえ、機能分担を明確化するためであった。逆にいえば、この両規程の改正棚上げは、先にみた通りこの時期、情報公開法への対応の議論に記念資料室が関与することに、一定の限界があったことの表れともいえよう。また従来、事務局の課長および各部局事務部の長に充てられていた調査員制度についても、検討事項として残された。

二〇〇〇年一月に記念資料室で検討されたアーカイブズ整備私案、および規程改正骨子案の概要は、二月二日記念資料室の専門委員会に議題としてあげられたが、この時点では運営体制の変更は大学の公式な決定事項となっていなかったことから、次回の継続審議とされる。(51)その後同年二月一五日の東北大学の在り方に関する検討委員会同組織運営システム改革小委員会報告が三月の評議会で承認されたことを受け、二〇〇〇年五月一五日記念資料室運営委員会が開催された。ここで小田忠雄記念資料室長より「現在の運営委員会・専門委員会を廃止し、代わりに、部局長レベルではない全学的構成メンバーからなる新たな委員会を構成し、運営委員会と称することが考えられる」こと、「記念資料室の名称を近年の状況に対応するために、「史料館」として実態に合わせる」ことが説明され、原案は専門委員会に付託、東北大学の在り方に関する検討委員会のチェックを経て、規程改正等を七月の評議会までに完了させたい旨が諮られ了承された。(52)

運営委員会決定を受けて、同年五月二九日に開催された専門委員会では、「記念資料室運営委員会の再編等に伴う規程改正案の骨子」が配布、審議された。

これは一月に作成された規程改正骨子案をもとにしたものであったが、従来の規程改正骨子案からの変更点として、運営委員会での議論を経て、「新専門委員会」としていたものを、「運営委員会の再編と専門委員会の廃

表 22　東北大学記念資料室設置規程現行・改正案

東北大学記念資料室設置規程 （2000 年 4 月段階案）	東北大学史料館設置規程 （2000 年 5 月段階案）
（設置） 第一条　東北大学（以下「本学」という。）に，東北大学記念資料室（以下「記念資料室」という。）を置く。	（設置） 第一条　東北大学（以下「本学」という。）に，東北大学史料館（以下「史料館」という。）を置く。
（目的） 第二条　記念資料室は，本学の歴史に関係ある記念となる資料を収集し，これを整理保存して，利用に供するとともに，本学の歴史に関する理解を深め，もつて本学及び学術の発展に寄与することを目的とする。	（目的） 第二条　史料館は，本学の歴史に関係ある記念となる資料を収集し，これを整理保存して，利用に供するとともに，本学の歴史に関する理解を深め，もって本学及び学術の発展に寄与することを目的とする。
（職員） 第三条　記念資料室に，室長，副室長及び必要な職員を置く。	（職員） 第三条　史料館に，館長，研究員及びその他の職員を置く。
2 室長は，附属図書室長をもつて，副室長は，本学の教授又は助教授をもつて充てる。	2 館長は，附属図書館長をもって充てる。
3 室長は，記念資料室の業務を掌理し，副室長は，室長を補佐する。	3 館長は，史料館の業務を掌理する。
4 職員は，記念資料室の業務に従事する。	4 研究員は，本学の専任の教官をもって充てる。
	5 研究員及びその他の職員は，史料館の業務に従事する。
第四条　記念資料室に，専門員及び調査員を置くことができる。	（委嘱研究員及び調査員） 第四条　史料館に，委嘱研究員及び調査員を置くことができる。
2 専門員は，記念資料に関する豊富な識見を有する者のうちから，室長が委嘱する。	2 委嘱研究員は，史料館の業務に関する豊富な識見を有する者のうちから，総長が委嘱する。
3 専門員は，記念資料収集の援助を行う。	3 委嘱研究員は，史料館の業務のうち，専門の事項について調査研究を行う。
4 調査員は，事務局の各課の長並びに各部局（事務局を除く。以下同じ。）の事務部及び事務室の長をもつて充て，室長が委嘱する。	4 調査員は，事務局及び各部局（事務局を除く。以下同じ。）からの推薦に基づき，館長が委嘱し，事務局及び各部局に関する資料の調査を行う。
5 調査員は，事務局及び各部局に関する記念資料の調査を行う。	

東北大学記念資料室設置規程 （2000年4月段階案）	東北大学史料館設置規程 （2000年5月段階案）
（運営委員会） 第五条　記念資料室の運営に関する重要事項を審議するため，本学に，東北大学記念資料室運営委員会（以下「運営委員会」という。）を置く。	（運営委員会） 第五条　史料館の運営に関する重要事項を審議するため，本学に，東北大学史料館運営委員会（以下「運営委員会」という。）を置く。
2 運営委員会は，委員長及び次の各号に掲げる委員をもつて組織する。	2 運営委員会は，委員長及び次の各号に掲げる委員をもって組織する。
一　室長	一　館長
二　副総長（総長が委員長に指名する副総長を除く。）	二　研究員
三　各研究科長	三　各研究科から推薦された教授又は助教授　各一人
四　各附置研究所長	四　各附置研究所から推薦された教授又は助教授　各一人
五　医学部附属病院長	五　医学部附属病院から推薦された教授又は助教授　一人
六　歯学部附属病院長	六　歯学部附属病院から推薦された教授又は助教授　一人
七　農学部附属農場長	七　農学研究科附属農場から推薦された教授又は助教授　一人
八　東北アジア研究センター長	八　東北アジア研究センターから推薦された教授又は助教授　一人
九　遺伝生態研究センター長	九　遺伝子生態研究センターから推薦された教授又は助教授　一人
十　言語文化部長	十　言語文化部から推薦された教授又は助教授　一人
十一　大学教育研究センター長	十一　大学教育研究センターから推薦された教授又は助教授　一人
十二　留学生センター長	十二　留学生センターから推薦された教授又は助教授　一人
十三　事務局長	十三　医療技術短期大学部から推薦された教授又は助教授　一人
	十四　総合学術博物館から推薦された教授又は助教授　一人
	十五　百年史編纂室長
	十六　附属図書館事務部長
3 委員長は，総長が指名する副総長をもつて充て，会務を総理する。	3 委員長は，総長が指名する副総長をもって充てる。
	4 委員長は，会務を総理する。

	5 運営委員会は，必要があると認めるときは，構成員以外の者を出席させて説明又は意見を聴くことができる。
（専門委員会） 第六条　専門の事項を調査審議させるため必要があるときは，運営委員会に専門委員会を置くことができる。 2 専門委員会は，専門委員若干人をもつて組織する。 3 専門委員は，本学の教授又は助教授のうちから，総長が委嘱する。 4 専門委員会に委員長を置き，専門委員の互選によつて定める。	（委嘱） 第六条　第五条第二項第三号から第十三号に掲げる委員は，総長が委嘱する。
（幹事） 第七条　運営委員会に幹事を置き，総務部長，研究協力部長，経理部長，学務部長，施設部長，企画調整官，副室長及び附属図書館事務部長をもつて充てる。	（任期） 第七条　第五条第二項第三号から第十三号に掲げる委員の任期は，二年とする。ただし，補欠の委員の任期は，前任者の残任期間とする。 2 前項の委員は，再任されることができる。
（管理） 第八条　記念資料室の管理は，当分の間，附属図書館において行う。	（事務） 第八条　史料館の事務は，当分の間，附属図書館事務部において処理する。
（雑則） 第九条　この規定に定めるもののほか，記念資料室に関し必要な事項は，別に定める。	（雑則） 第九条　この規定に定めるもののほか，史料館に関し必要な事項は，別に定める。
	附則 1 この規程は，平成　年　月　日から施行する。 2 この規程の施行後最初に委嘱される委員の任期は，第七条第一項本文の規定にかかわらず，平成十四年三月三十一日までとする。 3 東北大学記念資料室設置規程（昭和三十八年規第六十号）は，廃止する。

出典：『東北大学記念資料室運営委員会専門委員会書類』東北大学史料館所蔵。

止」というかたちで整理した。また前回一月時点では検討事項であった調査員の扱いを「事務局各課長および各部局の事務部（室）長に委嘱していたのをあらため、事務局および各部局からの推薦者に委嘱することとする」と明記し、運営委員会への事務方の参加については、「事務局からの委員選出は行わない。幹事制度を廃止し、附属図書館事務部長を委員とする」こととした。このほか新たに設けられた内容として、委員に医療技術短期大学部からも運営委員を出す、委員の任期条項への言及（二年再任可）、空文となっている副室長制、専門委員制の廃止が盛り込まれていた。(53)

専門委員会では、運営委員を出す部局として医学部附属病院、歯学部附属病院を入れるべきか否か、調査員の位置づけの明確化について意見が出された。両附属病院の教授、助教授は実態として医学部、歯学部と兼任しているため、結果的に医学部、歯学部から二名ずつ委員を出すことになってしまうというものであり、選出委員の資格を講師以上としてはどうか、との案も出された。調査員については各部局からの推薦ということでは、部局長からの推薦なのか、部局事務からの推薦なのかが不明確という意見であり、各部局「事務部」からの推薦に基づくと明記するのはどうか、との案が出された。(54)

このため、同年六月五日専門委員会が追加開催され、新運営委員会の委員構成から両附属病院を除くこと、調査員は事務局および各部局の事務部または事務室からの推薦と明記することの一部見直しについて、永田室員から説明があり了承された。また小田忠雄委員長からは「本原案の「委員長は、総長の指名する副総長をもって充てる」の箇所については、東北大学の在り方に関する検討委員会での審議内容とも関連するので、委員長に一任願いたい」との発言がなされた。(55) 以後記念資料室の改組案件は、東北大学の在り方に関する検討委員会継続事項部会の点検を受けることになる。(56)

当時、東北大学の在り方に関する検討委員会は、二〇〇〇年度に入って新たに評議会から付託された事項に関して検討を進めていたが、その中で記念資料室に関わる事項は、総長補佐体制の強化、および委員会の見直しについてであった。総長補佐体制の強化については同年七月に検討結果が評議会に報告されているが、ここでは二〇〇〇年時点で二名体制であった副総長を四名に増員し、総務企画担当、学務担当、全学教育担当、研究担当に分けて分掌することが提案されていた。このうち研究担当副総長は、当面は学内措置で総長特別補佐を充て、図書館長の指定職を予算措置で振り替えることで増員することとし、附属図書館長を兼ねることになっていた(57)。そして同報告の「総長、副総長が関係する委員会一覧」では研究担当副総長は史料館運営委員会（仮称）の委員長を担うとされた(58)。また附属図書館長の任務を補佐するため副総長補佐級として副図書館長が置かれるものとなった。

続いて東北大学の在り方に関する検討委員会は、全学委員会の見直しについて二〇〇〇年一〇月一七日に検討結果をまとめ、記念資料室については以下のように評議会に報告された。「記念資料室を史料館に名称変更し、史料館の運営について定める。史料館の館長・副館長は附属図書館の館長・副館長とする。運営委員会の構成を研究科長等から各研究科の教授等に改める。一〇月評議会で本報告の承認が得られたら同じ評議会で史料館設置規程を制定し図書館長の交代日である本年一二月一日より施行する(59)」。

二〇〇〇年に東北大学の在り方に関する検討委員会から評議会に報告されたこの二つの検討結果をみてわかる通り、新たに設置される史料館において、委員長は副総長級の総長特別補佐が担うこととされていた。委員会メンバーについては、部局長から各研究科の教授等に改められたものの、総長特別補佐は附属図書館長兼務であり、附属図書館長は史料館長兼務であったため、実態において記念資料室から史料館への改組に当たり、従来の専門委員会委員長と運営委員会委員長が接合されるかたちとなり、新運営委員会体制の副総長級への直属性は担保されたといえよう。

表 23　東北大学史料館設置規程

東北大学史料館設置規程（2000 年 6 月段階案）	東北大学史料館設置規程（2000 年 10 月制定）
（設置）	（設置）
第一条　東北大学（以下「本学」という。）に，東北大学史料館（以下「史料館」という。）	第一条　東北大学（以下「本学」という。）に，東北大学史料館（以下「史料館」という。）
（目的）	（目的）
第二条　史料館は，本学の歴史に関係ある記念となる資料を収集し，これを整理保存して，利用に供するとともに，本学の歴史に関する理解を深め，もって本学及び学術の発展に寄与することを目的とする。	第二条　史料館は，本学の歴史に関係ある記念となる資料を収集し，これを整理保存して，利用に供するとともに，本学の歴史に関する理解を深め，もって本学及び学術の発展に寄与することを目的とする。
（職員）	（職員）
第三条　史料館に，館長，研究員及びその他の職員を置く。	第三条　史料館に，館長，副館長，研究員及びその他の職員を置く。
2 館長は，附属図書館長をもって充てる。	2 館長は，附属図書館長をもって充てる。
3 館長は，史料館の業務を掌理する。	3 館長は，史料館の業務を掌理する。
4 研究員は，本学の専任の教官をもって充てる。	4 副館長は，附属図書館副館長をもって充てる。
5 研究員及びその他の職員は，史料館の業務に従事する。	5 副館長は，館長を補佐する。
	6 研究員は，本学の専任の教官をもって充てる。
	7 研究員及びその他の職員は，史料館の業務に従事する。
（委嘱研究員及び調査員）	（委嘱研究員及び調査員）
第四条　史料館に，委嘱研究員及び調査員を置くことができる。	第四条　史料館に，委嘱研究員及び調査員を置くことができる。
2 委嘱研究員は，史料館の業務に関する豊富な識見を有する者のうちから，総長が委嘱する。	2 委嘱研究員は，史料館の業務に関する豊富な識見を有する者のうちから，総長が委嘱する。
3 委嘱研究員は，史料館の業務のうち，専門の事項について調査研究を行う。	3 委嘱研究員は，史料館の業務のうち，専門の事項について調査研究を行う。
4 調査員は，事務局及び各部局（事務局を除く。以下同じ。）の事務部又は事務室からの推薦に基づき，館長が委嘱し，事務局及び各部局に関する資料の調査を行う。	4 調査員は，事務局及び各部局（事務局を除く。以下同じ。）の事務部又は事務室からの推薦に基づき，館長が委嘱し，事務局及び各部局に関する資料の調査を行う。

（運営委員会）
第五条　史料館の運営に関する重要事項を審議するため，本学に，東北大学史料館運営委員会（以下「運営委員会」という。）を置く。

2 運営委員会は，委員長及び次の各号に掲げる委員をもって組織する。

一　館長
二　研究員
三　各研究科から推薦された教授又は助教授　各一人
四　各附置研究所から推薦された教授又は助教授　各一人
五　東北アジア研究センターから推薦された教授又は助教授　一人
六　遺伝子生態研究センターから推薦された教授又は助教授　一人
七　言語文化部から推薦された教授又は助教授　一人
八　大学教育研究センターから推薦された教授又は助教授　一人
九　留学生センターから推薦された教授又は助教授　一人
十　医療技術短期大学部から推薦された教授又は助教授　一人
十一　総合学術博物館から推薦された教授又は助教授　一人
十二　百年史編纂室長
十三　附属図書館事務部長

3 委員長は，総長が指名する副総長をもって充てる。

4 委員長は，会務を総理する。

5 運営委員会は，必要があると認めるときは，構成員以外の者を出席させて説明又は意見を聴くことができる。

（委嘱）
第六条　第五条第二項第三号から第十三号まで

（運営委員会）
第五条　史料館の運営に関する重要事項を審議するため，本学に，東北大学史料館運営委員会（以下「運営委員会」という。）を置く。

2 運営委員会は，委員長，副委員長及び次の各号に掲げる委員をもって組織する。

一　各研究科の教授又は助教授　各一人
二　各附置研究所の教授又は助教授　各一人
三　言語文化部の教授又は助教授　一人
四　留学生センターの教授又は助教授　一人
五　大学教育研究センターの教授又は助教授　一人
六　東北アジア研究センターの教授又は助教授　一人
七　総合学術博物館の教授又は助教授　一人
八　遺伝生態研究センターの教授又は助教授　一人
九　百年史編さん室長
十　医療技術短期大学部の教授又は助教授　一人
十一　研究員
十二　附属図書館事務部長

3 委員長は，館長をもって充てる。

4 委員長は，運営委員会の会務を総理する。

5 副委員長は，副館長をもって充てる。

6 副委員長は，委員長を補佐する。

7 運営委員会は，必要があると認めるときは，構成員以外の者を出席させて説明又は意見を聞くことができる。

（委嘱）
第六条　第五条第二項第一号から第八号まで及び

東北大学史料館設置規程（2000年6月段階案）	東北大学史料館設置規程（2000年10月制定）
に掲げる委員は，総長が委嘱する。	第十号に掲げる委員は，総長が委嘱する。
（任期）	（任期）
第七条　第五条第二項第三号から第十三号に掲げる委員の任期は，二年とする。ただし，補欠の委員の任期は，前任者の残任期間とする。	第七条　第五条第二項第一号から第八号まで及び第十号に掲げる委員の任期は，二年とする。ただし，補欠の委員の任期は，前任者の残任期間とする。
2　前項の委員は，再任されることができる。	2　前項の委員は，再任されることができる。
（事務）	（事務）
第八条　史料館の事務は，当分の間，附属図書館事務部において処理する。	第八条　史料館の事務は，当分の間，附属図書館事務部において処理する。
（雑則）	（雑則）
第九条　この規定に定めるもののほか，史料館に関し必要な事項は，別に定める。	第九条　この規定に定めるもののほか，史料館に関し必要な事項は，別に定める。
附則	附則
1　この規程は，平成　年　月　日から施行する。	1　この規程は，平成十二年十二月一日から施行する。
2　この規程の施行後最初に委嘱される委員の任期は，第七条第一項本文の規定にかかわらず，平成十四年三月三十一日までとする。	2　この規程の施行後最初に委嘱される委員の任期は，第七条第一項本文の規定にかかわらず，平成十四年三月三十一日までとする。
3　東北大学記念資料室設置規程（昭和三十八年規第六十号）は，廃止する。	3　東北大学記念資料室設置規程（昭和三十八年規第六十号）は，廃止する。

出典：『史料館への改組関係』東北大学史料館所蔵。
※下線部は前段階案からの変更点。

このように、東北大学史料館への改組は、情報公開法への対応を一定の論拠としながらも、学内的には情報公開に関する議論よりも、むしろ総長の補佐体制の整備や、全学委員会の見直しといった全学的な運営体制の再検討の議論に位置づけることで成立したものであった。このため保存期間満了後の文書移管や公開制限に直接係る収集規程、利用規程の整備は棚上げとした上で進められ、記念資料室から史料館改組時の設置規程変更点は、名称変更のほかには、運営委員会条項とそれに参画するための委嘱研究員および調査員条項の整備が中心となり、全学的な文書資料の収集・保存・利用を軸とする文書館機能の実質化は、史料館改組そのものとは同時に行われず、改組後の動きを待つことになるのである。

おわりに

従来、国立大学における大学アーカイブズの設立や展開においては、情報公開法の画期性が提示されてきた。東北大学も例外ではなく、記念資料室から史料館へ改組した時期が二〇〇〇年（平成一二）一二月だったこともあり、二〇〇一年四月に施行された情報公開法の影響を強く受けたものとして、京都大学大学文書館などの事例とともに先行研究では位置づけられるきらいがあった。しかし、本章で明らかにしたように、東北大学史料館への改組は、記念資料室内の長期的整備案の中で一九九六年ごろより議論されてきた公文書館的な役割の方向性と、一九九八年評議会の下に設置された「東北大学の在り方に関する検討委員会」における東北大学の運営体制、とりわけ全学委員会の再検討の議論が相互に結びつきあうかたちで実現したものであった。

このうち記念資料室内の上記議論は、一九九〇年代前半からの東北大学百年史編纂の具体化を背景としたものであった。一九八〇年代後半における記念資料室が、教官データベース作成計画をもとに、学術史の情報センター的役割を担うことを構想していたように、記念資料室の収集方針の方向性は一九八〇年代から九〇年代を通じて一貫していたわけではなかった。利用方法と公開範囲のコンセンサスが取れず、教官データベース作成計画が頓挫していく一方、学内で検討されていった百年史編纂構想の実現のためには、学術史資料よりも、公文書資料が重視されたことで、公文書の収集・保存・利用の促進機能が記念資料室に求められていったのである。加えて、編纂そのものを担わない記念資料室の位置づけを、百年史編纂との関係において明確化する上でも、記念資料室は公文書館的な役割の方向性を打ち出す必要があった。東京大学など他大学では一九八〇年代後半から一九九〇年代にかけ、大学史編纂事業が終了する中で、ポスト大学史編纂組織の在り方が模索されていったが、東北大学においては大学史編纂事業が立ち上がることで、すでに設置されていた記念資料室の位置づけが問い直されるという流れを取ることになったのである。このほか、記念資料室の位置づけは、一九九八年に東北大学総合学術博物館が設置されたことも影響を与えた。総合学術博物館が出来たことで、収集資料のすみ分けが求められるようになり、公文書を収集の柱とすることへの傾斜が強まったといえる。

また東北大学の研究教育、組織運営の在り方について広範に見直しが議論された、東北大学の在り方に関する検討委員会は、東北大学における独自の改革ということ以上に、文部大臣の諮問機関である大学審議会が一九九八年一〇月に答申した「二一世紀の大学像と今後の改革方策について―競争的環境の中で個性が輝く大学―」への対応という性格が強いものであった。もっとも東北大学の在り方に関する検討委員会は最終的に二〇〇二年まで存続したことから、のちの東北大学の法人化の過程においても、一定の役割を果たしていくことになる。[60] この東北大学の在り方に関する検討委員会の議論を反映したかたちでの、記念資料室運営体制の再編は、情報公開法に加えて、国立大学の法人化問題の大学アーカイブズへの影響という文脈において位置づけ可能であろう。情報公開法の影響は、史料館改組の論拠としては用いられたものの、情報公開に関するワーキンググループには、記念資料室が直接関与することがなかったこともあり、二〇〇〇年一二月に行われた史料館への改組段階においては、情報公開法と史料館との関係が規程において整備されることは先送りとなった。その意味において、史料館への改組は、国立大学の法人化問題も視野に入れた、東北大学における組織運営の在り方の模索の産物であったともいえる。

このように、東北大学における大学アーカイブズ改組の動きは、百年史編纂という全学的事業の立ち上げ、総合学術博物館設置という新たな他部局の存在、国の大学改革の方向性に対応した組織運営の見直しなど、情報公開法に留まらない多様な要素をもとに成立したのである。

註

(1) 桑尾光太郎・谷本宗生「大学アーカイヴズのあゆみ」(全国大学史資料協議会編『日本の大学アーカイヴズ』京都大学出版会、二〇〇五年)三二頁。
(2) 菅真城『大学アーカイブズの世界』(大阪大学出版会、二〇一三年)八九頁。
(3) 第二章は、加藤諭「情報公開法施行前の国立大学における文書管理規程と文書移管—東京大学を事例に—」(『アーカイブズ学研究』二六、二〇一七年)をもとに改稿したものである。
(4) 永田英明「大学アーカイブズのなりたちと広がり—東北大学の場合—」(『これからの大学アーカイブズ—東北大学史料館創立五〇周年記念講演会・シンポジウムの記録—』東北大学学術資源研究公開センター史料館、二〇一四年)二三頁。
(5) 東北大学百年史編集委員会編『東北大学百年史』第七巻部局史四(二〇〇六年)、七七三頁。
(6) 東北大学記念資料室は附属図書館内に室は置かれていたが、組織上は独立部局というかたちをとっていた。また一九四九年の国立学校設置法施行以降、東北大学では学長名称が用いられてきたが、西澤潤一の在任時に総長を学内での正式名称とすることとなり、一九九四年三月の評議会において「総長」名称使用が決定された。
(7) 「記念資料室運営委員会議事要録」一九八七年五月一八日(『記念資料室関係綴 昭和五十五年三月〜六十二年六月』史料館/二〇一七/二四、東北大学史料館所蔵。以下、註にあげる委員会資料については東北大学史料館所蔵、また初出以降の識別番号は省略)。
(8) 「記念資料室運営委員会専門委員会」一九八八年七月二一日、同年一一月二日(『記念資料室運営委員会運営委員会専門委員会議事要録関係綴 昭和六二年度〜昭和六三年度(委嘱任免を含む)』史料館/二〇一七/二五)、「記念資料室運営委員会専門委員会議事要録」一九八七年六月一一日(『記念資料室運営委員会同専門委員会議事概要・議事要録(助手用)S六三末〜H四年』史料館/二〇一七/三三、以下『運営委員会同専門委員会S六三末〜H四』)。
(9) 前掲「記念資料室運営委員会専門委員会議事要録」一九八七年六月一一日。
(10) 前掲「記念資料室運営委員会専門委員会議事要録」一九八七年六月一一日。
(11) 「記念資料室運営委員会議事要録」一九八八年三月一四日『運営委員会同専門委員会S六三末〜H四』。

(12)「記念資料室運営委員会専門委員会議事要録」一九八八年七月一二日『運営委員会同専門委員会S六三末～H四』。

(13) 東北大学百年史編集委員会編『東北大学百年史』第四巻部局史一（東北大学、二〇〇三年）、一一六～一一七頁、『東北大学百年史』第七巻部局史四（東北大学、二〇〇六年）、七二五頁。

(14) 前掲「記念資料室運営委員会専門委員会議事要録」一九八八年七月一二日。

(15) 前掲「記念資料室運営委員会専門委員会議事要録」一九八八年七月一二日。

(16)「データベース構築作業の今後について〈資料三〉」一九九二年二月一三日（『記念資料室運営委員会同専門委員会関係綴　平成元年度～』史料館／二〇一七／一一、以下『運営委員会同専門委員会H一～』）。

(17)「昭和六三年度第一回記念資料室運営員会議事要録」一九八九年一月一七日『運営委員会同専門委員会S六三末～H四』。

(18)「記念資料室運営委員会専門委員会報告書　一九八九年四月一二日」〈資料三〉一九九二年二月一三日『運営委員会同専門委員会H一～』。

(19)「平成三年度事業計画の進捗状況・活動状況について〈資料二〉」一九九二年二月一三日『運営委員会同専門委員会H一～』。

(20)「東北大学記念資料室運営委員会専門委員会」一九九七年二月一〇日（『東北大学記念資料室運営委員会専門委員会書類』史料館／二〇一七／二二、以下『運営委員会専門委員会書類』）。

(21)「記念資料室の長期的整備について（案）―前年度事業における問題点をふまえて―」一九九四年二月八日『運営委員会専門委員会書類』。

(22)「平成五年度記念資料室運営委員会専門委員会議事要録（案）」一九九四年二月八日『運営委員会専門委員会書類』。

(23)「平成五年度第一回記念資料室運営委員会議事要録」一九九四年二月一四日『運営委員会専門委員会書類』。

(24)「記念事業企画委員会における検討結果について（報告）」一九九三年七月二〇日『百年史構想委員会』。

(25) 記念資料室「〈百年史編纂事業について〉」一九九三年六月一四日『百年史構想委員会』。

(26) 前掲「記念資料室の長期的整備について（案）―前年度事業における問題点をふまえて―」一九九四年二月八日。

(27)「『東北大学百年史』編纂構想」一九九五年二月一七日『百年史構想委員会』。百年史編纂室はその後一九九七年四月に設置されている。

(28) 渡邉信夫「東北大学百年史編纂事業について」一九九三年頃『百年史構想委員会』。
(29) 渡邉信夫は一九八七～九五年度まで記念資料室運営委員会専門委員会委員。
(30) 「記念資料の保存スペース確保について（要望）」一九九六年二月一九日、「平成九年度記念資料室運営委員会専門委員会」一九九七年二月一〇日『運営委員会専門委員会書類』。
(31) 「記念資料室の長期的整備（案）について」一九九六年二月一三日『運営委員会専門委員会書類』。
(32) 「平成七年度記念資料室運営委員会専門委員会議事要録（案）」一九九六年二月一三日『運営委員会専門委員会書類』。
(33) 「平成八年度記念資料室運営委員会議事要録（案）」一九九七年二月一七日『運営委員会専門委員会書類』。
(34) 「平成七年度事業の実施状況について」一九九六年二月一三日『運営委員会専門委員会書類』。
(35) 「東北大学記念資料室収集規程（改正案）」一九九七年三月四日『運営委員会専門委員会書類』。
(36) 「記念資料室資料収集規程の改正について（依頼）」一九九七年三月四日『運営委員会専門委員会書類』。
(37) 「平成九年度記念資料室運営員会専門委員会議事要録（案）」一九九八年二月二日『運営委員会専門委員会書類』。
(38) 「記念資料室の長期的整備について（資料三）一九九八年二月一六日『運営委員会専門委員会書類』。
(39) 東北大学百年史編集委員会編『東北大学百年史』第七巻部局史四（東北大学、二〇〇六年）、六三九頁。
(40) 大学審議会「二一世紀の大学像と今後の改革方策について―競争的環境の中で個性が輝く大学―（答申要旨）」一九九八年一〇月二六日 http://www.mext.go.jp/b_menu/shingi/old_chukyo/old_daigaku_index/toushin/1315917.htm（アクセス日：二〇一九年一〇月一〇日）。
(41) 「東北大学の在り方に関する検討委員会報告」一九九九年二月一六日、一〇二頁（『東北大学の在り方に関する検討委員会』総務／二〇一一／五）。
(42) 前掲「東北大学の在り方に関する検討委員会報告」一九九九年二月一六日、三七～三八頁。
(43) 「東北大学の在り方に関する検討委員会組織運営システム改革小委員会の検討結果について（報告）」二〇〇〇年二月一五日『東北大学の在り方に関する検討委員会』。
(44) 永田英明「東北大学記念資料室のアーカイブズとしての整備に関する私案」二〇〇〇年一月『史料館への改組関係』。
(45) 前掲「東北大学記念資料室のアーカイブズとしての整備に関する私案」。
(46) 前掲「東北大学記念資料室のアーカイブズとしての整備に関する私案」。

(47)「情報公開に係る検討経緯等」二〇〇〇年三月二三日（『情報公開に関するワーキンググループ関係綴二』広報／二〇一一／〇一―二）。

(48)「東北大学が保有する行政文書の管理に関する基本事項（案）」二〇〇〇年三月二三日『情報公開に関するワーキンググループ関係二』。

(49)「一三．一．一六評議会最終報告」二〇〇一年一月一五日（『情報公開に関するワーキンググループ関係三』広報／二〇一一／〇一―三）。

(50)「東北大学記念資料室設置規程・東北大学記念資料室収集規程の改正骨子案」二〇〇〇年一月三一日『史料館への改組関係』。

(51)「平成一一年度記念資料室運営委員会専門委員会議事要録（案）」二〇〇〇年二月二日『運営委員会専門委員会書類』。改組案件は同年二月一六日開催の運営委員会の議題にはされず、あくまで専門委員会内での継続審議という体裁をとっている。

(52)「平成一二年度記念資料室運営委員会議事要録」二〇〇〇年五月一五日『運営委員会専門委員会書類』。

(53)副室長は、記念資料室設置以降原田隆吉が務めていたが、一九八六年度原田の退官後副室長は置かれないままとなった。専門員の実態的運用については一九八〇年半ばから一九九〇年代前半にかけて旧制二高同窓尚志会の事務担当者を委嘱し、旧制二高関係資料や企画展の調整役を担っていたが、一九九〇年代半ば以降は旧制二高関係の資料収集より、百年史編纂のための公文書収集に記念資料室の収集資料の重点が変化していったこともあり、専門員が措置されない状況となっていた。

(54)「Re：専門委員会〔小林典男記念資料室運営委員会専門委員発記念資料室宛意見〕」二〇〇〇年五月三〇日『史料館への改組関係』。

(55)「平成一二年度記念資料室運営委員会専門委員会（第二回）議事要録（案）」二〇〇〇年六月五日『運営委員会専門委員会書類』。

(56)成案は二〇〇〇年九月二六日に東北大学の在り方に関する検討委員会委員長から記念資料室運営委員会委員長に伝えられた。両委員長とも馬渡尚憲副総長が務めていた。「東北大学記念資料室設置規程の改正原案について」二〇〇〇年九月二六日『史料館への改組関係』。

(57)「東北大学の在り方に関する検討委員会報告Ⅰ――総長補佐体制の強化について」二〇〇〇年七月一八日『東北大学の在り方に関する検討委員会』。
(58)「総長、副総長が関係する委員会一覧（別紙二）」二〇〇〇年七月一八日『東北大学の在り方に関する検討委員会』。
(59)「東北大学の在り方に関する検討委員会報告Ⅱ――委員会の見直しについて」二〇〇〇年一〇月一七日『東北大学の在り方に関する検討委員会』。
(60)「東北大学の在り方に関する検討委員会検討状況」二〇〇二年頃作成『東北大学の在り方に関する検討委員会』。

第九章　京都大学大学文書館設置構想の特質とその経緯

はじめに

二〇〇〇年（平成一二）に発足した京都大学大学文書館は、非現用の行政文書に関する選別・廃棄に関与する大学アーカイブズとして設計され、これに関して西山伸は「『文書のライフサイクル』のなかにアーカイヴスを確実なものと位置づけたのは、従来の他大学の史（資）料室では見られなかったことであり、この意味で京都大学の大学文書館は、日本で最初の本格的な大学アーカイヴズと言うことができる(1)」と述べている。菅真城も「情報公開法によって、国立大学アーカイブズは非現用法人文書を管理するアーカイブズへと大きく舵を切った。その典型は、京都大学大学文書館である(2)」としており、先行研究において大学アーカイブズ史における京都大学大学文書館の画期性が示されてきた。一方で、先行研究では京都大学大学文書館の特殊性もまた指摘されている。寺崎昌男は京都大学大学文書館が有する機能について「国立大学のなかでは稀にみる奇跡に思われた(3)」と述べている。菅が指摘するように、二〇〇〇年代以降の大学アーカイブズの議論に、京都大学学文書館が影響を与えたことは論を待たないが、一方でこれまでみてきた通り、二〇世紀末の段階で、すでに国立大学アーカイブズを有していた東北大学、東京大学、名古屋大学、九州大学では、行政機関の保有する情報の公開に関する法律（以下、情報公開法）制定から施行の間、情報公開制度への対応と結びつけて、非現用文書の移管を積極的に推し進める動きは限定的であり、京都大学大学文書館は当該期にあって、むしろ例外的な存在であったようにもみてとれる。

こうした前提を踏まえ、本章では京都大学大学文書館が他大学と異なり、なぜ発足当初より非現用の学内行政文書を管理する大学アーカイブズとして成立が可能であったのか、その設置過程を明らかにしたい。これまで京都大学大学文書館の設置過程については、設置に関わった西山伸による複数の論稿がある。[4] その中で、西山は京都大学大学文書館設置のポイントとして、情報公開法対応に伴う行政文書ファイル管理簿の作成があった、としている。[5] しかし、当該期、学内の行政文書の名称、作成組織、作成時期等が網羅的に登録された行政文書ファイル管理簿作成は、他の国立大学でも行われていたことであり、それだけでは他大学と異なる大学アーカイブズ設置の背景は説明ができない。このように、先行研究では、他大学の大学アーカイブズ成立過程との比較の中で、京都大学大学文書館の特質を分析することはほとんど行われてこなかった。そこで本章では京都大学大学文書館所蔵の史料から、京都大学大学文書館設置に至る議論を確認し、合わせてこれまでの章で分析してきた他大学における、ポスト年史編纂組織設置の議論を踏まえ、京都大学大学文書館がなぜそれまでのポスト年史編纂組織とは異なる大学アーカイブズとして組織されたのか、について解明したい。[6]

一　京都大学百年史編纂終了後に関する初期の議論

1　一九九七年度段階における京都大学百年史編集委員会専門委員会の動向

百年史編纂後の体制については、一九九三年（平成五）に京都大学百年史編集史料室（以下、編集史料室）に助手として着任した西山伸によって、[7] 同年七月、第一三回京都大学百年史編集委員会専門委員会（以下、編集専門委員会）の討議資料として提出された『資料編』編集および百年史編集史料室のあり方に関する意見書」の中に初発の言及がみられる。ここでは東北大学・東京大学・九州大学などを事例にあげながら、「将来の『百五十年史』『二百年史』の編集に役立つだけでなく、広く日本の教育史・社会史・政治史等の発展に寄与するもの」として、「『百年史』編集終了後には、現在の史料室を何らかの形で改組して存続させるべき」との考えが披瀝されている。しかし、このときの意見書は、資料編作成に関する論点整理が主眼であり、「今すぐ結論を求めるものではなく、専門委員会の今後の検討課題」として提示されたに過ぎなかった(8)。その後、百年史編集史料室による資料の収集が進む中、一九九四年一一月八日の第一九回編集専門委員会で、「百年史編集中及び編集・刊行終了後の編集史料室のあり方、収集資料の保存・管理方針を立てる必要がある」との認識から、編集史料室の中期整備計画（案）が示された(9)。ここでは「百年史編集で収集した原稿、史料、図書等の保存、管理計画の早急な立案」が課題提起され、編集専門委員会では、「編集・刊行終了後の史料室のあり方について、他大学の調査も行った上で史料室で原案を作成していくこと」が決議される(10)。もっとも一九九四年度末に図書館内に一部屋分の利用が認められていることから、この時の整備計画もどちらかといえば、年史編纂作業用スペースの狭隘化に対する、部屋要求が主眼であったと思われる(11)。このため、その後二年半ほど、編集史料室から原案がまとめられた形跡はみられない(12)。

こうした中、百年史編纂後の体制について、具体的な検討が開始されるようになるのは、一九九七年五月ごろからである。このときの動きを主導したのは、当時編集主任であった服部春彦文学部教授である。一九九七年五月二六日に開催された第二八回編集専門委員会において、服部編集主任より「史料室将来構想について」が議題としてあげられ、京都大学百年史の「事業終了後の史料室の存続について、その手続きと史料室の具備すべき内容についてご議論いただきたい」との提案がなされた。この時点では、「大学の制度史だけでなく、自然科学も含めた学問の発達史も対象としては」、「歴史史料も含めた大学の情報公開、学内文書の管理が今後必要」、「資料の収集、整理のみならず、研究、教育機能ももたせる必要がある」、「常設展のような、一般市民を対象とした学外への公開機能も必要」などさまざまな意見が出されたが、同年一〇月に開催予定の親委員会である、京都大学百年史編集委員会（以下、編集委員会）に、編集専門委員会としての案を提示できるよう検討を進めることとなった。[13]

ついで七月九日に開催された第二九回編集専門委員会では当時、編集史料室の助手であった、西山伸が作成した編集史料室将来構想の資料が提示された。ここでは編集史料室の機能として、①学内外の史資料（行政史料、個人史料、写真、その他）の収集、整理、保存、公開、②教育（全学共通科目、留学生対象、初任者研修など）、③研究（プロジェクトの推進、紀要・史料集等の刊行など）、④広報的機能（ニュースの刊行、展示、レファレンスへの対応など）が想定されており、全学的な組織の性格は独立センターの形態が志向されている。[14]第二九回編集専門委員会では、参考資料として合わせて、「東京大学史史料に関する提案二束」（『東京大学史紀要』五、一九八六年）、「東京大学史史料室規則」、「九州大学史料室規程」、「名古屋大学史資料室規程」も配付されており、西山が作成した将来構想資料は、東京大学、九州大学、名古屋大学の先行事例を元に、案出されたものと思われる。

その後、九月二二日に開催された第三〇回編集専門委員会では、設置目的や編集史料室の業務がより整理されたかたちで「編集史料室の将来構想について」と題された資料があげられた。ここでは、過去の京都大学七十年史編纂事業において収集された史料が年史刊行後、散逸した経緯を教訓として、「百年史編集事業終了後、現在の編集史料室の機能を引き継ぎ拡充するような機関として大学史史料室（仮称）を発足させる必要がある」とし、設置目的は「（一）百年史の編集作業を通じて収集された史料の、事業終了後における整理、保存、利用の体制の確立。（二）京大の本部事務局、各部局に存在する文書その他資料のうち、大学史の研究にとって重要なものを調査収集し整理保存する機関の設置。（三）収集史料を利用した研究・教育および広報活動の推進」となっている。また史料室の業務は「（一）京都大学史に関する史料を調査収集、整理保存するとともに、必要に応じて学内外の利用に供する。（二）収集史料を利用して、京都大学史を中心に近現代大学史、高等教育史の研究を推進し、また学際的共同研究を組織する。具体的には、様々なプロジェクトの推進（たとえば初代総長木下広次関係

京　都　大　学		
京都大学史史料室設置の提言	京都大学史料の収集・保存およびその利用について―京都大学文書館設置の提案―	京都大学の歴史に関する史料の収集・保存・公開のための組織について（報告）
1997年11月	2000年3月	2000年10月
京都大学百年史編集委員会専門委員会	京都大学百年史編集委員会委員長	京都大学の歴史に関する史料の収集・保存・公開等のための組織についてのワーキンググループ代表
総長	総長	総長
年史編纂後の史料散逸防止と恒久的な史料の整理公開・利用	将来の年史編集のため現在収集している史料を管理し，収集を継続していく組織が必要不可欠	情報公開法対象外の非現用文書・資料を歴史資料として保存する必要
大学の自己確認・自己評価，個人文書の寄贈機関	日本近現代史研究の情報発信源，大学の点検・評価，非現用文書の一元的管理と事務の効率化，図書館・博物館にはない独自性	年史編纂後の資料類の散逸防止と継続的な史料保存・整理・利用，大学史・高等教育史にとっての史料の不可欠性，大学の自己点検・評価
具体的な記載なし	非現用文書の保存・廃棄決定を文書館が行う	※2000年9月情報公開検討ワーキンググループ答申で，行政文書の管理に関する定めの制定の中に，「大学公文書館(仮称)」設置を位置付ける
具体的な記載なし	具体的な記載なし	具体的な記載なし

る委員会　第1綴（第1回～第8回）』東京大学文書館所蔵，「九州大学史料の収集・保存につ
蔵，「名古屋大学における大学史資料の収集・整理・保存のあり方について」1995年2月『名
研究紀要』第1号，2002年。
大学史料室間の「公文書の移管に関する申合せ（案）」により，部分的に学内行政文書につい

表 24　大学史編纂後の組織設置要望比較

大　　学	東　京　大　学	九　州　大　学	名古屋大学
設置要望書	東京大学史料保存の基本方向ならびに当面の措置等について	九州大学史料の収集・保存について―九州大学史料室設置の提言―	名古屋大学における大学史資料の収集・整理・保存のあり方について
作成時期	1987 年 2 月	1991 年 4 月	1995 年 2 月
作成主体	東京大学史料の保存に関する委員会委員長	九州大学75 年史編集委員会小委員会	名古屋大学史編集委員会常任編集委員会
提出先	総長	九州大学 75 周年記念事業委員会委員長→総長	名古屋大学史編集委員会委員長→総長
設置の第一理由	東京大学の歴史に関わる資・史料の収集・保存と利用に備える	将来の編史編纂のための恒常的な資料保存・整理・収集	将来の大学史編纂事業での資料の収集・整理作業の効率化
その他の設置必要性事由	当面の緊急の問題として年史編纂収集文書等の散逸を防止し，今後の年史編纂に備える	大学の自己確認・自己評価，大学の記録管理との結合	大学史資料レファレンスへの対応，自己点検・自己評価
大学の文書管理規程との関係	具体的な記載なし	将来的には構想されるべき	具体的な記載なし
組織の将来構想	当初室として設置し，東京大学史史料センター(仮称)発足までの暫定措置とする	当初室として設置し，将来的には図書館・博物館と並立する独立機関としての大学文書館を検討	当初室として設置し，将来的には図書館，博物との関係を考慮した上で，独立機関としての名古屋大学文書館(仮称)が望まれる

出典：「東京大学史料保存の基本方向ならびに当面の措置等について」1987 年 2 月 27 日『東京大学史料の保存に関す
いて―九州大学史料室設置の提言―」1991 年 4 月 19 日『小委員会関係資料（平成三年度）』九州大学大学文書館所
古屋大学史編集委員会綴』名古屋大学大学文書資料室所蔵，西山伸「大学文書館設置の経緯」『京都大学大学文書館
※のちに，東京大学では 1988 年 7 月事務局文書管理規則第 46 条で，九州大学では 1996 年 8 月本部事務局庶務部と
て移管可能な制度設計が行われることになる。

文書を利用した創立期京都大学の研究など）、大学史研究紀要・史料集の刊行などが考えられる。（三）上記の研究の成果に基づきつつ教育及び広報活動を行う。例えば全学共通科目の形で京都大学史の講義を設ける。また京大の歴史と現状に関する展示を行い、教職員、学生、一般市民、外国からの来訪者などの観覧に供する[15]」とされていた。五月段階での議論では、一部に大学の情報公開や学内文書の管理などの発言もあったものの、九月段階で作成された「編集史料室の将来構想について」では、史料は「必要に応じて学内外の利用に供する」とややトーンダウンしたかたちで記載されており、全体的に大学史の研究・教育に軸を置いた文章となっている。第三〇回編集専門委員会では、第二九回編集専門委員会で取り上げた他大学に東北大学記念資料室も加えた参考資料も配付しており、当初京都大学における年史編纂終了後の在り方は、既存の他大学のポスト年史編纂組織に類似する、後継組織を想定していたことがわかる。

もっとも、編集史料室の管理運営については、「全学的な運営（協議）委員会を設置する」ことが想定されていたものの、設置形態自体は、独立した機関にするか、既設の組織の中に置くか、は編集専門委員会として意見を集約できておらず、設置場所についても、庶務部広報課、附属図書館、総合博物館、時計台記念館など複数案が並立されていた。

この「編集史料室の将来構想について」はその後、「京都大学史史料室設置の提言」としての体裁を整え、同年一〇月に予定されていた編集専門委員会の親委員会に当たる編集委員会にあげて、承認を得るという流れが想定されていたが、結局秋に編集委員会は招集されなかった。このため、同年一一月一八日に服部編集主任は井村裕夫京都大学総長と面談し、編集専門委員会名での、「京都大学史史料室設置の提言[16]」をもって、話し合いの機会を持つことになる。しかし、この面談は具体的な動きにはつながらなかったようで[17]、翌一九九八年一月二八日に開催された、第三一回編集専門委員会において、服部は「確たる結論は出なかった」と報告し、「専門委員会内でもっと議論は必要だろう。近日中に長尾総長にお会いし、部局長会議などで正式に議論してもらうよう依頼するつもりである」と述べている。[18]

一九九七年度は京都大学総長の交代期であり、一九九七年一二月に井村裕夫が総長を退任し、長尾真が第二三代総長に就任していた。服部は編集専門委員会での発言の通り、その後、長尾総長へも一九九八年二月六日に、「人員、場所、機能等について提言をまとめ長尾総長へ提出」[19]、面談の上、年史編纂終了後の史料室の存続について希望を伝えた。長尾は、一九九七年三月まで附属図書館長の立場から編集委員会の委員長を務めており、編纂状況について一定程度の理解があったものと思われる。[20]しかし、存続方針に関する即答は避けており、長尾総長からは、「任期中には解決したい。ただ、独立機関とするのはむつかしいのではないか、部局長会議等のしかるべきところで検討することは可能であろう」との主旨の返答があったという。[21]服部は一九九七年度が停年退官に当たり、編集主任として年史編纂に深く関わっていたことから、年史編纂後の組織体制の道筋を付けておきたかったものと思われるが、このように一九九七年度中においては、編集専門委員会で検討がなされたものの、年史編纂後の在り方についての学内的なコンセンサスは得られておらず、井村、長尾両総長にしても、直近での優先課題という認識は持っていなかったといえる。

また実際のところ、年史編纂終了後の編集史料室の在り方に関する本格的な検討は、先送りでもよい状況にもあった。当時京都大学百年史編纂は当初の刊行計画から編集作業は遅れており、一九九八年三月一七日に開催された第七回編集委員会において、年史の最終刊行に当たる資料編三の刊行スケジュールは最終二〇〇一年六月にすることが承認されていた。[22]また刊行計画の遅延に対応すべく、第三一回編集専門委員会以降、助手一名の増員が企図され、一九九八年四月一日に長尾総長の了承がとれ、六月に助手として富岡勝が編集スタッフに加わっている。[23]このため、服部編集主任の停年退官後、一九九八年から一九九九年中においては、編集専門委員会および、京都大学百年史編集委員会のいずれにおいても、年史編纂終了後の在り方の検討が議題とされることもなく、議論は資料編の編集など、年史編纂そのものの議論が中心となっていった。

2　一九九九年度末における京都大学百年史編集委員会の要望

こうした状況が変化するのは、一九九九年度末に入ってからである。二〇〇〇年三月九日に開催された第三七回編集専門委員会において、「本学の歴史に関する史料の収集・保存・公開（要望）について」が議題とされ、菊池光造委員長（附属図書館長・経済学研究科長）より以下の提案がなされた。「百年史刊行後、史料室で収集した史料の保存・利用の在り方については、編集委員会でも再々の検討がなされ懸案となっていた。また、国会で審議中の情報公開法が既に成立し、二年以内に施行されることとなろう。大学行政文書も公開対象であるので、この意味からは本部事務局とも連絡調整は考えていかねばならないだろう。一方で、時計台の改修費が予算に計上され、記念館改修が実現することとなり、これら資料類の保管も可能となる動きもあるようである。懸案であった史料の保管について、この際、編集委員会でも再び検討課題、要望としてまとめてはどうかということで提案する」[24]。これは、具体的には、菊池光造京都大学百年史編集委員会委員長名で、長尾真京都大学総長に宛てて、文書館組織設置の要望を出すことについて、編集専門委員会の承認を得る、というものであった。

第三七回編集専門委員会には、要望書としての形式が整えられた「本学の歴史に関する史料の収集・保存・公開について（要望）」が資料として配付されており、菊池委員長の説明ののち西山助手から同資料の朗読が行われている。要望書は以下のような文面となっていた。

「本委員会の発足以来、百年史編集史料室では、本部事務局より数多くの学内の行政史料の提供を受け、また、学外から寄贈・寄託を受けた貴重な個人史料もかなりの数にのぼっております。今後、編集事業終了後において、これらの史料を継続して収集、整理、保存し、学内外に公開するとともに研究・教育活動に役立てていく体制の確立が望まれるところであります。すでに東北大学、東京大学、九州大学、名古屋大学等においては、それぞれ年史編集終了後に史（資）料室が開設され、史料の収集・保存・公開に加えて大学の歴史に関する研究・教育活動が積極的に推進されています。本学における将来の年史編集事業に備えるためにも、また、本学に関する史料が持つ研究上の大きな意義からも、上記のような機能をもった恒久的組織が必要と考えております。さらに、百年史の編集作業を通じてその歴史史料としての価値が明らかになりつつある本学の行政史料を、今後どのように一元的に管理していくかという観点からも、このような組織は不可欠のものと考えられます。大学の多様化、個性化が求められつつある現在、その大学に関する歴史史料を体系的に保存・管理し、継続して収集すれば、それは大学にとって重要な点検・評価のための資料となり、またこれを研究・教育に活用すれば、大学の個性の認識と発展に資するものと考えます。本学の歴史に関する史料を収集・保存・公開し、それにもとづいた研究・教育活動を行う恒久的な組織が速やかに設置されることを本委員会として切望いたします[25]」。

この要望書だけをみると、一九九七年度中に議論された、編集史料室の将来構想と大きく変化はないように思われる。要望書は、将来の年史編纂に備える目的、大学に関する歴史史料に研究・教育上の価値を見出す視点、大学の点検・評価に資する機能、そのための史料の一元的管理体制の構築があげられ、これらを踏まえて、史料の収集・保存・公開のための恒久的な組織の設置を求める、という内容になっている。

また、要望書とともに第三七回編集専門委員会には参考資料として、「京都大学史料の収集・保存およびその利用について――京都大学文書館設置の提案――」も用意されていた。要望書をより詳細にした内容となっているが、京都大学における大学文書館の必要性について、一、将来の年史編纂、二、大学史史料の研究上の意義、三、大学の点検・評価との関わり、四、大学の行政史料の管理、五、本学内の他機関との関係から整理している。ここからわかる通り、「京都大学史料の収集・保存およびその利用について—京都大学文書館設置の提案—」では、京都大学七十年史編纂後に生じた史料散逸を繰り返さず、将来の年史編纂に資する組織を作る、ということが必要性の第一として、強調されている。京都大学の百年史編纂において最も困難であったのが、「『京都大学七十年史』編集の際に収集された史料が散逸したこと」であり、その経験にたって、「将来考えられる本学の年史編集を考慮に入れるならば、現在収集している史料を一元的な体制のもとで管理し、さらに今後も収集を継続していく組織としての文書館が必要不可欠」というのがその論拠であった。こうした要望書の構成は、九州大学で一九九一年四月にまとめられた「九州大学史料の収集・保存について—九州大学史料室設置の提言—」との類似性がみてとれる。九州大学七五年史編集小委員会でまとめられたこの提言も、第五章でみた通り、設置の論拠を将来の百年史編纂に触れながら「年史編集との関連から」説明がなされ、ついで「大学の自己確認・自己評価と大学史料」の必要性、そして「大学の記録管理システムとの関連」が述べられていく構成となっている。こうしたことから京都大学においても、先行するポスト年史編纂組織の設置提言がたたき台として参考にされたことがわかる。(26)

一方で、第三七回編集専門委員会には、ポンチ絵も配布されているが、この中に、文書館（仮称）の機能（図11）、および文書保存管理システム、情報公開制度、公文書館制度をリンクさせる図が示されている（図12）。ここでは文書保存管理システムと情報公開制度が資料請求の関係で結びつけられており、文書保存管理システムと公文書館制度が公文書の移管との関係で結びつけられている。一九九七年度にも情報公開という議論はあったものの、議論の過程では「必要に応じて学内外の利用に供する」(27)など情報公開の視点はそれほど重要視されていなかった。ここに来て議論が再活性化した背景として、菊池委員長が述べていたとおり、情報公開法の施行の影響がみてとれるのである。第三七回編集専門委員会では、情報公開法に基づき学内に情報公開委員会が設けられた際には、「大学行政文書の保管について、情報公開委員会が審議する際に、編集委員会側からも発言できる体制づくりが必要だろう。保管のシステムと編集史料等の保存、公開等が一体になった形での文書館構想がよいのではないか」との意見も出されている。

また、「長尾総長は以前からこの問題を懸念されているようである。先回の資料WGでも、WGの本来の任務ではないが、この要望について意見交換を行い、若干の修正（史料館→文書館等）を加えた」という発言もあり館名称を、行政文書を扱う組織というニュアンスに寄せていく姿勢が見て取れる。[28]

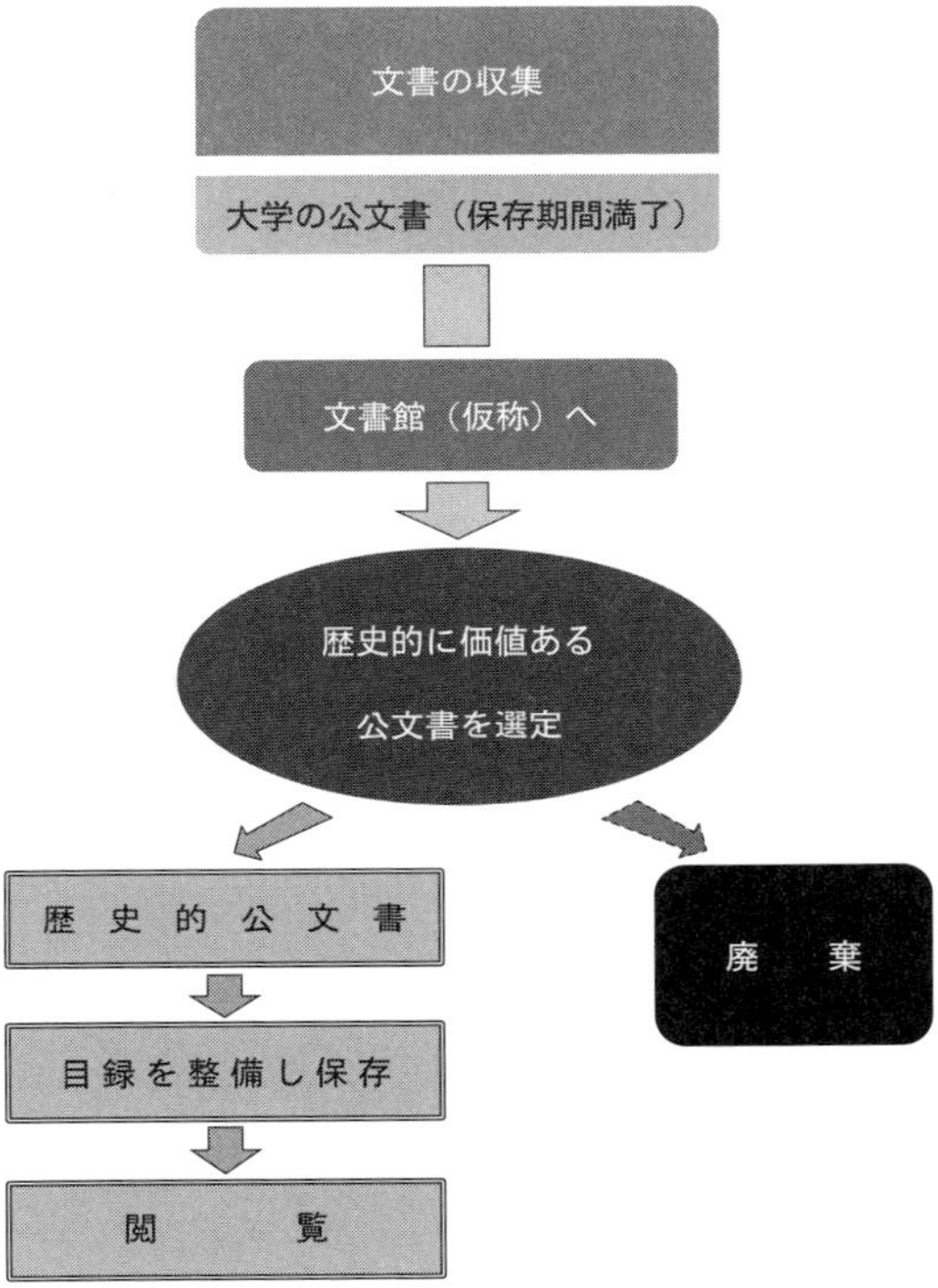

図11　文書館（仮称）の機能（「京都大学百年史編集委員会専門委員会（第37回）配付資料」2000年3月9日『百年史編集史料室原議書綴平成11年度（1999年）』京都大学大学文書館所蔵）

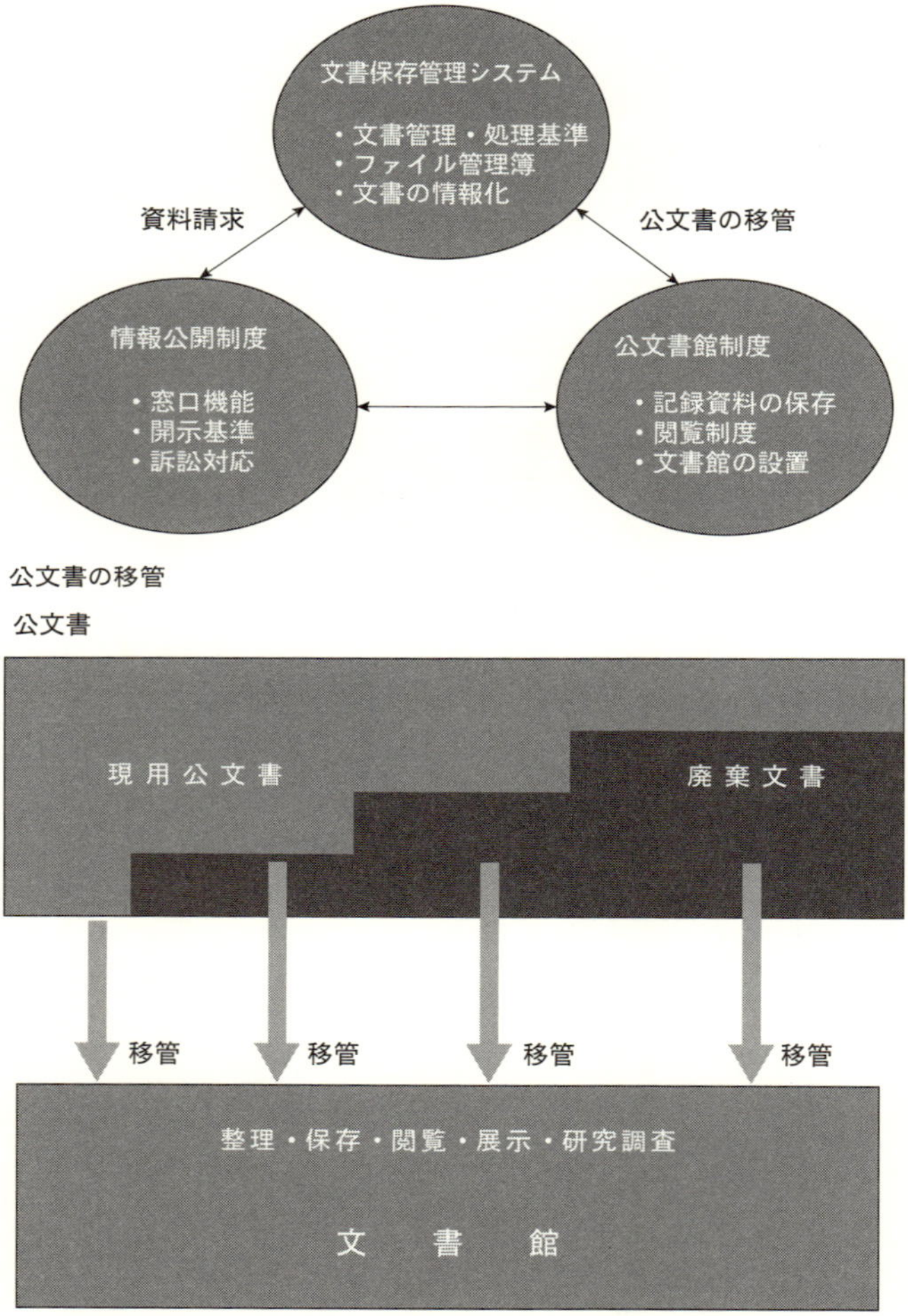

図12　文書管理システム，情報公開制度，公文書館制度の関係（「京都大学百年史編集委員会専門委員会（第三七回）配付資料」2000年3月9日『百年史編集史料室原議書綴平成11年度（1999年）』京都大学大学文書館所蔵）

こうした議論を経て、「本学の歴史に関する史料の収集・保存・公開について（要望）」は編集専門委員会で承認され、同日九日、編集専門委員会に続いて開催された編集委員会に付議された。菊池委員長は編集委員会の席上、「百周年記念事業の一環としての時計台の改修計画が着手されるが、その中に文書保存スペースが確保できるようである。一方で、情報公開法が成立し、二年以内に施行される。これに向けて本部事務局では行政文書の保管をルール化する計画があるようである。これらの行政文書の保管・公開等が時計台の改修とともに進められようとしている今、編集史料類の保存等をも考慮にいれた文書館構想について上申するのはタイミング的にもベストだと思われる」[29]と要望書の承認を求めた。編集委員会ではとくに発言はなく提案が了承、編集委員会委員長名において要望書は、総長へ提出されることとなった。[30]

二　京都大学大学文書館の設置過程

1　一九九九年度までの京都大学情報公開検討ワーキンググループの議論

ところで、当時京都大学における情報公開制度に関する議論の場は、情報公開検討ワーキンググループにあった。話は少し遡るが、一九九八年（平成一〇）三月に行政機関情報公開法案および同整備法案が閣議決定され、国会に提出された状況を受けて、同年四月二八日、京都大学では部局長会議の下に、情報公開検討ワーキンググループを設置、公式に情報公開に関する検討が開始されることになる。[31]メンバーは古澤巌副学長のもと、田中成明法学研究科長が座長を務め、法学研究科から二名、理学研究科から一名、附属病院長、企画調整官、総務部長、経理部長、施設部長、学生部長から構成されていた。第一回ワーキンググループは、同年六月二六日に開催され、京都大学における膨大な行政文書整理のため、事務局総務部内に事務文書改善検討班を設置し、文書目録の作成に当たること、また、まず事務局が所掌している部局長会議や全学委員会等の開示方法の検討を行うことが決められた。[32]

続いて、九月八日の第三回情報公開検討ワーキンググループにあわせて、検討予定表（案）が作成される。ここでは、一〇月上旬にワーキンググループで「部局長会議及び全学委員会の審議内容等の公表の方法等について」取りまとめ、部局長会議に報告するというスケジュールが示されている。また検討予定表（案）には、そのほかにも、行政文書の管理に関する定めの制定や、行政文書ファイル管理簿の作成、情報公開対応窓口の設置、情報公開に関する研修会などの啓蒙活動、教務・医療に関する個人情報の取扱いなども検討事項としてあげられていた。しかし、締切が区切られていたのは、先にあげた「部局長会議及び全学委員会の審議内容等の公表の方法等について」だけであり、それ以外は、検討開始時期のみ記載されているか、もしくは検討時期そのものも未記載となっていた。(33) 一〇月一三日に開催された、第四回情報公開検討ワーキンググループにおいて、田中座長から、「総長の意向は、法制定に伴う開示請求への対応もさることながら、学内の構成員に、如何に情報を公表し理解を求め意見を汲み上げていくかに主眼が置かれていると思料される」(34)と説明がなされていること、またワーキンググループの具体的な作業工程スケジュールが、部局長会議および全学委員会の審議内容等の公表の方法等について、部局長会議へ報告することのみ確定していたことからみて、このワーキンググループ設置の初期の目的は、情報公開法への対応、ということ以上に京都大学所属教職員に対する、学内意思形成過程のオープン化、つまり学内向けの情報公開に主眼が置かれていたことがわかる。

その後、情報公開検討ワーキンググループはしばらく開催されなかったが、一九九九年五月に情報公開法および同法の施行に伴う関係法律の整備等に関する法律が公布され、同年一一月下旬に「行政機関の保有する情報の公開に関する法律施行令の骨子案（政令案）」が公表されたことで、再びワーキンググループが招集されることになる。二〇〇〇年二月二日に開催された第六回ワーキンググループの議題は、一、行政文書の管理に関する定めの制定について、二、部局委任について、三、審査基準（開示・不開示）の制定について、四、情報公開審議会（学内）の設置について、五、情報公開の窓口の整備について、となっており、前回までとは異なり、法律への具体的な対応・検討が主眼となっていた。このため、政令の骨子案に沿って、情報公開制度の運用に必要な、

「文書保存規程」の制定や、「行政文書ファイル管理簿」の作成、情報公開の窓口および運用のための「情報公開委員会（仮称）」の設置などが議論されることとなる。[35]ただ二〇〇〇年二月時点では、京都大学文書館設置などは議題としてあげられてはいない。一九九九年度末の段階では、情報公開ワーキンググループにおける議論と、京都大学百年史編集専門委員会および同編集委員会における議論は、情報公開法を見据えている点においては共通点があったものの、会議上の論点の主眼は結びついていなかったといえる。

2　情報公開検討ワーキンググループによる館の設置検討

この状況は二〇〇〇年四月四日に開催された部局長会議以降、変化がみられるようになる。同日の部局長会議では報告事項として、長尾真総長より「本学の歴史に関する史料の収集・保存・公開について」説明がなされた。これは同年三月九日付で菊地光造編集委員会委員長より、長尾総長に宛てて提出された「本学の歴史に関する史料の収集・保存・公開について（要望）」を受けてのものであった。用意されていた説明は「京都大学百年史編集委員会では、「京都大学百年史　資料編二」および「京都大学百年史　資料編三」の平成一二年度中の刊行を目指して、編集作業を行っている。これら編集作業終了後において、収集した史料の保管方法や今後の在り方など、大学として検討を要する事項について、「本学の歴史に関する史料の収集・保存・公開について」として要望がなされた。本学として、この問題は情報公開の在り方と密接に関係していることから、情報公開ワーキングで検討されている情報公開のシステムの中で考える必要があり、近く同ワーキングに付託する予定である」[36]というものであった。先にみた通り、「本学の歴史に関する史料の収集・保存・公開について（要望）」は文中において「情報公開」という文言は使用されていない。しかし、三月九日の編集専門委員会において、文書保存管理システム、情報公開制度、公文書館制度をリンクさせるポンチ絵「公文書の移管」等も配付されていたように、ポスト年史編纂組織を情報公開制度と関連したかたちで学内に位置づける、という構想の素地は形成されつつあった。部局長会議での総長説明は、こうした編集専門委員会での構想の議論を、情報公開ワーキングの議論と接合させることを意味するものであった。

四月四日の部局長会議を経て、同年六月二六日に開催された、第七回情報公開検討ワーキンググループにおいて、大学文書館（仮称）の整備、が議題にあげられることとなる。資料として、三月九日の編集専門委員会で配付された（前掲図11、図12）が情報公開検討ワーキンググループの場でも配付されており、合わせて「京都大学大学史料館規程案」、「京都大学大学史料館利用規程案」も用意されていた。議題においては、「大学文書館（仮称）」となっているのに対して、規程案では「大学史料館」とされているように、この時点は、組織名称は確定していなかったようであるが、[37]組織設置に向けて具体的な学内規程案が用意されていたことからわかる通り、情報公開検討ワーキンググループの審議は設置をある程度前提にしたものであったといえる。

京都大学大学史料館規程案では、第一条として「京都大学に、京都大学の歴史に係る各種の史料の収集、整理、保存、閲覧及び調査研究を行うため、大学史料館を置く」とされ、第二条、第三条において、京都大学の教授のうちから総長が指名する館長、そして大学史料館専任として、助教授、講師、助手の教官配置が明記されていた。当時他大学の年史編纂組織において専任の助教授の配置はなされておらず、京都大学では他大学よりも充実した教官配置を構想していたことがわかる。[38]また、第四条で運営協議会を規定し、運営協議会をもって大学史料館の管理運営に関する重要事項を審議するものとしていた。運営協議会は、総長が指名する副学長、部局長若干名、附属図書館長および総合博物館長、大学史料館長、事務局長、その他総長が認める者若干名、という構成で、副学長のもとでの全学委員会の形式を取っていた。編集史料室は、当時京都大学附属図書館内に置かれ、編集委員長も附属図書館長が兼ねる形式を取っていたが、「大学史料館」の事務所掌は第九条において、「総務部総務課において処理する」とされた。[39]他大学においてもポスト年史編纂組織の事務を本部総務系で所掌する形式は、東京大学、九州大学、名古屋大学でもみられる事例であり、京都大学もそうした先行事例を踏まえたものであったが、一方で第七回情報公開検討ワーキンググループにおいて、文書保存規定の制定に関する説明は、事務方である岸本佳典総務部総務課課長補佐が行っており、情報公開制度の学内運用に係る事務的な制度設計を担っていたのは、事務局総務部総務課であり、現用・非現用の行政文書を一体的に管理・運用する仕組みづくりを事務局総務部総務課が重視していたといえよう。

このことは、第七回情報公開検討ワーキンググループで示された「京都大学における行政文書の管理に関する規程（案）」からもうかがえる。第七回情報公開検討ワーキンググループでは、第六回以降の作業状況について、事務局総務部総務課の行政文書ファイルのリスト、および「京都大学における行政文書の管理に関する規程（案）」が資料として用意され、岸本総務課長補佐が説明を行っている。[40]この「京都大学における行政文書の管理に関する規程（案）」では、現用文書の行政文書の分類、作成、保存に関する基準に加えて、行政文書の移管条項が定められていた。第九条「保存期間（延長された場合にあっては、延長後の保存期間とする。）が満了した行政文書は、京都大学史料館へ移管するものとする。二　移管の手続きについては、別に定める」という文言である。

大学アーカイブズへの移管に関しては、他大学では、東京大学事務局文書管理規則第四六条の「保存年限が永年とされた文書で保管の開始後二〇年以上を経過したもの及び永年保存以外とされた文書で当該保存年限を経過したものは、東京大学史史料室へ移管することができる」[41]という規程や、九州大学における「（イ）有期限の公文書のうち、保存年限を経過し、原課が移管することができると判断した文書（ロ）永久保存の公文書のうち、当該文書が完結してから二〇年を経過し、原課が移管することができると判断した文書」について大学史料室に移管する、という大学史料室および庶務部による「公文書移管に関する申し合わせ（案）」[42]などがこれ以前に作成されており、京都大学の移管条項は初めての事例というわけではない。しかし、東京大学が「移管することができる」という「できる」規定であったこと、九州大学は規程ではなく、申し合わせであったこと、またいずれも全学ではなく、事務局や庶務部に限定されている内容であったことから考えると、全学的な規程としての移管条項は画期的であったといえよう。また、第七回情報公開検討ワーキンググループでは、「検討は今回で終了し、答申原案を作成のうえ、次回までに各委員に事前に配付し、意見を求め、九月の部局長会議に報告」というスケジュールが了承されたが、これら第七回情報公開検討ワーキンググループで議事としてあげられた行政文書の管理に関する一連の規程案は意見交換の結果、「事務的に進められる部分については、作業を進めることが了承」されている。情報公開検討ワーキンググループに陪席していた、総務課長補佐が一連の配付資料の説明を行い、それを事務的に進めることが了承されていることからわかる通り、京都大学における大学アーカイブズ構想に関する制度設計の実務面は、事務局総務部総務課が主導していたといってよいだろう。

とりわけ、制度設計に注力していたのは、総務課長補佐にあった岸本佳典であった。[44]編集史料室助手の西山伸と岸本は、編集委員会から総長へ要望があげられる一年前の一九九九年二月から三月にかけて、先行する東北大学記念資料室、東京大学大学史史料室、名古屋大学史資料室、九州大学大学史料室などの視察を行っている。[45]岸本は「大学文書館なり史料館を作ろうというときに、全国の先行大学を見学」し、中野実らの現状説明から、中途半端なものではなく、行政の仕組みの中に位置づけ、京都大学が牽引役となって「段々積み上げていくものではなく、ほぼ完成形みたいなやつを作りたいというふうに思った」と回顧している。京都大学における公的な動向は先にみた通り、一九九九年度末からになるが、事務方による着想はその一年ほど前から醸成されていたことになる。[46]岸本はまた、学内の埋蔵文化財研究センターの事例や、学生懇話室に関わった経験から、教官が循環する組織でなければ、優秀な研究者が目指す組織とならない、という考えを持っていた。具体的には、教授を目指せる「突き抜けるポストを作るというのが組織を作るときの絶対的な条件」であり、それゆえ京都大学における大学アーカイブズには「教授か助教授そして助手二名は絶対に必要で三名以上」という教官配置を想定していた(47)。こうした岸本の組織認識は、「日本で最初の本格的な大学アーカイヴズ」設置に一定の影響を与えたといえよう。

さて話を情報公開検討ワーキンググループの議論に戻そう。第七回情報公開検討ワーキンググループの開催後、同年八月一六日までに「京都大学における情報公開のあり方について（答申）（案）」が作成され、委員に事前配付されることになる。この答申案には、「保存年限を過ぎた行政文書などで、学術的価値の高い文書を保存する「大学公文書館（仮称）」を整備すること」が明記されていた(48)。その後、九月五日に開催された第八回情報公開検討ワーキンググループでは、「大学公文書館（仮称）」の整備に関する部分の文言修正はなく承認(49)、田中成明情報公開ワーキンググループ座長名による、長尾総長への答申は九月一二日の部局長会議に提出された(50)。

3　京都大学の歴史に関する史料の収集・保存・公開等のための組織についてのワーキンググループの活動

一方、この情報公開検討ワーキンググループとは別に、四月四日の部局長会議の後、総長の諮問を受けて、附属図書館長を代表とする「京都大学の歴史に関する史料の収集・保存・公開等のための組織についてのワーキンググループ」（以下、組織ワーキンググループ）も設置され、六月二〇日以降、議論を重ねていくこととなる(51)。組織ワーキンググループでは、情報公開検討ワーキンググループでの検討も踏まえながら、「「京都大学の歴史に関する史料の収集・保存・公開等のための組織について」、その必要性、性格、名称、規程等を検討するとともに、本学の情報公開法への対応に必要な公文書館的機能を合わせ持つ組織」を構想していった(52)。二〇〇〇年度における情報公開検討ワーキンググループのメンバーは赤岡功副学長、田中成明法学研究科教授（座長）、錦織成史法学研究科教授、初宿正典法学研究科教授、丸山正樹理学研究科長、本田孔士医学部附属病院長のほか、事務方として企画調整官、総務部長、経理部長、施設部長、学生部長、研究協力部長で構成され、大学情報課長、同専門員、同専門職員、総務課長補佐が陪席する形式をとっていた。(53)

これに対し、「本学の歴史に関する史料の収集・保存・公開について（要望）」を実質的に取りまとめた、編集専門委員会の二〇〇〇年度の構成メンバーは、佐々木丞平委員長（附属図書館長）、礪波護副委員長兼編集主任（文学研究科教授）、以下、専門委員として宮本盛太郎総合人間学部教授、筒井清忠文学研究科教授、藤井譲治文学研究科教授、永井和文学研究科教授、高橋秀直文学研究科助教授、西山伸文学研究科助手（編集史料室室員）、辻本雅史教育学研究科教授、冨岡勝教育学研究科助手（編集史料室員）、伊藤之雄法学研究科教授、伊藤孝夫法学研究科教授、高橋康夫工学研究科教授という顔ぶれで、情報公開検討ワーキンググループのメンバーとは人選は全く関わっておらず、親委員会の編集委員会にしても、一九九九年度末時で六五名からなる全学委員会であったが、やはりこの中に情報公開検討ワーキンググループを構成する教官はおらず、事務的にオブザーバーとして事務局総務部、経理部、施設部、学生部からの陪席があるのみであった。(54)

編集委員会は基本的に年一～二回程度の開催で機動性に欠け、また編集専門委員会の構成員も、情報公開検討ワーキンググループのメンバー外で、検討に関与することができなかったことから、編集委員会、編集専門委員会の委員長を兼ねていた附属図書館長を軸とする、組織ワーキンググループを新たに設けて、こちらで組織の具体化を担い、情報公開検討ワーキンググループとともに、部局長会議に検討結果を提出するという体裁が取られたのである。組織ワーキンググループは、佐々木附属図書館長のほか、礪波編集専門委員会副委員長兼編集主任（文学研究科長）、竹内洋京都大学百年史編集委員会一号委員（教育学研究科長）、田中情報公開検討ワーキンググループ座長（前法学研究科長）という顔ぶれで、京都大学百年史編纂に関わる部局長クラスを中心として構成され、田中が両ワーキンググループを橋渡しする体裁になっていた。また事務方として事務局総務部長等が陪席しており、情報公開検討ワーキンググループ同様、組織構成の事務的実務も事務局総務部総務課が担っていたと思われる。[55]

組織ワーキンググループは一〇月一六日までに「京都大学の歴史に関する史料の収集・保存・公開等のための組織について（報告）」の成案を取りまとめ、[56]一〇月二四日の部局長会議において、佐々木代表（附属図書館長）名で長尾総長に提出された。この報告は、まず京都大学の歴史に関する史料の収集・保存・公開等のための組織設置の必要性を、以下のように情報公開法との関係から整理している。「情報公開法の施行を来年四月に控え、本学が所有する大学行政文書・資料は現用・非現用の明確な区分と現用文書・資料の適切な管理が求められ、現在、その準備が進められている。〔中略〕このうち、特に情報公開法の対象外となる非現用の文書・資料については、全く廃棄することなく、史料的価値があるものについては本学の歴史資料として考え、保存していく必要がある。〔中略〕このような観点から、学内措置により、情報公開法施行のできる限り早い時期に以下の組織を設置することが適当である。組織の名称　大学文書館[57]」。そして、この情報公開法施行に伴う大学文書館設置の必要性は、三月九日に編集委員会からなされた「・百年史の編纂の過程で収集された貴重な資料類の散逸を防ぎ、今後も引き続き収集を継続・保存・整理し、教育・研究の両面で利用する必要があること。・本学の資料類は、京都大学のみならず、近現代日本の大学史・高等教育史をみるうえで欠くことのできない資料群であること。・自らの大学の歴史や大学の在り方を絶えず問うことの糧となり、継続的、恒常的に自らを点検・評価することが可能となること」という文脈からのポスト年史編纂組織設置の要望とも接合的である、と説いている。

このように、報告書では、情報公開制度への対応が前面に押し出された文面である一方、これまで編集委員会、編集専門委員会で議論されてきた、将来の年史編纂に資する組織であることや、資料の持つ大学史上の価値や、自己点検・評価との関連についても捨象されることなく、貴重な提言であるとし、大学文書館の設置理由として担保されていた。同日の部局長会議では合わせて、総長裁定の学内措置により、同年一一月一日をもって「京都大学に、京都大学の歴史に係る各種の資料の収集、整理、保存、閲覧及び調査研究を行うため、大学文書館を置く」とする「京都大学大学文書館要項案」が示され、承認された。

加えて、島村富雄事務局総務部総務課長からは、九月一二日の情報公開検討ワーキンググループによる答申を踏まえた「京都大学における行政文書の管理に関する規程案」が説明された。この第九条では「保存期間（延長された場合にあっては、延長後の保存期間とする。）が満了した行政文書は、京都大学大学文書館へ移管するものとする」とされ、これは、先に第七回情報公開検討ワーキンググループで示された「京都大学における行政文書の管理に関する規程（案）」から館名称の変更、及び第二項「移管の手続きについては、別に定める」が削除され、第一五条「この規程の定めるもののほか、京都大学における行政文書の管理に関し必要な事項は、総括文書管理者が定める」とされた点以外の変更はなく、大学文書館への移管条項が明記された。この規程は一〇月二四日の部局長会議を経て、一一月七日、評議会で承認、施行日は翌二〇〇一年四月一日とされた[58]。

その後、大学文書館発足の一一月一日付けで佐々木丞平附属図書館長が大学文書館長を兼ねることが発令され、二〇〇一年一月に藤井譲治文学研究科教授が大学文書館併任教授となり、同年三月に西山伸が大学文書館助教授に昇任、同年四月、嘉戸一将、保田その、が助手として着任と、二〇〇一年度までに人員体制が整備されていった。またこの間の二〇〇一年二月二七日の部局長会議において、総務課長より、京都大学における行政文書の管理に関する規程第九条に基づく「京都大学大学文書館への行政文書等の移管に関する要項」、「京都大学大学文書館利用要項」が説明され[59]、いずれも承認、同日付の総長裁定での要項制定となった。この一連の学内規程、要項の制定をもって、京都大学大学文書館は、将来の組織拡大を目指すことなく、既存の組織体制でもって、全学の非現用文書の移管が可能な学内独立部局の大学アーカイブズとして位置づけられることになったのである。

おわりに

京都大学では百年史編纂期間中の一九九三年や一九九七年度に、年史編纂後の体制に関する議論が、京都大学百年史編集専門委員会を中心に行われたが、全巻の刊行年度が延長されたこと、また総長交代期にあって全学的な議論の俎上にあがる時期になかったこともあり、具体的な動きには至らなかった。再び公式な委員会の場で議論が活性化するのは、『京都大学百年史』最終巻（資料編三）の刊行が翌年（二〇〇一年六月予定）[60]に迫った一九九九年度末（二〇〇〇年三月）になってからであった。一九九七年度と異なり、このときは京都大学百年史編集委員会専門委員会の親委員会に当たる京都大学百年史編集委員会委員長名での要望が取りまとめられ、翌二〇〇〇年度四月の部局長会議に上程されることになる。

もっとも、この要望の内容面は一九九七年度から大きな変更はなく、年史編纂に伴い収集された史料の散逸防止が求められ、「将来の年史編集」が年史編纂後の組織設置必要性の第一義にあげられているなど、ポスト年史編纂組織要求という枠組みが強いものであった。一方で、二〇〇〇年三月時点で、京都大学百年史編集委員会専門委員会では、文書保存管理システム、情報公開制度、公文書館制度をリンクさせるポンチ絵等が資料として配付されており、情報公開制度を意識した組織の在り方も模索されていた。同年四月の部局長会議を経て、長尾真総長は、情報公開制度と関連する形で議論を進めるよう、情報公開検討ワーキンググループに検討を付託、合わせて具体的な組織の中身については、「京都大学の歴史に関する史料の収集・保存・公開等のための組織についてのワーキンググループ」を立ち上げて諮問した。両ワーキンググループは田中成明法学研究科教授以外、委員構成は重なっていなかったものの、そのいずれのワーキンググループにおいても事務局総務部総務課担当職員が陪席しており、規程案などのたたき台を用意し、説明を行うなど、制度設計の実務を担っていた。当時、総務課が情報公開法施行に伴う対応を迫られていたこともあって、議論の方向性は、事務主導のもと、情報公開制度に接合的な組織構想に収斂していくことになる。(61)

この結果、二〇〇〇年九月、情報公開検討ワーキンググループからは「保存年限を過ぎた行政文書などで、学術的価値の高い文書を保存する「大学公文書館（仮称）」を整備すること」が答申され、同年一〇月「京都大学の歴史に関する史料の収集・保存・公開等のための組織についてのワーキンググループ」からは「情報公開法施行のできる限り早い時期に」、大学文書館を設置することが適当である、との報告が出されることになる。

こうして二〇〇〇年一一月一日に発足した京都大学大学文書館は、その目的上、東京大学のように概算要求による省令組織でなければ本格的な文書移管体制は整い得ない、という将来的な発展を前提とした組織ではなく、学内措置ではあるものの、すでにして学内文書管理規程の移管条項を運用可能な部局として設計された。一方で既存の議論は、設置目的として内包され、ポスト年史編纂組織としての性格も一定程度担保された。

このように、同時期他大学において、情報公開制度の検討と、ポスト年史編纂組織の運用を一体的に捉えて具体化する大学がない中、京都大学は他大学に比し、情報公開法のもとでの非現用文書の取扱いを課題として捉える意識が強かったといえる。これは京都大学が、東北大学、東京大学、九州大学、名古屋大学などと異なり、この時期まで学内文書管理規程が未整備であったこと、ほぼ同時期に京都大学百年史編纂事業が終了を迎えるタイミングにあったことが背景にあった。既存の制度、組織がそれぞれなかったことが、かえって一体的な制度・組織の検討を可能にしたといえよう。

註

（1）西山伸「京都大学大学文書館——設置・現状・課題」（『大学アーカイヴズの設立と運営』全国大学史資料協議会研究叢書第三号、二〇〇二年）。

（2）菅真城『大学アーカイブズの世界』（大阪大学出版会、二〇一三年）二頁。

（3）寺﨑昌男「こういう日がやっと来た—京都大学大学文書館の成長を祈って—」（『京都大学大学文書館だより』第二号、二〇〇二年）。

（4）西山伸「大学文書館設置の経緯」（『京都大学大学文書館研究紀要』第一号、二〇〇二年）、西山伸「「大学アーカイヴズ」を考える——京都大学大学文書館の設置」（『記録と史料』一二、二〇〇二年）、西山伸「大学におけるアーカイヴズとは——京都大学大学文書館の設置（講演　年史編纂・文書管理・情報公開——京都大学大学文書館のめざす「開かれた大学」）」（『広島大学史紀要』第五号、二〇〇三年）。

（5）西山前掲「大学におけるアーカイヴズとは——京都大学大学文書館の設置」七頁。

（6）西山伸は前掲「大学におけるアーカイヴズとは——京都大学大学文書館の設置」において、京都大学大学文書館設置の前段階における、事務局総務部総務課主導の行政文書ファイル管理簿作成が、大学文書館への非現用文書の移管の基礎となったと評価しているが、東北大学や東京大学など他の国立大学でも当該期、情報公開法への対応から行政文書ファイル管理簿の作成は行われており、京都大学のみで行われていたわけではない。

（7）「京都大学百年史編集委員会専門委員会（第一二回）、および専門委員会研究会（第三回）議事要録（案）」一九九三年五月二八日（『京都大学百年史編集委員会京都大学百年史編集委員会専門委員会　No.二』〇七Ａ〇二一八二、京都大学大学文書館所蔵。以下、註にあげる資料については、断りのない限り、京都大学大学文書館所蔵）。

（8）「『資料編』編集および百年史編集史料室のあり方に関する意見書」一九九三年七月一三日（『京都大学百年史編集委員会京都大学百年史編集委員会専門委員会　No.二』〇七Ａ〇二一八二）。

（9）「京都大学百年史編集史料室中期整備計画（案）」一九九四年一一月八日（『京都大学百年史編集委員会京都大学百年史編集委員会専門委員会　No.三』〇七Ａ〇二一八三、以下『編集委員会専門委員会No.三』）。

（10）「京都大学百年史編集委員会（第一九回）及び、専門委員会研究会（第八回）議事要録（案）」一九九四年一一月八日『編集委員会専門委員会No.三』。

（11）「京都大学百年史編集委員会（第二〇回）及び、専門委員会研究会（第九回）議事要録（案）」一九九五年三月六日『編集委員会専門委員会No.三』。

（12）一九九五年度には、平成七年度教育研究学内特別研究経費による「京都大学関係史料の保存と利用に関する予備的研究」が編集史料室で行われているが、これは庶務部所蔵史料の調査・撮影と、百年史編纂への利用が目的で、具体的な年史編纂後の在り方に関する報告書はまとめられていない。

（13）「京都大学百年史編集委員会専門委員会（第二八回）議事要録（案）」一九九七年五月二六日（『京都大学百年史編集委員会専門委員会（第二八回〜三二回）No.五』〇八Ａ〇〇九一四、以下『編集委員会専門委員会No.五』）。

（14）西山伸「史料室将来構想について」一九九七年七月九日『編集委員会専門委員会No.五』。

（15）「編集史料室の将来構想について」一九九七年九月二二日『編集委員会専門委員会No.五』。

（16）西山前掲「大学文書館設置の経緯」［資料一］。

（17）岸本佳典によれば、当時、井村総長から総務部総務課法規掛に組織を考えてほしいというメモによる依頼があったが、助手一程度の一時退避的な組織との認識でいいものを感じず、事務方の具体的な動きにつながることはなかったという。「岸本佳典ヒアリング（二〇一九年六月二四日）」（東北大学史料館所蔵）。

（18）「京都大学百年史編集委員会専門委員会（第三一回）議事要録（案）」一九九八年一月二八日『編集委員会専門委員会No.五』。

（19）「京都大学百年史編集委員会（第七回）議事要録（案）」一九九八年三月一七日（『百年史編集史料室原議書綴　No.一平成九年度』〇七Ａ〇二一八五）。

（20）「京都大学百年史編集委員会専門委員会（第二七回）議事要録（案）」一九九七年三月一九日『編集委員会専門委員会No.五』。

（21）「京都大学百年史編集委員会専門委員会（第三三回）議事要録（案）」一九九八年三月一〇日（『百年史編集史料室原議書綴　平成一〇年度（一九九八年）』〇七Ａ〇二一八七、以下『原議書綴平成一〇年度』）。

（22）「京都大学百年史編集委員会（第七回）議事要録（案）」『京都大学百年史』資料編内容構成（案）」一九九八年三月一七日（『百年史編集委員会議事要録三　第七〜八回　平成十年三月〜』〇九Ａ〇〇七八五）。

（23）「京都大学百年史編集委員会専門委員会（第三三回）議事要録（案）」一九九八年三月一〇日、「京都大学百年史編集委員会専門委員会（第三三回）議事要録（案）」一九九八年六月一〇日『原議書綴平成一〇年度』。

(24)「京都大学百年史編集委員会専門委員会（第三七回）議事要録（案）」二〇〇〇年三月九日『百年史編集史料室原議書綴平成一一年度（一九九九年）』〇七Ａ〇二一八八、以下『原議書綴平成一一年度』）。議事要録（案）自体の日付は一九九九年とタイプされているが、起案日は平成一二年三月三〇日となっており、誤記と思われる。

(25)「本学の歴史に関する史料の収集・保存・公開について（要望）」二〇〇〇年三月九日『原議書綴平成一一年度』。

(26) 九州大学七五年史編集委員会小委員会ワーキンググループ報告書『九州大学史料の収集・保存について—九州大学史料室設置の提言—』一九九一年四月一九日（『ワーキンググループ史料②』九州大学大学文書館所蔵）。

(27) 前掲「編集史料室の将来構想について」一九九七年九月二二日。

(28) 前掲「京都大学百年史編集委員会専門委員会（第三七回）議事要録（案）」。

(29)「京都大学百年史編集委員会（第一〇回）議事要録（案）」二〇〇〇年三月九日『原議書綴平成一一年度』。

(30) 菊池光造附属図書館長（京都大学百年史編集委員会・同専門委員会委員長）は一九九九年度末で停年退官。

(31)「情報公開法への取組状況について（七国立大学総務部長会議承合事項回答）」一九九八年八月一一日（『情報公開検討ＷＧ綴』〇六Ａ〇二二〇八、以下識別番号略）。

(32)「情報公開ワーキンググループ（第一回）議事概要」一九九八年六月二六日『情報公開検討ＷＧ綴』。

(33)「情報公開検討ワーキンググループの今後の検討予定表（案）」一九九八年九月頃『情報公開検討ＷＧ綴』。

(34)「情報公開検討ワーキング（第四回）議事概要」一九九八年一〇月一三日『情報公開検討ＷＧ綴』。

(35)「情報公開検討ワーキング（第六回）議事概要」二〇〇〇年二月二日『情報公開検討ＷＧ綴』。

(36)「第七回部局長会議議題」二〇〇〇年四月四日（『評議会・部局長会議資料　平成十二年度①』〇四Ａ〇〇三九四）。

(37) 大学史料館となっていたのは、「京都大学大学史料館規程案」も同様であった。

(38) 東北大学では一九六三年の記念資料室発足以来、助教授として原田隆吉が副室長を務めていたが、一九八六年度の定年退官以降は、助手ポストが配置されるに留まっていた。また一九九九年一一月に東京大学大学史料室の中野実が助教授に昇進するが、六月時点では助手であり、教官定員ポスト自体は教育学部にあった。

(39)「京都大学大学史料館規程案」情報公開ワーキンググループ（第七回）配付資料一〇、二〇〇〇年六月二六日『情報公開検討ＷＧ綴』。

(40) 「情報公開検討ワーキング（第七回）議事概要」二〇〇〇年六月二六日『情報公開検討WG綴』。

(41) 「第一二回東京大学資料の保存に関する委員会配付資料」一九八八年七月四日（『東京大学史料の保存に関する委員会第二綴（第九回～第一八回）』S〇一〇四／〇〇〇二、東京大学大学文書館所蔵）。

(42) 「公文書の移管に関する申合せ（案）」一九九六年八月六日（『大学史料室実務（平成八年度①）』九州大学大学文書館所蔵）。

(43) 「情報公開検討ワーキング（第七回）議事概要」二〇〇〇年六月二六日『情報公開検討WG綴』。

(44) 岸本は一九九九年総務部総務課専門員（法規・企画主査）、二〇〇〇年度に同総務課課長補佐にあった。『京都大学職員録　平成一一年度』P〇四八七五、『京都大学職員録　平成一二年度』P〇四八二三。

(45) 岸本によれば京都大学大学文書館ができる一年半ほど前と回顧しているが、九州大学には一九九九年二月一七日、東北大学記念資料室には同年三月一九日に訪問していたことは、各業務報告からも確認できる。「九州大学大学史料室業務報告」一九九九年四月二二日（『大学史料室実務（平成十一年度）①』九州大学大学文書館所蔵）、東北大学記念資料室活動報告」一九九九年三月三〇日（『記念資料室関係綴（活動報告・資料利用申請等）自平一〇年四月至平一一年三月』）、「岸本佳典ヒアリング（二〇一九年六月二四日）」（東北大学史料館所蔵）。

(46) 岸本の回顧によれば、このほか情報公開法への対応において、神奈川県立公文書館や群馬県立文書館の制度設計も参考にしたという。「岸本佳典ヒアリング（二〇一九年六月二四日）」（東北大学史料館所蔵）。

(47) 「岸本佳典ヒアリング（二〇一九年六月二四日）」（東北大学史料館所蔵）。

(48) 「京都大学における情報公開のあり方について（答申）（案）」二〇〇〇年八月一六日『情報公開検討WG綴』。

(49) 「情報公開検討ワーキング（第八回）議事概要」二〇〇〇年九月五日『情報公開検討WG綴』。

(50) 「部局長会議（平成一二年九月一二日開催）の議題について」二〇〇〇年九月五日『情報公開検討WG綴』。

(51) 「京都大学百年史編集委員会（第一一回）議事要録（案）」二〇〇一年三月一二日（『百年史編集史料室原議書綴　平成一二年度(二〇〇〇年)』〇七A〇二一八九、以下『原議書綴平成一二年度』）。

(52) 「京都大学の歴史に関する史料の収集・保存・公開等のための組織について」二〇〇〇年一〇月一六日（『評議会・部局長会議資料　平成十二年度①』〇四A〇〇三九四）。

(53) 「情報公開検討ワーキンググループ名簿」二〇〇〇年六月一日『情報公開検討WG綴』。

(54) 二〇〇〇年度の京都大学百年史編集委員会は年度末の二〇〇一年三月に開催されており、二〇〇〇年上半期においては開催されていない。オブザーバーはこのほか、埋蔵文化財研究センター、保健診療所、附属図書館（専門員）となっていた。「百年史編集委員会委員名簿」二〇〇一年三月一日現在『原議書綴平成一二年度』。
(55) 「京都大学百年史編集委員会専門委員会（第三八回）」二〇〇〇年九月一九日『原議書綴平成一二年度』。
(56) 「京都大学の歴史に関する史料の収集・保存・公開等のための組織について（報告）」二〇〇〇年一〇月一六日（『評議会・部局長会議資料　平成十二年度②』〇四Ａ〇〇三二九）。
(57) 「京都大学の歴史に関する史料の収集・保存・公開等のための組織について」二〇〇〇年一〇月二四日（『評議会・部局長会議資料　平成十二年度②』〇四Ａ〇〇三二九）。
(58) 「評議会進行メモ」二〇〇〇年一一月七日（『評議会・部局長会議資料　平成十二年度②』〇四Ａ〇〇三二九）。
(59) 「第四回部局長会議議題（平成一二年度第二〇回）」二〇〇一年二月二七日（『評議会・部局長会議資料　平成十二年度②』〇四Ａ〇〇三二九）。
(60) 「〈京都大学百年史〉刊行スケジュール」（京都大学百年史編集委員会資料二、一九九八年）三月一七日（『百年史編集史料室原議書綴　№二　平成九年度』〇七Ａ〇二一八六）。
(61) 岸本佳典はのちに、館名を「史料館」とするか「文書館」とするか迫られた際に、「事務局の役に立つものを作りたい」という意図が通り、「大学文書館」名になったと述べている。岸本佳典「京都大学大学文書館設置の舞台裏（講演年史編纂・文書管理・情報公開――京都大学大学文書館のめざす「開かれた大学」）」（『広島大学史紀要』第五号、二〇〇三年）二四頁。

第一〇章　東京大学における文書移管制度・評価選別基準の形成過程

――情報公開法施行以降を中心に――

はじめに

本章は、行政機関の保有する情報の公開に関する法律（以下、情報公開法）施行後における、東京大学の文書管理規則の変遷及び、文書移管制度の運用について明らかにするものである。二〇〇一年（平成一三）四月に施行された情報公開法以降、京都大学大学文書館をはじめとして、一部の国立大学において、大学アーカイブズへの文書移管が進展し、この動きは二〇一一年四月に施行された、公文書等の管理に関する法律（以下、公文書管理法）によって拡大された。二〇一一年において国立公文書館等を有する国立大学は六つであったが、二〇一九年段階では一二に増加[1]、この間各大学において文書移管の仕組みが整えられ、それらは先行研究によって紹介されてきた[2]。

しかし、大学における文書移管の体制をいかに構築するか、一次史料に即して、その議論の変遷に着目した分析はこれまで十分行われてこなかった。本章で着目するのは、東京大学が二〇〇一年以降目指してきた、文書移管の在り方そのものの意思形成過程である。東京大学では最終的に文書移管初年度においては、本部・部局すべての現場に文書館側が直接出向いて、移管作業を行う訪問型移管方式が採用された。この方式は文書移管で先行する東北大学史料館や広島大学文書館等で行われてきた方式であるが、九〇に及ぶ本部・部局について大規模に実施されたのは、日本の大学アーカイブズの中では東京大学が初めてと思われる(3)。この、東京大学が訪問型移管方式による文書移管を実施するに至る経緯を、学内文書管理規程の変遷と関連づけて論じることで、二〇〇一年情報公開法施行以後二〇一六年の文書移管実施に至る、東京大学における文書移管制度運用および評価選別基準の形成過程を実証的に明らかにしたい(4)。

一　公文書管理法以前における文書管理規則と移管体制

1　情報公開法後における学内文書移管の動き

東京大学において文書の移管規程が明文化されたのは、第二章で明らかにした通り、一九八〇年（昭和五五）五月に制定された東京大学事務局文書管理規則が(5)、一九八八年七月一日全部改正されたのが嚆矢である(6)。このとき改正された文書管理規則は第四五条において「文書の保管については、事務局長が別に定める」、第四六条において「前条の規定による保存年限が永年とされた文書で保管の開始後二〇年以上を経過したもの及び永年保存以外とされた文書で当該保存年限を経過したものは、東京大学史史料室へ移管することができる」とし、前年一九八七年四月に学内に設置された東京大学史史料室への移管条項が定められた。

さらに二〇〇一年（平成一三）三月一九日には、同年四月施行の情報公開法に対応するため、「東京大学行政文書管理規則」が評議会において可決され、文書管理規則は全学に係るものとなった。行政文書管理規則第三三条では「保存期間（延長された場合にあっては、延長後の保存期間。第三四条及び第三六条において同じ。）が満了した行政文書については、指定施設の長と協議のうえ、移管することができるものとする(7)」と定められた。

ここでいうところの指定施設について確認してみたい。行政文書管理規則第二条（一）ロでは、「行政機関の保有する情報の公開に関する法律施行令（平成一二年政令第四一号）第二条第一項第三号の規定により総務大臣が指定した本学の施設（以下「指定施設」という。）」とされている。情報公開法第二条第二項第二号の規定では、歴史的もしくは文化的な資料または学術研究用の資料として、公文書館や大学附属図書館等の指定施設で特別に管理されているものについては行政文書から除外され、当該施設は、開示請求対象外としての指定施設とされることとなっていた。東京大学では二〇〇一年四月一日情報公開法の施行に伴い、総務省告示第二〇二号により総務大臣より「歴史的若しくは文化的な資料又は学術研究用の資料として特別な管理を行うもの」として附属図書館、大学史史料室、総合研究博物館が指定されている。(8)

すなわち指定施設の長は、大学史史料室長を指すものと解釈でき、大学史史料室が移管できる文書の範囲は、本部事務局から、部局も含めた全学に拡大されたことになる。また、行政文書管理規則の解釈上においては、附属図書館、総合研究博物館も保存期間満了した行政文書の移管が可能であったといえる。これは二〇〇一年四月京都大学で制定された文書管理規程が、「第九条　保存期間（延長された場合にあっては、延長後の保存期間とする。）が満了した行政文書は、京都大学大学文書館へ移管するものとする」と、京都大学大学文書館への移管条項を定めたように、当該期他の国立大学が大学アーカイブズへの移管規程を明確化していくのと対照的であり、東京大学の文書管理規則の事例は興味深い。(9)

もっとも、情報公開法施行以降において、全学的な文書移管の対応については一義的に大学史史料室が担うもの、という認識があったことは、全学委員会で実質的な大学史史料室の親委員会に当たる「東京大学史料の保存に関する委員会」（以下、保存に関する委員会）の議論から見てとることができる。(10)二〇〇二年一一月に開催された第五五回保存に関する委員会では、「現用文書の史料室への移管について」が議題としてあげられている。(11)委員より「情報公開法に基づく行政文書保存期限が終了した場合、史料室に移管するという取り決めはあるのか？」という質疑に対し、高橋進委員長は「管理については史料室が行うことになっている」と返答しているからである。(12)

このときの議論では「文書を保有していた元局に廃棄するかどうかを決定する権限があるのではなく、史料室が受け入れることが決められているのか？」、「保存期限満了後の文書の歴史的有用性を判断する際に、元局と史料室と協議できる体制にあるのか？」との質問も出されているが、高橋委員長よりそれぞれ「文書そのものが史料室の所有物になるのではない」、「慣行によるものである。取り決めはなく」との返答がなされている。

その後、二〇〇三年五月二九日に開催された第五七回保存に関する委員会においても、学内資料収集の程度について「情報公開法施行以降、保管期限が切れた本部の資料については、史料室に移管する内規があるのか」との質疑について、高橋委員長は「移管はしていない」と回答している。また学内の事務文書の収集に関する質問に対し、高橋委員長は百年史編纂以来収集してきた本部のもの以外、「各部局が所持する資料を収集する方法については、正直に言って自信がない」と率直に述べている。(13)

文書移管の受入は大学史史料室が担うものの、情報公開法施行後二年を経て、文書移管についての全学的な運用体制は具体的に定められていなかったことがわかる。

また先の第五五回保存に関する委員会では、委員から「史料室に権威があり、史料を提供しなければならないというように認知されていれば出すだろうが、現状はそうではないために移管が実行できないのでは」との認識が示され、「以前から、人手や予算の面も含めて史料室をどのように位置付けるかという問題がある」との発言が出ている。大学史史料室は発足以来、全学センター化を目指していたものの、(14)この当時は本部総務部総務課の一室として位置づけられたままであった。(15)大学史史料室組織体制の基盤の弱さが、文書移管が進まない要因の一

表 25　東京大学史史料室・文書館への移管記録一覧

移管年月日	タイトル(内容)	移　管　元	備　考
1998年 3 月31日	対外広報活動関連資料	事務局広報室	
2002年 3 月20日	看護学校旧蔵資料	医学部附属病院附属看護学校	2012 年 10 月 25 日東京大学医学系研究科・健康と医学の博物館に寄託
2002年 9 月25日	管財課旧蔵資料	事務局経理部管財課	
2004年 1 月 9 日	管財課旧蔵資料	事務局経理部管財課	受入記録上は寄託
2004年 1 月23日	平成期科研費移管資料	事務局研究協力部研究協力課	
2004年11月24日	広報課旧蔵資料	本部総務部広報課	
2006年 4 月21日	財務部資産課旧蔵資料	本部財務部資産課	
2006年 6 月13日	学生部旧蔵資料	本部学生部総務課	
2006年 6 月15日	学生部旧蔵資料	本部学生部総務課	
2011年 7 月22日	資産課旧蔵資料	本部資産管理部資産課	
2011年11月28日	資産課旧蔵資料	本部資産管理部資産課	
2014年10月21日	学生支援課移管資料	本部教育・学生支援部学生支援課	
2015年 2 月 3 日	東京大学図書行政商議会資料	附属図書館	
不明	精神科・脳神経外科資料	不明	2012 年 10 月 25 日東京大学医学系研究科・健康と医学の博物館に寄託
不明	東京大学附属分院資料	不明	2012 年 10 月 25 日東京大学医学系研究科・健康と医学の博物館に寄託

出典：『移管・史資料一覧』1988～2016 年，東京大学文書館所蔵。
※事務局文書管理規則全部改正（1988 年 7 月 1 日）以降，国立公文書館等指定以前（2015 年 3 月 31 日）を対象とし，写真等を除く。

つと見られていたのである。

このため、管見の限りにおいて東京大学行政文書管理規則施行以降、国立大学法人化以前において、原課から大学史史料室への文書移管がなされた事例は四件のみであり、文書管理規則に基づく移管はほとんど機能していなかったといってよい。

2　国立大学法人化と文書管理規程

その後、東京大学における文書管理規程に変化があったのは、二〇〇四年度の国立大学法人化時であり、二〇〇五年三月一七日役員会議決により、東京大学行政文書管理規則は、東京大学法人文書管理規則として全部改正された。このときの文書管理規則改正の狙いは大きく三点あり、一つは「法人化したことにともない、文書管理に関しては情報公開関係の適用法律が「行政文書機関の保有する情報の公開に関する法律」から「独立行政法人等の保有する情報の公開に関する法律」に変わり、引用法令及び字句について所用の改正を行う」こと、二つ目は「文書処理と文書管理は性格が異なるので整理し分離して規定するほうがわかりやすいこと」、三つ目は「公印の取扱いについては、文部科学省本省公印規則に基づいて規定されていたが、法人化によりその適用がなくなったため、大学として独立した規則を制定する必要が生じたこと」であった[16]。法人化に伴う語句の調整と、業務上の目的からの文書管理・文書処理・公印取扱の規程分離が主眼であったことがわかる。このため、文書移管についての文言に新たに手が入れられることは基本的になかった。

移管条項については、全部改正によって第一二条に移ったが、「保存期間（延長された場合にあっては、延長後の保存期間。第一三条及び第一五条において同じ。）が満了した法人文書については、指定施設の長と協議のうえ、移管することができるものとする」と改正前と文言自体は全く変わらなかったのである。

この指定施設の位置づけについて、このとき大学史史料室は法人化に伴って、新たに指定を受け直し、合わせて大学史史料室、および保存に関する委員会の庶務担当を、事務局総務部総務課から総務部広報課に変更している。(17)しかしこれらは利用方法や事務所掌の改正であって、文書移管体制の問題は法人化に当たっても棚上げとなった。

もっとも、保存に関する委員会では、法人文書の保存の在り方について、その後しばしば議論があがっている。二〇〇八年二月二〇日の第六五回保存に関する委員会で、二〇〇六年から東京大学で開始されていた学術機関リポジトリへの対応や資料のデジタル化が議論になり、(18)この議論に触発されるかたちで、同年二月二二日には谷本宗生室員を通じて本部広報チームへ「本学の歴史的な学術資料（大学史料）の所在確認調査について」提案がなされている。(19)谷本は高橋進大学史史料室長の案として「科所長会議や事務長会議を通じて、総務部長などが趣旨説明して歴史的な学術資料（大学史料）の全学的な確認をお願いする。また「学内広報」などを介して、その全学的な確認の協力を仰ぎたい」、「全学からの回答は、本部の大学史史料室を窓口にして集計し、必要があれば適宜部局への確認調査にも史料室員らが赴き、その調査内容をまとめて集約をはかりたいと」と具体的な提案を伝えている。

また二〇〇九年二月二〇日に開催された第六六回保存に関する委員会でも、デジタル化した資料の公開の在り方や、将来的な一五〇年史編纂の議論に関わって、評議会記録、教授会記録、人事記録、学籍簿等が移管されていない現状が話題にあがり、谷本室員からは一五〇周年に向けた「下準備として広く部局にある史料の状況を調べ、情報を収集しておく必要がある」との発言がなされている。(20)しかし保存に関する委員会での議論は、いずれにおいても東京大学内の史料調査の必要性に問題が終始し、実際の文書の移管をどう進めるか、という議論には至らなかった。

このため、法人化以降においても大学史史料室への文書移管は十分機能せず、二〇一〇年までの間に個別案件として移管が進んだ事例四件に留まった（表25参照）。

3　東京大学史料の保存に関する委員会の廃止と新WGの設置

こうした中、二〇一〇年一月二二日の第六七回開催をもって、東京大学史料の保存に関する委員会は廃止されることになる。[21] 二〇〇九年四月就任した濱田純一総長のもと、同年五月の役員懇談会において「室及び全学委員会の見直しに関するプロジェクトチーム」が設置され[22]、全学委員会の整理・統合が図られることとなり、保存に関する委員会はその中で、廃止対象の委員会となったのである。

このころ、保存に関する委員会は全学委員会としての性格以上に、大学史史料室の活動の状況報告、承認のための委員会となっていた。第六六回保存に関する委員会の配付資料は、委員会名簿、前回議事録のほか、史料室二〇年度執行予算表、二一年度史料室予算（案）、東京大学史史料室利用状況等、となっており、全学的な史料保存体制の審議機能は十分機能していなかった。

第六七回委員会では、小島憲道理事・副学長より、委員会廃止後についての活動は全学委員会ではなく「専門的な知識を有する教員等により構成されるワーキンググループとして位置づけ、随時機動的に対応できる体制に改めたい」旨が示され、代替としてワーキンググループの設置が想定されていた。一方、委員からは「昨年七月に公文書等の管理に関する法律が制定され、これを受けて、大学としては公文書、史料の保存に関して、従前の対応を取ることが必要である」、学内の法人文書を「国立公文書館に納めることは考えにくいので、古文書館に相当するものを作っていくことが必要である。旧帝大の中で本学だけが準備室等も設置されていないということなので、本委員会が果たしていた役割は、ワーキンググループとなっても十分に考慮されるべきである」との意見が相次いで出された。後継となるワーキンググループは、二〇〇九年に制定された公文書管理法への対応が求められたのである。

保存に関する委員会廃止後、二〇一〇年に後継として置かれたのは、「大学史史料収集・管理の在り方に関するWG」（以下WG）であった。WGは、大学史史料室と連携し、関係連絡会議も適宜開催しつつ、「東京大学一五〇年史の編纂に関わる基盤づくりを含めた歴史的価値を有する文書を収集・管理する体制を整えるとともに、平成二三年四月に施行される公文書等の管理に関する法律（公文書管理法）に適切に対応するための体制づくり等を検討する」[23]ものとされ、二〇一三年までに七回開催された。[24]WGは、高橋進大学史史料室長の後を受けた吉見俊哉室長を中心に、公文書管理法に対応した新たな文書館設置構想を検討することに主眼が置かれていくこととなる。二〇一一年二月に吉見室長により作成された「東京大学大学史史料室の現状と史料（文書）管理体制の今後（案）」が同年三月開催予定であった学内事務部門の部長会での配付資料として所収されているが、これによれば東京大学における公文書管理法への対応として、収集・保存に関するガイドライン策定、保存期限切れの非現用法人文書に関する管理体制の確立があげられている。また文中、大学アーカイブズとしての史料室が目指す活動の方向性として「収集〔Collection〕と選別〔Selection〕」、「保存〔Preservation〕と整理〔Arrangement〕」、「公開〔Accessibility〕と再活用〔Recycling〕」の三点を掲げている。その実現のため、大学史史料室の役割の再定義を図るべく、大学文書館（大学アーカイブ）への組織改革がうたわれている。[25]

保存に関する委員会では法人化以降、収集や保存についての議論が行われることはあったが、選別に踏み込んだ議論はほとんど行われることはなかった。文書移管を進めるにあたり、評価選別を明確に位置づけ、目指すべき活動の指針として位置づけられたことは一つの画期であったといえよう。こうした認識に沿って同年五月九日に大学史史料室と本部総務課との間で行われた、実務者連絡会においても、非現用文書の選別のガイドラインが議論の遡上にあがり、捨てるもの、残すものについて公文書管理法に基づき国立公文書館等に指定された、他大学のガイドライン確認の必要性が議論されている。(26)

また二〇一一年六月一七日に開催された第三回WGでは、「大学史史料室から大学文書館への改組について」が提出され、文書館モデルの中間報告をまとめる検討に入ることとなる。(27) 同年九月にまとめられた「東京大学史料室の東京大学学術文書館への改組基本計画案（中間報告）」(28)では、東京大学学術文書館を全学機関として設置し、「学術文書館長の下に「大学史編纂部門」「デジタルアーカイブ部門」「法人文書部門」の三部門を置く」とされ、このうち法人文書部門は「公文書管理法に対応する業務の中核となる。非現用法人文書保存に関するガイドラインを策定、期限切れ文書の調査を進め、各事務部門に文書のライフサイクル管理について指導し、特定歴史法人文書《ママ》として収蔵された資料の保存環境の整備や目録化を行う」とした。学術文書館法人文書部門が文書移管の実務を担う仕組みが企図されたのである。

また、この中間報告では、初めて文書移管量の目安が示された。将来、歴史的な資料に値する可能性のある文書は、現用文書中、保存期限が一〇年と三〇年で設定しているファイルとし、東京大学における法人文書の廃棄ファイル数のうち、二〇〇六年度以降二〇〇九年度までの過去四年間の平均から、一〇年保存および三〇年保存で廃棄される年間文書量を約一九〇〇ファイルと推計、そのうち「文書館が受け入れることとなる文書を約二割程度と設定し推計すると約四〇〇ファイル」となり「歴史的な法人文書を二〇年間受入れ可能とするためには書棚で約二〇〇本【一七六m】が必要」と見積もった。(29)

また、このときの計算上では、廃棄文書を集約し、館内で選別する作業行程も想定されていた。このため「学術文書館での整理分類作業等々を考慮すると、廃棄決定時点で一旦全ファイルの受入れ可能なスペースが必要であり、廃棄ファイルをもとに（二年程度として）推計すると約六〇〇〇ファイル（書棚に換算すると約一〇〇本【八八m】）分が必要」とされた。

これらに従来からの大学史史料室の所蔵実績を加味し、「面積に換算すると一四〇〇平方メートルが追加で必要」と提案され、その施設として「現在の状況下で、実現性のある場所として考えられるのは、安田講堂前庭地下の中央食堂の大空間である」と提言した。(30)

このことから、二〇一一年段階における東京大学の評価選別の仕組みは、原則として保存期間が満了した現物の法人文書を集約し館内で移管文書の選別を行うという、京都大学大学文書館のモデルに近い方式が企図されていたことがわかる。

しかし安田講堂耐震補強工事が開始されることに伴う、大学史史料室の移転問題が惹起し、本郷キャンパス内に大規模な収蔵施設を設ける計画以前に、大学史史料室が置かれていた大講堂（安田講堂）地下一階、三〜七階（計四六二平方㍍）部分の仮移転が迫られることとなり、二〇一二年から二〇一三年にかけて大学史史料室業務および収蔵機能は、本郷キャンパス医学部一号館（一一〇平方㍍）、および柏キャンパス総合研究棟（三九一平方㍍）に分散されることとなった。(31)こうした経緯もあって、後述するように実際には、東京大学においては保存期間満了後の文書を一か所に集約した後、選別する仕組みは採用されることはなかった。

また仮移転作業の過程において、医学部附属病院に関する資料で過去に大学史史料室へ移管された文書が、学内他機関へ寄託されるという逆転現象も起きている（表25参照）。仮移転の喧噪の中で二〇一二〜一三年にかけては文書を受け入れる体制そのものが脆弱化したといえよう。

二　公文書管理法の施行と文書館の成立

1　公文書管理法に伴う文書管理規則の改正

前述の通り、文書館構想は具体化されていったが、文書館設置は二〇一一年（平成二三）四月の公文書管理法施行には間に合わなかった。東京大学では、学内に保存期間満了後の文書の受け皿がない状態で公文書管理法の施行を迎えることとなったが、公文書管理法施行に伴い、東京大学法人文書管理規則自体は改正されることとなる。

従来の、移管条項第一二条は「保存期間（延長された場合にあっては、延長後の保存期間。第一三条及び第一四条において同じ。）が満了した法人文書については、指定施設の長と協議のうえ、移管することができるものとする」から、「保存期間（延長された場合にあっては、延長後の保存期間。第一三条及び第一四条において同じ。）が満了した法人文書で、歴史資料として重要なものについては、特定歴史公文書等として、国立公文書館等（独立行政法人国立公文書館の設置する公文書館及びそれに類する機能を有するものとして令で定めるもの。以下同じ。）の長と協議のうえ、移管するものとする」に改正された。(32)

また、従来文書移管制度の運用については、第一二条第二項において「指定施設への移管については、別に定める」と明記を避け、具体的には何も定められない状況が続いていたが、以下の通り、新たに（移管および廃棄の手続き）が第一四条に定められることとなる。

第一四条　文書管理者は、法人文書ファイルについて、別表三に定める保存期間満了時の措置に基づき、保存期間の満了前のできる限り早い時期に、総括文書管理者の同意を得て、保存期間が満了したときの措置を定め、管理簿に記載しなければならない。

二　前項の場合において、総括文書管理者は、必要に応じ、独立行政法人国立公文書館の専門的助言を求めることができる。

三　国立公文書館等への移管及び廃棄（以下「移管等」という。）を実施するときは、保存期間が一年未満のものを除き、当該法人文書名を記載した書面により、部局等総括文書管理者の承認を得なければならない。この場合において部局等総括文書管理者の承認を得られないときは、当該法人文書について新たに保存期間及び保存期間の満了する日を設定しなければならない。

四　文書管理者は、前項に定める移管等を実施したときは、その旨を管理簿に追記し、当該記録を移管等の実施日から起算して五年間保存するものとする。

五　文書管理者は、第三項に定める移管を実施するに当たり、法第一六条第一項第二号に掲げる場合に該当

東京大学法人文書管理規則
2016 年 4 月 1 日改正施行
第 7 条 法人文書は，専用の場所において適切に保存するものとする
第 12 条 保存期間(延長された場合にあっては，延長後の保存期間。第 13 条及び第 14 条において同じ。)が満了した法人文書で，歴史資料として重要なものについては，特定歴史公文書等として，東京大学文書館(以下「文書館」という。)の長と協議のうえ，移管するものとする。
第 14 条に規定あり →文中の国立公文書館等を文書館に改正
第 13 条 保存期間が満了した法人文書については，保存期間を延長するもの又は前条により文書館に移管するものを除き廃棄するものとする。 第 15 条 保存期間が満了する前に廃棄しなければならない特別の理由がある法人文書は，総括文書管理者の承認を得て廃棄することができる。

大学文書館所蔵。

表 26　東京大学法人文書管理規則変遷表

項　目	東京大学法人文書管理規則	東京大学法人文書管理規則
制定・改正年	2005 年 3 月 17 日役員会議決	2011 年 4 月 1 日改正施行
文書の保存方法	第 7 条 法人文書は，専用の場所において適切に保存するものとする	第 7 条 法人文書は，専用の場所において適切に保存するものとする
文書の移管	第 12 条 保存期間(延長された場合にあっては，延長後の保存期間。第 13 条及び第 15 条において同じ。)が満了した行政文書については，指定施設の長と協議のうえ，移管することができるものとする。 同条第 2 項 指定施設への移管については，別に定める。	第 12 条 保存期間(延長された場合にあっては，延長後の保存期間。第 13 条及び第 14 条において同じ。)が満了した法人文書で，歴史資料として重要なものについては，特定歴史公文書等として，国立公文書館等(独立行政法人国立公文書館の設置する公文書館及びそれに類する機能を有するものとして令で定めるもの。以下同じ。)の長と協議のうえ，移管するものとする。
移管の手続き	規定無し	第 14 条に規定あり →詳細は本文中
文書の廃棄	第 13 条 保存期間が満了した法人文書については，保存期間を延長するもの又は指定施設に移管するものを除き廃棄するものとする。 第 15 条 保存期間が満了する前に廃棄しなければならない特別の理由がある法人文書は，総括文書管理者の承認を得て廃棄することができる。	第 13 条 保存期間が満了した法人文書については，保存期間を延長するもの又は前条により国立公文書館等に移管するものを除き廃棄するものとする。 第 15 条 保存期間が満了する前に廃棄しなければならない特別の理由がある法人文書は，総括文書管理者の承認を得て廃棄することができる。

出典：『学内広報』No. 1210，2001 年 3 月 26 日，東京大学広報委員会。「東京大学法人文書管理規則」各年版，東京

するものとして国立公文書館等において利用の制限を行うことが適切であると認める場合には、その旨の意見を付さなければならない。

第一四条の文中にある通り、このとき別表三には「保存期間満了時の措置」が項目として新たに追加されるとともに、文書の類型に応じて文書管理者が法人文書ファイル管理簿に、保存期間満了時の移管・廃棄について記載することとなり、その措置について国立公文書館の専門的助言を求めることが可能となった。一方で廃棄権限は部局等総括文書管理者にあり、国立公文書館等が関与する文言はみられない。(33)

もっとも、二〇一一年四月の時点では学内に国立公文書館等に相当する施設ができていなかったこともあり、実際の運用において、法人文書ファイル管理簿の更新作業は二年間見送られることとなった。(34)また、この間文書はすべて保存延長をかけ廃棄しないこととなった。(35)この東京大学法人文書管理規則の改正に当たっては、本部総務課、法務課と大学史史料室との間で十分な意見交換がなされた形跡がみられない。二〇一一年四月一日に改正された文書管理規則は本部主導で進められたものと思われる。このため、二〇一五年四月に東京大学文書館が国立公文書館等の指定を受けて以降、文書管理規則の実態に合わせたかたちでの改正が再度模索されることとなる。

2　東京大学文書館の設置

二〇一三年四月森本祥子特任准教授の着任以降、文書館設置および国立公文書館等の指定の動きはより具体化されていくこととなる。(36)森本は同年五月段階において、東京大学法人文書管理規則が全学規程であることを、本部総務へのヒアリングで確認した上で、文書管理規則文面の調整および規則の実稼働が図れれば、一律全部局がその流れに乗ることになる、という認識を持っていた。(37)一方で文書移管を開始するに当たっては、より現実的な運用も意識していた。およそ半年後の同年一〇月の時点では、大学史史料室での打ち合わせ上「まずは本部の文書について実績を作ることで各部局の理解を得やすくしたい[38]」として現実的には本部における文書移管を軌道に乗せることが重要と考えていた。また二〇一三年度より法人文書ファイル管理簿の更新作業が再開されるにあたり、法人文書ファイル管理簿に基づく、各部局の実地調査を企図していた。

また、文書移管における具体的な評価選別の作業については、パンフレット等を作成して依頼・周知しても原課での取捨選択は難しく、中間書庫的なスペースを確保し、文書館員により選別を行う案を提示している。一方で「東北大では直接史料館職員が足を運んで何を廃棄したか調査している[39]」として東北大学における方法も参考の一つとしていた。

二〇一〇年以降審議されてきた学術文書館構想は、最終的には総長室総括委員会の下に置かれる機構として組織規定が整備され、従来の大学史史料室を基礎に置く大学史部門、文書移管等を担う法人文書部門、デジタル化への対応を担うデジタルアーカイブ部門の三部門からなる東京大学文書館が二〇一四年四月に設置された（以下、文書館）。初代館長には、理事・副学長を務めた佐藤愼一が着任し、吉見俊哉大学史史料室長は副館長に就任することとなる[40]。

文書館の設置後、前年の森本の発案に沿って、同年六月三〇日文書館長・本部総務課長連名で、各部局等総括文書管理者に宛てて「法人文書管理状況調査への協力について（依頼）」が出され[41]、文書館による本部・部局の文書管理状況の確認、および聞き取りを実施する旨の事務連絡がなされた。森本は同年一〇月までに本部各課および全学センター以上の部局計四九について調査したが、本部が中心であり部局は一〇か所に留まった[42]。この作業はあくまで文書移管の前段階調査という位置づけであり、訪問箇所についても偏差があったが、のちの訪問型移管方式が採用される前提の一つとなったと思われる。

調査時における質疑応答から、この時期想定されていた評価選別の基準案の一端をうかがうことができる。財務部経理課では、「評価選別の基準はどうするのか」、「現場の人間としては、文書分類表に従って、分類ベースで「要不要」の指示を出されないと、個別のファイル単位では判断できない」との質問が出されている。これに対し、文書館としては「分類表ベースで絞り込みつつ、個別のファイルの価値も加味して相談したい」との回答を行っている[43]。

また多くの課で、法人文書ファイル管理簿と実際のファイルとが一対一で対照できない問題があることが明らかとなっていく。この問題は大きく三類型からなっており、一点は未登録の問題（手元文書と法人文書の区別が不明確。過去の文書・廃棄済み文書で法人文書ファイル管理簿から外れているものの、実際には現物がある）、二点目は、複数年度合冊のファイルを年度ごとに分割して記載している問題（一ファイル一レコードとなっていない）、三点目は、ファイル名が異なる問題（法人文書ファイル管理簿のファイル名が分類のようなものと理解され、実際のタイトルと異なるかたちで登録されている）であった。

ヒアリングの過程で文書移管の取決めが進んだケースも存在した。二〇一四年九月四日の附属図書館調査において、年度内に新図書館計画の一環で事務文書の一時移転が予定されており、手続き上は廃棄扱いとなるものの、保有されていた商議会資料等の文書について、この期に合わせ移管することとなったのである。文書は翌二〇一五年二月三日に移管がなされたが、これは文書館が国立公文書館等に指定される以前における部局からの唯一の移管事例となった（表25参照、ほかに本部学生支援課からも同年度移管を受けている）。ただし厳密にいえば二〇一一年四月から二〇一五年三月まで大学史史料室、文書館は文書管理規則上の移管の受け皿からは外れている。この事例は文書館内規に基づく収集業務という位置づけになるだろう[44]。

こうした二〇一四年度の調査の過程で、文書移管の具体的なスケジュールも練られている。同年八月に作成された「法人文書ファイル管理簿の整備と文書廃棄の流れ（案）」によれば、まず秋〜年末にかけて本部総務課の

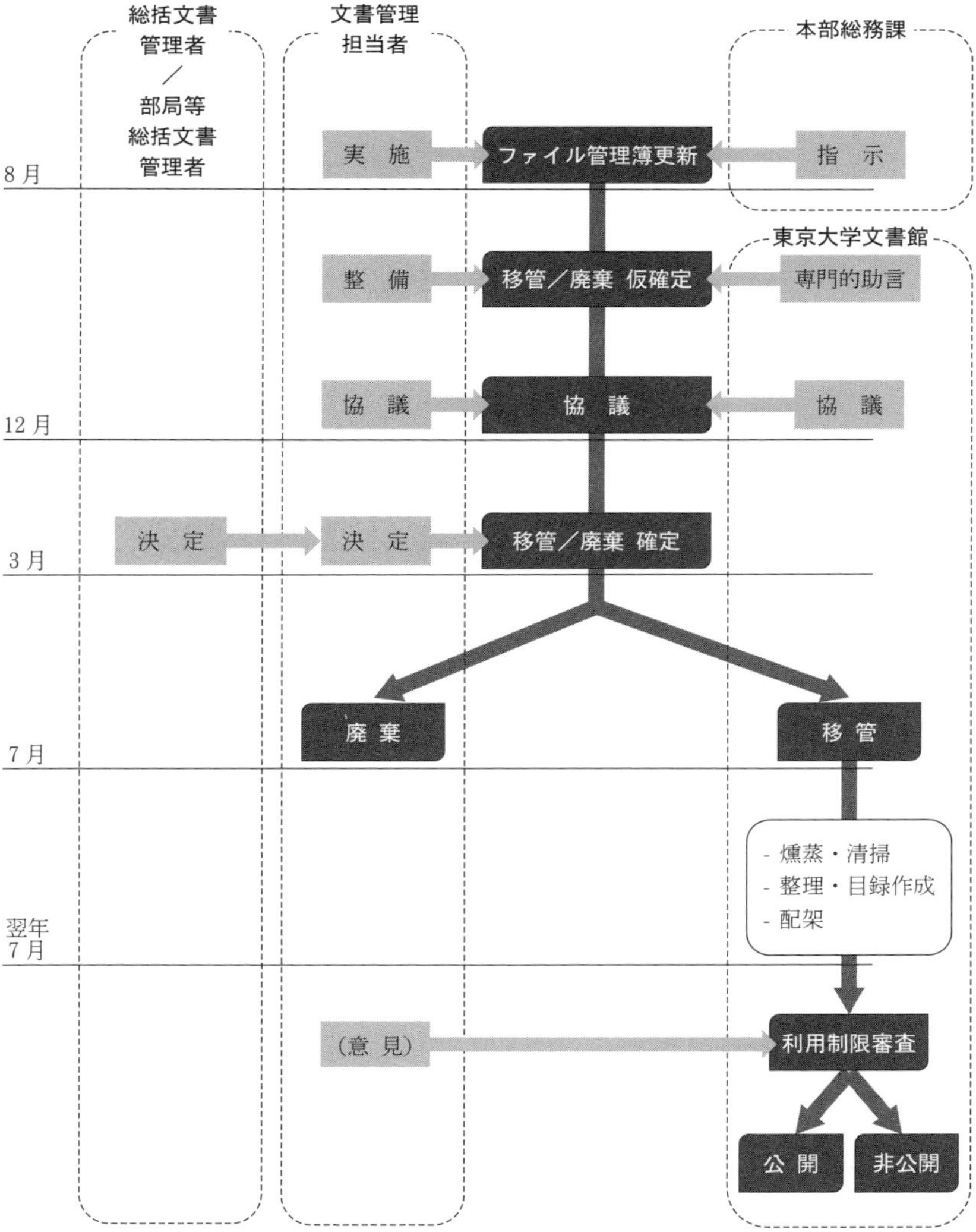

図13　2014年秋における文書移管スケジュール案（森本祥子「文書の移管から公開までの業務フロー（改_資料9　移管～公開業務図―1)」2014年11月4日『法人文書移管関係　平成27～28年度』東京大学文書館所蔵）

もと一斉指示される法人文書ファイル管理簿の調整過程において、暫定確定したファイルを文書館で共有し、評価選別を行う。ついで年度末までに原課において秋以降の新規ファイルを登録し、確定。これ以降、廃棄／移管の変更は不可として、年度初め～夏にかけて文書館に実際にファイル移管を行い、夏以降各課にて文書の廃棄を進めるものとする流れが想定されていた(45)。

この移管スケジュール案は、文書館が国立公文書館等の指定申請手続きを行う中でより具体化されていった。国立公文書館等指定にあたって同年一一月に作成された「文書の移管から公開までの業務フロー」では、以下のような移管作業が示された(46)。八月までに本部総務課が法人文書ファイル管理簿の更新作業を取りまとめる。八月以降一二月までに、移管・廃棄の仮確定作業について文書館が専門的助言を行う。ついで協議に基づき一二月以降年度末までに、総括文書管理者・部局等総括文書管理者の承認のもと、移管・廃棄を確定する。次年度七月までに実際の文書の移管・廃棄が実施される。移管された文書は、特定歴史公文書等として整備され次々年度七月以降に公開に至る。一方この業務フローの図では、協議開始が文書の保存期間満了前から開始されるものなのか、保存期間満了後から開始されるのか、については明確ではない。

三　国立公文書館等指定後の文書管理規則と移管体制

1　東京大学文書館による国立公文書館等の指定

二〇一五年（平成二七）四月一日付で東京大学文書館は内閣総理大臣より国立公文書館等の指定を受け、保存期間満了後の法人文書について特定歴史公文書等として受け入れる体制が整うことになった(47)。同時に文書館には、国立公文書館等指定に伴う移管業務のための収蔵スペースとして、二〇一五年度より柏キャンパスに総合研究棟に新たに五部屋（一五三平方㍍）が措置された。一方二〇一四年度において文書館では、前述の通り夏から秋にかけて本部・部局各課の現状調査を行ったものの、法人文書ファイル管理簿に基づく評価選別作業を行ってはいなかった。このため、二〇一四年度末満了の文書が二〇一五年度当初より移管されてくる、ということはなく、二〇一五年四月以降、国立公文書館等の指定に基づく法人文書移管の運用はいちからのスタートとなった。

国立公文書館等指定後、文書館内における具体的な文書移管の打ち合わせは二〇一五年五月一三日、森本祥子准教授[48]と加藤諭特任助教との間で行われた。同年四月一日付で谷本宗生助教の後任として着任していた加藤は、二〇一一年度以降東北大学史料館における法人文書移管の実務を担当していた。加藤からは東北大学史料館では二〇一三年度以降、評価選別については法人文書ファイル管理簿に基づき、史料館公文書室で文書の仮評価を行った後、基本的に訪問ベースで、前年度に移管を確定した保存期間満了文書の引継ぎ、および当年度末に保存期間満了予定となる文書の評価選別、の二種類の作業を同時並行で行っていることが報告されている[49]。この時点では訪問型移管方式を東京大学で採用するか否かは決められていないが、東北大学史料館における作業工程は、東京大学においても適合的な文書移管方法であった。

とりわけ重要であったのは、原課による文書の廃棄時期である。東京大学では二〇一五年時、シュレッダーを必要とする文書の処理を夏と冬年二回行っており、この年も五月二六日付で「シュレッダーを必要とする書類の処理について（照会）」が本部契約課から通知がなされ、処理は七月中に行われることとなっていた[50]。このサイクルに基づけば年度末の保存期間満了から、廃棄処理が開始されるまで三か月程度しかなく、保存期間満了後から各課との移管協議を開始したのでは、協議を待たずして、文書の廃棄処理がなされてしまう可能性が高かった。また文書管理規則上では、文書館が廃棄に関与する規定を有していなかったため（表26参照）[51]、全学的な文書の処分作業のルールを大幅に変更することは現実的ではなかった。このため文書の評価と協議に基づく、移管文書の

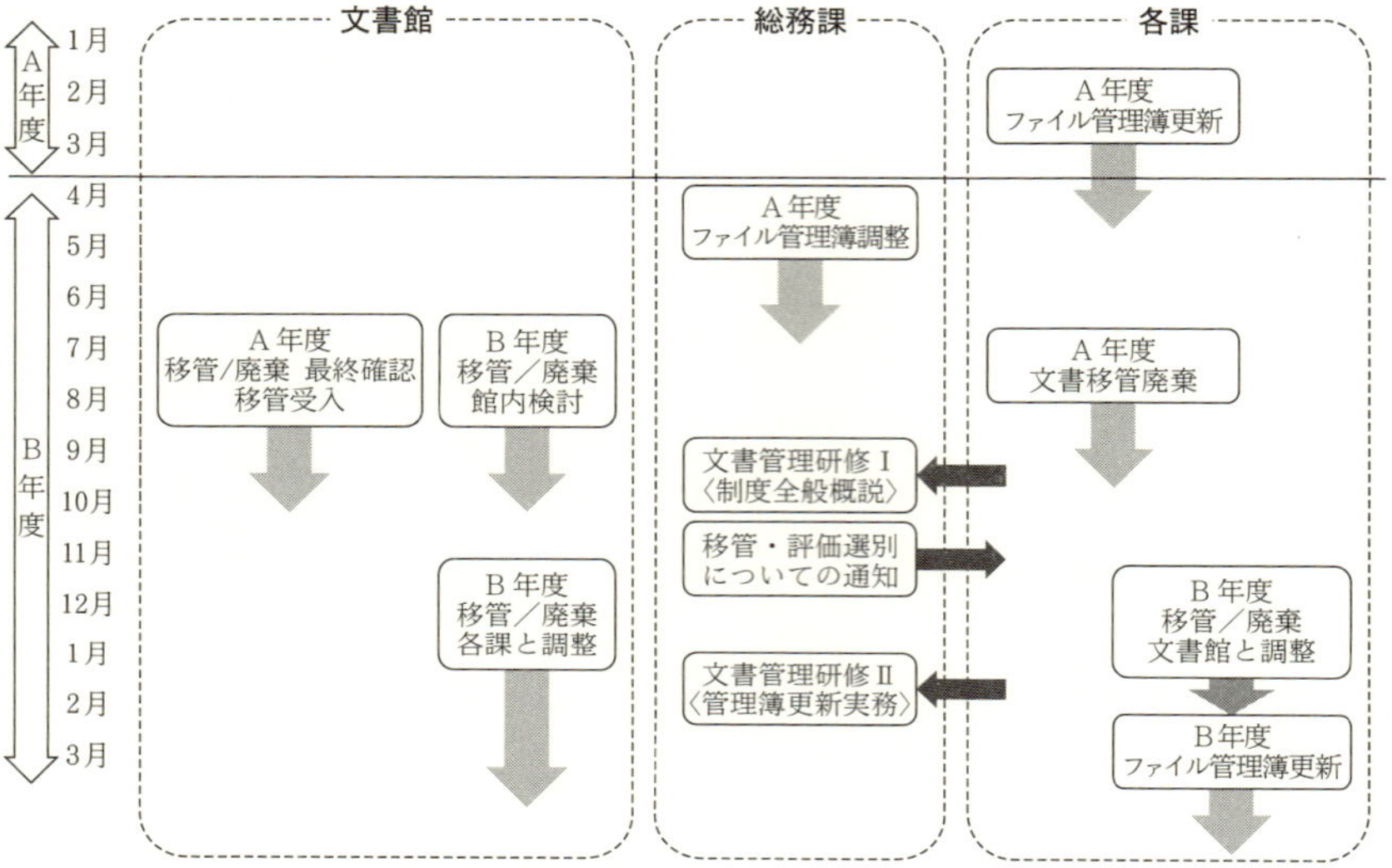

図14　2015年夏における文書移管スケジュール案（森本祥子「東京大学　法人文書管理の流れ（文書移管流れ図）」2015年7月8日『法人文書移管関係　平成27〜28年度』東京大学文書館所蔵）

確定作業は保存期間満了前から行う必要があったのである。

二〇一五年六月二五日には第一回文書館・総務課定例打ち合わせが行われ、法人文書ファイル管理簿について、現状集計中のデータ共有が議題としてあげられている(52)。二〇一一年の「東京大学史料室の東京大学学術文書館への改組基本計画案（中間報告）」で移管文書量がシミュレーションされて以降、具体的な形で移管文書をリストアップする作業は行われておらず、実際の移管作業に先立ち、法人文書ファイル管理簿に沿った学内現用文書の全体把握がまず必要、との認識があったものと思われる。

また、森本によって七月八日までに「東京大学法人文書管理の流れ」が作成された(53)。この時点では、当年度末満了予定文書の評価選別作業（図でいうところのB年度）と前年度末で保存期間満了した文書の移管作業（図でいうところのA年度）は別スケジュールで行う想定であったことがわかる。

その後八月一二日、加藤のもとで文書移管ガイドラインの素案が策定された。ここで文書館の方針として、移管文書の選定基準は「文書館では、「東京大学法人文書管理規則」をもとにしつつ、他の法人文書との関係等を総合的に判断して、移管候補となる文書を選定」すること、「法人文書の価値評価は、原則として、文書のファイル名をもとに行」うこと、「但しファイル名だけでは十分に内容を把握できない場合など、必要に応じて現物調査を行」うこととした。そして、移管対象文書の評価選別の指針を以下のように設けた。

一、大学および学内諸組織や諸制度の設置・制定および改変に関する基本文書（総務関係）、部局・学科等の設置及び改廃に関するもの（設置構想関係、設置認可申請関係等）、規則の制定・改廃に関するもの（検討経緯に関する資料含む）、法人の登記、業務方法書に関するもの

二、全学および各部局の運営および評価に関する基本文書（総務関係）、役員会、評議会・教授会・その他重要な各種委員会等の会議録、文科省等との往復文書のうち重要なもの、中期計画、将来構想等に関するもの、重要な統計・調査報告書等

三、本学の主催する重要行事に関するもの、入学式・卒業式等に関する記録、重要な記念事業に関する記録（本学創立百周年記念行事、各部局記念行事など）、本学の主催する重要なシンポジウム等に関する記録ほか

四、会計・財務に関する基本文書（財務会計関係）、概算要求書・予算示達書、決算報告書、資産管理台帳ほか

五、本学の教育および学生支援活動に関する基本文書（教務関係）、シラバス・授業時間割学生団体等の企画する重要行事に関する記録（大学祭等）ほか

六、大学に関する重要な事件・問題に関する文書、法人化関連資料、キャンパス移転、計画に関する資料、大学改革関連資料、災害等に関する資料等

七、大学組織の構成員の在職・在籍を証明する基本記録
八、大学の重要建築物に関する設計図面等（施設関係）

移管ガイドはその後、二〇一六年二月二三日に「東京大学文書館への法人文書移管ガイド―東京大学の歴史的公文書を保存・活用するために―平成二七年度用」（以下、移管ガイド二七）としてまとめられ、本部・部局の文書管理担当者に通知されることになるが[54]、この移管対象文書の指針自体はこれ以後変更されなかった。

移管文書の選定基準とともに文書館では、柏キャンパスに新たに措置された五部屋（一五三平方㍍）にどれだけ移管が可能か、のシミュレーションも立てられていくことになる。

八月一一日に加藤によって作成された「柏へ文書を移管する際の目安について」によれば[55]、A四ドッジファイル一冊当たりの厚さをおよそ九〇ミリ、東京大学文書館柏分館四部屋に設置予定書架の総ファイルメーターを六〇一・一八㍍と仮定した場合（一部屋は荷解室で一時的な段ボール配架）、柏分館における簿冊の保存可能点数は六〇一・一八÷〇・〇九＝六六七九・八となり、およそ六六八〇点のファイルが配架可能と見積もられた。柏での収蔵を継続的に実施していく場合、毎年一三三〇点前後の移管を受けた場合は五年、毎年六六〇点前後の移管を受けた場合は一〇年、毎年三三〇点前後の移管を受けた場合は二〇年で限界となる試算であった。

二〇一五年度末保存期間満了法人文書は、七月段階で共有されていた法人文書ファイル管理簿によれば、本部一四三三点、部局一一〇〇七点で合計一二四四〇点であり、このうち八月段階で文書館が行った仮評価では、移管候補となる法人文書は本部四七一、部局二七二の合計一〇一五点としていた。二〇一六年度末保存期間満了法人文書は本部・部局合計一三八七〇、二〇一七年度末保存期間満了予定法人文書は本部・部局合計七一一六と、毎年のファイル数には、ばらつきがあるため、移管点数も一定ではないものの、このペースでいくと新規設置された書架容量では五年はもつものの、一〇年もたないことが明らかとなった[56]。このことは二〇一五～一六年にか

け、実際に文書の評価選別を行っていく上で、考慮すべき条件となっていく。

加えて学内における移管作業の根拠となる文書管理規則改正についても動きがみられる。八月二一日に行われた第二回文書館・総務課定例打合せでは、文書管理規則の改定について文書館から総務課に改正手続きが求められている。(57)二〇一一年四年以降、東京大学文書館が国立公文書館等に指定される二〇一五年四月まで文書管理規則は数度改正されていたが、これらは基本的には他の法令との整合性や、学内組織改廃に伴う語句修正等が基本となっており、移管条項そのものに大きな変更は生じていなかった。このため、二〇一五年八月段階における文書管理規則には「東京大学文書館」の記載はなされていなかった。前述の通り、移管条項に当たる第一二条、廃棄条項に当たる第一三条、移管および廃棄の手続きを示した第一四条では「国立公文書館等」への移管となっており、専門的助言規定も、「独立行政法人国立公文書館に専門的助言を求めることができる」となっていた。東京大学における特定歴史公文書等の受け皿を、東京大学文書館に一元化する条項にする必要があったのである。

一方この時期に文書館から改正依頼が出された背景には、移管ガイド素案の策定が関わっていたと思われる。移管ガイド素案には「本学の法人文書の移管に関する制度・法規」を説明する項目があるが、この項目では、第一二条は掲載されているものの、手続き規定のある第一四条の記載はあえて外されている。作成過程において文書管理規則の不備が浮き彫りになっていたことがわかる。

二〇〇一年東京大学行政文書管理規則施行以降、文書管理規則の改正に大学史史料室は十分関与できなかった。規則文言の調整不足は文書館発足以降も同様で、国立公文書館等指定時の摺り合わせは不十分であったといえよう。

もっとも改正作業についてはその後、総合企画部総務課と法務課との間で調整されていくこととなり、二〇一六年四月一日規則が改正施行された。この結果、国立公文書館等とされていた箇所は東京大学文書館に改められ、

表 27　東京大学法人文書管理規則比較

項　目	東京大学法人文書管理規則	東京大学法人文書管理規則
改正年時	2011 年 4 月 1 日改正施行	2016 年 4 月 1 日改正施行
管理体制	第 3 条 法人文書の管理体制として総括文書管理者，副総括文書管理者，部局等総括文書管理者，文書管理者，文書管理担当者及び監査責任者を置く。 2 総括文書管理者は，総長とする。 3 副総括文書管理者は，総務担当の理事とする。 4 部局等総括文書管理者及び文書管理者は，別表 1 に定めるとおりとする。ただし，部局等総括文書管理者が必要と認める場合には，別表 1 に定めるもののほか，文書管理者を別に定めることができる。 5 文書管理担当者は，文書管理者が各部局等の事務担当者の中から適宜指名する。 6 監査責任者は，総務課長とする。	第 3 条 法人文書の管理体制として総括文書管理者，副総括文書管理者，部局等総括文書管理者，文書管理者，文書管理担当者及び監査責任者を置く。 2 総括文書管理者は，総務担当の理事とする。 3 副総括文書管理者は，総合企画部長とする。 4 部局等総括文書管理者及び文書管理者は，別表 1 に定めるとおりとする。ただし，部局等総括文書管理者が必要と認める場合には，別表 1 に定めるもののほか，文書管理者を別に定めることができる。 5 文書管理担当者は，文書管理者が各部局等の事務担当者の中から適宜指名する。 6 監査責任者は，監査室長とする。
管理簿の記載	第 14 条 文書管理者は，法人文書ファイルについて，別表 3 に定める保存期間満了時の措置に基づき，保存期間の満了前のできる限り早い時期に，総括文書管理者の同意を得て，保存期間が満了したときの措置を定め，管理簿に記載しなければならない。 2 前項の場合において，総括文書管理者は，必要に応じ，独立行政法人国立公文書館の専門的助言を求めることができる。	第 14 条 文書管理者は，法人文書ファイルについて，別表 3 に定める保存期間満了時の措置に基づき，保存期間の満了前のできる限り早い時期に，総括文書管理者の同意を得て，保存期間が満了したときの措置を定め，管理簿に記載しなければならない。 2 前項の場合において，総括文書管理者は，必要に応じ，独立行政法人国立公文書館の専門的助言を求めることができる。

出典：「東京大学法人文書管理規則」各年版，東京大学文書館所蔵。

文書館が初めて文書管理規則上に明文化されることとなった（表26参照）。またこのときに総括文書管理者（総長）、副総括文書管理者（総務担当の理事）、監査責任者（総務課長）についても、それぞれ総務担当の理事、総合企画部長、監査室長に見直しがなされた。しかし、専門的助言を求める対象はこの時点では国立公文書館のままとなり、改正案件の課題として残ることとなる。

2　東京大学文書館による文書移管の実施

二〇一五年夏以降「東京大学　法人文書管理の流れ」[58]に沿えば、当年度末満了予定文書の評価選別作業は、早ければ一一月ごろより開始する予定であったが、実際には二〇一五年中に開始することができなかった。この要因は二点あった。一つは評価選別作業に入る前に、文書管理研修を実施するプロセスを、文書館が重視していたことである。これまで東京大学では制度的な文書移管の運用実績が全くなかった。文書館では、法人文書の移管ガイドを作成中であったが、どの程度原課の文書管理担当者に理解されるかは未知数であり、第二回文書館・総務課定例打ち合わせでも文書管理研修の日程調整が議題としてあげられている。しかし、同年秋に文書管理研修は実施されなかった。一方、本部総務課では秋の入学式・卒業式への対応や、二〇一五年度から新総長体制となったことへの対応もあって[59]、文書管理研修の日程調整が進まなかったものと思われる。このため、文書館では各課への評価選別作業に移らなかった。

もう一つは法人文書ファイル管理簿ベースでの一次評価の遅れである。当初文書館内では二種類の方法を試行し、その組み合わせから一次評価を策定することにしていた。事務方の所掌事務規程等を参考にした評価選別と、東北大学による評価を前例とした評価選別である。二〇一三年以来、文書館では本部・部局各課の所掌事務の規程やマニュアル等を収集しており、事務分掌や所掌する会議の特徴から、重要な文書を評価する方法を模索して

部局移管候補（延長有）	部局移管候補（延長無）	部局移管計	移管候補合計（延長無）	移管候補合計
11	314	325	431	620
50	419	469	593	1,008
527	403	930	625	1,232
92	380	472	575	719
680	1,516	2,196	2,224	3,579

学文書館所蔵。

いた。(60) またこれとは別に、他大学における評価選別をモデルとして東京大学の法人文書に当てはめ、その文書の独自性と共通性を比較する観点から文書の評価を進める方法が進められていた。他大学の事例は加藤が実務経験を有する東北大学が基となった。(61) 最終的にはこれらを組み合わせるかたちで、文書館としての一次評価策定を目指していたのである。しかし事務規程等は二〇一三年以降のものしか収集できておらず、収集を継続していった場合の有効性は認められるものの、当年度末保存期間満了予定の一〇年保存、三〇年保存の文書は、法人化移行期、もしくは法人化以前に作成されたものであり、組織も異なっていることが多く、所掌事務規程ベースで評価することの難しさを抱えていた。

総務による文書管理研修の日程調整が進まないこと、文書館内での一次評価の遅れから、二〇一五年一一月二四日に行われた第三回文書館・総務課定例打ち合わせでは、二〇一五年中の評価選別作業は見送りが決められた。(62) このとき、加藤から提案されたのは、残りの年度内にすべての本部・部局の法人文書移管を終了させることは難しいとの判断から、二〇一五度中に行う法人文書移管作業を第一期とし、二〇一六度七月までに行う法人文書移管作業を第二期とし、一～六月までの半年間継続して行うというものであった。この際、第一期では二〇一四年に森本が本部中心とした調査を行った反応を踏まえ、実績があがりそうな本部と一部部局について行い、第二期では、文書館として訪問経験のない部局を中心にして行うことが想定された。(63) また「文書館が各部局を訪問し」とあり、この時点ですべての課を訪問し、文書館と文書管理担当者との現場での移管協議を行う、訪問型移管方式による移管作業実施の方向性が共有された。(64)

表28　2016年2月時点における移管文書一次評価

保存期間満了年時	本部ファイル数	部局ファイル数	全ファイル数	本部移管候補(延長有)	本部移管候補(延長無)	本部移管計
2015年3月以前	1,743	9,110	10,853	178	117	295
2015年3月末	2,000	9,092	11,092	365	174	539
2016年3月末	2,820	12,620	15,440	80	222	302
2017年3月末	1,512	6,879	8,391	52	195	247
計	8,075	37,701	45,776	675	708	1,383

単位：ファイル点数。
出典：加藤諭「移管シミュレーション（部局）」2016年2月17日『法人文書移管関係　平成27～28年度』東京大

また年度末から年度初めにかけての作業となることから、保存期間満了前の法人文書の評価選別、および保存期間満了後の文書の移管を同時作業として進める方針が確認された。この時点で「東京大学　法人文書管理の流れ」のスケジュールは大きく変更されることとなった。

年度内での文書管理研修も合わせて見送ることとなったが、代替案として文書館長・総務課長連名による文書移管業務への協力依頼文書を、本部・部局宛に通知することとなり、二〇一五年一二月一八日開催の事務長会議において「法人文書移管への協力について（依頼）」が事務連絡された。[65]この通知を経て文書館では、二〇一六年一月二九日付で移管業務の窓口となる本部・部局の文書管理担当者の連絡先照会メールを送付、[66]二月五日までに四六の各部局（課・係・室）より回答があった。[67]

この間、文書館による一次評価の具体的作業については、業務マニュアルをもとにした評価は断念し、文書管理規則別表三、「移管ガイド二七」に掲げられた評価の指針を大綱に、東北大学における移管事例を当てはめるかたちで進められた。さらに先の「柏へ文書を移管する際の目安について」のシミュレーションを下にして、持続的な移管受入点数が加味されることになる。二月八日、一一日、一九日森本・加藤で移管候補文書のリストアップ協議が行われ、二月一九日までに以下の方針が確認された。[68]

一、柏分館新書架（六六八〇点分）が満杯になる期間を一〇年間分と想定した場合、移管文書は年間六六〇点を超えない範囲が望ましい。

二、二〇一六年三月以降二〇一六年夏までにかけて実際の作業を進める。森本・加藤両名で本部・部局全てを訪問し、二〇一六年三月末満了文書の移管（引継）と、二〇一七年三月末満了予定文書の評価協議を同時に行う。

三、「法人文書移管への協力について（依頼）」に伴い、年度内の廃棄を見送っている本部・部局があることが想定されることから、二〇一五年三月末満了以前の文書についても移管可能であれば行う。

また、全体の一次評価に基づく移管点数、移管率のシミュレーションが提示された。これによれば、法人文書ファイル管理簿に登載されている二〇一七年三月末満了までのファイル数は、本部八〇七五、部局三万七七〇一の四万五七七六点、移管候補は本部一三八三（移管率一七・一％）、部局二一九六（移管率五・八％）の三五七九点と見積もられた。この場合、年間の平均移管点数は六六〇点を超えてしまうが、実際には、文書のシリーズとして保存期間の延長が続いているものについては、すぐに移管されないであろうと目されていた。対して移管候補のうち、過去において保存期間延長がなされていないものは、本部七〇八（移管率八・八％）、部局一五一六（移管率四・〇％）の二二二四点（このうち実際移管される想定数は二〇一七年度を除く一六四九点）で、年間平均五五六となるため、このあたりが実数に近い移管点数になるだろうと想定された。(69)

最終的にまとめられたこの一次評価の数字は、森本・加藤の三回の協議を経て二月中かなり絞り込まれたものであり、絞り込みに当たっての評価選別基準は具体的には以下のようなものであった。(70)

・部局の学籍原簿、成績原簿、学生名簿は、保存期間延長を続け移管協議を行わない
・部局における調査・雑件類は移管対象から除く
・本部における調査関係において、文科省等で集約されるものは原則移管対象から除く

・部局における予算関係は移管対象から除く（但し部局内予算配分と思われるものは移管）→本部財務部の文書で集約
・部局における保存場所が学科、研究室単位であるものは当座移管対象から除く
・部局における委員会、会議レベルの文書の内、軽微なものは移管対象から除く
・部局における国際会議、教育プログラムについては原則移管対象から除く→予稿集や報告書は刊行物で代替
・部局の寄附講座部門等についての文書は移管対象から除く→本部研究推進、財務等で集約
・部局の定員等に関する文書は移管対象から除く→本部人事部で集約
・部局の文書の内、全学会議の文書は移管対象から除く→本部総合企画部で集約
・部局の文書の内、学外会議で軽微なものは移管対象から除く
・学生主催行事（五月祭等）については移管対象から除く(71)

本部で集約される文書は部局では取らない、他機関で情報が集約されるものは取らない、ということに加え、大量の移管が想定される文書で、原課で保存期間の延長を続けているものについては現状のままとする、としたことが特徴的である。これは大量の移管が想定される文書を事実上棚上げとするものであり、書架容量が選別の上で大きな制約条件となっていたことがうかがえる。

二月後半より、本部・部局の文書管理担当者宛てに、文書館での一次評価を法人文書ファイル管理簿に書き込んだ、移管候補文書リスト（二〇一四年度末・二〇一五年度末保存期間満了文書と、二〇一六年度末保存期間満了文書の二ファイル）が送付、各課訪問が開始されたのは二〇一六年三月四日からであった。年度を跨いでの移管作業となったが、一か月を切る中、二〇一五年度中の作業分を特定歴史公文書等として調製し、目録公開することは現実的ではないため、形式的にはすべて二〇一六年度移管受入れとして扱うこととした。

この移管実施に合わせ、先の事務長会議での「法人文書移管への協力について（依頼）」、文書管理担当者への「移管ガイド二〇一七」の送付のほか、全学に配付される同年三月の『学内広報』においても文書移管についての特集を組み、改めて全学的な告知を図っている。(72) 文書移管開始前の文書管理研修は実施できなかったものの、最終的には三段階での周知を行ったことになり、作業の学内認知を高めることを文書館が重要視していたことがわかる。

文書移管の対象は、本部各課と部局（全学センター以上）の全九〇であったが、本部一〇、部局一で移管対象の文書がなく、部局四で耐震工事等の文書避難中のため未訪問、部局一一で担当窓口が同一であったことから（全学センターの事務を学部事務で所掌しているケース）、実際の訪問対象は六四であった。(73)

三月二八日までに一五、四月二六日までに三一の各課を訪問し、二か月間でおよそ作業の半分が終了したが、(74) ゴールデンウィーク明けに予定されていた法人文書ファイル管理簿更新の学内締切までには完了しなかった。そこで六月二二日に行われた文書館・総務課定例打ち合わせでは、法人文書ファイル管理簿更新締切後におけるファイル管理簿の修正提出について協議が行われている。また次回以降は法人文書ファイル管理簿の調整スケジュールについて、総務課と文書館とで情報共有することが確認された。(75)

3　文書移管実施における課題

二〇一六年三月以降文書移管作業は順次進行していったが、その過程で文書館は大きく三つの課題に直面することとなる。一つ目は移管協議と実際の文書引継ぎのタイミングであった。

現場での実際の作業は、

一、移管対象文書を原課で文書館訪問時までに、出来るだけ会議室等一箇所に集積。

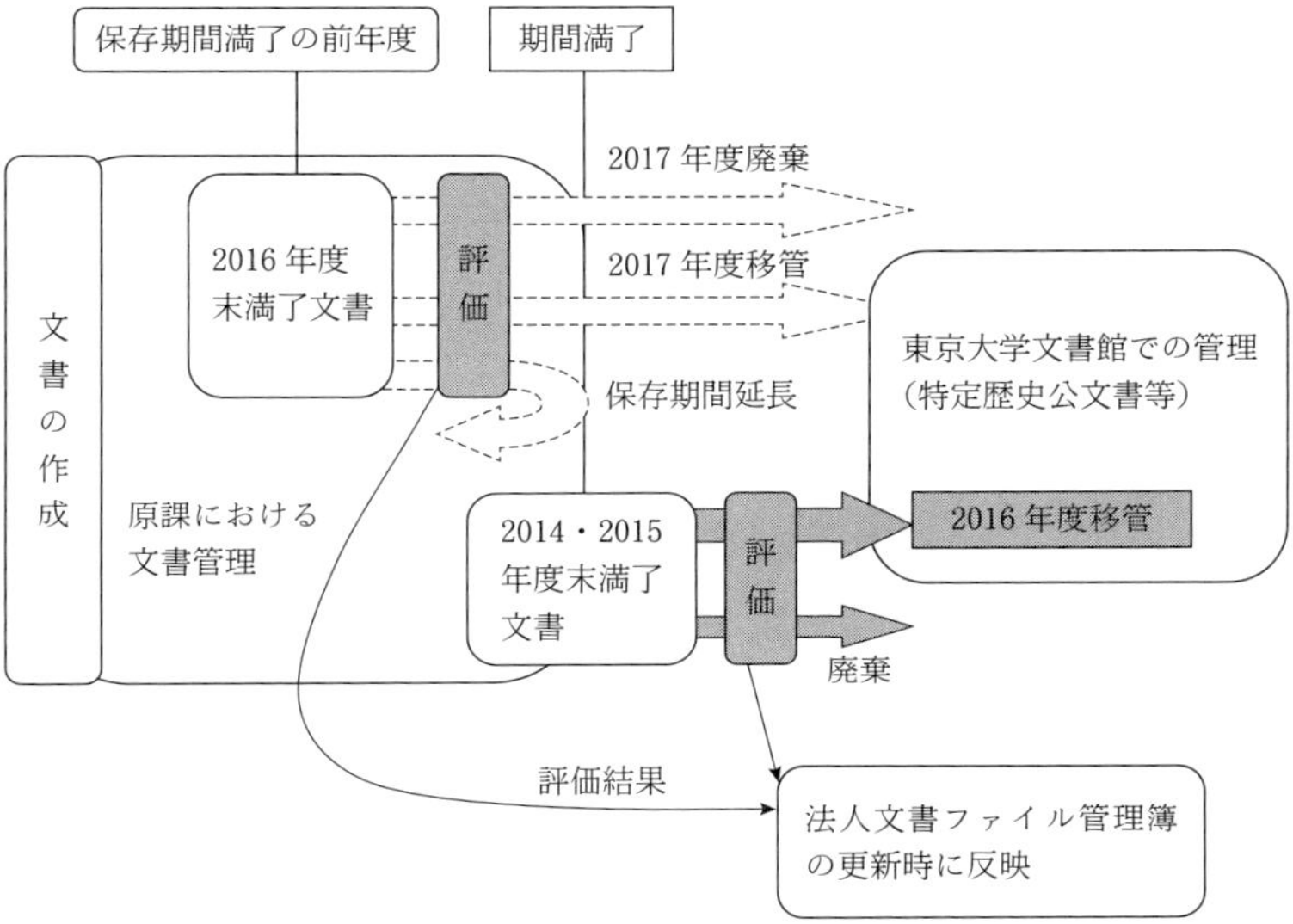

図15　2016年における文書管理の流れ（「東京大学文書館への法人文書移管ガイド—東京大学の歴史的公文書を保存・活用するために—平成27年度用（移管ガイド27）」2016年2月23日『法人文書移管関係　平成27〜28年度』東京大学文書館所蔵。グレー部分の作業について文書館が原課を訪問し同時並行して作業を行う）

二、文書館による評価選別（少ないところで一時間、多いところで一日、各課において一箇所に集めるのが難しかった場合は書庫等で作業）。

三、評価選別終了後、移管対象文書に移管シールを添付し、原課との協議と移管文書の確定。(76)

という流れをとっていた。文書館では、訪問を一度で済ませるため、保存期間満了後の文書については可能な限り作業当日に引継ぎを行うことが前提であったが、分量によっては後日引継ぎが現実的な場合もあることが想定されていたため、「移管ガイド二七」では、「引継文書の点数を勘案し、実際の引継日程等については別途調整させていただきます」とのみ記載していた。(77)このため、訪問時は文書館の評価選別のみで、移管協議が後日となったり、引継日程を別途調整したりするケースが続出し、これらは概算で本部一一、部局

2017年3月末満了予定分			
ファイル点数	移管候補数	移管決定数	引継数
1, 495	239	136	1
6, 879	605	377	48
8, 374	844	513	49
	10. 1	6. 1	

館所蔵。
もしくは保存期間満了をまたずに業務上現用である必要が
等の目録実数とは異なる。

九と全体の三割にのぼった。そこで移管作業の途中からは、訪問日程調整の連絡の際、文書館との移管協議と引継ぎを当日に行うよう、原課での事前調整を、依頼した。

二つ目は、二〇一四年の調査時から想定されていたことではあったが、法人文書ファイル管理簿と現物について、一対一で対照できないものが少なくなかったことである。時期は不明であるものの、東京大学では法人文書ファイル管理簿の更新に当たって、一年度一レコードとして登載することが求められた形跡があった。このため、現実にはファイルが複数年度合冊されているものや、規程関係など、改正のたびに差し替えが前提のファイルなどが、あたかも年度ごとに作成されているかのように法人文書ファイル管理簿上で調製されていたのである。実態として合冊されている法人文書については更新の際、ファイル管理簿の備考欄にその旨を明記するよう、文書館から依頼しているが、結果として、法人文書ファイル管理簿上での移管点数と、文書館で引き継いだ文書の実数は乖離することとなり、特定歴史公文書等の目録作成上の課題を残すこととなった。

三つ目の課題であったのは、本郷の書庫機能である。移管文書は最終的には柏分館に移送することが想定されていたが、移送する場合には輸送費のコストがかかるため、できるだけ一括での移送が望ましかった。しかし、本郷キャンパスにおける文書館の収蔵機能は五九平方㍍しかなく、[78]引継ぎされた法人文書で収蔵スペースが飽和する事態が生じた。このため、八月一日から本郷キャンパス内に一部屋を別途確保し、移管文書の仮置きのための部屋に充てることとした。

一方、訪問による作業のメリットも少なくなかった。現場でのヒアリン

表29　2016年12月時における文書移管作業結果

	2015年3月・2016年3月末満了分					
	ファイル点数	移管候補数	移管決定数	引継数	遡及引継	引継小計
本　部	4,769	1,136	631	121	201	322
部　局	21,712	1,564	855	233	231	464
合　計	26,481	2,700	1,486	354	432	786
合計移管率		10.2	5.6	1.3	1.6	3.0

単位：ファイル数。
出典：「評価結果表20161229」2016年12月29日『法人文書移管関係　平成27〜28年度』東京大学文書
※2016年度末満了予定分で引き継いだ文書については，実際の文書は既に保存期間満了していたもの，
なくなり，移管のあったもの。また集計は法人文書ファイル管理簿ベースのもので，特定歴史公文書

グを経て、対象とした年度以外の過去の文書がこの機会に移管されるケースがみられたからである。まとまったところでは、社会連携部社会連携推進課の公開講座関係、人事部人事給与課の職員進退録関係、総合企画部入試課の入試委員会関係などがあげられる。これらは文書量も大きく文書引継作業は九月、一二月に別途行われた[79]。このほか、総合企画部法務課や企画課などでは、実際に所蔵している文書の現物確認の必要性を認識し、法人文書ファイル管理簿と現物との照合作業を文書館と共同で行った。文書移管作業を通じて、現用文書の文書管理改善が図られたのである。

最終的に各課への訪問が一段落したのは、八月二三日であった（訪問先は本部総合企画部企画課[80]）。移管対象の文書がない、もしくは施設が工事中であった本部・部局を除き、訪問が見送られたのは一課のみであり、訪問件数でいえば訪問型移管方式は一定程度機能したといえる[81]。一方で作業日程自体は全体として後ろ倒しとなり、移管作業開始前の文書管理研修も行えなかったことで、現用文書を所掌する本部総務課、移管を担う文書館、現場の文書管理担当者の意思疎通等について課題を残すこととなった。これ以後、文書館では移管を受けた法人文書を特定歴史公文書等として目録公開する準備が進むことになる。

おわりに

本章では情報公開法施行以降における東京大学の文書管理規程および文書移管体制の構築について、その議論の形成過程に着目して分析を行った。この結果、訪問型移管方式を採用するに至る、東京大学における文書移管体制の構築についてはいくつかの画期があることが明らかとなった。

東京大学史料の保存に関する委員会（〜二〇一〇年）においては、文書移管について議論が行われなかったわけではないが、東京大学行政文書管理規則上、大学史史料室への移管は可能であったものの、情報公開法、法人化のタイミングを活かせず大学史史料室への文書移管は十分機能しなかった。

その後、大学史料収集・管理の在り方に関するWG（二〇一〇〜一三年）において、構想された学術文書館は、法人文書部門を中核とする大学アーカイブズが目指され、評価選別が主要な役割の一つとして位置づけられた。また、このとき想定された文書移管の流れは、保存期間満了文書を集約して評価選別を行う、京都大学大学文書館に近い方式であった。

二〇一四年に東京大学文書館が設置されると、文書移管に先立って本部・部局のヒアリング調査が開始され、その過程でまず本部からの文書移管を軌道に乗せ、全学的な運用に順次波及させることが企図された。またこの時点では基本的には保存期間満了後において文書移管作業が開始されることが想定され、国立公文書館等指定直後から文書移管が開始されることはなかった。

保存期間満了一年前倒しでの移管協議および、保存期間満了後の文書移管の二段階作業を同時並行で行う移管行程が実施されることが確定し、訪問型移管方式の方針が採られることとなったのは、二〇一五年国立公文書館

表 30　文書移管作業工程

年	月　日	内　容
2015年	12月18日	事務長会議で文書移管開始について周知
2016年	1月8日	文書館移管用メールアドレス取得
	1月27日	本部・部局の移管担当窓口の照会開始(2月5日締切)
	2月5日	46の本部・部局(課・係)より回答
	2月8,11,19日	森本・加藤で移管候補文書のリストアップ協議
	2月23日	「移管ガイド27」完成
	2月末	文書管理担当者宛に移管候補文書を送付，移管作業日程調整
	3月4日以降	本部・部局訪問開始
	3月26日	『学内広報』No. 1480発行(文書移管特集)
	3月28日	回答のない本部・部局に対し再通知
	4月25,28日	回答のない本部・部局に対し再々通知
	5月11日	法人文書ファイル管理簿更新締切(本部総合企画部総務課で集約)
	5月20日	回答のない本部・部局各課に対し個別に確認
	6月8日,21日	訪問日が確定していない本部・部局との日程調整
	7月上旬〜下旬	年度第1回文書廃棄処理
	8月1日	施設部用書庫1部屋借用(本郷キャンパス分移管文書一時保管用)
	8月23日	本部・部局の訪問終了
	8月26日	広報センターとの刊行物移管協議
	9月27,28日	文書の書庫搬出・移管作業(本部人事部)
	11月15日	本郷本館から柏分館に特定歴史公文書等移送，搬出作業含(本部社会連携部)
	12月22日	文書の書庫搬出・移管作業(本部入試課)

出典：「2015〜2016年度の移管スケジュール（文書移管スケジュール）」2016年11月24日『大学文書館打合せ資料』各月版，東京大学文書館所蔵。

等指定後であった。最終的に実施された文書移管作業に至るまでには、幾度もの計画の変遷があったのである。

この変遷の要因は大きく三つあり、一点は文書館機能のハード面に由来するところが大きい。WG中間報告では一四〇〇平方㍍分の書架面積の追加積算のもと、文書館の候補地は安田講堂前庭地下とされたが、文書館は最終的には本郷キャンパス、柏キャンパスの二館体制となり、国立公文書館等指定時に措置されたスペースも柏キャンパス一五三平方㍍と当初構想からは大幅に縮小された。このため保存期間満了後に文書を集約し、しかる後に評価選別を行う、という方法が採り得なかったのである。また文書館の収蔵可能量は評価選別基準にも影響を与えることとなった。

二点目は東京大学の既存の諸制度との整合性である。東京大学法人文書管理規則は、二〇一一年四月公文書管理法施行に伴い改正されたが、この際学内に国立公文書館等がまだなかったこと、また二〇一五年四月の国立公文書館等指定タイミングでの改正手続きも踏まれなかったことから、国立公文書館等を有する他大学の法人文書管理規程のように、文書の廃棄に大学アーカイブズが関与したり、保存期間満了前の文書評価における大学アーカイブズの専門的助言規定を強化するなどの調整が十分図られなかった。規則上、文書館が廃棄に関与できない以上、集約型の文書移管は現実的には難しかったのである。また文書の廃棄は定例的に夏と冬に行われており、文書移管作業はこの流れに適合的である必要があった。保存期間満了後から文書移管作業を始めたのでは、移管協議時に文書が廃棄されている、という事態になりかねず、前年度までに移管文書は確定させておかなければならなかったのである。

三点目には人的要素である。WG以降の文書移管方式の変遷は、それぞれの時期に関わった吉見、森本、加藤の意見が反映されていた。文書館設置構想自体は、副学長も務めた吉見室長を中心としてトップダウンで進められたが、文書移管の具体的な作業行程及び評価選別基準の策定は、吉見のもとで森本が国立公文書館等指定の実務を担い、森本のもとで加藤が文書移管経験に基づく計画を案出するという、ボトムアップで進められた。このため吉見、森本、加藤が携わった時期、および実質的な議論形成の場の遷移が移管計画の変化をもたらしたのである。

註

（1）　大学別では、二〇一一年時に、東北大学、名古屋大学、京都大学、神戸大学、広島大学、九州大学が、以降、大阪大学、東京大学、東京工業大学、東京外国語大学、北海道大学、筑波大学が指定を受けている。

（2）例えば名古屋大学の事例として、堀田慎一郎「公文書管理法の施行と大学アーカイブズ―名古屋大学の事例を中心に―」（『国文学研究資料館紀要』第八号、二〇一二年）、堀田慎一郎「公文書管理法施行後の公文書の評価選別とその諸問題」（『名古屋大学大学文書資料室紀要』第二一号、二〇一三年）。京都大学の事例として、河西秀哉「京都大学大学文書館における移管と評価選別：近年の事例から」（『京都大学大学文書館研究紀要』第八号、二〇一〇年）。大阪大学の事例として、菅真城『大学アーカイブズの世界』（大阪大学出版会、二〇一三年）。広島大学の事例として、小池聖一「広島大学文書館における行政文書管理と電子文書化」（『広島大学史紀要』第六号、二〇〇四年）、村上淳子「広島大学文書館における「国立公文書館等」の指定に係る対応――公文書管理法に基づく政令指定の経緯及び提出書類について」（『広島大学文書館紀要』第一三号、二〇一一年）、岡田泰司「公文書管理法施行後の法人文書管理及び法人文書管理システムの運用について」（『広島大学文書館紀要』第一三号、二〇一一年）、村上淳子「広島大学文書館における法人文書移管基準の策定」（『広島大学文書館紀要』第一六号、二〇一四年）、村上淳子「広島大学文書館における法人文書管理の現状と課題」（『広島大学文書館紀要』第一八号、二〇一六年）。また、大学アーカイブズ全般に関わるものとして、研究代表者・西山伸『大学所蔵の歴史的公文書の評価・選別についての基礎的研究』（平成一七～一九年度科学研究費補助金〈基盤研究（B）〉研究成果報告書、二〇〇八年）。

（3）東北大学や広島大学では自らのやり方を訪問型移管方式と呼称はしていないが、本章では類型として定義する。

（4）本章では論述においては「文書管理規程」で叙述するが、東京大学の規程については、東京大学内で用いられている「文書管理規則」で記述を統一する。また出典中の現用文書利用については所蔵先である文書館へ直接照会のこと。

（5）『東京大学事務局文書管理規則』一九八〇年五月六日（S〇一〇五／SS一／〇〇〇一、東京大学文書館所蔵。以下、註にあげる資料については東京大学文書館所蔵）。

（6）「第一一回東京大学資料の保存に関する委員会配付資料」一九八八年七月四日（『東京大学史料の保存に関する委員会第一綴（第九回～第一八回）』S〇一〇四／〇〇〇一）。

（7）『学内広報』一二一〇、二〇〇一年三月二六日、東京大学広報委員会。

（8）「総務省告示第二百二号」（『官報』号外第六三号）二〇〇一年三月三〇日（『情報公開法（一）』S〇一〇五／SS一／〇〇〇五）。

（9）「京都大学における行政文書の管理に関する規程」二〇〇一年四月一日施行（『情報公開法』S〇一〇五／SS一／〇〇

〇四）。

(10) 東京大学史料の保存に関する委員会は、東京大学に「蓄積された史料の保存、活用の方針を策定し、あわせて史料の所蔵調査を行うため」の委員会として、一九八六年一〇月一四日評議会において設置された全学委員会。東京大学史料室の事実上の親委員会として機能した。「東京大学史料の保存に関する委員会規則」一九八六年一〇月一四日（『東京大学史料の保存に関する委員会　第一綴（第一回〜第八回）』S〇一〇四／〇〇〇一）。

(11) 「第五五回東京大学史料の保存に関する委員会議事要旨（案）」二〇〇二年一一月八日（『東京大学史料の保存に関する委員会　第五五〜六七回』S〇一〇四／〇〇一〇、以下『保存に関する委員会　第五五〜六七回』）。

(12) 高橋進は当時法学部教授で、東京大学史料の保存に関する委員会委員長と大学史史料室長を兼務していた。

(13) 「第五七回東京大学史料の保存に関する委員会議事要旨（案）」二〇〇三年五月二九日『保存に関する委員会　第五五〜六七回』。

(14) 「第四回東京大学史料の保存に関する委員会議事要旨（案）」一九八七年三月三日（『東京大学史料の保存に関する委員会　第一綴（第一回〜第八回）』S〇一〇四／〇〇〇一）。

(15) 「第五五回東京大学史料の保存に関する委員会　配布資料六東京大学史料室規則」二〇〇二年一一月八日『保存に関する委員会　第五五〜六七回』。

(16) 「事務長会議　配付資料五　東京大学における文書関係規則体系及び改正案」二〇〇五年三月一八日『平成一六年度事務長会議二』。

(17) 「第五九回東京大学史料の保存に関する委員会議事要旨（案）」二〇〇四年七月九日『保存に関する委員会　第五五〜六七回』。

(18) 「第六五回東京大学史料の保存に関する委員会議事要旨（案）」二〇〇八年二月二〇日『保存に関する委員会　第五五〜六七回』。

(19) 「第六五回東京大学史料の保存に関する委員会〔補遺資料〕」二〇〇八年二月二一日『保存に関する委員会　第五五〜六七回』。

(20) 「第六六回東京大学史料の保存に関する委員会議事要旨（案）」二〇〇九年二月二〇日『保存に関する委員会　第五五〜六七回』。

(21)「第六六回東京大学史料の保存に関する委員会議事要旨（案）」二〇一〇年一月二二日『保存に関する委員会　第五五～六七回』。
(22)「統括長会議　配付資料三　室及び全学委員会の見直しについて」二〇〇九年六月一二日『平成二一年度　統括長会議』。
(23)「東京大学史史料室の東京大学学術文書館への改組基本計画案（中間報告）」二〇一一年九月『大学史料収集・管理の在り方に関するWG』。
(24)前掲『大学史料収集・管理の在り方に関するWG』（東京大学文書館所蔵）。
(25)「大学史史料室から大学文書館への改組について（案）」二〇一一年三月一一日『平成二三年度　部長会議』。
(26)「実務者連絡会メモ」二〇一一年五月九日『大学史料収集・管理の在り方に関するWG』。
(27)「大学史料収集・管理の在り方に関するWG（第三回）議事要旨（案）」二〇一一年六月一七日『大学史料収集・管理の在り方に関するWG』。
(28)この時期、大学史史料室の後継組織は、東北大学における「学術資源研究公開センター史料館」が参考の一つとなり、学術文書館の名称が想定されていた。「大学史料収集・管理の在り方に関するWG（第四回）議事要旨（案）」二〇一一年七月二八日および「大学史料収集・管理の在り方に関するWG（第五回）議事要旨（案）」二〇一一年九月一六日『大学史料収集・管理の在り方に関するWG』。
(29)前掲「東京大学史史料室の東京大学学術文書館への改組基本計画案（中間報告）」。
(30)前掲「東京大学史史料室の東京大学学術文書館への改組基本計画案（中間報告）」。
(31)「大学史料収集・管理の在り方に関するWG（第七回）配付資料三　安田講堂耐震補強工事に伴う移転について」二〇一三年七月一一日『大学史料収集・管理の在り方に関するWG』。
(32)「東京大学法人文書管理規則の一部を改正する規則（案）（法人文書管理規則（新旧））」二〇一一年四月一日『法人文書移管関係　平成二七～二八年度』。
(33)例えば大阪大学の文書管理規程では、第二一条第二項で文書管理者は「保存期間が満了した法人文書ファイル等を廃棄しようとするときは、あらかじめ、総括文書管理者を通じアーカイブズに協議し、その同意を得なければならない」となっている（二〇一六年七月一日改正施行版）。

(34) 「第八回大学史史料室室員会議打ち合わせメモ（案）」二〇一三年一〇月一日『法人文書移管関係　平成二七〜二八年度』。
(35) 森本祥子「文書管理の現状についての聞き取り及び今後の対応についての相談（文書館整備打合せ_一_二〇一三〇五一〇）」二〇一三年五月一〇日（『法人文書移管関係　平成二七〜二八年度』東京大学文書館所蔵）。
(36) 森本着任時の所属は総合研究博物館。
(37) 前掲「文書管理の現状についての聞き取り及び今後の対応についての相談」。
(38) 「第八回大学史史料室室員会議打ち合わせメモ（案）」二〇一三年一〇月一日『法人文書移管関係　平成二七〜二八年度』。
(39) 前掲「第八回大学史史料室室員会議打ち合わせメモ（案）」。
(40) 「大学史資料と法人文書を管理・活用する新組織　東京大学文書館をご存知ですか？」（『学内広報』一四五六、二〇一四年七月二五日、東京大学広報室）。
(41) 「法人文書管理状況調査への協力について（依頼）（文書管理状況調査協力依頼）」二〇一四年六月三〇日『法人文書移管関係　平成二七〜二八年度』。
(42) 本部社会連携部、総合企画部、人事部については課ごとではなく部として一括対応。数字は実際に調査票に記録が残っているもののみカウント。このとき調査した本部・部局数は本郷キャンパスを中心としており、全体の約半分程度に当たる。
(43) 「調査票」二〇一四年。
(44) 一九八七年四月二一日評議会可決に基づく「東京大学史史料室規則」では、大学史史料室業務として第二条（三）で「東京大学に関する各種資料・データの収集」を掲げており、二〇〇四年三月二七日の総長裁定による「東京大学文書館内規」では文書館業務として第三条（一）で「法人文書のうち、本学が重要と認める文書等の収集」をあげている。
(45) 「法人文書ファイル管理簿の整備と文書廃棄の流れ（案）（ファイル管理簿整備と最終処分の流れ）」二〇一四年八月一一日『法人文書移管関係　平成二七〜二八年度』。
(46) 森本祥子「文書の移管から公開までの業務フロー（改_資料九　移管〜公開業務図―一）」二〇一四年一一月四日『国立公文書館等指定申請書類』。

(47) 同時に東京大学文書館では大学史部門において「歴史資料等保有施設」の指定を受け、前身組織である大学史史料室以来寄贈・寄託されてきた個人文書については「歴史資料等」として、「特定歴史公文書等」とは資料の扱いを分けて保有する体制をとった。
(48) 森本は二〇一五年一月より文書館所属の准教授となっている。
(49) 加藤諭「東北大学における法人文書の評価選別」二〇一五年五月一三日『法人文書移管関係　平成二七～二八年度』。
(50) 本部契約課本部調達チーム事務連絡「シュレッダーを必要とする書類の処理について（照会）」二〇一五年五月二六日『法人文書移管関係　平成二七～二八年度』。
(51) 二〇一五年春の段階ではそもそも東京大学法人文書管理規則上に「東京大学文書館」は位置づけられていない。
(52) 「平成二七年度第一回文書館・総務課定例打合せ」二〇一五年六月二五日『法人文書移管関係　平成二七～二八年度』。
(53) 森本祥子「東京大学　法人文書管理の流れ（文書移管流れ図）」二〇一五年七月八日『法人文書移管関係　平成二七～二八年度』。
(54) 「東京大学文書館への法人文書移管ガイド―東京大学の歴史的公文書を保存・活用するために―平成二七年度用」二〇一六年二月二三日『法人文書移管関係　平成二七～二八年度』。
(55) 加藤諭「柏への文書を移管する際の目安について」二〇一五年八月一一日『法人文書移管関係　平成二七～二八年度』東京大学文書館所蔵。
(56) この時点ではすべての本部・部局のファイル管理簿が集計されていたわけではないため、ファイル点数は実数とは異なる。
(57) 「平成二七年度第二回文書館・総務課定例打合せ」二〇一五年八月二一日『法人文書移管関係　平成二七～二八年度』。
(58) 前掲「東京大学　法人文書管理の流れ」。
(59) 東京大学では二〇一五年度より第三〇代総長として五神真総長が就任。
(60) 『組織　事務規程　平成二十五年』、『組織　事務規定　平成二十六年』、『業務マニュアル　平成二七年度　法人業務』、『業務マニュアル　平成二七年度　教育研究推進業務』。
(61) 東北大学では公文書管理法施行より早く二〇〇五年以降、評価選別と文書移管の実績を重ねてきていた。永田英明「東北大学における評価・選別の現状と課題」（研究代表者・西山伸『大学所蔵の歴史的公文書の評価・選別についての

基礎的研究』平成一七～一九年度科学研究費補助金〈基盤研究（B）〉研究成果報告書、二〇〇八年）八〇頁。
(62)「平成二七年度第三回文書館・総務課定例打合せ」二〇一五年一一月二四日『法人文書移管関係　平成二七～二八年度』。
(63)「別紙　文書館と総務課との打ち合わせ（加藤）」二〇一五年一一月二四日『法人文書移管関係　平成二七～二八年度』。
(64)加藤諭「法人文書ファイル等の移管及び管理簿等の更新作業日程について（通知）（〇一移管・更新作業日程通知案（加藤））」二〇一五年一一月二三日『法人文書移管関係　平成二七～二八年度』。
(65)「法人文書移管への協力について（依頼）（文書移管協力依頼_二〇一五一二一）」二〇一五年一二月一八日『法人文書移管関係　平成二七～二八年度』。
(66)東京文書館では二〇一六年一月八日までに通常の業務とは別に移管のための専用メールアドレスを用意した（表30参照）。
(67)「第一六回大学文書館打ち合わせ資料（柏分館報告）」二〇一六年二月一九日『法人文書移管関係　平成二七～二八年度』。
(68)「評価選別打ち合わせメモ二〇一六〇二一九」二〇一六年二月一九日『法人文書移管関係　平成二七～二八年度』。
(69)「移管シミュレーション（部局）」二〇一六年二月一七日『法人文書移管関係　平成二七～二八年度』。
(70)前掲「評価選別打ち合わせメモ二〇一六〇二一九」。
(71)これについては、のちに移管対象に切り替えられた。
(72)「国立公文書館等に指定された文書館への法人文書移管がスタート　あなたの書類が東大の歴史になる!!」（『学内広報』一四八〇、二〇一六年三月二五日、東京大学広報室）。
(73)本部では、部内複数の課で統一した日程調整を図れるケースがままあったため、日程調整の件数自体はより少なくなった。
(74)「第一七回大学文書館打ち合わせの報告と議題（柏分館報告）」二〇一六年三月二八日、「第一八回大学文書館打ち合わせの報告と議題（柏分館報告）二〇一六〇四一八」二〇一六年四月一八日『法人文書移管関係　平成二七～二八年度』。

(75)「平成二八年度第一回文書館・総務課定例打合せ」二〇一六年六月二三日『法人文書移管関係　平成二七〜二八年度』。

(76)加藤諭「東京大学文書館の法人文書移管作業①」二〇一七年三月三一日（『東京大学文書館ニュース』第五七号、東京大学文書館）。

(77)前掲「東京大学文書館への法人文書移管ガイド—東京大学の歴史的公文書を保存・活用するために—平成二七年度用」五頁。

(78)「文書館見学用資料　バージョン六」二〇一六年一二月二九日。

(79)「第二三回東京大学文書館打合せ用資料」二〇一六年九月三〇日、「第二六回東京大学文書館打合せ用資料」二〇一六年一二月二七日『法人文書移管関係　平成二七〜二八年度』。

(80)加藤諭「東京大学文書館の法人文書移管作業②」二〇一七年三月三一日（『東京大学文書館ニュース』第五七号、東京大学文書館）。

(81)これとは別に八月二六日、文書館と広報センターとの間で、例年八月に定例的に廃棄される刊行物は、今後文書館に移管することが話し合われた（表30参照）。学内刊行物は法人文書ファイル管理簿上に掲載されないため、課題であったが、一つの解決策となり得るものである。広報センターは一九九五年に設置され、刊行物の収集と一般の閲覧に供する学内組織。

終章　本書の総括と展望

一　本書のまとめ

以下これまで述べてきた研究成果を順に示し、総括することで今後の展望も含め研究史上の意義について再確認してみたい。

第一章では、日本における大学アーカイブズの誕生の背景と、その後の運営体制について分析を行った。一九六〇年代初頭、東北大学には、記念資料室発足につながる資料の在り方に対する四つの課題が内在していた。一点目は『東北大学五十年史』編纂終了後の、編纂活用資料散逸の危険性。二点目は本部事務局、学生部等における事務業務や文書管理の所掌の複雑化に反し、文書処理規程が未整備であったこと。三点目は教育上の観点から東北大学における研究者の学術資料を集約すべきという意見の存在。四点目は新制大学発足時に包括された包摂校関係資料の管理問題である。記念資料室はこうした諸課題に対応するものとして学内措置で設置されたことが今回明らかとなった。

記念資料室は発足後、「記念資料」の収集の前提として、全学的な「記念資料」の把握が模索され、そのため本部事務局・学生部課長級、部局事務長級の職員に委嘱する調査員、名誉教授や元事務長経験者、包摂校同窓会長などを想定した専門員制度による資料把握の協力体制を敷き、一九六四年（昭和三九）以降、記念資料収集整理用カードによる資料の所在調査を開始することになる。現用文書の文書管理者を記念資料室の調査員に委嘱する取組みは、日本におけるレコードマネージャーとアーキビストの関係を考える上で先駆的な取組みであったといえる。

しかし、一九六三年に制定された「東北大学記念資料室資料収集規程」と一九六四年に制定された「東北大学文書処理規程」において公文書の保存期間の整合性が取られていないなど、現用文書の保存期間満了に伴う記念資料室への非現用文書の移管が、規程上整備されなかったこともあって、記念資料収集整理用カード、なかでも公文書を含んだ一般記念資料カードの回収率は低く、全学的な現用文書の所在把握からは程遠いものであった。

一方、全学の教官を網羅するには至らなかったものの、一般記念資料カードに比べれば教官著作物カードの回収率は三〇%程度と高く、一九六四年度末に定年退官した教授のうち希望者には著作目録の作成が行われ、以後この定年退官教授目録の作成は、記念資料室の活動として毎年継続されていくことになる。また一九六〇年代後半から東北大学において、片平キャンパスから青葉山への部局のキャンパス移転が進む中、記念資料室では各研究室などから実験器具なども含めた記念資料の収集作業の活動を強化し、それら資料の一定の蓄積をもとにして、展示企画が行われていくようになる。東北大学記念資料室は、「記念資料」の定義を広くとることで、収集対象は幅のあるものとなり、そのことが定年退官教授目録作成作業や、記念物品の展示公開機能の検討など特色ある取組みを担保したといえる。

このように公文書移管体制は未確立の中にあって、記念資料室の活動は実現可能なものに軸足を移していくことで、設置後の存在意義を保ったが、記念資料室の活動事例が積極的に外部に向けて発信されることはなく、同時代的な他大学への波及効果は低かった。その後、国立大学において大学アーカイブズが設置されたのが東京大学である。

第二章では、東京大学における文書管理規程の変遷が、大学アーカイブズを目指して設置された東京大学史史料室とどう関係していたのかを明らかにした。一九八〇年に制定された東京大学事務局文書管理規則は、制定時において移管条項はなかったが、一九八八年に全部改正された同規則においては、前年一九八七年に設置されていた東京大学史史料室への移管規程が明文化されることになる。大学史史料室の運営方針の策定は、実質的には東京大学史料の保存に関する委員会によって担われていたが、同委員会では、当初学内措置で設置された大学史史料室を概算要求によってセンター化することを目指していた。

このセンター化の前提として保存に関する委員会は文書管理規則上、移管条項整備が必要である、との認識を持っていた。一方、本部事務局においても従来規則は早急に制定されたもので、文書処理上見直しの必要性を認識しており、規則改正の思惑は一致していた。

しかし移管条項の運用に関しては別途定めるとされ、規則改正の際、具体的なプロセスは詰められないままとなった。保存に関する委員会側としては、移管規程は、あくまで概算要求説明に適合的であればよく、大学史史料室のままでは、文書移管の受け皿たり得ないとみなされていた。本部事務局側も「東京大学事務局文書専決内規」の改正、「東京大学事務局文書の分類及び保存年限に関する細則」制定が主眼であり、両者とも大学史史料室を通じた本格的な文書移管制度の運用は企図していなかった。

こうした関係性は一九九〇年代後半、学内における行政機関の保有する情報の公開に関する法律（以下、情報公開法）への対応においても引き継がれ、保存に関する委員会が情報公開に関する実質的な議論に関与することはほとんどなかった。また情報公開法施行後は、文書管理規則において、大学史史料室への文書移管が本部事務局から全学に対象が拡大されたにもかかわらず、その本格的な運用は企図されなかった。東京大学においては、それぞれの思惑は異なるものの、親委員会、事務方、大学史史料室のいずれもが、文書移管規程を実態的に運用するための、具体的な評価選別基準および移管プロセスの策定を避けたままである状況を打開することはなかった。その背景にあったのは、先にあげた学内措置で設けられた大学史史料室では文書移管の受け皿として不十分である、という論理であった。大学史編纂後の史料室を、本格的な大学アーカイブズへ改組・拡充したのちに、文書移管制度を本格的に運用する、という方針は概算要求が通らない限り文書移管体制は実体化しない、ということと同義でもあった。この結果、東京大学の文書移管に関する規程自体は、一九八〇年から二〇〇一年（平成一三）にかけて段階的に拡大整備されたにもかかわらず、実際には十分に機能しないままとなったのである。

第三章では、東京大学で目指されていた大学アーカイブズ像がそもそもいかなるものであったのか、東京大学史史料センター構想を解明した。センター化の概算要求の取りまとめを行っていた「東京大学史料の保存に関する委員会」の分析と寺﨑昌男氏からのヒアリング記録から、この大学史史料センター構想は、時期によりその要求内容を変化させながら展開していったことが明らかとなった。

一九八六年三月に出された、東京大学百年史編集史料保存に関する懇談会答申では、単独でアーカイブズを学内に設置する案と、国際学術交流センター構想の中にアーカイブズ部門を包含する案の二案が提示されており、大学アーカイブズは独立した組織とすべきか、大きなセンターの中の部門として位置づけるべきかをめぐる議論は初発から両論提起されていた。

その後一九八七年段階で、東京大学史史料室が単独で設置されることになると、概算要求によって同室を大学史史料センターとして改組・拡充する構想が、一九九〇年代前半まで東京大学史料の保存に関する委員会の方針となっていく。センター化構想に係る概算要求提出は学内的には本部事務局が担っており、本部事務局としては「全く行政的色彩の強いものであれば事務局から概算要求を提出することになる」、「史料の保存整理を中心に考える場合において可といえる」という基本線をもっていた。一方、概算要求のたたき台を作成していた保存に関する委員会のワーキンググループでは、第一室（沿革史料研究室）と第二室（学術資料研究室）の構成を基幹部分とし、「目的中に日本の近代化を研究し、今後の展望を拓くといった事項を補足し強調する」といった具合に大学史史料センター構想の研究的側面を重視していた。このため大学史史料センター構想は、大学史や学術史の研究機関としての性格と、大学行政文書の記録を移管・保存・公開していくアーカイブズ的機能の両方が目指されることになった。

しかし一九九〇年代前半を通じてセンター化構想に係る概算要求は、東京大学から文部省へあげられる優先事項として残ることはなかった。東京大学内で大学史史料センター構想の優先順位が低かった背景には、一九八三年以降、国の予算編成のマイナスシーリングの影響があげられる。大学アーカイブズに関しては、当時、文部省の学術審議会の検討対象にはなく、センター化構想に対し文部省の関心は低い、と学内の経理部ではみられていた。百年史編纂後の史料散逸は東京大学にとっては課題であったが、文部省の意向に沿わない大学史史料センター構想を、東京大学として概算要求にあげるインセンティブは低かったのである。

この結果、センター構想は総合研究博物館構想と接合する可能性が模索されていくこととなり、一九九五年以降、保存に関する委員会から概算要求が出されることはなくなっていく。最終的に、保存に関する委員会と大学史史料室を残して、東京大学における大学史史料センター構想は実現することはなかったが、ポスト年史編纂の議論の中にアーカイブズを位置づけ、学内措置により単独で室を設置し、本部事務局の協力のもと概算要求によってセンター化を目指す、という一九九〇年代半ばまでの東京大学の動向は、その後の他大学の参考事例として引き継がれていくこととなる。一九九〇年代以降、年史編纂を終えた九州大学や名古屋大学では、大学史資料の保存に関する全学委員会とポスト年史編纂の室設置が進められていくことになる。

第四章では、東京大学史史料室が改組・拡充されない中で、大学史研究プロジェクトに比重を移していく過程を抽出した。一九九〇年代半ばから二〇〇〇年代初頭の時期において、大学史史料室の主要な活動は大学史研究の学内プロジェクトであり、その初発は学徒動員・学徒出陣に関する調査であった。「東京大学史史料室規則」は大学史史料室の業務の一つとして、東京大学に関する各種資料・データの収集、整理および保管を定めており、東京大学の学徒動員・学徒出陣に関する調査をこの文脈に位置づけ、当該プロジェクトを大学史史料室の活動の柱の一つとしていった。総長へ最終報告書を一九九六年に提出することになるが、この調査を通じて、東京大学百年史編纂時には未解明であった東京大学における学徒動員・学徒出陣の状況が、初めて明らかになっていく。

学徒出陣から五〇年の節目に当たる一九九三年以降、大学史史料室ではその調査を開始したが、予算面でも一九九四年度には学徒動員・出陣関係調査費が全体の五六・二%を占めており、大学史史料室の運営にとって欠かせないものとなっていく。また学徒動員・学徒出陣に関する調査では、学徒動員担当、学徒出陣担当、戦没者担当として三名の教務補佐員（一九九四～九六年まで延べ四名）が大学史史料室に採用されることとなり、組織規模の拡大にも資することになる。

大学史史料室では、一九九六年以降も、学徒動員・学徒出陣に関する調査に加えて、東京大学一二〇周年調査費、英文版「年譜」調査費、新制東京大学成立関係調査研究費など、大学史に関する新規の学内プロジェクトを相次いで計画し、通常予算に加えて調査費が追加される構造が定着していくようになる。もっともスタッフの充実のための予算規模を確保する上でも、大学史に関するプロジェクトを企画し続けることは欠かせない状況となっていった反面、一九九六年に『東京大学の学徒動員・学徒出陣』が刊行されて後、まとまった詳細な成果公開はなされなくなり、プロジェクトを主導してきた中野実の死去や、室の一時移転などもあって、二〇〇三年度には各種調査の終了が決められることになる。しかし、この終了は、新たな「東京大学創設期の総長関係資料の基礎調査及び研究」立ち上げを受けての措置であり、大学史史料室が大学史に関する調査を主たる活動方針として掲げる体制は、二〇〇〇年代以降も基本的には継承された。

第五章では、九州大学大学史料室の設置、拡充に向けた構想を大学アーカイブズ史の中に位置づけるべく、先行する東北大学、東京大学からの影響と、九州大学における独自性について分析を行った。

九州大学七五年史編纂が佳境を迎える一九九〇年以降、ポスト年史編纂組織体制を検討するため、学内にワーキンググループが設置されることになる。九州大学では、九州大学五十年史編纂後にも後継組織の設置が望まれたものの実現しなかったこともあり、年史編纂の継続が議論の中で色濃く反映されていった。そのため当初は将来の百年史編纂のため、という考え方が先行していたが、ワーキンググループにおける新谷レポートを期に、学生および卒業生の九州大学に対するアイデンティティの形成、および九州大学の情報バンクとしての役割が付加されていくことになる。こうした九州大学の制度設計に係る議論には、東北大学記念資料室、東京大学史史料室の情報収集が基礎となっているが、とりわけ東京大学の事例がモデルケースとされていく。

東京大学における大学アーカイブズの制度設計の参考事例は、九州大学大学史料室の設置だけでなく、設置後においても影響を与え続けた。九州大学大学史料室は、九州大学七五年史事業終了後の最低限の措置、という位置づけで学内措置で設置され、本格的な大学アーカイブズは文書館構想として概算要求によって実現する、という東京大学と同様の方針を九州大学では採っていくことになる。また単独での要求のほか、一九九七年から一九九八年にかけては九州大学ユニバーシティ・ミュージアム構想の一部門として要求する過程も東京大学の流れと類似性がみてとれる。このため概算要求が通らない限り、学内に本格的な大学アーカイブズはできないことと同義という制約も内包することとなり、東京大学の方法論を参考にした文書館構想には一定の限界があった。

しかし九州大学は十全に東京大学の事例を踏襲したわけではなかった。九州大学では、当時の東京大学史史料室の制度設計は大学アーカイブズとしては不十分なものである、という認識もなされており、とりわけ教官配置の不安定さは課題として意識されていた。結果として九州大学大学史料室の規則では、東京大学史史料室の規則では明文化されなかった、専任教官配置と兼任教官制度が規定されることになる。

また九州大学では学内規程の改正や概算要求の省令施設化によらず、本部事務局と九州大学大学史料室との間で「公文書の移管に関する申合せ（案）」を作成し、一九九六年以降、本部事務局に限ったものであったが、文書移管制度の運用を試行的に行うことを開始している。これは国立大学アーカイブズにおいて制度的に文書移管制度が運用された初の事例であった。加えて、一九九四年には「九州大学大学史料室印刷物収集・整理・保存要項」を制定し、毎年四月に学内各部局で刊行された印刷物の収集が運用上において実現している。このように東北大学、東京大学の事例を前提に、九州大学は一九九〇年代において、大学アーカイブズの運用範囲を拡張したのである。

第六章では、一九九二年に設置された九州大学大学史料室に続いて、一九九六年に設置された名古屋大学史資料室もまた、先行する国立大学アーカイブズを参考にしながら制度設計がなされたことを明らかにした。また、二〇〇一年の名古屋大学大学史資料室への改組は、情報公開法への対応以上に名古屋大学の学内組織改編の影響が大きかったことを実証的に解明した。

名古屋大学史資料室も他の国立大学の状況同様、名古屋大学五十年史編纂事業の終了に伴ってポスト年史編纂組織として出発している。設置検討段階では、東北大学記念資料室、東京大学史史料室、九州大学大学史料室など、他の国立大学における関連規程が参照され、学内措置で室および室を所掌する全学委員会を設けるという枠組みも先行事例を踏襲していた。また、当該期の総長であった加藤延夫が名古屋大学五十年史編集委員会の委員長経験者であり、名古屋大学史資料室の設置に理解があった。このため名古屋大学では大学アーカイブズの設置に至る審議過程は他大学と比べて短期間で進められることになる。

名古屋大学の特徴は、名古屋大学史資料室の機能として、東京大学、九州大学と比べ、保存からより活用に向けた体制が意識されたことであった。実現されることはなかったが、展示機能なども計画され、室設置後の活動においても、名古屋大学五十年史で収集された資料の公開に向けた体制整備が進められていった。しかし、このことは全学委員会である名古屋大学史資料委員会が全学的な文書管理や資料収集を推進する力が弱かったことの裏返しであり、実現可能な活動方針として、結果的に五十年史編纂後に史資料室に残された資料の整理、公開が進められた、ともいえる。

この状況は一九九九年に名古屋大学組織改革検討委員会が設置され、全学共通基盤施設、全学委員会の在り方について見直しが求められるようになると、変化がみられるようになる。同検討委員会では、名古屋大学史資料室および史資料委員会もこうした見直しの対象となり、従来の史資料委員会を運営委員会とし、新たに副総長を委員長とする、部局長級で構成された協議委員会を親委員会に持つという制度設計の再編によって、大学アーカイブズの機能強化が図られることとなった。こうして二〇〇一年四月に、名古屋大学史資料室は、名古屋大学大学史資料室に改組され、新たに名古屋大学大学史資料室協議委員会が設置されることになる。この間、情報公開法の制度設計はほとんど議論の中に組み込まれておらず、その意味で、名古屋大学における大学アーカイブズの改組は、情報公開法の影響以上に、全学的な学内改組の文脈において進展したといえよう。

第七章では、東北大学記念資料室における展示について、その変遷を明らかにした。東京大学史史料室は安田講堂（大講堂）の一部に展示コーナーを設けていた時期があるが、小規模で一般開放はなされていない。また九州大学は新規施設の建設計画、名古屋大学も構想において、展示による史資料の利活用を検討していたが、実現には至らなかった。この点、東北大学では、初期において附属図書館内のスペースに組織が置かれていたこと、一九八六年以降は、独立した展示機能を有するようになったことから、展示公開機能を独自に進展させていった。

記念資料室の設置目的に展示公開は語句として明示されなかったものの、一九六三年の設置当初から展示活動を展開しており、一九六〇年代後半、片平キャンパスから青葉山キャンパスへの理工系学部の移転に伴い、文書資料のみならず大型の実験機材等の収集も図られたことで、それらを保管するだけでなく、展示するためのスペース要求がなされていくことになる。附属図書館内ではなく、独自に展示機能を有する施設の要求は、東北大学の周年事業の中に位置づけられることによって進展し、一九八六年に片平キャンパスにあった旧附属図書館跡を改修することで実現した。

この改修に当たっては、第二高等学校尚志同窓会が展示用什器を寄贈するなど、包摂校・前身校の影響力は大きかった。東北大学では学長の中にも旧制二高卒業者が少なくなかったこともあって、記念資料室の企画展示は、そうした包摂校・前身校の展示開催要求を受け入れるかたちで展開される事例が多かった。記念資料室の展示機能の充実は、旧制高校を中心とした顕彰機能と接合することで実現し、包摂校同窓会との密接な関係の上に成り立っていたのである。

一方、一九九〇年代に入ると、包摂校に依拠しない東北大学史に関する企画展が徐々に多くなり、一九九〇年代後半になると、未整理公文書の公開と展示を接合する企画展がみられるようになる。当該期、東北大学では百周年記念事業として東北大学百年史編纂が計画されていたが、この百年史編纂では、直接包摂校の歴史は描かない方針が取られた。また百年史編纂構想の初期においては、記念資料室が事務局的機能を担っており、将来の公文書管理体制も見据え、年史編纂のための学内史料調査も開始されていた。企画展示にもそうした影響が一定程度反映されていったと思われる。二〇世紀後半、日本において大学アーカイブズとしての展示論がほとんど議論されていなかった時期にあって、記念資料室の企画展示は、東北大学が当該期重視していた「記念資料」の在り方そのものを投影するものであったといえよう。

また記念資料室は、魯迅に関する展示などでも認知が高まり、来場者数は漸増していくこととなる。大学の記録を保存・整理・公開する組織の意義の認知に、記念資料室の展示は重要な役割を果たし、本格的な大学アーカイブズの整備を見据えた二〇〇〇年以降の東北大学史料館の改組につながっていくのである。

第八章では、二〇〇〇年の東北大学記念資料室から東北大学史料館への改組過程を分析した。その上で第六章における名古屋大学の事例同様、東北大学においても、この大学アーカイブズへの改組は、情報公開法への対応以上に、学内の組織機構改革の一環の中に位置づけられるものであることを解明した。東北大学史料館への改組は、記念資料室内の長期的整備案の中で一九九六年ごろより議論されてきた公文書館的な役割の方向性と、一九九八年評議会のもとに設置された「東北大学の在り方に関する検討委員会」における東北大学の運営体制、とりわけ全学委員会の再検討の議論が相互に結び付きあうかたちで実現したものであったといえる。

この史料館への改組自体は二〇〇〇年に実現したが、一九八〇年代後半以降、記念資料室内ではさまざまな構想があがっていた。一九八〇年代後半には、教官データベース作成計画をもとに、学術史の情報センター的役割を担うことが構想されていたが、九〇年代に入り、学内で検討されていった百年史編纂構想に合わせ、記念資料室には、公文書の収集・保存・利用の促進が求められていくようになる。東北大学では、編纂そのものを記念資料室が担わず、別に百年史編纂室を置く方針を取ったこと、一九九八年には総合学術博物館が設置されたこともあり、百年史編纂や博物館との関係を明確化する上でも、記念資料室は公文書館的な役割の方向性を打ち出す必要があった。

東京大学など他大学では一九八〇年代後半から一九九〇年代にかけ、大学史編纂事業が終了する中で、ポスト大学史編纂組織の在り方が模索されていったが、東北大学においては百年史編纂事業の際には、すでに記念資料室が存在していたことから、既存の大学アーカイブズの位置づけが問い直されることになったのである。

ところで東北大学史料館の改組の直接的な議論の契機となった「東北大学の在り方に関する検討委員会」は、東北大学における独自の改革ということ以上に、文部大臣の諮問機関である大学審議会が一九九八年一〇月に答申した「二一世紀の大学像と今後の改革方策について―競争的環境の中で個性が輝く大学―」への対応という性格が強く、後の東北大学の法人化の過程においても、一定の役割を果たしていくことになる。その意味で記念資料室の改組は、国立大学の法人化問題の大学アーカイブズへの影響という文脈において位置づけ可能であろう。一方情報公開に関する議論に、記念資料室は直接関与しておらず、史料館への改組段階においては、情報公開法と史料館との関係が規程において整備されることは先送りとなった。

このように、二〇〇〇年に行われた東北大学における大学アーカイブズ改組の動きは、百年史編纂という全学的事業の立ち上げ、総合学術博物館設置という新たな他部局の存在、国の大学改革の方向性に対応した組織運営の見直しなど、情報公開法に留まらない多様な要因を前提として成立したのである。

第九章では、京都大学大学文書館の設置経緯を一次史料から追うことで、京都大学もまた、東京大学史史料室以降の、ポスト年史編纂組織の制度設計の影響を受けた議論が展開されていたことを明らかにした。二〇〇〇年度に入る前まで、学内で議論されていた京都大学百年史編纂終了後に設置されるべき後継組織の設置事由は、京都大学七十年史編纂時の教訓としての収集史料の散逸防止、将来の年史編纂を見据えた史料の継続的な収集・整理を第一義とし、収集史料の高等教育史上の学術的価値や、大学の自己点検・評価に資するための利活用を、付加理由とする体裁をとっており、前章までみてきた他大学の設置提案パターンとの類似性が見て取れる。京都大学百年史編集委員会委員長名で総長に提出された「本学の歴史に関する史料の収集・保存・公開について（要望）」も、京都大学大学文書館が設置されるおよそ半年前の、二〇〇〇年三月段階での提案であったにもかかわらず、将来の年史編纂に資する組織ということが、設置必要性の第一理由として強調されていた。また一九九八年以降、京都大学内では「情報公開検討ワーキンググループ」が情報公開に関する議論を主導していたが、当初このワーキンググループの議論は部局長会議や全学委員会に関する学内向けの情報公開の在り方に対する検討が主たる課題で、非現用文書に関しては議論の対象外であった。

しかし、二〇〇〇年度に入り、部局長会議において総長が「本学の歴史に関する史料の収集・保存・公開について」、情報公開検討ワーキンググループに付託するとしたことで、ポスト年史編纂組織の議論と、情報公開制度の議論は急速に接合していくこととなる。このように、年史編纂後の組織についての検討を情報公開に関する委員会に付託するという事例は、それまでの国立大学アーカイブズの設置経緯にはなかったことである。当該期、東北大学や名古屋大学では、将来的な大学の法人化も念頭に進展する学内組織機構改革の議論に、大学アーカイブズを位置づける戦略を取っていた。また、東京大学では補佐会に置かれた倫理・情報WGに東京大学史史料室長が名を連ねるということはあったものの、評議会や学部長会議の決定による諮問ということではなく、情報公開制度の中に大学アーカイブズを位置づける議論は活性化しなかった。他大学と異なり、京都大学がこのとき、情報公開制度への対応と、年史編纂終了後の体制を一体的に検討することを志向し得たのは、前提となる文書管理規程、ポスト年史編纂組織のいずれも未整備であり、ほぼ同時期に解決しなければならないタイミングにあったからであり、それら両方の実務的な制度設計を担っていた事務局総務部総務課が、ポスト年史編纂組織を情報公開制度と結びつけることが可能と判断していたためである。

このため、京都大学では、東京大学史史料室以降想定されてきたような、まず室を設置し、その後の概算要求によって本格的な大学アーカイブズを目指す、という制度設計を採らず、文書管理規程において「保存期間（延長された場合にあっては、延長後の保存期間とする。）が満了した行政文書は、京都大学大学文書館へ移管するものとする」と定め、設置当初より、情報公開制度に適合的で、非現用文書の選別・廃棄に関与する、部局相当の大学アーカイブズ機能が目指された。概算要求ではなく学内措置で組織を設置したこと自体は、他大学と同様ではあったものの、部局相当で専任の助教授と助手からなる大学文書館の設置は、将来のセンター化や組織拡充を想定せずとも、文書管理規程の条項を運用可能な組織設計の結果であったといえる。

一方、「京都大学史料の収集・保存およびその利用について―京都大学文書館設置の提案―」で掲げられた大学文書館の必要理由「一、将来の年史編集」、「二、大学史史料の研究上の意義」、「三、大学の点検・評価との関わり」は、二〇〇〇年一〇月「京都大学の歴史に関する史料の収集・保存・公開等のための組織についてのワーキンググループ」報告において、貴重な提言であったとされ、組織設置の根拠として内包された。京都大学大学文書館は、九〇年代までのポスト年史編纂組織設置の論理と、情報公開制度に即応する機能の両面が接合されることで成立したといえよう。

第一〇章では、日本の大学アーカイブズにおける情報公開法の影響を再検討すべく、情報公開法施行後における、東京大学の文書管理規則の変遷および、文書移管制度の運用について分析した。東京大学の場合、全学的な文書移管制度の運用について情報公開法の影響は低く、公文書等の管理に関する法律（以下、公文書管理法）以降の大学史史料室の文書館改組後に画期があることを解明した。

東京大学では二〇〇一年の情報公開法施行に伴い、東京大学行政文書管理規則が制定され、大学史史料室への全学的な公文書移管は制度的には可能であったものの、実際の運用においては、情報公開法や、その後の法人化のタイミングを活かせず、大学史史料室への文書移管は十分機能しなかった。

二〇一〇年以降、東京大学では、大学史料収集・管理の在り方に関するＷＧが発足し、大学史史料室に代わって、文書館を設置する構想が議論されるようになる。これは公文書管理法施行後、大学史史料室の体制では国立公文書館等への指定は難しく、本格的な大学アーカイブズの設置が希求されたからである。このとき文書館機能として想定された文書移管方式は、保存期間満了文書を集約して評価選別を行う、京都大学大学文書館に近い方式であった。しかし、二〇一四年に東京大学文書館が設置、本格的な文書移管作業が開始されることになる二〇一六年までの間に、東京大学の文書移管方式は、訪問型移管方式の方針が採られることになる。

訪問型移管方式による文書移管を採用した背景には、当初の構想から東京大学文書館の収蔵量が大幅に縮小されたこと、東京大学法人文書管理規則に文書の廃棄に大学アーカイブズが関与したり、保存期間満了前の文書評価における大学アーカイブズの専門的助言規定を強化するなどの調整が十分図られなかったこと、東北大学における移管方式に関する実務上の情報が入手可能であったことなどがあった。またこうした文書移管について所掌上は新設された東京大学文書館の法人文書部門が担ったが、文書館に大学史部門が残され、大学史研究のセクションは組織上担保された。

このように東京大学の場合、大学アーカイブズの改組や文書移管体制の実質的な運用は公文書管理法による影響が強く、情報公開法による影響は小さかったのである。

二　本書の意義

本書では、同時代的な取組みや、個々の施設の現状紹介に留まってきた、二〇世紀後半における大学アーカイブズの事例を、東北大学、東京大学、九州大学、名古屋大学、京都大学の各大学アーカイブズが所蔵する一次史料を用いて実証的に分析し、大学アーカイブズ史として通時的な枠組みの中で把握することを試みた。また、その歴史的特質を、その後の大学アーカイブズの動向から照射すべく、一章分については公文書管理法以降にも時期設定をのばし、論述を試みた。従来史料上の制約もあり、大学アーカイブズ史の実証的な研究は日本で立ち遅れてきた中、本書は初めて国立大学間におけるアーカイブズの形成過程を総合的に研究したものとして位置づけることができよう。

東北大学記念資料室、東京大学史史料室、九州大学大学史料室、名古屋大学史資料室、京都大学大学文書館の五組織共通の事例として、年史編纂事業終了後のポスト年史編纂組織として設置検討されたことがあげられる。東北大学記念資料室は、日本の大学において組織名称にアーカイブズを銘打った初の組織であったが、その設置契機は一九六〇年（昭和三五）に上下巻で刊行された『東北大学五十年史』であり、五十年史編纂で集積した大学史資料の散逸防止が目的の一つであった。一九八七年東京大学史史料室が設置された背景にも、年史編纂が関係している。一九七七年から東京大学の百周年事業として開始されていた『東京大学百年史』編纂事業が進行している最中、百年史編集委員会委員長を務めた土田直鎮を研究代表者として、稲垣栄三・伊藤隆・寺﨑昌男・益田宗など八名の共同研究者による『東京大学関係諸資料の保存と利用に関する予備的研究』が行われ、一九八三年に報告がまとめられた。ここでは昭和初期に行われた『東京帝国大学五十年史』の編纂終了後、収集資料について系統的保存の措置が講じられなかった状況を反省点として、百周年事業を機に東京大学に大学文書館の設置が提言されることになる。東京大学百年史編集室の閉室後の東京大学史史料室の設置が、学内において断絶なく進んだことは、こうしたポスト年史編纂が強く意識されたことの証左であるといえる。大学史史料センター構想の概算要求にみられるように、組織の文字通り、大学史研究に資するアーカイブズ機能という論理は内包され続けた。上記設置経緯は、歴史的にはその後国立大学アーカイブズの在り方を規定し続けることになる。国立大学における大学アーカイブズは、大学史編纂、大学史研究との距離を常に模索し続ける存在となったからである。

一方、大学史史料室の実質的なかじ取りを担った全学委員会である、東京大学史料の保存に関する委員会では、恒常的に大学史資料を保存、整理、公開していく大学アーカイブズの役割について、単に将来の大学史編纂だけでなく、公文書の合理的かつ効果的な文書管理と学内行政に資するものであり、大学の自己点検・自己評価に役割を有するべきである、と位置づけ、組織拡充への論拠としていった。年史編纂事業の委員会を全学的な史料の保存に関する委員会に衣替えし、年史編纂室を大学アーカイブズに改組する、その上で、本来の役割を十全に発揮できるための本格的な大学アーカイブズへの拡充を目指す、という東京大学のポスト年史編纂体制と制度設計自体は、他の国立大学における年史編纂事業終了後の在り方に影響を与えていくことになる。

九州大学では、一九八五年より九州大学七五年史編集室が立ち上がっていたが、一九九二年（平成四）三月に『九州大学七五年史』を刊行したのち、同年一二月には九州大学大学史料室が発足することになる。名古屋大学でも、『名古屋大学五十年史』編纂事業が一九九六年に終わると、役割を終えた名古屋大学史編集室を母体として、同年に名古屋大学史資料室が設置されるに至る。このとき九州大学、名古屋大学は、東北大学や東京大学の先行事例や規程関係を積極的に入手するが、とりわけ、東京大学の大学史編纂後の制度設計をモデルケースとしていった。しかし、全面的に東京大学の事例を導入したわけではなく、九州大学では東京大学における教官配置の不安定性を反面教師として、教官配置にこだわった規程を制定し、名古屋大学では利活用に重点を置いた議論が進展するなど、東京大学の事例を基礎として、大学アーカイブズの制度設計の進展が図られていった。

一方、各大学では、大学アーカイブズの設置とほぼ同時期に、非現用の公文書を収集対象とする規程を形式上設け、組織の記録を系統的に保存していくための仕組みを、部分的にではあるが整える動きをみせた。例えば東北大学では「東北大学記念資料室資料収集規程」および「東北大学文書処理規程」が、東京大学では「東京大学文書事務局管理規則」が制定されている。東北大学や東京大学では本部事務局を中心に、学内文書管理体制の未整備状況を課題視しており、大学アーカイブズの設置において、本部事務局は一定程度協力の姿勢をみせることになる。このため大学史編纂だけでなく、学内文書管理制度の整備・充実の上からも大学アーカイブズの設置事由は位置づけられることとなる。しかし、本部事務局はむしろ文書処理や決裁、文書の保存期間設定などに関心があり、保存期間満了後の文書の移管についての関心は低かった。このため、全学的な公文書移管の実行については、十分な進展はみられないままとなった。

そもそも二〇世紀後半、学内措置として設置された四つの国立大学アーカイブズは、組織の規模も小さく、実際の運用上、非現用の公文書の評価選別を大学アーカイブズが担い、定常的に全学的な文書移管が行われるようなシステムは、九州大学において本部事務局等について試行された以外、結果的に実現することは難しかった。また、情報公開法対応への議論にも十分関与することができなかった。その意味で情報公開法の影響よりも、東北大学や名古屋大学でみられたように、一九九〇年代後半には、国立大学法人化を見据えた全学的な組織機構の再編の方が当該期の大学アーカイブズにとって影響が大きかったといえよう。

大学アーカイブズの組織体制が学内措置による小規模なものであることから、本格的な大学アーカイブズは概算要求によって実現する、という段階的な組織拡充方針は九州大学、名古屋大学とも東京大学の事例を踏襲していたが、大学アーカイブズが概算要求によって実現するという論理は、公文書の合理的かつ効果的な文書管理が既存の大学アーカイブズでは担えない、ということと同義であった。このため、当該期の概算要求による大学アーカイブズの組織拡充の実現可能性が低かった中にあって、全学的な公文書管理や史資料の全容把握は限定的にならざるを得なかった。結果として、東京大学では、先行するモデルケースを提供する存在であったにもかかわらず、全学的な文書管理や評価選別システムの導入は公文書管理法施行を待たねばならなかった。

しかしそうした中にあっても東北大学では、新制大学に包摂された旧制第二高等学校等の包摂校の文書移管が進み、包摂校に関する企画展示の充実という特質を形成するに至る。また東京大学でも、学徒動員学徒出陣に関する調査など、特定プロジェクトを展開することで、学内公文書の調査を進める手法を確立していくことになる。

萌芽期の大学アーカイブズの収集機能について、先行研究では看過されてきたが、そうした大学アーカイブズを取りまく学内の制度整備や構想の一定の限界や模索もまた、国立大学アーカイブズの在り方に影響を与えたのである。

京都大学大学文書館の設置も、こうした先行した大学アーカイブズの事例と無関係ではない。京都大学文書館は、当初より情報公開制度へ適合的に設計されたわけではなく、むしろ将来的な年史編纂に資するポスト年史編纂組織として計画されており、先行する他大学の延長線上の発想が基礎にあった。異なっていたのは、最終的な学内議論の中で、情報公開制度と接合された構想になったことで、概算要求による段階的な組織拡充方針を採らず、設置時より非現用文書の選別・廃棄を一元的に担えるだけの組織が、学内措置されたことである。もっとも京都大学大学文書館設置を求めたワーキンググループでの報告書が、情報公開制度への対応で括られている一方、それまでの史料の収集・保存・公開等の議論も担保していた。またこうした、本部事務局が学内の文書管理の課題を解決する一つの回路として、大学アーカイブズの設立を後押しする事例は、東北大学記念資料室、東京大学史史料室設置時にもみられたことであり、どこまでの役割を付与するかの学内議論の醸成が、その後の各大学アーカイブズの組織の性格を決定していったといえよう。

東北大学記念資料室、東京大学史史料室、九州大学大学史料室、名古屋大学史資料室、京都大学大学文書館は、以上みてきたようなそれぞれの学内環境の中で、大学史編纂・大学史研究に資する役割、公文書を含む大学史資料の系統的な収集・整理・公開を担う役割の両面を理念として内包する存在として、機能をいずれかに収斂させず、組織の存在感を高める上で、また学内における存在意義を明示するために、時宜に応じて両面を使い分けていった。その歴史的経緯こそが、日本における大学アーカイブズの在り方を規定し続けることになったのである。

また、日本の文書管理制度の史的変遷の中で、二〇世紀後半の国立大学アーカイブズの形成過程や歴史的展開を考えるならば、大学アーカイブズの嚆矢である東北大学記念資料室、一九九〇年代の国立大学アーカイブズの拡大に大きな影響を及ぼした東京大学史史料室、日本初の本格的な大学アーカイブズとして設計された京都大学大学文書館が、いずれもその前後で学内の文書管理規程の制定や大きな改正を伴っていた点を本書で明らかにしたのは、重要な論点である。京都大学の七十年史編纂や九州大学の五十年史編纂時にもポスト年史編纂組織が要望されながらも実現しなかったように、画期となる国立大学アーカイブズの設置要因は、大学史編纂後の史料保存の機運だけでは十分でなく、当該期学内における本部事務局が文書管理体制構築の必要性を強く認識しているかどうか、が深く関わっていた。大学史編纂に関わった教官等による収集史料散逸防止の議論と、事務方の文書管理規程整備の思惑が重なった局面において、画期となる国立大学アーカイブズが設置されていったのである。

もっとも、その中で東北大学記念資料室の調査員制度や、東京大学史史料室への事務局文書の移管規定など、大学アーカイブズとの関係における特質ある文書管理制度が設計されたものの、京都大学以外は運用面での一定の限界も含んでいた。その意味で、二〇世紀後半は国立大学アーカイブズの萌芽期であったといえよう。しかし、国立大学アーカイブズが単にポスト年史編纂組織の役割のみを与えられたわけではなく、将来的な方向性としてであっても、ルーティンに学内行政文書の移管の受け皿として機能するアーカイブズを目指すという目的を内包し続けたことは、国の情報公開法や公文書管理法と国立大学アーカイブズが接合する素地を担保したのである。

三　今後の課題と展望

本書では主として二〇世紀後半の国立大学アーカイブズに着目しつつ、新史料も活用しながらその歴史的展開について実証的に明らかにしてきた。一方で、より一層研究を深化させるべき課題も残されている。最後に今後の課題と展望について確認しておきたい。

第一点目は、本書が私立大学のアーカイブズの形成過程については分析の対象外とした点である。本書は、日本の文書管理制度の中での大学アーカイブズの歴史的位置づけを解明することに研究視角の比重を置いた。このため、公文書館法、情報公開法、公文書管理法の制定によって間接的な影響はあるにせよ、直接的な適用を受けることがなかった私立大学アーカイブズについては、検討を行わなかった。これは一次史料活用の限界性も含めてのことであるが、今後日本の大学アーカイブズ史を明らかにするうえで、全国大学史資料協議会の機関会員の多数を占める私立大学の歴史的展開と、国立大学アーカイブズの関係については今後より分析を進める必要があるだろう。

第二点目は、全国歴史資料保存利用機関連絡協議会（全史料協）や全国大学史資料協議会、日本アーカイブズ学会など、協議会や学会が大学アーカイブズの形成過程に与えた影響の分析である。本書で明らかにしたように、分析対象となった各国立大学アーカイブズは先行する大学の状況をふまえ、自らの組織や制度設計の参考としていった。本書でたびたび詳述した通り、既存の国立大学アーカイブズの規程や問題点について、後続の国立大学アーカイブズはかなりの程度把握していたといってよい。一方で、それらは各国立大学アーカイブズへの個別の照会や視察で得た情報であり、国立大学アーカイブズの設置過程の議論そのものに、全国大学史資料協議会等の影響は、直接的にはみられない。二〇一九年現在においても、国立大学アーカイブズが上記協議会等に機関会員として関わる事例は東北大学など、かなり限られている。その意味で、本書では二〇世紀後半の大学アーカイブズの歴史的展開において、関連協議会等の分析に章を割かなかった。しかし全国大学史史料協議会の活動に、東京大学史史料室の中野実らは個人会員として関わっており、人的ネットワーク形成において果たした役割は大学アーカイブズ史の展望として欠かせない視座であろう。また、全史料協や、日本アーカイブズ学会設立に至る、地方自治体の公文書館や、アーカイブズ学の国立大学アーカイブズへの影響や理論の波及についても、日本のアーカイブズの成り立ちを史的に位置づける上では、関連団体によるアクセス可能な資料公開の進展も含め、実証的な研究成果が望まれる。

以上の二点ほど研究課題を提示し、今後より一層の研究の進展を図るための展望としたい。

あとがき

本書は筆者が二〇一七年以降、発表して来た既発表論文を加筆修正し、書下ろしの新稿を加え、学術研究書としてまとめたものである。筆者が本書を執筆するに至る背景を、自身の経歴と学恩を踏まえて描くことで、あとがきに代えたい。

筆者の一つの顔は歴史研究者である。学部生以来、一貫して日本近現代史、とりわけ百貨店史を研究対象として学位を取得し、その成果を共著、単著にまとめるなど、いわゆる歴史学分野を歩んできた。もう一つの顔はアーキビストである。筆者は東北大学史料館、東京大学文書館の二つの大学アーカイブズで実務に携わってきた。複数のアーカイブズ機関で研鑽を積んでいるアーキビストは数多おられるが、国立公文書館等指定後の国立大学アーカイブズにおいて、教員として複数館での業務を担ってきた経歴を有しているのは、二〇一九年現在はまだ筆者以外はいないと思われる。

さて、そうしたアーカイブズに身を置く契機の一つとなったのは、二〇〇四年から二〇一〇年にかけて関わらせていただいた、東北大学での百年史編纂事業であった。百年史編纂室において筆者は、中川学先生、高橋禎雄先生のもとで、大学史の世界に触れることになる。編纂においては、評議会や教授会、学内の規程関係綴などが活用可能な環境が用意されており、編纂室スタッフの佐藤健治先生、布谷陽子先生、吉葉恭行先生、太田秀春先生、本村昌文先生、伊藤大介先生、中野渡俊治先生、高橋陽一先生らとの仕事を通じて、大学の記録の重要性を知る得難い機会となった。百年史編纂事業は二〇〇九年度で終了となるが、筆者は続いて東北大学史料館のスタッフとして採用され、百年史編纂事業終了後に移管された文書の整理に当たることになる。ここで、必要な情報を博捜する大学史編纂と、アーカイブズとしての目録作成の違いや、大学史編纂における史料収集のあり方と、アーカイブズにおける評価選別の論理の違いを経験できたことで、筆者は大学史編纂とアーカイブズとの関係に興味を持つようになる。

二〇一一年の公文書管理法施行に合わせ、史料館に公文書室が設置されると、筆者は同年一〇月より公文書室の教育研究支援者となり、佐藤伸宏、佐藤弘夫、八鍬友広の歴代館長をはじめ、永田英明、曽根原理、大原理恵の各先生方のもとで、学内で保存期間が満了した法人文書の中から、歴史公文書として保存すべき文書の評価と選別、史料館への移管作業に携わることとなる。この間、他大学への研修や視察、展示協力、また東北大学史料館の設置五〇周年記念企画などを通じて、京都大学では西山伸先生、坂口貴弘先生、福家崇洋先生、大阪大学では菅真城先生、神戸大学では野邑理栄子先生、広島大学では小池聖一先生、小宮山道夫先生、石田雅春先生、九州大学では折田悦郎先生などと知り合う機会を得ることとなる。そして、こうした各大学アーカイブズと接する機会を通じて、日本の大学アーカイブズの多様性に視野が広がっていった。

二〇一五年度から筆者は、谷本宗生先生後任の特任助教として、東京大学文書館に移り、国立公文書館等に指定されたばかりの東京大学文書館で、文書移管体制の立ち上げや、将来的な一五〇年史編纂を見据えた検討作業などに従事することになる。そこで佐藤愼一、羽田正の歴代館長、吉見俊哉副館長、森本祥子、宮本隆史の両先生から多くを学ばせていただいた。また、大学史編纂とアーカイブズとの関係については、佐藤健二先生、鈴木淳先生、尾上陽介先生、小国喜弘先生、中嶋康博先生、宇野重規先生、山口輝臣先生からも多くの示唆をいただいた。

当時、東京大学文書館は二〇一四年度に設置されたばかりで、何より立ち上げの熱気に満ちていた。新規の業務や、体制の変化がスピード感をもって進む中、筆者は東京大学文書館の沿革に連なる東京大学史史料室にも関心を持つようになる。東北大学史料館での経験から、年史編纂事業、ポスト年史編纂作業、アーカイブズの業務の共通性と差異を少なからず認識していた筆者は、変革の前提として、前身組織が目指してきたものの総体を踏まえた丁寧な仕事を行いたいと考えたからである。そうした前身組織の業務の記録から筆者は、中野実先生の足跡をたどり、その先駆的な取り組みとともに、目指しながらも果たし得なかったものは何であったのか、東京大学における文書管理制度、大学史編纂、大学アーカイブズとの関係を理解していくことになる。そしてその作業は、東京大学史史料室の活動だけでなく、上記キーワードをもとにして日本の国立大学アーカイブズ史を描いてみたい、という研究上の問題関心に繋がっていくことになる。

二〇一七年に再び東北大学史料館に准教授として転出することになるが、業務上また研究上の問題関心から、今度は原田隆吉先生以降の東北大学記念資料室、史料館の系譜を分析していくことになる。その過程で、各大学アーカイブズの成り立ちの独自性と、影響を与え合う関係性に着目するようになり、そうした知見を踏まえて、九州大学、名古屋大学、京都大学の各アーカイブズにも調査の幅を広げていった。調査に当たっては九州大学の折田悦郎先生、藤岡健太郎先生、名古屋大学の堀田慎一郎先生、京都大学の西山伸先生、冨永望先生、元ナミ先生には多くの示唆をいただいた。また、原田夏子先生、寺﨑昌男先生、岸本佳典先生からは東北大学、東京大学、京都大学の大学アーカイブズ設置に関わる貴重なヒアリングや資料提供についてご協力いただいた。改めて感謝申し上げたい。

また、本書の構想として掲げていたアーカイブズ学と歴史学との架橋については、筆者が学生時代に所属していた東北大学の日本史研究室の影響は少なくない。今泉隆雄先生には、東北大学百年史編纂室長の立場から、筆者に百年史編纂業務に携わるきっかけを与えていただいた。教育上では、日本におけるアーカイブズ学の草分けともいえる存在である、大藤修先生に実習などで薫陶を受けたことは、アーキビストとしての自身の基礎になっている。籠橋俊光先生にも実習などで、学生に向けてアーカイブズについて伝える時間を提供していただき、大学アーカイブズ史に関して考えを整理する機会をいただいた。また、二〇一七年からは柳原敏昭先生、二〇一九年から安達宏昭先生が東北大学史料館長に就任され、史料館運営の舵取りを担っていただいている。このほか、七海雅人、蓮沼素子、兼平賢治、片岡耕平、鈴木琢郎、栗原伸一郎、中野良、徳竹剛、栃木智子、小幡圭祐、村上麻佑子、清水翔太郎の各先生などアーカイブズに関わってきた先輩・同期・後輩の存在も自身の研究を進める上で刺激となっている。

加えて、災害に係る資料レスキューや歴史資料保全活動の実務と歴史学との関係で活躍されている、平川新先生、斎藤善之先生、荒武賢一朗先生、佐藤大介先生、蝦名裕一先生、天野真志先生、吉川圭太先生、川内淳史先生、安田容子先生などから、学問と実務の実践のあり方について多くを学ばせていただいている。同じくデジタルアーカイブズとアーカイブズ学との関係においても、柳与志夫先生、入澤寿美先生、平野泉先生、金甫榮先生、橋本陽先生、齋藤歩先生、中村覚先生との関わりの中で、学問と実務の往還について示唆を受けてきた。また全国歴史資料保存利用機関連絡協議会、全国大学史資料協議会、日本アーカイブズ学会、記録管理学会などの場では、高埜利彦先生、安藤正人先生、小川千代子先生、阿部武司先生、所澤潤先生、西口忠先生、大友一雄先生、加藤陽子先生、保坂裕興先生、白井哲哉先生、辻川敦先生、高木秀彰先生、河西晃祐先生、小島浩之先生、矢野正隆先生、冨善一敏先生、村松玄太先生、瀬戸口龍一先生、松原太郎先生、豊田雅幸先生、宮間純一先生、下重直樹先生、秋山淳子先生、松岡弘之先生、瀬畑源先生、清原和之先生、寺澤正直先生ほか多くの先生方を通じて、日本におけるアーカイブズの成り立ちについて、視座をいただいてきた。こうした関連諸分野での学恩を通じて、筆者は大学アーカイブズの歴史的位置づけと役割について、考察を深めることができた。

こうして研究成果がまとまって来た折、研究を見守ってくださっていた安達宏昭先生よりご提案いただき、吉川弘文館の永田伸氏をご紹介していただくことになる。永田氏は出版状況厳しい折、頁数の増加や、アーカイブズに関する著作であることに理解を示していただき、本書の刊行を支援していただいた。永田氏の編集手腕と、ご尽力には心より感謝申し上げたい。また幸いにも本書は、科学研究費補助金（研究成果公開促進費）（JSPS科研費19HP5084）の助成を受けることができた。この申請にあたっては、本書刊行の意義をより明確化する上で、後藤博明先生の助言を受けた。この場で御礼申し上げたい。

編集作業にあたっては吉川弘文館の並木隆氏、歴史の森の関昌弘氏にもサポートいただいた。校正においては小幡圭祐先生に目を通してもらい、東北大学大学院生の五十嵐健太氏、齊藤志帆子氏、東北大学史料館の荒川理佐氏の助力も得て、本書をより良いものへ仕上げることができた。心より御礼申し上げたい。

筆者にとって本書は二冊目の単著となるが、不器用な筆者は、大学アーカイブズの現場における実務と教育研究、また歴史学研究とアーカイブズ学研究を両立させる上で、多くの時間を要することが少なくない。最後に私事となるが、そうした状況を理解し、支えてくれている実父母の加藤務・祐子、義父母の宮本建一・千代子、弟の司には常に感謝している。また、帰りが遅い筆者に温かい家庭環境を用意してくれている、妻の優子、娘の遙はかけがえのない存在で、大きな力をもらっている。多くの理解と支えの中に本書があることを謝辞して、筆を擱くことにしたい。

令和元年一一月

加藤　諭

初出一覧

序章　新稿

第一章「国立大学におけるアーカイブズの誕生—東北大学五十年史編纂と記念資料室の成立—」（『東北大学史料館紀要』一四、二〇一九年）

第二章「情報公開法施行前の国立大学における文書管理規程と文書移管—東京大学を事例に—」（『アーカイブズ学研究』二六、二〇一七年）

第三章「東京大学における百年史編纂後のアーカイブズ構想と展開過程」（『東京大学文書館紀要』三六、二〇一八年）

第四章「大学アーカイブズにみる戦前・戦時期の記録—東京大学史史料室と学徒動員・学徒出陣に関する調査—」（『東北学院史資料センター年報』三、二〇一八年）

第五章　新稿「ポスト年史編纂組織と大学アーカイブズ理念の波及—九州大学大学史料室の設置と活動—」

第六章　新稿「名古屋大学における史資料室設置と制度設計の模索」

第七章「大学アーカイブズによる催事展開—東北大学を事例に—」（原題は「二〇世紀後半における大学アーカイブズ展示—東北大学記念資料室を事例に—」『立教ディスプレイ——立教学院展示館年報』三、二〇一八年）

第八章「国立大学法人化問題と東北大学アーカイブズの改組—記念資料室から史料館へ—」（原題は「東北大学における大学アーカイブズの改組—記念資料室から史料館へ—」『東北大学史料館紀要』一三、二〇一八年）

第九章　新稿「京都大学大学文書館設置構想の特質とその経緯」

第一〇章「東京大学における文書移管制度・評価選別基準の形成過程―情報公開法施行以降を中心に―」（『東京大学文書館紀要』三五、二〇一七年）

終章　新稿

著者略歴

一九七八年　宮城県仙台市生まれ

二〇一一年　東北大学大学院文学研究科博士後期課程単位取得退学

現在　東北大学学術資源研究公開センター史料館准教授、博士（文学）

〔主要著書〕

『日本の百貨店史　地方、女子店員、高齢化』（共著、日本経済評論社、二〇一八年）

『老い――人文学・ケアの現場・老年学』（共編著、ポラーノ出版、二〇一九年）

『戦前期日本における百貨店』（清文堂出版、二〇一九年）

大学アーカイブズの成立と展開

公文書管理と国立大学

二〇一九年（令和元）十二月一日　第一刷発行

著　者　加《か》藤《とう》　諭《さとし》

発行者　吉　川　道　郎

発行所　株式会社　吉川弘文館

郵便番号一一三―〇〇三三

東京都文京区本郷七丁目二番八号

電話〇三―三八一三―九一五一〈代〉

振替口座〇〇一〇〇―五―二四四番

http://www.yoshikawa-k.co.jp/

印刷＝株式会社 理想社

製本＝誠製本株式会社

装幀＝山崎　登

ISBN978-4-642-03891-1

索　　　引

本索引は，本書本文，註，図表から事項・人名の情報を抽出し，五十音順に示したものである．ただし，頻出項目については，各章初出箇所について採録した．

I　事　　　項

あ　行

アーカイブズ学 …………3, 27, 123, 229, 293, 392
アーカイブズ整備私案……………………………276
アーキビスト …………………8, 52, 167, 228, 373
アイデンティティ ……………………14, 168, 378
青葉山キャンパス ……………………50, 231, 381
青山学院大学……………………………………128
アジア歴史資料センター…………………………1
阿部次郎記念館…………………………………277
移管条項……………42, 62, 195, 218, 315, 329, 374
一元的管理………………………………………302
永年保存……………………………30, 70, 315, 329
沿革史料研究室 ……………………………97, 376
大谷大学…………………………………………129

か　行

外交史料館 ………………………………………14
概算要求…15, 67, 95, 129, 166, 201, 232, 266, 322, 349, 374
階段教室…………………………………………250
科学動員…………………………………………137
学習院大学 ………………………………………24
学術史…………………………29, 97, 167, 263, 376
学術資料研究室 ……………………………97, 376
学生原簿…………………………………………271
学生懇話室………………………………………316
学生部…………34, 71, 162, 202, 264, 311, 332, 372
学籍簿 ……………………………………32, 132, 334
学徒出陣五〇年にあたって—私立大学総長・学長の共同声明—………………………128, 129
学徒動員・学徒出陣に関する調査 …17, 128, 377
学内刊行物 ………………………30, 209, 273, 371
学内共同教育研究施設 …………………………97
学内共同利用センター …………………………96
学内広報 ……………………………84, 111, 138, 334
学内措置 …………15, 101, 164, 200, 287, 319, 372
学部長会議……………………………134, 274, 384
学部等附属教育研究施設 ………………………97
科所長会議………………………………………334
柏キャンパス……………………………………338
片平キャンパス …………………50, 231, 263, 373
片平まつり………………………………………250
学校沿革史研究部会………………………………5
川内キャンパス ……………………36, 230, 263
関東地区大学史連絡協議会………………………4
企画調整官 ……………………………79, 285, 311
企画展示……………………………………230, 381
機関アーカイブズ…………………………6, 223
寄　贈…28, 105, 132, 178, 210, 230, 269, 302, 369, 381
寄　託 ………………36, 66, 97, 210, 230, 306, 332
規程改正骨子案…………………………………281
キャンパス移転 …………………28, 231, 349, 373
九州大学五十年史………………………………160
九州大学資料室…………………………………168
九州大学史料収集・保存に関する委員会……174, 204
—規則……………………………………174, 200
九州大学史料の収集・保存について—九州大学史料室設置の提言—…………………172, 303
九州大学史料収集・保存に関する委員会専門委員会………………………………………175
九州大学総合資料館……………………………183
九州大学創立七五周年記念事業委員会………158
九州大学大学史料室 ………14, 156, 198, 316, 378

―印刷物収集・整理・保存要項…………187, 379
―運営委員会……………………………………180
―規則………………………………176, 200, 379
九州大学大学文書館…………2, 156, 198, 303, 378
九州大学七五年史 ……………………17, 158, 378
―編集委員会……………………………157, 325
―編集室…………………………………158, 388
―編集小委員会…………………………169, 303
―編集室主要収集史料仮目録…………………173
九州大学百年史…………………………………158
九州大学文書処理規則 …………………………30
九州大学ユニバーシティ・ミュージアム……183, 378
旧制高校……………………………132, 242, 381
旧制高等学校記念館……………………………132
旧制三高同窓会…………………………………131
教官データベース作成計画………………263, 382
行政機関の保有する情報の公開に関する法律の施行に伴う関係法律の整備等に関する法律……………………………………………………311
行政文書ファイル管理簿 …………………81, 299
京都大学史史料室設置の提言…………………302
京都大学史料の収集 ・保存およびその利用について―京都大学文書館設置の提案―……302, 385
京都大学大学史料館……………………………314
京都大学大学文書館……2, 62, 123, 150, 190, 255, 261, 298, 328, 383
―への行政文書等の移管に関する要項………320
―利用要項………………………………………320
京都大学七十年史…………………………301, 383
京都大学における行政文書の管理に関する規程……315, 365
京都大学の歴史に関する史料の収集 ・保存 ・公開のための組織について(報告)…………302
京都大学百年史編集委員会………………301, 383
―専門委員会……………………………………299
京都大学百年史編集史料室……………………299
教務補佐員…………………………………146, 377
記録管理 …………………………8, 89, 161, 303
記録史料……………………………………3, 255
―学………………………………………………8
近現代大学史……………………………………302
宮内公文書館 ……………………………………14
慶應義塾大学 ……………………………27, 128
原　課 ……………………42, 185, 208, 315, 333
顕彰機能……………………………………242, 381
現用文書……………………30, 77, 315, 330, 373
公開制限…………………………………………290
校史資料室 ………………………………………27
高等教育機関……………………………………108
高等教育研究センター…………………………211
高等教育史…………………………206, 302, 383
公文書館制度……………………………………308
公文書館法 ………………………2, 62, 166, 392
公文書管理制度…………………………2, 39, 89
公文書管理法……1, 39, 89, 122, 172, 197, 253, 328, 381
公文書の移管に関する申合せ(案)…185, 302, 379
広報企画課……………………………………65, 99
国際学術交流センター構想 ………………99, 375
国文学研究資料館…………………………7, 223, 365
国立学校施設整備費……………………………111
国立学校特別会計制度…………………………111
国立公文書館 ……………………1, 63, 159, 228, 328
―等 ……………………………2, 63, 223, 328, 385
国立大学アーカイブズ…2, 128, 156, 197, 229, 261, 298, 379
国立大学協会……………………………………213
国立大学法人化………………18, 89, 261, 333, 389
個人文書……………………………7, 28, 71, 302, 369
古文書学……………………………………………7

さ　行

施設整備委員会片平地区協議会………………238
自然史標本館……………………………………277
指定施設の長 ……………………………84, 329
事務局長………34, 69, 116, 185, 218, 264, 314, 329
事務長会議 ………………………………79, 334
社史資料編集所 …………………………………27
収集アーカイブズ…………………………………6
周年事業……………………………15, 29, 237, 381
塾史編纂所 ………………………………………27
商議会………………………………12, 28, 232, 332
第二高等学校尚志同窓会…………………240, 381
常設展示…………………………………………237
情報公開検討ワーキンググループ …18, 302, 384
情報公開制度………………………………298, 384
情報公開に関するワーキンググループ………278
情報公開法…2, 61, 99, 144, 198, 253, 261, 298, 328,

374
庶務部…………29, 65, 101, 130, 163, 202, 271, 303
私立大学アーカイブズ…………………………392
史料学……………………………………………7
史料館改組……………………………………290
史料編纂所 ……………………………………96
資料保管組織……………………………………3
新行革大綱……………………………………110
新制東京大学成立関係調査研究………………144
信陵同窓会……………………………………129
全学委員会……15, 96, 130, 203, 265, 311, 330, 376
全学共通基盤施設…………………………214, 380
全国共同利用施設……………………………107
全国大学史資料協議会……2, 55, 89, 123, 150, 229, 293, 323, 392
全国歴史資料保存利用機関連絡協議会………392
専修大学………………………………………129
仙台医学専門学校……………………………230
仙台高等工業学校 …………………………38, 230
先端科学技術研究センター ……………………99
戦没者調査……………………………………128
専門的助言……………………………………340
総括文書管理者 ………………………84, 320, 339
総合企画部……………………………………351
総　長……30, 64, 96, 128, 178, 199, 231, 264, 302, 335, 377
—特別補佐………………………………81, 98, 287
—補佐体制……………………………………276
総務課……………………19, 80, 216, 314, 331, 384
総務部 …………………86, 220, 280, 311, 331, 384
—長 ………………………………78, 280, 311, 334
創　立…………14, 29, 110, 157, 198, 236, 268, 304
—記念日………………………………………236
組織運営システム改革小委員会………………275
組織ワーキンググループ………………………317

た　行

大学アーカイブズ……2, 27, 62, 94, 128, 156, 197, 228, 261, 298, 328, 372
大学院特別研究生制度…………………………139
大学史研究情報室……………………………107
大学史部門 ……………………………12, 343, 386
大学史編纂事業 ……4, 62, 152, 199, 292, 303, 382
大学史料収集・管理の在り方に関する WG ……………………………………………336, 385
大学審議会………………………………274, 383
大学の自己点検・評価の歴史的調査及び研究 ……………………………………………………142
大講堂(安田講堂)…………………73, 96, 182, 380
第二高等学校 ……………………………33, 230, 381
中央計数施設…………………………………163
中央大学………………………………………129
長期的整備案……………………………267, 382
超高圧電子顕微鏡室…………………………163
定年退官教授目録 ……………………………53, 373
デジタルアーカイブ…………………………8, 337
—部門…………………………………………337
東京大学アーカイヴズ …………………………96
東京大学学術文書館…………………………337
東京大学関係諸資料の保存と利用に関する予備的研究………………………4, 90, 95, 159, 387
東京大学行政文書管理規則………16, 63, 329, 385
東京大学史史料室……10, 27, 61, 94, 128, 156, 197, 228, 261, 298, 328, 372
—規則……………104, 148, 160, 200, 301, 368, 377
—ニュース ………………………89, 105, 143, 161
東京大学史史料センター……67, 95, 160, 303, 375
東京大学事務局文書専決内規 ……………65, 374
東京大学事務局文書管理規則……16, 62, 148, 195, 315, 329, 374
東京大学事務局文書の分類及び保存年限に関する細則 ………………………………………87, 374
東京大学情報公開準備委員会 …………………81
東京大学史料の保存に関する委員会…17, 68, 95, 130, 156, 200, 303, 335, 374
東京大学史料保存の基本方向ならびに当面の措置等について……………………104, 160, 303
東京大学総合研究資料館 ………………………97
東京大学総合研究博物館……………………120
東京大学創設期の総長関係資料の基礎的調査及び研究………………………………142, 377
東京大学百年史…………62, 94, 147, 159, 206, 147
—編集委員会 ……………………96, 148, 176, 206
—編集史料保存に関する懇談会 ……98, 160, 375
東京大学文書館………2, 63, 97, 133, 192, 302, 386
東京大学法人文書管理規則………………333, 386
東北大学史料館設置規程……………………283
東北学院大学…………………………………129
東北大学記念講堂 ……………………………57, 230
東北大学記念資料室…2, 27, 62, 156, 198, 229, 261,

304, 372
—運営委員会 ……………………………34, 244, 264
—運営委員会専門委員会…………………243, 263
—収集規程 ………………………………35, 273
—設置規程 ……………………33, 159, 253, 281
—調査員会 ……………………………………44
—本館……………………………………241, 263
—利用規則…………………………………281
東北大学記念行事企画委員会…………………237
東北大学記念事業企画委員会……………241, 268
東北大学五十年史…………………16, 27, 230, 372
東北大学事務局・学生部文書管理規程……41, 90
東北大学史料館……2, 28, 124, 150, 191, 229, 261, 324, 329, 382
東北大学総合学術博物館…………18, 60, 272, 382
東北大学総合情報ネットワークシステム……265
東北大学の在り方に関する検討委員会…262, 382
東北大学百年史 …………………28, 249, 262, 381
東北大学百年史編纂構想委員会………………249
東北大学百年史編纂構想……………249, 269, 270
東北大学百年史編纂室……………………269, 382
東北大学文書管理通則 …………………………36
トータルアーカイブズ……………………………6
特殊廃液処理施設………………………………162
特定歴史公文書等………………………………339
独立行政法人 …………………………19, 213, 333
時計台記念館……………………………………304

な　行

内閣総理大臣……………………………………346
名古屋大学行政文書管理規程…………………198
名古屋大学五十年史編集室……………………199
名古屋大学史資料委員会規程…………………206
名古屋大学史資料室……………156, 197, 301, 379
—運営委員会規程………………………………217
—規程……………………………………206, 301
—利用規程………………………………………197
名古屋大学史資料の収集・保存・活用体制についての提言……………………………………205
名古屋大学史資料の収集・保存・活用に関する委員会……………………………………………204
名古屋大学史常任資料委員会…………………205
名古屋大学史編集委員会…………………198, 303
—常任編集委員会…………………………199, 303
名古屋大学資料室(仮称)設置にむけた事務局検討委員会…………………………………………202
名古屋大学創立五十周年記念事業委員会……205
名古屋大学組織改革検討委員会…………213, 380
名古屋大学大学史資料室 ……………14, 197, 379
—協議委員会規程………………………………216
名古屋大学大学文書資料室………2, 197, 303, 365
名古屋大学における大学史資料の収集・整理・保存のあり方について………………199, 302
名古屋大学本部文書処理等内規………………208
二館体制…………………………………………363
西日本大学史担当者会 …………………………20
二一世紀の大学像と今後の改革方策について—競争的環境の中で個性が輝く大学—…274, 383
日本アーカイブズ学会 ……………………24, 392
日本銀行金融研究所 ……………………………14
日本大学…………………………………………128

は　行

東日本大学史連絡協議会 ……………………4, 90
評価選別 …………………6, 70, 184, 198, 328, 375
—基準………………………19, 88, 184, 328, 375
評議会…3, 28, 64, 101, 135, 164, 198, 231, 262, 320, 329, 382
広島大学文書館……………………14, 62, 256, 329
部局長会議……………109, 166, 202, 275, 305, 384
部局等総括文書管理者…………………………340
副学長 …………………………………78, 311, 335
福島大学…………………………………………129
副総長……………………………………214, 264, 380
附属図書館……12, 28, 150, 186, 207, 230, 262, 304, 330, 380
部長会 …………………………………………78, 336
プリザベーション…………………………………8
文書移管ガイドライン…………………………349
文書移管制度 ……………19, 62, 95, 189, 328, 374
文書館施設…………………………………………3
文書管理研修……………………………………348
文書管理者 ……………………………52, 339, 373
文書のライフサイクル ………………80, 298, 337
文書廃棄 ……………………………68, 208, 279, 344
文書保存管理システム…………………………308
米欧回覧実記………………………………………1
編集主任…………………………………………300
編集史料室の将来構想について………………301

法人文書……………………198, 261, 298, 333, 386
―ファイル管理簿……………………………342
―部門…………………………………337, 386
法政大学 ……………………………………24, 129
包摂校…………………………16, 33, 230, 264, 372
訪問型移管方式 ……………………19, 328, 386
補佐会 ………………………………………76, 384
ポスト年史編纂組織……17, 97, 147, 156, 202, 299, 378
保存期間満了時の措置…………………………339
保存年限 …………………69, 185, 315, 329, 374
保存利用施設…………………………………………3
北海道大学が発行する出版物等の保存に関する規則……………………………………………187
本学の歴史に関する史料の収集・保存・公開(要望)について …………………………306, 383
本郷キャンパス ………………………………64, 338
本部事務局…12, 29, 63, 99, 174, 199, 271, 301, 330, 372

ま　行

埋蔵文化財研究センター…………………………316
宮城県美術館…………………………………………246
宮城女子専門学校 ……………………………56, 244
宮城女子専門学校白楊会…………………………244
武蔵高等学校同窓会…………………………………132
明治大学 ……………………………………………22, 128
目録公開………………………………………………357
文書館学……………………………………………5, 179
文部省往復 ……………………………73, 115, 135
文部省高等教育局…………………………………111

や・ら・わ行

役員会…………………………………………………333
山口県文書館……………………………………………1
理　事……………………………………133, 234, 335
立教大学………………………………………………129
立命館大学……………………………………………128
留学生センター………………………110, 164, 284
寮歌祭…………………………………………………247
臨時行政調査会………………………………………109
倫理・情報 WG ……………………………………76, 384
歴史学……………………………………………………7
歴史公文書部門………………………………………197
歴史情報センター……………………………………75, 98
歴史資料・大学史編纂部門…………………………197
歴史資料保存利用機関連絡協議会…………7, 392
レコード ……………………………8, 52, 273, 344, 373
―マネジメント…………………………………………8
早稲田大学 …………………………………………27, 128

Ⅱ 人　　名

あ　行

相原安津夫……………………………………………174
青柳正規 …………………………………………78, 116
青山英幸…………………………………………………8, 255
赤岡功…………………………………………………317
阿部次郎…………………………………………………277
有馬学…………………………………………118, 159
安藤正人 ………………………………………………3, 27
池田徹 ……………………………………………………29
石垣久四郎……………………………………………265
石田名香雄………………………………………241, 266
石田義光 …………………………………………………35
石津照璽 …………………………………………………34
伊藤孝夫…………………………………………………318
伊藤隆……………………………………………66, 96, 387
伊東信雄 …………………………………………………33
伊藤之雄…………………………………………………318
稲垣栄三 ……………………………………………96, 387
井上俊…………………………………………………210
井村裕夫…………………………………………………304
入谷秀夫 ………………………………………………20
植田信廣…………………………………………………159
丑木幸男……………………………………………………3
内田祥三…………………………………………………135
エリザベス・シェパード ………………………………24
老川慶喜…………………………………………………150
大藤修 ………………………………………………7, 55, 168
大友一雄……………………………………………25, 55
大西愛 ……………………………………………………20

大橋陽三……140
大牟田稔……256
大森博雄……117
大類伸……36
岡崎敦……3
岡崎哲二……117
岡崎義恵……247
岡沢裕……139
岡田泰司……365
小川智瑞恵……154
小川千代子……20, 159
小川正人……111
奥平晋……151
奥村隆平……210
小田忠雄……282
小根山美鈴……95
小幡圭祐……151
折田悦郎……6, 62, 95, 150, 156, 228

か　行

加藤諭……123, 151, 293, 347
加藤鉦治……214
加藤延夫……199, 379
加藤弘之……146
加藤陸奥雄……241
加藤陽子……9, 152
嘉戸一将……320
金谷治……45
狩野亨吉……36
神谷智……208
河合宇三郎……240
川上秀光……104
川口浩……150
川島真……9
河西晃祐……150
河西秀哉……21, 365
神田修……111
菅真城……5, 89, 256, 261, 298, 365
菊地和聖……268
菊池光造……306
菊池喜充……233
岸本佳典……315
北川健……8
北住炯一……213
北目幸太郎……240
木下広次……302
清原和之……24
日下弘……66, 103
久保亨……9
熊本史雄……24, 89
久米邦武……1
黒川利雄……31, 241
桑尾光太郎……11, 27, 89, 261
小池聖一……6, 89, 228, 365
小出いずみ……23
江沢民……250
河野恭廣……208
香山壽夫……112
古賀崇……8
児島喜久雄……36
古島敏雄……22
小島憲道……335
小高健……103
小林典男……296
小松修……150
小宮豊隆……36
小宮山道夫……256
小山貞夫……272
小山忠男……42

さ　行

齋藤歩……9
齋藤柳子……10
坂口貴弘……8, 61
佐々木丞平……318
佐々木毅……154
佐藤進一……7
佐藤愼一……343
澤木武美……4, 90
ジェフリー・ヨー……24
篠田弘……199
柴田一雄……159
柴田知彰……255
島村富雄……320
清水惠枝……10
清水善仁……7
初宿正典……318
白川栄美……24
新谷恭明……159, 255
杉田直樹……210

鈴江英一……8
鈴木舜一……247
鈴木敏行……181
鈴木秀幸……4, 90
瀬畑源……9, 89
世良晃志郎……28, 230
曽根原理……151

た 行

高木雅史……199
高野修……11
高埜利彦……10
高橋進……75, 116, 130, 331
高橋秀直……318
高橋実……20
高橋康夫……318
髙橋良平……166
高山正也……10
竹内利美……233
竹内洋……318
田中成明……311
田中正俊……131
田中学……103, 136
谷本宗生……11, 27, 89, 146, 261, 334
玉蟲一郎……243
玉虫静……250
塚本哲人……240, 265
辻本雅史……318
土田直鎮……4, 94, 387
筒井清忠……318
坪井一……56, 263
坪内為雄……233
壺阪龍哉……10
デュランンチ・ルチアナ……24
寺崎弘昭……117
寺﨑昌男……5, 67, 94, 159, 298, 375
土井晩翠……36, 243
東定宣昌……159
徳永保……110
都倉武之……151
礪波護……318
富岡勝……305
冨善一敏……25, 55
富田正弘……7
鳥飼光俊……48

な 行

内藤初穂……133
永井和……318
長尾真……305
中川学……268
長沢雅男……96
中島康比古……23
永田英明……21, 27, 150, 257, 262, 369
永富博道……131
永野為武……46
中野等……228
中野実……4, 67, 96, 130, 181, 316, 377
中野目徹……9, 89
中村吉治……29
中村啓……247
中村治人……208
夏目漱石……36
西川賢……150
錦織成史……317
西澤潤一……245, 293
西島和彦……98
西山伸……5, 89, 123, 151, 228, 298, 365
新田孝子……35, 263
野口明……241
野副鉄男……251

は 行

橋本陽……8
蓮實重彦……140
波多野澄雄……9
服部春彦……300
濱田純一……81, 335
林鶴一……249
原　朗……113
原田夏子……28
原田隆吉……28, 159, 240, 263, 325
樋口知志……263
平井孝典……6
平岡敬……256
平野泉……8
平野龍一……96
日露野好章……4, 90
藤井讓治……318
古澤巌……311

別府昭郎……5
保坂裕興……23
星洋和……150
堀田慎一郎……21, 197, 228, 365
本多光太郎……231
本田孔士……318

ま　行

前田一男……150
益田宗……96, 387
増田傳一……41
町村信孝……274
松尾稔……213
松崎彰……4, 90
松崎裕子……8
松下幸之助……57, 256
松下志朗……159
マリア・バルバラ・ベルティーニ……24
丸山正樹……318
馬渡尚憲……296
三鬼清一郎……208
宮田光雄……247
宮本盛太郎……318
村上淳子……365
本川弘一……46
元村勲……46
森　洋……158
森本祥子……8, 228, 342
森良一……173
森　亘……98

や・ら・わ行

八木晴花……155
安井曾太郎……243
安澤秀一……7, 55
保田その……320
山口拓史……197
山下興亜……214
山谷幸司……159, 263
山田利雄……240
山田秀吉……48
油井原均……154
湯上良……8
吉岡昭彦……237
吉川弘之……130
吉田賢抗……33
吉田裕……9
吉葉恭行……151
吉見俊哉……336
魯　迅……245, 382
和田光史……173
渡辺悦子……24
渡辺定夫……96
渡邉信夫……270
渡邉洪基……146
渡邉佳子……10